农村金融法律制度研究

NONG CUN JIN RONG FA LÜ ZHI DU YAN JIU

全国人大农业与农村委员会法案室、调研室
编 著

中国法制出版社
CHINA LEGAL PUBLISHING HOUSE

目录 contents

综合篇

实 践 篇

专 题 篇

调　研　篇

国 外 篇

综合篇

党中央历来高度重视农村金融改革与发展，始终将增强农村金融服务能力作为解决“三农”问题的重要途径，2004 年至 2017 年的中央一号文件都对农村金融改革服务提出明确要求。全国人大常委会落实党中央精神，多年来持续关注农村金融改革发展。2013 年，全国人大常委会听取和审议国务院关于农村金融改革发展情况的工作报告，农业与农村委员会经商中国人民银行、中国银监会共同提出了开展农村金融立法的建议。2014 年，全国人大农业与农村委员会组织启动了农村金融立法调研工作。

关于农村金融立法的调研与思考*

吉炳轩

（2014 年 11 月）

今年 6 月份，全国人大农委和中国人民银行、国务院法制办、农业部等金融和涉农部门共同组织了几个调研小组，着手研究农村金融立法问题。现在各个方面都清楚地看到，农村经济发展有党的好政策、有亿万农民的极大热情、有社会各界的大力支持，整个形势是很好的，经济发展、面貌改变、社会安宁、生活富裕，我们正在往全面小康的目标奋进；政策好，热情高，思路和措施也都是清晰有力的，但就是资金不足，有许多想干、能干、应该干的事还干不了。农村金融市场乏力，“三农”工作差钱，这是制约农村经济社会发展的一个突出问题。深化农村金融改革迫在眉睫，搞活农村金融人心所盼。每年的人民代表大会就有许多基层代表提出，应该抓紧启动农村金融立法问题，运用法律手段为农村的经济社会发展提供金融保障。金融工作很复杂，农村金融立法更为复杂，需要把各方面的情况搞透吃准。凡事都要底子清、情况明，农村金融立法就要先从深入调查研究入手。当前，调研工作还正在进行之中。我参加了江西的调研，了解到了一些情况，也研究思考了一些原则性的问题，在这里先提出来，与大家共同讨论。

---

* 注：吉炳轩系第十二届全国人大常委会副委员长。

一、研究农村金融立法，首先要解决好对“三农”工作的认识问题

我们为什么提出为农村金融立法，就是因为农村金融问题太重要了，也同时说明“三农”工作太重要了。农业是稳天下、安天下的产业。“无农不稳，无工不富，无商不活”，农工商，农为首，是根基。人们只有有饭吃才能去安心经营工业、商业及其他各项事业，也才能富裕起来、活泛起来。人如果没有饭吃或吃不饱饭，从早到晚，睁开两眼，要为衣食而发愁，也就不可能再有心思和精力去琢磨其他。“民以食为天，官以民为本”，吃饭是人民最大的事情，像天那样大；任何政权的基础都是建立在人民支持拥护的基础之上的，而这个基础的根就坐落在能让老百姓吃上饭、吃饱饭、吃好饭之上。换句更直白的话来说，就是你当官的让老百姓过得舒坦，老百姓就能让你官位坐得安稳。你重视农业了，支持农业了，使农业得到了发展，能够长期保持五谷丰登的好局面，天下就能够太平。粮食哪里来，肉蛋果蔬哪里来，各类食品、日用生活品哪里来？都是从农村来。我们用的所有资源、所有矿藏，包括良好的空气、美丽的环境、壮丽的山河，这一切一切都在农村。农村不但为我们提供吃的、穿的，用的、玩的，而且还为工业、商业及各类事业的发展提供着原料来源。我们吃的食物来自农村，穿的衣料来自农村，就连走的柏油马路、住的高楼大厦，其砖瓦灰沙石无一不是来自农村。就连我们的家族之根，也无一不是来自农村。上溯五代，有谁的祖先不是农民、根基不在农村呢？现在有的成了城里人，过上了现代化的生活，但千万要知道我们吃的、用的，所享受的一切，无一不是源自农业、农村和农民，千万要记住我们的根是什么，根在哪里。农民是质朴的、勤劳的，但更是伟大的，是亿万农民在托载着共和国

大厦，农民是大厦的根基。

农业是根基，农民很伟大。

我们的根都在农村，但自从有了农工商各业的分工，有了城市和工厂，城乡、工农之间的差别就显现出来了，而且越来越大，也就有了城乡之别，工农之别，并由此而产生了生活、待遇、分配、管理，乃至体制机制各种各样的不同。这个不同是历史形成的，也是社会运动发展的一般规律，经济发展的一般规律。这也就造成了农业的艰辛、农村的贫困、农民的穷苦。守着宝贝的人得不到的宝贝，生产食物的人吃不到精美的食物，“种田的吃米糠，泥瓦匠住草房，卖盐的喝淡汤，养蚕的无衣裳”，这是古代民谣，过去多理解为是反映劳动人民对封建统治的不满。但通观历史发展，这又反映出人类社会运动的多种经济发展的一种普遍规律。工农分业、城乡分居，知识、人才、贸易、加工等财富向城市聚集，工农商学各业分工，等等，是经济发展、社会变化造成了这种城乡差别、各业不同。当然，农业难、农村穷、农民苦，除了自然环境条件、经济运行规律、社会管理手段这些因素外，在漫长的封建统治时期，与封建统治者对农民的压榨剥削也有直接关系，而且是十分重要的关系。在几千年的封建社会里，上层建筑的税赋劳役主要来源于农业、农村和农民。现在时代不同了，我们是共产党领导的社会主义国家，共产党的重要使命就是要铲除社会不平之事，使劳动人民富裕起来。我们取得革命胜利，根据地建在农村；我们的革命力量绝大多数来源于农民。农业、农村、农民支撑我们建起了共和国这座宏伟大厦。要让我们的根基更牢固、力量更强大、民心更凝聚，就要关心农业、关注农村、关爱农民，这是我们的历史责任，也是广大农民应该得到的回报。我们应使农业壮大起来、农村繁荣起来、农民富裕起来，这样我们才能发展得更快、更好，也才能做到真正的长治久安。只要充分认识到了“三农”工作的极端重要性，也就会有为农村金融立法的积极性、主动性和创造性，也就有了为农村金融立法的强烈事业心和殷切责任感。

二、研究农村金融立法，一定要学习好党中央关于农村工作的方针政策

党中央、国务院对农村工作高度重视，在党的工作全局中，始终把“三农”工作排在首位。多年来，每年的中央 1 号文件均是“三农”工作，每年经济工作会议后，还要专门召开农村工作会议，对“三农”工作进行专项部署。这些举措不仅仅是文件的排序和多开或少开一个会议的问题，而是表明“三农”工作的地位和重要性、特殊性的问题，表明中央对“三农”工作的高度重视问题。粮安天下，农固根基，这是古今中外的政治家、思想家都深知的最为简单、最为基本，而又十分深刻、十分关键的道理，所以都要花费很大精力去研究和解决“三农”问题。认真学习好中央关于“三农”工作的方针政策以及有关重大决策，这是研究起草农村金融法的必修功课，也是基本功。只有把中央有关“三农”工作的方针政策学习好了、领会透了，才能够把握“三农”工作前进的方向，明确现阶段“三农”工作的重点，也才能够更为准确地去研究起草有关法律条款，通过法律手段来保障党的路线方针政策的落实。

党中央、国务院有关“三农”工作的方针政策、决策部署和指示精神很多，都需要去认真学习，深刻领会。我们党是个解放思想、实事求是、与时俱进的党，是一个既坚持继承优良传统，又能够不断改革创新的党。改革开放以来，我国的经济社会发展非常迅猛，城乡面貌发生了翻天覆地的变化，可以说是日新月异。我们的“三农”工作也在这日新月异中不断发展变化，工作的内容和手段也在

不断发展变化，以利于进一步解放和发展农村生产力，加快建设农业现代化，使广大农民尽快富裕起来，实现全面小康社会的奋斗目标。学习党的“三农”工作的路线方针政策和决策部署，一定要放在党和国家的工作大局和时代要求的大背景下来思考和把握，以求把握得更加准确、理解得更加深刻。

学习党的关于“三农”工作的方针政策，我有几点体会：

（一）坚持生产力标准。在现阶段，我们的所有工作，尤其是“三农”工作，集中到一点，就是大力发展农村生产力。改革开放之所以能够率先在农村取得突破并获得巨大成功，主要是解放和发展了农村生产力。小平同志讲，贫穷不是社会主义，要以“三个有利于”的标准来衡量是非对错。“三个有利于”首要的就是有利于解放和发展生产力。农业为什么艰难，农村为什么贫困，农民为什么辛苦，具体到每一个地方原因不尽相同，全国各地可以列出许多条，但共同的最为本质的一条，就是生产力发展缓慢。所以，在现阶段，乃至较长一个时期，农村工作的重点、着眼点和落脚点，都是要进一步解放和发展农村生产力，使农业、农村、农民走上现代化。进一步解放和发展农村生产力：一是要调动好、保护好广大农民的生产积极性。人是生产力中最为宝贵的因素，也是起决定性作用的最为关键的因素。广大农民如果有了生产的积极性、主动性、创造性，就能产生出改天换地的无比能量，就能够推动生产力的极大发展，农村的面貌就会发生新的、更为巨大的变化。二是要按照现代化建设的要求来加强改善农业装备和农业生产条件。生产工具和生产条件也是生产力要素中十分关键的方面。历史上，每一次生产工具的发明创造和改进提高，每一种生产条件的改善和变化，都推动了农业的进步和农村的繁荣，农村生产力就会获得新的解放，并释放出极大的能量。要进一步解放和发展农村生产力，就要加强农业生产的武装，改善优化农业生产条件，用现代装备来武装农业，使农业生产实现机械化、水利化、信息化耕作管理。三是要加快推进农业科技，依靠新的科学技术来发展现代农业。科技也是生产力，而且是十分要紧的生产力要素。农业要发展，要实现现代化的经营管理，必须要依靠新的科学技术。水、肥、土、种、密、保、管、工，每一样都离不开科学技术，都需要用科学技术来支撑。农业科技的潜力是巨大的，市场是广阔的，威力也是不可限量的。

（二）坚持基本经营制度。改革开放 30 多年来，我们之所以不断夺取农业丰收，较好地解决了 13 亿人口的吃饭问题，农村的面貌也有了巨大变化，这主要得益于我们实行并坚持了家庭联产承包责任制这一符合时代要求和广大农民意愿的农业生产经营制度。实践证明，这一基本经营制度符合现阶段中国广大农村的发展实际，仍然具有强大的生命力和十分旺盛的制度活力，要毫不动摇地坚持下去。但事物是发展的，时代是进步的，任何一种生产方式、经营制度，都要随着生产力的发展而发展，随着时代的变化而变化。农业现代化、农村城镇化、经营市场化、发展产业化、耕作精细化、管理科技化，这一系列的现代农业的“化”对农业农村的经营管理提出了新的更高的要求。传统农业的小生产与现代农业的大生产在经营管理和生产操作上是不同的。生产关系只有适应生产力的发展需要，才能有利于生产力的解放和进步，反之，就会阻碍或者限制生产力的发展。家庭联产承包责任制也要随着农村经济社会的发展变化而不断充实完善，这也是事物发展的必然。土地所有权、家庭承包权、生产经营权，三权分置，将是在坚持联产承包责任制基础上的改革创新和完善提高，也是事物发展的趋势。

（三）坚持不断改革创新。不论任何事物，改革才能进步，创新才能发展，僵化保守、机械教条是谈不上发展进步的。由传统农业走上现代农业，不论是生产力还是生产关系，不论是生产工具还是生产条件，包括生产力中起决定因素的人，都要不断地改革创新。党的十八大提出，要坚持走中国特色农业现代化道路，在工业化、信息化、城镇化深入发展中推进农业现代化。这就要求要实现农业现代化，就必须用现代工业、现代科学技术、现代经营管理方法去改造传统农业，这才能使落后的传统农业向先进的现代农业转变。而这现代工业、现代科学技术、现代经营管理方法，都是改革创新的成果，用于现代农业的发展，更需要进行改革创新。就生产关系来说，联产承包责任制是对“一大二公”生产经营方式和劳动分配制度的创新，而土地所有权、承包权、经营权三权分置则又是对联产承包责任制这一生产经营制度的改革创新。人类社会就是在不断改革创新中发展的、变化的、进步的，这也是人类社会运动的规律。

（四）坚持富裕农民的政策取向。执政为民是中华民族政治文明的精髓。我们党的宗旨就是全心全意为人民服务。我们一切工作的出发点和落脚点，都是为了人民的幸福安康。我们党执政，要实现中华民族的伟大复兴，其核心就是强国富民。具体到农村工作，我们党的所有方针政策，集中到一点上就是富裕农民。实行联产承包责任制，发展乡镇企业，鼓励农民进城打工，支持农村多种经营，推广先进农业技术，改变农业生产条件，取消农业税，对农业进行各项补贴，制定粮食收购保护价，推进农村城镇化，发展现代农业，深化农村改革，推进城乡发展一体化等等，无一不是着眼于富裕农民。一切为富裕农民着想，一切决策都要立足于富裕农民，这是我们党执政的方针和根本，也是我们的涉农决策部署的出发点和落脚点。

三、研究农村金融立法，必须要弄清楚、整明白广大农民的所思所盼

党的方针政策是富裕农民、发展农业、繁荣农村，这同广大农民的迫切愿望是一致的。我们为农村金融立法，就是要通过法律手段来落实党的方针政策，来实现广大农民的迫切愿望，为其提供金融支持和保障。这里有几个问题要弄清楚、整明白：

第一个问题是，要弄清楚、整明白现阶段农村工作的重点。党在农村工作的重点，就是广大农民最迫切需要解决的重大问题、共性问题。党在农村的工作有很多，各地由于地理环境、发展水平、气候条件、风俗民情的不同，农村工作的重点也有很大不同。就广大农民来说，具体到一个地方，一个乡村、一户农民，其需求也是不同的，是多种多样、各有所需的。我们强调要因地制宜，分类施策，尽力去满足不同地区、不同农户的具体需求，这是在具体工作中需要把握好的。但就大的方面来说，不论是党的农村工作的重点，还是广大农民的愿望需求，有三个方面则是一致的：一是加快推进农业现代化；二是有序推进农村城镇化；三是积极推进城乡发展一体化。这三个方面也是一个统一的整体，是互为作用、互为支撑的。农业的根本出路在于实现现代化，用现代水利、现代机械、现代科技、现代化经营管理手段来从事农业生产，并要实现产业化发展、市场化经营、合作化生产。也只有走上了现代化大农业的发展之路，现代高效优质农业才能发展起来，广大农村才能繁荣起来，亿万农民才能富裕起来。农村城镇化是历史发展的必然，更是广大农民的急切愿望。城镇是生产力发展到一定水平的产物，也是人类文明发展的阶段成果。城镇集聚人才、集聚知识、集聚文化、集聚市场、集聚产业、集聚资金，集聚各类公共资源和便民利民的设施。农民

离土不离乡，务工不弃农，经商不舍本，能够过上现代化的生活，何乐而不为呢？经济比较发达的地区已经建立了许多各类设施和功能齐全的小城镇，那里的农民已过上了现代化的幸福生活，这是中国农村发展的方向。城乡发展一体化，就是要解决城乡差别，发展差距大、公共资源分配不均衡、生活水平悬殊较大的问题。只有城乡发展一体化了，把各项事业、各类产业、各种设施进行统筹规划和考虑，城乡才能共同进步、共同富裕，共同走上全面小康的富裕生活。

第二个问题是，要弄清楚、整明白当前“三农”工作的急需。如前所述，“三农”情况复杂，地域不同，种植作物不同，急需什么也都不尽相同。但就其共性的问题来说，有三点则是基本一致的。一是急盼农业丰收，二是急盼农民增收，三是急盼农村面貌改变。现在虽然已有一部分农民进城务工，已不靠农业收入来赚钱，还有一些发达地区，许多农民从事工商业，也不再依靠农业收入。但就大多数地区和广大农民来说，土地仍然是他们的命根子，农业仍然是他们收入的主要来源。农业丰收了，农民才能多收、增收。近些年一些城市急剧扩张，人口猛增，经济迅猛发展，一些进城务工的农民也入住到城市，但就绝大多数农民来说，还是要居住在乡村。不论我们现有的城市如何扩张，都始终不可能把所有的农民都吸纳进来。历史的发展也已证明，城市人口太多，密度太大，盲目扩张，会造成一大堆城市病，成为一种城市“癌症”，百法难治。国际国内得这样病的大城市很多，这条路不能再走下去了。正确的选择是大中城市辐射带动中小城市和星罗棋布的农村小城镇，中小城市和小城镇辐射带动社会主义现代化的舒适安逸的新农村。广大农民有的进入小城镇，有的住进新农村，既利于生产，又适宜生活，这是需要为之努力奋斗，并能够尽快办得到的。如果发展来发展去，穷困的乡村几十年山河依旧、面貌未改，群众依然走路难、吃水难、上学难、看病难，各类生活设施没有变化、生产条件没有改变、生活水平没有提高，那算什么发展？

第三个问题是，要弄清楚、整明白广大农民每年最需要解决的问题是什么。农村金融立法的目的是为了为农业发展、农民富裕、农村改变而提供金融服务和保障，这是一个大的原则。但具体到不同的地区、不同的乡村、不同的农户，其发展的水平、资源的禀赋、开发的项目是大不相同的，这就需要把情况搞准，有针对性地进行服务。服务有了针对性，才有可能有实效性。这是具体工作中需要注意并把握的。为农村金融立法，法律条文不可能把农民每一项不同的具体需求都写进去，但需要把一些带有方向性、普遍性的原则找出来、研究好。诸如生产发展中的急需：种子、化肥、农药、地膜，农用机械、农田水利、科学技术，农牧林果等产品的生产、收贮、运输、销售，农业产业的发展、市场的建设等等；诸如农民生活中的急需：道路的整修、环境的整治、房屋的建设、水电暖气的供应、污水的处理以及学校、医院，各类公益设施的建设和社会保障等等；诸如开发建设方面的急需：农村工商业的发展、各类资源的开发、生态环境的保护、国土的整治、土地的规模经营等等。具体到每一乡、每一村、每一户，具体的项目可能不同，但以上这些大的方面需求则是基本相同的。我们只有把这些大的方面的需求都搞清楚、整明白了，才能有的放矢，研究起草出有益管用的法律条文。

四、研究农村金融立法，还需注意兼顾好各方的工作要求和利益需求

农村金融立法的目的是为发展农业、繁荣农村、富裕农民提供

金融服务和保障，但任何工作都有其运行法则和管理规矩，特别是在市场经济条件下，许多经济活动是要通过市场来运作的，要依靠市场来配置资源，并进行调节。法律也要遵循市场运行规律，并要保护市场经营依法进行。法律是定规矩的，但同时更是懂规矩、守规矩的，这个规矩就是遵循规律、坚守正道、办事公正。在这方面，有几点需要引起注意：

首先要通过农村金融立法，在金融服务上做到“四个确保”：一是确保国家粮食安全；二是确保农业适时生产；三是确保农民合理增收；四是确保农村和谐稳定。确保国家粮食安全在“三农”工作中始终是第一位的。“粮食定，天下定”，“粮食稳，市场稳”。要始终把饭碗端在自己手上，就要高度重视粮食生产，确保粮食生产经营的资金需求。这是个重大原则问题，必须给以法律保障。我们常说粮食生产“靠天吃饭”，一方面说明它在生产过程中受制于各种自然条件，有许多问题非人力可以抗拒；另一方面说明粮食生产必须要顺应自然规律，按春、夏、秋、冬四时冷暖的气候变化来适时耕作，早了晚了都不行。“人误地一时，地误人一年”，不适时耕耘就会没有收成。农民的种粮积极性来源于农业的好收成，丰产了，还能够丰收，汗流了，也能够有所回报，如果辛辛苦苦一年，到头来不但没有增加或少有增加收入，有时甚至还要赔钱，那就会挫伤农民积极种粮的热情。特别是在市场经济条件下，农民的农牧渔业产品如果不能从市场上得到合理的收益，也就不会再下力气去进行生产经营，市场供应也就必然会出问题，物价也就必然会上涨，人心也就会必然浮动。农村的和谐稳定是社会稳定的基础，确保农村和谐稳定始终是治国理政的大事。要确保农村和谐稳定，就要努力去改善农业生产条件，改变农村贫困面貌，提高农民生活水平，妥善处理好农村各类社会矛盾。这一切也需提供金融服务和保障。

其次要通过农村金融立法，在金融服务上做到“四个促进”：一要促进农业现代化建设。农业现代化建设是需要大量投入的。水利建设、农机装备、科技推广、产业发展、市场开发、生态保护等，都是农业现代化建设的基本内容，也是都需要花钱的，而且有的还需要花大钱。农业现代化建设投入，除了国家投资、农民自筹外，需要金融给予大力支持，切实增强金融服务的力度。只有把农村金融搞活了，农业现代化建设才能快速推进，否则将是步履艰难的。二要促进农村城镇化建设。加快推进农村城镇化建设，不仅是改进农村面貌、使农民过上更为幸福舒适的生活、实现城乡发展一体化、推动农村经济快速发展的需要，也是全面建设小康社会、积极扩大内需、实现中华民族伟大复兴的需要，其意义是十分重大的。农村城镇化建设需要巨大投入，但同时也是巨大市场，更是巨大的金融产业，农村金融工作应积极主动地参与进来，奋力开拓这个市场，积极推动新的产业兴起，推进城镇化建设顺利进行。三要促进城乡发展一体化。通过金融服务，来支持农村经济发展壮大，推动城乡互动，鼓励城市支援乡村、工业反哺农业，运用金融杠杆和引导作用，来促进城乡发展一体化，这也是金融工作的重要责任。四要促进农村生态化建设。当前，生态问题已成为经济社会发展的突出问题、要害问题。经济要发展，面貌要改变，生活要提高，环境还要美好。在经济社会发展中必须同时注重生态环境建设，绝不能以破坏生态环境为代价。而实际上，整个世界在发展的过程中，生态环境已作出了巨大牺牲，现在已不单单是守护的问题，而是要进行修复和整治。土地、山林、草原、河流、湿地，有些已被破坏污染的十分严重，需要花巨资来进行修复。这是关系长远发展和人们身体健康的大事，农村金融也应发挥积极作用。

再次要通过农村金融立法，在金融服务上做到“四个有利”：一要有利于农村金融发展壮大。要尊重金融规律，符合金融法则，利于金融发展。金融的钱是国家的钱，人民的钱，也是取之于民，而有利于民。金融的运行有其自身的规律，不论是制定法律或制定政策，都要自觉遵守这个规律，否则就会受到惩罚，最终伤害的还会是人民的利益。金融服务农村发展，但也必须要壮大自身。农村金融壮大了，才能更好地支持农村发展。二要有利于农村金融改革创新。农村工作头绪很多，任务很重，需要开阔视野、开拓思路才有可能搞好。为农村提供金融服务，也需要解放思想，开拓创新。研究农村金融立法，更需要解放思想，改革创新。要立足开发建设，创新创造，鼓励农村金融机构大胆创新，开拓、培育、建设适应农村经济社会发展的金融市场和运行法则。为农村金融立法，一定要保护开拓开发、创新创造。三要有利于防范化解农村金融风险。相对来说，我们的多数农村经济实力较弱，资本运作能力很低，涉农贷款规模也较小，还贷能力也很差，农村金融风险始终是存在的。这也是农村贷款难、还款慢、运行效益差的主要原因。这些问题符合中国国情。为农村金融立法，就要着力去破解这个难题，能够从法律上来支持防范和化解金融风险。这是一个难题，破解了，就能把农村金融搞活，并能更好地去服务“三农”工作。四要有利于做到互利双赢。农村金融工作不同于城市金融工作，农业的战略地位、农村的客观实际，决定了我们的利农惠农政策取向和农村金融工作的法则。对农村金融工作来说，既要讲市场运行法则，还要讲利农惠农，也同时要讲金融运行效益，三者缺一不可。怎样做到互利双赢，这也是一个需要破解的难题，在法律保障上也要给予充分考虑。

积极推动农村金融立法*

张宝文

（2016 年 12 月）

农业是国民经济的基础。改革开放 30 多年来，党中央、国务院始终高度重视“三农”工作，在农业农村工作方面既有理论创新，又有政策创新。理论创新比如坚持将解决“三农”问题作为全部工作的重中之重，工业化达到相当程度以后，工业要反哺农业，城市要支持农村，实现工业与农业、城市与农村协调发展，要深入推进农业供给侧结构性改革，为农业农村发展提供新动能等。政策创新比如实行四补贴、四取消，2015 年国家又将农作物良种补贴、种粮农民直接补贴和农资综合补贴合并为农业支持保护补贴，用于促进农业生产方式转变，支持农业适度规模经营，这些都有效保证了国家的粮食安全和主要农产品有效供给，为推动农业农村经济社会平稳健康发展，促进农民持续增收发挥了重要作用。可以说，正是因为党中央、国务院的高度重视，我们在“三农”工作方面才能够取得了举世瞩目的成就。

深化农村金融改革与服务是党中央、国务院“三农”政策的重要组成部分，国务院分别于 1993 年、1996 年作出了关于金融体制改

* 注：张宝文系第十二届全国人大常委会副委员长。

革和农村金融体制改革的决定，经过多年发展，我国农村金融改革取得了显著成效，农村金融服务水平明显提升，逐步构建起商业性、政策性、合作性金融协调配合的金融组织体系，村镇银行、农村资金互助社、贷款公司等新型农村金融机构快速发展，成为传统金融机构的有益补充，以涉农贷款增量奖励政策、定向费用补贴政策为主要内容的财政扶持政策体系初步建立，对农村金融的税收优惠政策有效推动了农村金融服务发展，金融监管部门的差别化监管政策，进一步调动了金融机构支农服务积极性。

从最近到各地调研的情况看，各地各部门认真贯彻落实党中央、国务院关于深化农村金融改革的决策部署，始终坚持以深化改革破解发展难题，不断拓宽农村金融服务覆盖面和有效性，农村金融服务为促进农村经济社会发展，推动脱贫攻坚提供了有力支撑和保障。政府相关部门先后制定出台了一系列政策文件，不断加强对农村金融的政策支持。一些地方还在完善农村金融机构组织体系、优化农村金融服务环境、加大涉农信贷投放力度、提高农业保险保障水平、拓宽农村抵押担保物范围等方面积极探索创新，都取得了很好的效果。在实践工作中，基层干部也更加注重发挥金融支农的作用，坚持将农村金融作为一项基础性工作常抓不懈。

在充分肯定成绩的同时，我们也要清醒地看到农村金融服务中存在的问题，调研中尽管广大基层干部和农民对党的支农政策非常满意，但大家也都提出两方面的问题：一是农业保险，二是农村金融服务。当前，随着社会主义市场经济体制改革的深入，农村金融体制的一些弊端也逐步显现出来，与国家整体金融体制改革和金融立法相比，农村金融体制改革和立法仍较为缓慢。我国立法法规定，国家基本经济制度以及金融基本制度，必须采取法律的形式加以规范，但我国目前还没有制定农村金融方面的专门法律，在已经制定的金融法律中仅有个别条款涉及农村信用社和农业保险，农业法、农民专业合作社法等涉农法律也只对发展农村金融提出了原则性要求。农村金融制度建设和服务管理，主要依靠大量的政策性文件及部门规章规范，立法层次较低，权威性和稳定性不够，农村金融发展的长效机制难以建立。为此，全国人大农委提出将农村金融立法上升到国家层面，这对下一步推动我们国家农村金融服务的改革创新和健康发展是非常重要的。

对于进一步推动农村金融立法，我认为还有几个问题需要引起高度重视：

一、充分认识农村金融立法的重要意义

金融是现代经济的血脉，农村金融是国家金融体系的重要组成部分。当前农村金融服务整体水平与实现“四化同步”、统筹城乡发展的需要相比还存在较大差距，突出表现在农村资金外流，金融机构支农功能不强，金融服务产品单一。在调研过程中，无论走到哪里，总能听到贷款难、贷款贵和难贷款的反映，这是一种普遍的社会现象，也是农民的切实呼声。这充分说明，当前的农村金融服务还没有充分满足“三农”发展需求，农村金融仍是我国金融体系的薄弱环节。破解农村金融服务瓶颈，正是农村金融立法的意义所在。

农村金融立法是贯彻落实党中央农村金融政策的明确要求。制定农村金融法是党中央的明确指示，是进一步深化农村金融改革，推动建立现代农村金融制度的具体举措。党中央关于深化农村金融改革的方针政策和决策部署，既为农村金融立法提供了理论基础，也为农村金融立法提供了明确的政策依据，要通过立法将实践中行之有效的政策措施上升为法律规范，提高政策执行的权威性和约束力，确保党的农村金融政策落地生根。农村金融立法是解决束缚农

村金融发展体制机制问题的必然选择。调研中，各地各部门都反映了农村金融中的一些问题，比如农村金融供给不足问题、农村资金外流问题、农业保险覆盖低的问题等。从根本上说，资本的逐利性决定了资金总是流向收益高的地方，而农村金融服务成本高、风险大、周期长、收益低，导致资金天然地具有离农倾向，这就需要通过立法明确金融机构的支农责任，强化金融支农的政策导向。农村金融立法是巩固农业农村基础地位的重要途径。农业农村在国家经济社会发展中起到的是“压舱石”作用。当前，农业还是现代化建设的短板，农村还是全面建成小康社会的短板，农业是弱质产业的性质没有改变，农民是弱势群体地位也没有改变，农业生产始终面临着自然和市场双重风险，这就决定了必须始终高度重视农业农村和农民问题。农村金融立法关乎农业发展、农村繁荣、农民切身利益。进一步巩固农业农村基础地位，补齐农业农村短板，需要通过立法推进城乡要素平等交换，促进公共资源城乡均衡配置。

二、准确把握农村金融立法的目的

金融作为经济社会发展的关键要素和重要手段，已经成为现代经济的核心，应当体现城乡均衡配置的要求。农业经营主体一般规模较小、交易成本高、信息不对称，完全依靠市场机制难以培育适应农业农村发展的金融市场。这就需要从农业现代化发展的实际需求出发，对加强和改进农村金融服务作出规范，为进一步深化农业供给侧结构性改革，推动农业经济转型发展提供内生动力。农村金融立法要始终把握推动农村普惠金融发展的立法宗旨，紧扣推动金融资源向农业、农村和农民倾斜的根本目的。

推动金融资源向“三农”倾斜，这是党中央提出的明确要求。2004 年以来的十三个个中央一号文件，尽管每年聚焦重点各不相同，但都将增强农村金融服务能力、提高服务质量和水平作为解决“三农”问题的重要途径之一。2008 年党的十七届三中全会提出建立现代农村金融制度，构建商业性金融、合作性金融、政策性金融相结合，资本充足、功能健全、服务完善、运行安全的农村金融体系；2013 年党的十八届三中全会决定确立了发展普惠金融的目标，保障金融机构农村存款主要用于农业农村；2015 年中央一号文件更明确提出，积极推动农村金融立法，明确政策性和商业性金融支农责任，促进新型农村合作金融、农业保险健康发展。

农村金融是普惠金融的主战场，金融支农是各类金融机构应当承担的社会责任。截至 2015 年年底，我国已有 4262 家银行业金融机构法人，其中银行业存款类金融机构有 3800 多家，包括 3 家政策性银行、5 家国有大型商业银行、12 家全国性股份制商业银行、1 家邮政储蓄银行、5 家民营银行、还有 1300 多家农村信用社、800 多家农村商业银行、70 多家农村合作银行、1300 多家村镇银行、130 多家城市商业银行等，这些机构都在农村地区吸收存款，也理应承担向“三农”投放贷款的义务。此外，我国还有 400 多家银行业非存款类金融机构，这些机构虽然不直接投放涉农贷款，但也可以作为金融支持“三农”的有益补充。

农村金融立法的根本目的，就是要推动这些金融机构不断加大支农服务力度，不断丰富金融支农方式和领域，就要引导更多信贷资金、社会资金回流农业农村，就是要依法保障农民享有平等的贷款权，获得便捷高效的金融服务，共享改革开放和经济增长的成果。农村金融立法要在发挥市场配置资金资源的决定性作用基础上，着力建立和完善适应我国农村金融发展实际的市场规则、政策扶持和监管制度，最大限度地满足“三农”金融需求。

三、农村金融立法要坚持问题导向

农村金融法能不能解决实际问题，是关系立法质量的关键问题。我国农村金融服务中存在的诸多问题，既受农业弱质性、农业生产自然风险较大等因素影响，也存在着商业银行效益考核压力、政策性银行资本金不足、农村信用社历史包袱重、新型农村金融机构发育慢、农业保险发展滞后等客观因素，但从根本上讲是由于我国农村金融在市场运作、组织体系、功能定位及监管措施等方面，仍存在的一些体制机制性问题。

农村金融立法要突出问题导向，在制度设计和法律规范内容上着力破解以下体制机制性问题：一是各类农村金融机构的支农责任问题。当前商业性、政策性、合作性金融机构在金融支农功能定位方面缺乏明确分工，造成政策性银行功能不全、商业性银行支农功能退化、弱化等现象。各金融机构的金融产品在服务对象、领域、方式上没有差异，但所承担的金融支农义务没有明确的责任界定，并且缺乏明确的量化考核标准。二是农村金融机构的内部运作和治理结构问题。对商业性金融机构承担具体支农业务部门的内部运作机制缺乏系统的制度设计；合作金融机构治理结构不完善，民主管理流于形式，社员代表大会、理事会和监事会制度不健全，仍未打破原有的行政管理模式；新型农村金融机构进入市场的准入门槛较高，机构改制、发展等问题缺乏关注；对民间金融的健康发展问题缺乏必要的规范和管理。三是农村金融机构和服务政策环境问题。缺乏与农村金融发展有效衔接的财政、货币和税收等长期扶持政策，扶持政策的受益期限、扶持对象、覆盖范围等具有局限性，对新型农村金融机构的财政扶持力度也不够，造成其可持续发展能力较弱。四是农村金融风险分散和转移机制问题。农民和农村企业经营风险缺乏分散和转移机制，农业保险保障力度较小，不适应农业战略性结构调整的需要。受现行有关法律的制约，金融机构对农村抵押品的选择较为单一，正规的担保机构数量较少，资金实力不足，缺乏法律规范。五是农村金融机构的监管政策导向问题。一方面农村金融的差别化监管政策仍需完善，一些政策仍未长期化和制度化，农村信贷风险容忍度和问责制仍有放宽空间，进一步调动金融机构支农积极性的监管政策有待完善。另一方面对金融机构履行支农责任的监管力度仍需加强，避免金融机构脱农化、离农化倾向的监管措施不多。对于造成农村资金外流的金融机构，吸收农村地区存款没有用于当地发放贷款，存贷比较低的，还没有强制性的制度约束。六是推动农村金融发展的社会问题。推动农村金融发展是全社会的共同责任，在农村金融生态环境建设、农民金融意识培养、农村金融知识普及、金融人才教育等方面，需要中央和地方各级政府、各有关部门、金融监管机构及金融机构等共同参与和推动。

四、立足实际开展农村金融立法

农村金融立法要立足于我国农业农村经济社会发展和农村金融需求的实际，总结各地各部门农村金融改革的实践经验，增强法律规范的包容性和针对性。我国地域辽阔，农业生产条件和农村发展环境、自然资源禀赋存在着较大的区域性差异，不同地区的农村经济社会发展也不平衡，对提高农村金融服务质量和效率的要求是共同的，但农业、农村和农民的金融需求是存在差别的。

从农村金融服务的供给侧看，截至2015年年底，我国银行业金融机构涉农贷款余额26.4万亿元，占全部贷款余额总量的27.8%，其中农户贷款余额6.1万亿元、农林牧渔业贷款余额3.5万亿元，分别占涉农贷款总量的23%、13%。2015年全国农村信用社、农村商业银行、农村与合作银行的涉农贷款余额7.7万亿元，占全国总量的29.2%，其中农户贷款余额3.7万亿元，占全国农户贷款余额总量60.7%，在满足农户贷款需求方面发挥着主力军作用；农业银行涉农贷款余额2.53万亿元，占全国涉农贷款余额总量的9.6%，占全国大型商业银行涉农贷款余额总量的30.5%，是大型商业银行涉农贷款投放的主力；邮政储蓄银行涉农贷款余额7478.9亿元，占全国涉农贷款余额总量的2.8%，推动资金回流农业农村还有较大空间。此外，尽管新型农村合作金融组织发展迅速，但发展尚处于起步阶段，服务能力仍有待进一步提高。在农业保险服务方面，目前政策性农业保险有59个，2015年参保农户达10.4亿户次、保费总收入1420.8亿元、保障金额6.536万亿元、累计支付赔款914.2亿元。

进一步增强农村金融供给数量和服务效率，需要适应农村金融服务多样化的发展趋势，需要满足农业农村多层次的金融需求。在中西部贫困地区，农民的金融服务需求首要是储蓄、取款、转账等基础金融服务，农户需要获得资金发展生产，贷款需求具有额度小、频率高的特点。在东部发达地区，农业农村经济的市场化程度比较高，农民除了种养殖业的生产经营收入，非农收入比例大，在提供基础金融服务的基础上，扩大再生产对资金融通的需求较大，对农业保险的需求更大，一些地方对资本市场、证券期货等个性化服务也有需求。同时，随着城镇化的快速推进，土地流转和农业规模化经营不断加快，农村金融服务的需求主体已经由简单的农户扩展到家庭农场、农民专业合作社等新型经营主体以及农业龙头企业，需求领域从简单的农业生产经营扩展到全产业链发展、城镇化和新农村建设、农村公共产品服务等。农村金融立法要立足实际，针对不同地区、不同领域、不同层次以及不同主体的农村金融需求作出相应的制度规范，推动构建多元化的农村金融服务体系，在充分满足当前农村金融需求的同时，要在制度设计上留出空间，提高农村金融立法的开放性和包容性。

五、农村金融立法要突出重点

农村金融立法要推动金融机构持续加大涉农贷款投放力度，增强支农服务能力，提高支农服务质量，尤为重要的是推动建立激励与约束并重的农村金融政策导向和制度规范。

一方面，要通过立法明确金融机构的支农责任，建立支农服务的约束机制。调研中，一些地方反映，现在一些金融机构下沉，主要目的是在农村地区吸收存款，然后像“抽水机”一样把资金转移出去，有的县存贷比不足40%，有的金融机构涉农贷款比例只有10%，这与党中央“农村存款主要用于农业农村”的要求是不符的。解决这个问题，就要通过立法建立金融机构支农服务的约束机制。一是要规范农村合作金融。合作金融是农村金融体系中的重要一环，这是农村金融立法的一个重点。现在农信社正在逐步向农商行转制，搞活经营、发展壮大是客观现实，但一定要明确其服务“三农”的根本宗旨，防止改制后就“脱鞋上岸”。同时要推动农村新型合作金融组织发展，依法明确其合作性质，使其真正为农服务。二是要规范商业性金融。支农服务是金融机构的共同责任，既然在农村吸收存款，就应当承担投放贷款的义务，通过立法明确商业性金融机构的支农责任是必要的。调研中有同志提出，商业银行虽然是股份制，但大部分还是国有控股，应当履行支农服务的社会责任。是采取硬性规定还是鼓励性指标，还可以进一步研究，但利农惠农富农的大方向不能变。三是要规范政策性金融。农业政策性银行在支农服务中发挥着重要作用，一些地方通过整合涉农资金，引导农发行投放农村基础设施建设贷款就是很好的例证。规范政策性银行的支农责任，就是要依法规范其职责定位，鼓励和引导其加大支农服务力度。

另一方面，要通过立法明确“谁支农就扶持谁”的政策导向，建立起支农服务的激励机制。通过建立激励机制，金融机构经营“三农”业务就有了明确的政策预期，也能够获得比较合理的回报，目的是为了推动实现由“要我做”向“我要做”转变。一是要给予财税扶持政策。解决农村金融问题必须充分发挥政府作用，实践也证明，像贷款贴息、费用补贴、减免税收等扶持政策是行之有效的，这也是调研中各类金融机构普遍反映和期盼的。对于这些经过实践检验的扶持措施，要通过立法予以明确，增强扶持政策的稳定性和连续性。二是充分运用好货币政策。通过发放支农、扶贫再贷款，支持金融机构增强支农服务能力，对调动金融机构积极性发挥了很好的作用。农村金融立法要将这些经验提炼汇总，推动货币政策与农村金融的有效衔接。三是实施差别化监管。对农村金融服务实施差别化监管政策，这是党中央农村金融政策的重要内容，比如差别化准入政策、适当放宽涉农不良贷款容忍度等，也需要通过立法予以明确。总之，要将经过实践检验的扶持政策措施以法律形式固定下来，为金融机构开展支农服务提供长期、稳定、有利的外部政策环境。

无论是建立约束机制，还是完善激励机制，最终都是为了确保金融机构不脱农、不离农，都是为了推动更多资金反哺农业、农村和农民，都是为了促进农村普惠金融持续健康发展。所以，从立法的角度我想强调两句话，一是为“三农”服务的金融机构只能增加不能减少；二是涉农信贷和支农服务只能增加不能减少。我认为，这既是落实党中央农村金融政策的明确要求，也是农村金融立法的出发点和落脚点，这一点务请高度重视。

农村金融立法社会普遍关注，涉及到的各方主体多、要求也比较高。目前各方面对制定农村金融法都有共识，一致赞同立这部法。进一步推动农村金融立法工作，需要多与国务院相关主管部门、金融监管部门沟通协调，进一步统一认识，在具体制度规范上达成共识。要始终坚持开门立法的原则，更加广泛征求和听取各金融机构、农业生产经营主体和农民的意见，多学习借鉴各地各部门推动农村金融发展的好经验好做法，关注和回应农村金融服务供需双方的关切，为农村金融立法提供坚实的实践基础。希望通过大家的共同努力，力争使这一部关系农业农村经济社会发展的重要法律早日提交全国人大常委会审议，使农村金融法立得住、行得通、切实管用，经得起历史和实践的检验。

努力推动建立现代农村金融制度*

乌云其木格

（2009 年 10 月）

金融是现代经济的核心，农村金融是现代农村经济的核心。改革开放 30 年来，我国农村金融制度进行了大量创新实践，尤其是近年来，改革力度进一步加大。农村信用社改革进展顺利，农业银行稳步推进“三农”事业部制改革，农业发展银行积极拓展政策性支农领域，国家开发银行在服务“三农”方面积极探索，邮政储蓄银行稳步推广小额贷款业务，农业保险品种逐步增多，村镇银行、贷款公司、农村资金互助社和小额贷款公司等新型农村金融服务机构试点工作有序推进。国家出台了有针对性的财政和货币政策，支持农村金融组织主体创新和产品创新，鼓励“三农”信贷投放。可以说，农村金融制度改革和服务取得的成效是比较明显的。

但是，我国农村金融服务的整体水平与“三农”发展的现实需要相比，还存在较大差距，突出问题是农村金融供给不足。据有关部门调查，在农村地区，只有三分之一的农户能够获得正规渠道贷款。随着社会主义新农村建设的推进和农业农村经济的进一步发展，需要有一个较为完善的农村金融服务体系，为其注入血液，实现良

---

* 注：乌云其木格系第十一届全国人大常委会副委员长。

性互动。

推进农村金融制度改革必须抓主要矛盾，一是要加大金融组织主体创新。实践证明，构建多元化、多层次的农村金融组织体系，建设适度竞争的农村金融市场，才能满足不同层次农村经营主体的金融需求。尽管近年来农村金融机构创新力度较大，但是广大农村地区金融服务机构不足的局面还没有根本改观。要通过扩大试点，降低农村金融机构设立门槛等方式，进一步增加农村金融组织主体种类和数量。二是要加大农村金融产品创新。“三农”的特殊性决定了必须有与之相适应的农村金融产品。近年来，农户小额信用贷款和农户联保贷款取得了成功经验。小额贷款和联保贷款推广到农村小企业、农民专业合作社和其他农村信贷领域，也取得了较好成效。广大农村地区经济状况差异很大，发达地区和贫困地区金融需求不同，同一地区也有较多层次的金融需求。这些都对金融产品创新提出了更高的要求。三是要加大对农村金融服务的政策支持力度。农业生产面临自然和市场双重风险，农村金融需求主体是广大分散农户和大量农村中小企业，金融需求一般期限短、频率高、数额小，因而金融服务成本较高。农村金融市场的弱质性，决定了必须发挥政策导向作用，出台切实有效的财政货币支持政策。此外，加快建设农村征信系统，完善农业保险体系，解决农户贷款抵押担保物不足等，也都是需要统筹考虑和解决的问题。

全国人大农业与农村委员会抓住农业和农村中的热点、难点问题，就农村社会保障体系建设、统筹城乡发展、农业综合生产能力建设等做了大量调查研究，为全国人大常委会的监督工作提供了依据。2009 年，为贯彻党的十七届三中全会提出的“建立现代农村金融制度”重大决策，落实吴邦国同志的重要指示，农业与农村委员会又组织力量，完成了“农村金融制度改革与服务”专题研究报告。报告分析了农村金融改革与服务的现状，提出了较为系统的政策建议，具有较强的针对性，希望能够在推动农村金融制度改革和服务方面发挥作用。通过专题研究的方式，了解政府贯彻中央重大决策的情况，既可以为人大常委会实施监督提供依据，也可以为立法准备工作的先期介入进行了有益尝试，有利于提高立法、监督工作质量。

建立激励与约束并重的农村金融法律制度*

刘振伟

（2017年11月）

金融是现代经济的核心，农村金融是我国金融体系的重要组成部分。在城乡融合发展的大背景下，建立符合我国国情和“三农”实际的农村金融服务制度，是实施乡村振兴战略，加快推进农业农村现代化，构建现代农业产业体系、生产体系、经营体系，促进农村一二三产业融合发展，决胜脱贫攻坚战，建设社会主义新农村的必然选择。

一、我国农村金融服务改革与发展的历程

我国农村金融服务的改革与发展，是与国家建立完善金融体制相伴相生的。

（一）计划经济阶段（1950年至1977年）

1950年，中央人民政府政务院制定了《关于统一国家财政经济工作的决定》，明确统一全国财政收入，集中到中央开支；统一全国物资调度，合理使用、调剂余缺；统一全国现金管理，存入中国人

* 注：刘振伟系第十二届全国人大常委会委员、全国人大农业与农村委员会副主任委员。

民银行，作为中央政府统一支配的财力。1948 年 12 月，中国人民银行成立，履行中央银行和商业银行双重职能，既发行货币又经营信贷业务，为恢复国民经济和国家建设提供资金支持。1950 年，中国银行并入中国人民银行，成为人民银行的直属行，承担国家外汇管理的职责，通过加强外汇资金运用，促进新中国外贸经济发展。1953 年，国民经济第一个五年计划实施，国家基本建设急需大量投资，为保证资金供给，1954 年设立了中国人民建设银行，统一拨付国家基本建设预算拨款，并向国营企业办理短期放款业务。当时，建立工业体系是新中国建设的首要任务，财政服务工业，金融依附财政，银行主要是会计角色，承担记账功能。

1951 年，党中央召开第一次互助合作会议，为解决农村金融服务需求，明确要求在农村试办农村信用社，信用社实行入股自愿、退股自由、民主管理原则，为农村生产互助合作提供资金支持。同年，党中央批转中财委《关于 1951 年银行工作方针与计划》，提出“设置农业合作银行，以扶助农业生产及合作事业。”1951 年 7 月，经政务院批准，农业合作银行成立，成为人民银行所属专业银行之一，主要职责是“办理农牧水利林垦合作社等长期贷款”和“组织领导农村金融工作及领导信用合作工作”，经营业务与管理服务职责并存。随着合作化运动快速发展，信用社在全国迅速普及，为规范信用社发展，人民银行制定了《农村信用社章程准则草案》《中国人民银行与农村信用合作社业务联系合同范本》等制度，到 1954 年，全国农村信用社数量超过 12 万个，覆盖全国 70% 的乡，成为农村金融服务的主要力量。1952 年 7 月，人民银行在精简机构中撤销了农业合作银行，存在仅一年的农业合作银行既没有在基层设立分支机构，也尚未开展具体业务。1955 年，借鉴苏联模式，国务院批准设立中国农业银行，允许其向农林牧渔业生产互助组织和个体生产者发放贷款，帮助解决贫困农民的生产生活资金困难。作为人民银行所属的专业银行，农业银行依托人民银行建立起省级分行和基层营业所。由于此时的农业银行与人民银行在机构、行政和业务管理上没有完全分开，性质和职责范围不清，1957 年国务院撤销了农业银行。1958 年后，农村信用社划归人民公社管理，加上三年自然灾害对农业生产的影响，大部分信用社业务处于停顿状态。1963 年，国家成立新的中国农业银行，作为国务院直属机构，与人民银行分离，统一管理财政直接拨付的支农资金，并对农村信用社进行分类分批整顿。1965 年，农业银行被并入人民银行，银行业又恢复为人民银行大一统的格局。十年动乱期间，信用社成为基层社队的附属物。1969 年，中国人民银行与财政部合署办公，金融业务只保留了一个银行业务组，金融职能弱化。这一时期，国家金融体系遭到严重破坏，当时无论是金融体系建设，还是金融服务业务都基本处于瘫痪状态。

在保险业方面，1949 年 10 月，中国人民保险公司成立，之后又成立了公私合营性质的太平保险公司、新丰保险公司。1956 年，中国人民保险公司开始独家经营国内保险业务，负责办理全国财产强制保险，而太平和新丰保险公司合并为太平保险公司，不再经营国内保险，专门办理涉外保险业务。20 世纪 50 年代初期，中国人民保险公司积极试办畜牧保险、棉花保险、渔业保险等险种，由于缺乏专业人才，一些基层保险机构入不敷出，到 1953 年底基本停办了农业保险，仅在互助合作运动发展较好的东北地区保留了耕畜保险。人民公社和十年动乱期间，包括农业保险在内的国内保险业务全面停办，在机构方面，仅在人民银行下设保险处，保险机构对外联系虽然仍采用公司名称，实则名存实亡。

（二）恢复重建阶段（1978 年至 1992 年）

1978 年，党的十一届三中全会决定作出了实行改革开放的重大决策，并率先在农村开启改革进程，拉开了新时期国家金融体制改革的序幕。

1978 年，邓小平同志在各省、自治区和直辖市党委第一书记会议上指出，银行应当抓经济，要把银行作为发展经济的杠杆，“把银行办成真正的银行”。按照中央要求，1978 年人民银行从财政部独立出来，1979 年先后恢复了中国人民建设银行、中国农业银行和中国银行，并从人民银行中独立出来，1981 年成立了中国投资银行，1984 年成立了中国工商银行，初步形成以产业分工为基础的独立的专业银行组织体系。此外，成立了中国国际信托投资公司等非银行业金融机构，一些外资银行也开始在中国设立代办处。银行业方面形成了以中央银行为领导、专业银行为主体、多种金融机构并存的组织机构体系。在保险业方面，到 1980 年，中国人民保险公司已基本恢复基层机构，并实现了与人民银行的分离。1982 年中国人民保险公司开始复办生猪、棉花等农业保险险种，1986 年成立新疆生产建设兵团农牧业保险公司，开办种养殖农业保险业务。在资本市场方面，1982 年我国开始探索开展商业承兑汇票和银行承兑汇票的贴现业务，1984 年北京天桥百货公司在国内率先发行股票，1985 年工商银行、农业银行开始发行金融债券，1987 年出现有价证券的转让业务，这些为建立我国证券市场打下了基础。

1983 年制定了《国务院关于中国人民银行专门行使中央银行职能的决定》，明确人民银行的中央银行地位，负责制定实施货币政策并履行金融监管职能。1984 年，人民银行实施存款准备金制度，不断加强利率管理，逐步建立起统一计划、分级管理的信贷管理体制，并允许专业银行实行存贷差额挂钩、多存多贷，1987 年人民银行将贷款总规模和货币供应量作为两项控制指标，进一步搞活微观金融活动。此时的人民银行履行对银行业、证券业、保险业及信托业的集中监管职能。这一时期，金融体制改革与城市价格改革、国有企业改革等相融相生。在从计划经济向市场经济转型的过程中，一方面专业银行承担了很多政策性业务，再加上现代企业制度缺失，采取多级法人制度，造成银行不良资产比重偏高，资本充足率降低，抗风险能力减弱，经营出现困难；另一方面，人民银行的金融宏观调控机制尚不健全，管理经验不足，对金融市场和金融机构的规范化监管不够，经济运行中的通货膨胀和市场疲软现象交替出现。

在农村金融改革方面，中国农业银行于1979年恢复设置后，迅速在基层建立营业机构，并实现了与县级人民银行的分离，1980年底，农业银行县级支行达到2200多个，各级分行和营业所近2.6万个。按照国务院《关于恢复中国农业银行的通知》，“农村信用合作社是集体所有制的金融组织，又是农业银行的基层机构”，农业银行在加强基层机构建设的同时，开始对全国5.9万个农村信用社进行整顿，履行管理职责。1980年中央财经领导小组在讨论银行工作时提出，“把信用社下放给公社办不对，搞成官办的也不对，这都不是把信用社办成真正集体的金融组织”。1984年中央一号文件进一步明确提出，要把信用社“真正办成群众性的合作金融组织”。按照去官办、恢复合作经济性质的思路，农业银行逐步推动信用社管理体制改革，着重恢复信用社合作金融性质，加强合作社的民主管理、灵活经营。此时的农业银行和信用社在全国的营业机构超过8.5万个，成为我国农村金融服务的主要力量。这一时期，农村信用社虽然可以自主开展业务，但基本是按农业银行规定发放贷款，亏损由农业银行补贴，信用社作为农业银行基层机构的性质没有改变，恢复信用社合作性质没有取得实质性进展。

在恢复农业银行、农村信用社的同时，农村合作基金会作为一种新的农村资金互助形式逐步发展起来。20世纪80年代，生产大队、生产队改为村集体经济组织后，为弥补农民生产融资难，一些地方探索成立农村合作基金会。1987 年，在中共中央、国务院出台的农村改革文件中，明确提出进行农村金融服务改革，允许发展多样化的资金融通方式。文件提出，“一部分乡、村合作经济组织或企业群体建立了合作基金会；有的地方建立了信托投资公司。这些信用活动适应发展商品生产的不同要求，有利于集中社会闲散资金，缓和农业银行、信用社资金供应不足的矛盾，原则上应当予以肯定和支持”。此后，农村合作基金会在全国迅速发展。为规范合作基金会发展，1991 年农业部制定了《关于加强农村合作基金会规范化制度化建设若干问题的通知》，明确农村合作基金会由乡村集体经济组织及成员按照自愿互利、有偿使用的原则成立，通过对本集体的资金进行管理融通、调剂余缺，支持本乡村范围内农户和企业发展生产，同时规定基金会不对外吸收存款和发放贷款。截至 1993 年年底，全国共建立农村合作基金会 12.8 万个，其中乡镇级 1.8 万个，村级 11 万个，筹资总额 255 亿元，累计投放 305 亿元，资金主要用于支持农业生产。

20 世纪 90 年代中期，一些农村合作基金会在发展方向上出现偏差，有的在管理集体资金的同时吸收了农户和社会闲散资金，有的发行了内部股票，一些发展不规范的基金会的内部管理、风险防范等问题逐渐显现出来。一部分农村合作基金会成为县乡政府的“小金库”，跨区域调动资金的情况时有发生，大量贷款投向了非农业领域，再加上亚洲金融危机对整个宏观金融形势的影响，农村合作基金会的发展方向受到关注。1996 年制定的《国务院关于农村金融体制改革的决定》指出，目前相当一部分农村合作基金会以招股名义高息吸收存款，入股人不参加基金会管理，不承担亏损；基金会将筹集资金用于发放贷款，违反金融法规经营金融业务，隐藏着很大的风险。1997年，党中央制定了《关于深化金融改革，整顿金融秩序，防范金融风险的通知》，对清理整顿农村合作基金会作出规定，一方面明确不再新设农村合作基金会，另一方面规定现有基金会立即停办存贷业务，全面清产核资，经营良好、符合条件的并入信用社，资不抵债的全部清盘关闭。到2001年初，全国共清理整顿农村合作基金会超过2.85万个，其中经营状况良好被并入农村信用社的有6300多家，占清理整顿总数的22%。

农村合作基金会的发展历史，“其兴也勃焉，其亡也忽焉”，有经验也有教训。合作基金会能够在短时间内广泛地在农村生根发芽、快速发展的实践表明，农村合作金融组织接地气，有生命力，受到农民群众的欢迎，符合农业农村发展实际，在直接满足农户的生产经营资金需求，提供便捷、高效的农村金融方面具有优势。发展农村合作金融的方向无疑是正确的，对于缓解传统金融服务供给不足，推动构建多层次、适度竞争的农村金融服务供给体系有着积极意义。问题在于，对于不规范的合作基金会，在监管上滞后，农业部门缺乏管理金融的经验和人才，金融监管部门在一开始没有介入监管，这是值得认真总结的。农村合作基金会夭折，不能否定农村合作金融的发展方向。农村合作金融的健康发展是建立在强化监管基础上的，需要以金融监管部门为主，农业部门为辅，携手监管。这一条对于今后指导农村合作金融发展十分重要。

（三）发展攻坚阶段（1993年至2003年）

1993年，党的十四届三中全会作出了《中共中央关于建立社会主义市场经济体制若干问题的决定》，提出“加快金融体制改革”，“建立政策性银行，实行政策性业务与商业性业务分离”，“现有的专业银行要逐步转变为商业银行，并根据需要有步骤地组建农村合作银行和城市合作银行”。同年制定的《国务院关于金融体制改革的决定》，对完善中央银行宏观调控体系、组建政策性银行、建立现代商业银行经营机制、健全金融法律法规、强化金融监管等改革任务，提出了明确要求并作出具体部署。按照市场化方向，我国金融体制改革进入攻坚阶段。

建立健全金融法律法规体系，完善金融监管体制，是这一阶段金融改革的重要内容。1995 年，全国人大常委会先后制定了中国人民银行法、商业银行法、票据法、保险法、担保法，1998 年制定了证券法，2001 年制定了信托法，2003 年制定了银行业监督管理法、证券投资基金法，构建起我国支架性金融法律制度，为推动改革提供了坚实的法制保障。1997 年，亚洲金融危机爆发，党中央召开第一次全国金融工作会议，针对金融改革发展中的问题，提出要完善中央银行调控机制、规范金融市场秩序、强化风险防范。1998 年中国人民银行开始对商业银行实行资产负债比例管理，取消了贷款规模限制，实行计划指导、自求平衡的信贷管理体制，存款准备金、再贷款、利率、公开市场操作成为人民银行主要货币政策工具。这一时期，我国金融机构类型不断丰富，市场化改革取得重大进展。1994 年，国家先后成立了中国进出口银行、国家开发银行和中国农业发展银行，办理由原来专业银行承办的政策性业务。在剥离专业银行政策性业务的同时，国家推动专业银行逐步向商业银行转变，逐步建立以市场为导向的现代金融制度，并批准设立了交通银行、中信实业银行、招商银行等多家股份制商业银行以及区域性城市商业银行，同时允许在一些城市设立营业性外资金融机构，商业银行体系进一步发展。为实现专业银行转变为商业银行，提高资本充足率，恢复贷款能力，20 世纪 90 年代中期国有商业银行实行了全国统一法人改造，中农工建四大国有商业银行逐步上收分支行权利；

1999 年财政部分别出资 100 亿元成立了四大资产管理公司，先后剥离商业银行的不良资产 1.4 万亿元，使四大国有商业银行的资本充足率接近巴塞尔协定要求。在保险业方面，90 年代初中国人民银行要求保险业务与银行业实行分业经营、分业管理，1991 年设立了太平洋保险公司，1996 年国务院批准中国人民保险公司改制为中国人民保险集团公司，1998 年中国人民保险集团公司被拆分为中国人民保险公司、中国人寿保险公司和中国再保险公司，之后又批准设立了新华、泰康、华泰等多家股份制保险公司，到 1999 年，全国已有 28 家各类保险业金融机构。这一时期，农业保险采取商业化经营模式，农民缴费能力普遍较低，保险公司亏损严重，农业保险规模萎缩，发展徘徊不前。在资本市场方面，1990 年上海证券交易所成立，1991 年深圳证券交易所成立，资本市场进入规范化管理阶段。在监管体制方面，为适应银行、保险、证券分业经营，按照有关法律和中央金融体制改革的决定，先后于 1992 年成立了中国证监会、1998 年成立了中国保监会、2003 年成立了中国银监会，我国的金融监管体制实现了由人民银行集中监管向“一行三会”分业监管的转变。

为推动农村金融改革，1996 年国务院制定了《国务院关于农村金融体制改革的决定》，提出改革农村信用社管理体制、建立农村合作银行、办好农业银行、增设中国农业发展银行分支机构、完善各类农业保险机构等改革任务。这一时期，我国农业政策性银行快速发展。1994 年中国农业发展银行设立后，迅速在全国建立起组织机构体系，支农服务以粮棉油购销储贷款等政策指令性业务为主，辅之以农业农村基础设施建设贷款等政策指导性业务和农业产业化贷款等自营性业务。作为政策性银行，农业发展银行采取“政府主导、实体承贷、财政资金与政策性信贷资金合力支农”的资金运作模式，对农业贷款项目坚持优惠利率，让利于“三农”，成为金融支农服务的重要一极，推动我国初步形成了政策性、商业性、合作性金融“三位一体”的金融支农服务体系。这一时期，农村信用社成为金融支农主力军。为应对亚洲金融危机，1997 年的中央金融工作会议要求“各国有商业银行收缩县及县以下机构”，1998 年至 2002 年，四大国有商业银行累计撤并了 3.1 万个县及县以下机构或网点，同时随着法人改造和上收分行权利，包括农业银行在内的国有商业银行将服务重点放在了城市，这为农村信用社的快速发展提供了契机。1996 年，农村信用社脱离中国农业银行管理，凭借机构网点优势逐步发展成为农村金融服务的主力军。截至 2002 年年底，全国共建立市县法人农村信用社 2453 家，机构网点超过 5 万个，农业贷款余额 5579 亿元、农户贷款余额 4219 亿元，农业贷款占同期全国农业贷款投放总量的 81%。这一时期，国务院对农村信用社改革的要求是恢复合作性，同时“在城乡一体化程度较高的地区，已经商业化经营的农村信用社，经整顿后可合并组建成农村合作银行”，但到 2002 年全国尚未出现改制为农村合作银行的信用社。农村信用社改革基本沿袭了农业银行管理时期的商业化经营模式，既没有恢复合作制发展方向，又没有真正实现商业化转型，信用社发展陷入“两不像”的尴尬境地。由于产权关系不明晰、法人治理结构不完善、历史包袱沉重，到 2002 年底，全国农村信用社的不良贷款比例高达 37%，资本充足率仅为 -9%。

（四）深化改革阶段（2003 年至今）

2003 年，党的十六届三中全会通过了《中共中央关于完善社会主义市场经济体制若干问题的决定》，明确将深化金融企业改革、健全金融调控机制、完善金融监管体制作为金融改革的主要任务，并提出“探索建立政策性农业保险制度”。在金融企业改革方面，2004

年成立中央汇金公司，通过购买增发股份方式，剥离国有银行不良资产，充实资本金，加快了国有商业银行股份制改造进程。2004 年，中国银行、中国建设银行率先实施股份制改造，2005 年工商银行完成股份制改造，2009 年农业银行完成股份制改造，至此我国国有商业银行股份制改造基本完成。之后，商业银行又经历了在 A 股、H 股上市，资产总规模不断增长，商业银行体系和服务能力不断壮大。2013 年国务院制定了《国务院办公厅关于金融支持经济结构调整和转型升级的指导意见》，明确提出允许民间资本发起设立民营银行，2014 年中国银监会批准了三家民营银行的筹建申请。在健全金融调控机制方面，2007 年美国次贷危机引发国际金融危机，为应对金融危机冲击，2008 国务院办公厅制定了《国务院办公厅关于当前金融促进经济发展的若干意见》，对金融调控措施进行针对性调整。这一时期，中国人民银行灵活运用公开市场操作、利率、存款准备金率等货币政策工具，促进货币信贷稳定增长，同时应对商业银行信贷扩张动力，把信贷总量增加与优化信贷结构结合起来，把信贷投放与经济结构转型结合起来，引导银行将更多新增信贷资源投向“三农”和中小企业，不断增强金融服务实体经济的能力，防止金融机构脱实向虚。在金融监管方面，为应对金融控股集团和金融混业经营的发展，2013 年建立起由中国人民银行牵头，银监会、证监会、保监会等部门共同参与的金融监管协调部际联席会议制度，强化对跨行业、跨市场金融活动的监督管理，加强对影子银行和互联网金融监管，促进新兴金融业态规范化发展。

这一时期，党中央、国务院将农村金融作为金融工作的重点，推动解决农村金融领域的重点难点问题。2008 年，党的十七届三中全会确立了建立现代农村金融制度的目标，提出要“加快建立商业性金融、合作性金融、政策性金融相结合，资本充足、功能健全、服务完善、运行安全的农村金融体系”。按照十七届三中全会精神，全国人大农业与农村委员会自2008年起先后协调推动了广西壮族自治区田东县、安徽省金寨县开展农村金融综合改革试点，为进一步深化农村金融改革积累了可复制、易推广的经验。在2016年的中央扶贫工作会议和老区工作座谈会上，习近平总书记两次对田东县的金融改革给予肯定和表扬。

这一时期，我国农村金融改革取得了显著成效。一是传统金融机构稳健发展。2003年，国务院制定了《关于深化农村信用社改革试点方案》，启动了新一轮信用社改革，重点是产权制度和管理体制改革，目标是稳定县域法人机构，并将其积极稳妥改制为农村商业银行。为化解信用社历史包袱，中央政府通过财政补贴、税收减免、专项票据置换等方式，安排2690亿元处置不良资产，到2012年全国农村信用社资本充足率达到11.8%，不良贷款率下降为4.5%。在清产核资基础上，各地根据信用社实际情况分类实施多元化的产权制度改革，符合条件的农村信用社逐步改制为股份制农村商业银行或股份合作制农村合作银行，并成立省级联社履行协调服务职能，信用社管理权限划归省级政府。在深化农村信用社改革的同时，包括农业银行在内的商业银行逐步回归农村金融市场，在县及县以下增设机构网点；2007年中国邮政储蓄银行成立，通过在农村地区开展以小额贷款为主的微贷业务，在一定程度上推动资金回流农业农村；2009年农业银行开始“三农金融事业部”改革试点，积极探索服务农业农村的商业化运作模式；2015年国务院批复同意农业发展银行深化改革方案，明确以政策性业务为主的改革方向，对政策性和自营性业务实施分账管理、分类核算。二是新型农村金融机构不断涌现。2006年，为弥补传统金融机构对农村金融服务的供给不足，推动建立适度竞争的农村金融市场，国家逐步放宽了农村地区银行业机构的准入条件，允许产业资金和民间资本在农村地区参与新设银行，开办村镇银行、农村资金互助社、贷款公司等新型农村金融机构，各地也开始纷纷设立小额贷款公司，成为传统金融机构的有益补充。在农村合作金融发展方面，出现了农村资金互助社、贫困村资金互助组织、农民专业合作社内部信用合作等不同类型的合作金融机构，在农村合作基金会被清理整顿后，我国新型农村合作金融发展进入了一个新的时期。三是政策性农业保险快速发展。2007年中央财政首次对农业保险给予保费补贴，给予税收优惠政策，2012年国务院制定了农业保险条例，依法明确了政策性农业保险的发展方向。在财税政策的支持下，我国政策性农业保险快速发展，覆盖面不断扩大，保险险种不断丰富。四是农村金融政策扶持体系初步建立。2008年国家开始实施涉农贷款增量奖励政策和定向费用补贴政策，对特定农村金融机构或特定农村金融业务实施税收优惠政策，人民银行通过实施差别化货币政策，金融监管部门通过设立市场准入“绿色通道”、免征金融监管费，进一步增加金融机构支农服务能力。五是农村金融监管制度健全完善。2007年中国人民银行制定实施了涉农贷款专项统计制度，2010年又制定了《关于鼓励县域法人金融机构将新增存款一定比例用于当地贷款的考核办法》，为监测和引导涉农贷款投放打下基础。监管部门建立起“事前有承诺、事中有监测、事后有考核”的农村金融监管制度，严格防范农村金融风险，同时实施差别化监管政策，调动金融机构支农服务积极性。六是农村金融环境逐步改善。2009年，国家启动偏远地区金融机构空白乡镇金融全覆盖工作，累计解决全国1249个乡镇的金融机构空白和708个乡镇的金融服务空白问题。人民银行积极推动农村信用体系、农村地区支付清算体系建设，大力改善农村信用环境和支付环境。金融机构不断创新农村金融产品和服务，涉农企业直接融资水平有所提高，农村金融服务满意度有一定的提升。

长期以来，我国以传统农业生产为主要方式，农业农村经济面临来自经济再生产和自然再生产带来的双重风险，农户分散经营、经济规模小，生产要素流动性程度不高，农村金融市场基础薄弱。我国的农村金融改革始终围绕健全体系、强化服务、加强监管等多线开展，体制内正规金融机构自上而下的改革与体制外合作金融机构自下而上的改革探索并行推进，说明农村金融服务的整体性、系统性有一定提高。单靠某一方面的改革都难以奏效，局部改革也难以持久。

曲折的农村金融改革历程表明：完全依赖市场机制，无法培育出农村经济发展所需要的金融市场；发展农村金融服务，既要发挥市场对金融资源配置的作用，又要加强政府的宏观调控，弥补农村金融服务的天然缺陷和制度缺陷；农村金融服务，单靠传统正规金融一条腿走路是走不远的，必须发育多元化的金融服务体系，有效监管基础上的适度放开是切合实际的选择；缓解乃至解决农村金融服务问题，需要加强制度的顶层设计；促进金融资源均衡分配，构建多层次、多形式、运行高效、功能完善、适度竞争的农村普惠金融体系，农村金融立法势在必行。

有观点认为，农村金融服务是世界性难题。这个认识有对的一面，因为这个问题确实复杂，农村金融服务的特点与资本的逐利性背离，“雪中送炭”与“锦上添花”在市场环境中难以共生同存。这个认识也有不准确的一面，因为国外不乏缓解乃至解决农村金融服务难题的先例，再加上我们的制度优势，农村金融服务不应是无解之题，不应因“世界性难题”而放松改革努力。

二、农村金融是普惠金融的主战场

2013 年，党的十八届三中全会作出了《中共中央关于全面深化改革若干重大问题的决定》，提出了“发展普惠金融”的要求。普惠金融是联合国在“2005 年国际小额贷款年”提出的概念，尽管目前还没有一个严格、清晰和公认的界定，但其指向是有共识的，就是旨在构建为社会所有阶层和群体提供服务的金融体系，让金融服务向低端层次延伸，使农民等弱势群体和小微企业能够平等地享受金融服务，分享经济增长的成果。普惠金融是公平性金融，普惠金融面向弱势群体和小微企业，解决他们无法享受主流金融机构的金融服务问题，是对金融排斥的补充和矫正；普惠金融是便捷性金融，普惠金融的服务模式灵活，提供的金融产品针对性强，可以较好地解决金融服务供需双方的信息不对称问题；普惠金融是多层次的金融，无论大、中、小金融机构，无论商业性、政策性、合作性金融机构，都可成为普惠金融实施主体；普惠金融是能够可持续发展的金融，普惠金融不是救济式扶贫，是履行社会责任实现包容性增长与商业可持续原则的有机结合，在实现商业可持续的同时履行社会责任，实现金融机构社会效益和经济效益的“双赢”。

农村金融是我国发展普惠金融的主战场。改革开放以来，我国经济社会实现了持续快速发展，农民生活水平显著提高，农业为国家工业化建设提供了坚实的基础，农村的土地、资金、劳动力资源不断流入城市，为国家经济高速发展提供了重要支撑，但与经济发展、城市繁荣形成鲜明对比的是，我国城乡区域发展不平衡、城乡居民收入不公平问题依然存在，体现在金融服务领域，就是城乡金融资源配置不均衡。发展农村普惠金融，就是要让改革开放和经济发展的红利惠及农业、农村和农民，就是要推动工业反哺农业，城市反哺农村，实现城乡融合发展。

发展农村普惠金融，涉及普惠金融机构、普惠金融服务和普惠金融机制三个层面，既要明确“谁来干”和“干什么”的问题，更要解决“怎么干”的问题，在确保基础金融服务可获得性和便捷性基础上，赋予“三农”平等的贷款权，使涉农服务增速、户数、申贷获得率维持在合理区间。

（一）农村普惠金融的供给力量

目前，我国共有银行业法人金融机构4200多家，包括3家政策性银行、5家国有大型商业银行、12家全国性股份制商业银行、1家邮政储蓄银行、5家民营银行、1373家农村信用社、859家农村商业银行、71家农村合作银行、1311家村镇银行、133家城市商业银行等。中国农业发展银行在全国设有营业网点2017个，其中县级支行有1677个；国家开发银行设有37家分行和3家二级分行；大型国有商业银行有6.98万个营业网点，其中中国农业银行有各类机构网点2.35万个，县域网点1.27万个；邮政储蓄银行有4万个机构网点，2.8万个分布在县及县以下地区，农村网点数量超过70%；农村信用社、农村商业银行、农村合作银行的营业网点超过7.8万个，村镇银行有网点3961个。此外，全国有农村资金互助社48家，有1112个县的2.3万个村开展了贫困村互助资金试点，全国开展信用合作的农民专业合作社有2159家，供销合作社系统领办、参与的资金互助合作组织有502家。我国还批准设立了14家贷款公司、44家金融租赁公司、190家内资融资租赁试点企业、8879家小额贷款公司以及7340家融资担保机构等。

在保险业方面，目前我国共有中资保险集团公司、财产险保险公司、人身险保险公司、再保险公司等各类保险业金融机构126家，县级支公司2.39万个，其中经营政策性农业保险的机构已有26家，多数省份有3家以上的农业保险经办机构，全国共建成农业保险基层服务网点2.3万个、村级服务点28万个，农业保险服务点乡镇覆盖率达到93%，村级覆盖率达到48%。

在证券、期货业方面，我国设有上海证券交易所、深圳证券交易所和全国中小企业股权转让系统等3家全国性证券交易场所，设有上海期货交易所、郑州商品交易所和大连商品交易所等3家商品期货交易所，以及1家金融期货交易所即中国金融期货交易所。目前全国共有证券公司126家、基金管理公司101家、基金专户业务子公司79家；期货公司150家、资产管理业务子公司11家、风险管理子公司51家。

（二）农村普惠金融的服务现状

在涉农贷款投放方面，截至2016年底，我国银行业金融机构涉农贷款余额28.2万亿元，占全部贷款余额总量的26.5%，其中农户贷款余额7.1万亿元、农林牧渔业贷款余额3.7万亿元，分别占涉农贷款总量的25.2%、13%。从不同类型金融机构分析：大型商业银行、股份制商业银行和邮政储蓄银行涉农贷款投放占比约为44%；农村信用社、农村商业银行、农村合作银行、村镇银行等农村中小金融机构占比约为31%；农业发展银行、国家开发银行占比约为23%。从各个金融机构分析：2016年农村信用社、农村商业银行、农村合作银行的农户贷款余额3.96万亿元，占全国农户贷款余额总量55.7%，在满足农户贷款需求方面发挥着主力军作用；农业银行涉农贷款余额2.55万亿元，占全国涉农贷款余额总量的9%，是大型商业银行涉农贷款投放的主力；村镇银行涉农贷款余额5550亿元，占全国涉农贷款余额总量的1.97%。此外，尽管新型农村合作金融组织发展迅速，但尚处于起步阶段，服务能力仍有待进一步提高。目前，全国48家农村资金互助社的资产总额为27.5亿元，累计发放农户贷款106亿元，2015年农户贷款余额16.2亿元，占其全部贷款余额的 97%；2.3 万个贫困村资金互助组织的资金总规模 60.1 亿元，累计入社农户 191.2 万户，累计发放借款 140.6 亿元，贫困户借款占比平均 51%；2159 家专业合作社内部信用合作累计筹资 36.9 亿元，累计发放贷款 42.4 亿元，全部用于成员发展农业生产；502 家供销合作社系统领办、参与的资金互助合作组织股金总额 33.2 亿元，累计发放借款 51.8 亿元。

在农业保险服务方面，农业保险承保农作物品种达到 211 个，有中央财政保费补贴的农业险种有 15 个，此外还开办了有财政补贴的农房保险、农机保险、涉农贷款保证保险等涉农保险险种。2007 年到 2016 年，农业保险保费收入从 51.8 亿元增长到 417.12 亿元，风险保障金额从 1126 亿元增长到 2.16 万亿元，承保农作物从 2.3 亿亩增长到 17.21 亿亩，累计向 2.4 亿户次农户支付赔款 1544 亿元。

在证券服务方面，近年来涉农企业在证券市场开展直接融资活动不断加强。2016 年，有 4 家涉农企业首发上市，融资总额 16.4 亿元，33 家涉农企业实现再融资，融资总额 331.4 亿元，涉农企业共发行债券 48 只，融资 344.1 亿元。自全国中小企业股权转让系统设立以来，先后有 386 家涉农企业挂牌，2016 年实现融资 39.5 亿元。在期货服务方面，目前我国已成为全球最大的农产品期货市场，农产品期货品种有稻谷、小麦、玉米、棉花、豆油、白糖、天然橡胶等 11 个，全世界成交量最大的 10 个农产品期货合约中有 7 个来自我国，一些涉农企业及组织利用期货市场的发现价格和套期保值功能，发展农业生产，规避市场风险。

（三）农村普惠金融面临的主要问题

贷款难、贷款贵，金融服务的获得感不强，仍是农村的普遍反映，表现为四对矛盾：一是资本的逐利性与农业的弱质性、农民的弱势性之间存在矛盾。农业是弱质产业，农民的融资和抗御风险能力低，使农村金融服务具有周期长、成本高、风险大、收益低的特征，而金融资本的逐利性决定了信贷资金总是流向收益高的地方，天然地具有离农倾向，不会自动惠及农民等弱势群体。二是金融机构功能定位与培育适度竞争、功能互补的农村金融市场目标之间存在矛盾。农村金融市场仍是门槛高、准入难、竞争不充分的市场，传统金融机构处于垄断地位，商业银行受市场化经营和绩效考核压力的影响支农服务积极性不高，部分信用社改制后出现脱农倾向，政策性金融机构资金来源单一，经营范围受限，新型农村合作金融组织刚刚起步，难成气候，各类金融机构在服务领域和支持重点上既有交叉，又有空白，供给不足和质量不高现象并存。三是农村金融政策与建立金融支农长效机制之间存在矛盾。解决农村金融市场失灵问题，需要通过政府调控，在分散风险、农业保险、损失补偿、信贷担保等方面给予政策扶持，实现财税政策与农村金融政策的有效衔接。当前的财税优惠政策在扶持对象、受益期限、覆盖范围等方面还有局限性，政策的稳定性不够，难以给予金融机构履行支农责任以长期稳定的政策预期，尚未形成支农服务的长效机制。四是农村金融监管目标与提高农村金融服务效率之间存在矛盾。金融服务以信用为基础，但长期以来我国农村信用环境的缺失，不仅在一定程度上制约了农村金融发展，也使得农村金融监管以维护金融稳定为主要目标，过于注重安全而忽视了效率。农村金融服务与城市有较大区别，需要在安全和效率之间寻求平衡，既要对合规性进行监管，又要对有效性进行监管，实施差别化的农村金融监管政策。

三、立法是农村金融服务助推实施乡村振兴战略的必然选择

破解农村金融服务瓶颈问题，需要在市场经济体制下继续深化农村金融改革；需要统筹规划，综合施策；需要具有权威性、约束力的法治保障。

（一）农村金融立法是落实党中央农村金融政策的明确要求

党的十九大报告提出要实施乡村振兴战略，提出了十多项改革发展任务。农业是国民经济的基础，是关系国计民生的根本性问题，农村稳定是国家社会稳定的基石，农民全面进入小康，是全面建成小康社会的重要组成部分，没有农民的小康，就没有全国的全面小康。党中央始终把解决好“三农”问题作为全党工作的重中之重。农村金融立法要服务于这个大局。

自2004年以来，每年的党中央一号文件都将推进农村金融改革创新，提升农村金融服务水平作为解决“三农”问题的重要途径，在完善组织体系、创新服务产品、分散化解风险、加强财税与金融政策互动、改善金融环境、加强基础设施建设等方面全面推动农村金融改革。2014年，党的十八届四中全会将农业、金融作为全面推进依法治国的重点立法领域，2015年、2017年中央一号文件明确要求，要“积极推动农村金融立法”。

党中央关于农村金融的方针政策，既是推动农村金融改革发展的政策依据，也是农村金融立法的重要遵循。立法要将党中央的农村金融政策法律化，提高政策执行的权威性和约束力，确保党的农村金融政策落地生根。

（二）农村金融立法是深化农村金融供给体系改革，补齐“三农”短板的重要途径

农业农村现代化是四个现代化中的短板，农民小康是全国全面

小康的短板。要通过立法健全完善农村金融供给体系，为现代农业转型发展和农业供给侧结构性改革提供资金支持，为深化农村改革提供动力。

农村金融立法的根本目的，就是要用法律手段推动构建服务“三农”的普惠金融供给体系，实现城乡要素的平等交换和金融资源的均衡配置，引导金融机构提高农村金融服务质量和效率，推动更多金融资源向农业、农村和农民倾斜，助力全面建成小康社会和打赢脱贫攻坚战。

（三）农村金融立法是破解农村金融体制机制问题，推动农村金融持续健康发展的必然选择

通过立法将经过实践检验的农村金融改革经验制度化和规范化，有利于巩固金融改革成果，推动农村金融改革在法治轨道上进一步深化，有利于厘清政府与市场的边界，进一步释放改革红利和市场活力，有利于破解束缚农村金融发展的体制机制问题，推动建立农村金融服务长效机制。

立法法规定，国家基本经济制度以及金融基本制度，须采取法律的形式加以规范，尚未制定法律的可以对部分事项先行制定行政法规。与国家整体金融体制改革和金融立法相比，我国的农村金融体制改革相对滞后，农村金融专门立法还是空白。农业法等涉农法律中只对农村金融发展提出了原则性要求，约束力不强。行政法规中只有农业保险条例，且侧重于政策性农业保险。农村金融制度建设和服务管理主要依靠大量的政策文件及部门规章规范。农村金融立法滞后是造成农村金融服务政策预期不稳定的重要原因之一。

农村金融法治化的关键是明确农村金融供需双方、金融监管部门、各级政府及相关部门的权利义务。通过农村金融立法，规范金

融宏观调控和监管部门依法行政，确保各类金融机构依法服务“三农”，建立有利于农村金融发展的法治环境，推动形成各方参与、协调配合、共同发力的服务格局。

四、建立激励与约束并重的农村金融法律制度

农村金融立法要坚持问题导向，从给予优惠政策、建立激励机制和明确支农责任、建立约束机制两方面入手，推动建立激励与约束并重的农村金融法律制度。

（一）公平准入、适度竞争

目前，农村金融服务的供给主体包括合作性、商业性、政策性、开发性等各类性质的金融机构，所提供的农村金融服务包括信贷、融资、保险、期货、担保、征信、支付等不同类型的服务项目。农村金融立法，应当着眼于依法规范和发育各类农村金融市场主体，推动建立公平准入、竞争适度的农村金融供给体系。应当适度放宽农村金融机构市场准入门槛，吸引更多社会资本到农村地区投资设立机构。推动农村地区金融机构多样化、专业化发展，形成不同类型金融机构定位清晰、功能互补、错位发展的经营服务格局。

从当前我国农村金融服务发展的现实情况出发，农村金融立法应当将推动建立农村合作金融发展机制作为完善农村金融供给体系的重要任务。农村合作金融要立足农村，贴近农民，信息渠道通畅，服务效率高。发展农村合作金融是国外改善农村金融服务的普遍做法，我国农村金融改革实践也表明，农村合作金融有利于完善农村金融市场结构，有利于弥补传统金融支农服务供给不足，特别在满足农民融资需求方面发挥着不可替代的作用。近年来，党中央多次强调推动新型农村合作金融组织发展，实践中，农村资金互助社、

贫困村资金互助组织、农民专业合作社内部信用合作等新型合作金融组织已经萌芽发育，受到农民普遍欢迎。对于新型农村合作金融组织，早规范早受益，如果不能规范发展，很可能重蹈历史上农村合作基金会的覆辙。

推动建立农村合作金融发展机制，需要通过立法规范以下四个方面：一是依法赋予各类新型农村合作金融组织市场主体地位，规范和引导合作金融组织根据自身机构性质，到工商管理或民政部门办理注册登记；二是依法明确新型农村合作金融组织的经营管理原则，坚持成员制、封闭性、自愿设立、民主管理的合作经济原则；三是按照“谁审批、谁监管、谁负责”的原则，依法明确各类新型农村合作金融组织的监督管理职责和风险处置责任；四是依法规范农村合作金融组织的业务范围和资金使用，明确其主要开展针对社员农业生产经营活动的资金融通，不得向非成员吸收存款、发放贷款及办理其他金融业务。

（二）明确任务、强化约束

党的十八届三中全会提出，“保障金融机构农村存款主要用于农业农村”。在农村地区吸收存款的金融机构，都应当承担相应的贷款投放义务，金融支农是各类金融机构应当共同承担的社会责任。推动建立金融支农责任约束机制，依法明确各类金融机构应当履行的支农责任，是农村金融立法的核心内容。通过立法建立支农责任约束机制，需要在法律规范上规定可考核、可激励、可约束的量化指标，引导、激励金融机构将吸存资金的一定比例用于“三农”（县域）。

一是通过立法设定商业银行涉农贷款投放比例。划定涉农贷款投放比例是国外农村金融立法的一个重要内容，印度的《银行国有化法案》规定，商业银行必须将贷款的一定比例用于农业农村，印度储备银行建立了“优先发展贷款”制度，规定商业银行必须将全部贷款的40%投向农业、中小企业、出口等国家优先发展的行业，其中贷款的18%必须投向农业及相关产业。菲律宾通过立法要求所有金融机构把25%的增量贷款发放给农业部门。泰国的投资促进法规定，商业银行吸收的存款必须拿出13%发放农村贷款，投放不足的应将差额部分拨付给农业合作银行。

农村金融立法设定涉农贷款投放比例，需要考虑的一个问题是设定强制性指标，还是鼓励性指标。从目前相关的管理规定看，银监会2009年制定的《中国农业银行三农金融事业部制改革与监管指引》（已被修改）要求，“中国农业银行在县域内组织的资金应主要用于县域。三农金融事业部的新增贷款占其新增存款的比例在财务重组完成次年原则上应达到50%，五年内贷款余额占其存款余额的比例应争取达到50%以上。”中国人民银行2010年制定的《关于鼓励县域法人金融机构将新增存款一定比例用于当地贷款的考核办法》，采取了鼓励性指标，该办法将年度新增贷款占年度新增可贷资金比例大于70%的县域法人金融机构考核为达标县域法人机构，达标机构享受相关扶持政策，目前参与考核的农村信用社、农村商业银行、农村合作银行、村镇银行等四类县域法人金融机构的达标率达到75%以上，为增加县域贷款投放发挥了积极的引导作用。

设定强制性指标具有强约束力，但还需要把握好金融机构市场运作与非市场化制度安排之间的关系以及“度”。考虑到商业银行独立开展市场化经营、自负盈亏，如果农村金融立法硬性规定涉农贷款投放比例，可能会造成一些商业银行为避免主动违法而选择退出农村金融市场，或可能造成金融机构经营状况出现恶化。鉴于此，农村金融立法可以将涉农贷款投放比例设定为鼓励性指标，对达到比例要求的，规定享受相应的优惠政策。同时，在设定具体指标时，可以根据县域法人金融机构、农业银行县域三农专营机构及其他商业银行的县域分支机构涉农贷款投放的实际情况，作出分层次、递进式的制度安排，在防止涉农金融机构脱农离农的同时，推动更多的商业银行开展支农服务，引导资金回流“三农”。

鼓励金融机构向社区、乡镇延伸服务，要合理扩大基层金融机构信贷审批权限。商业银行要把涉农金融服务有效延伸到县域和基层，大中型商业银行要率先设立和做实普惠金融事业部。

二是通过立法明确农村信用社的市场定位和宗旨，防止改制后的信用社“脱鞋上岸”。农村信用社、农村商业银行和农村合作银行是农村金融服务的主力军。当前，农村信用社正在逐步向商业化转变，搞活经营、发展壮大是好的一面，但改革不能脱离服务“三农”的根本方向。要通过农村金融立法，明确农村信用社立足县域、服务农业、农村和农民的市场定位，明确农村信用社优先为当地农民和农业生产经营组织提供信贷服务的经营宗旨，防止改制后的农村信用社离农弃农。保持农村信用社和农村商业银行县域法人地位总体稳定，深化省联社改革，强化服务功能。

三是通过立法规范政策性和开发性金融机构支农服务重点，不断拓宽支农服务领域。作为我国农村金融供给体系的重要组成部分，农业发展银行、国家开发银行发展中面临着资金来源不稳定、资金运用约束不够、风险分担机制不明确等问题。针对上述问题，农村金融立法要对其职责定位、业务范围、运营机制等作出规范，明确农业发展银行、国家开发银行的支农重点领域，推动建立政策性、开发性业务的风险补偿机制，规范自营性业务的发展方向，引导其不断加强对农业农村重点领域和薄弱环节的信贷支持力度。

四是为金融精准扶贫提供法律支持。确保现行标准下的贫困人口到2020年全部实现脱贫是全面建成小康社会的底线任务，金融精准扶贫是拓宽扶贫资金渠道，助力打赢脱贫攻坚战的重要举措。农村金融立法要立足于发挥金融精准扶贫的积极作用，明确金融机构落实脱贫攻坚责任的相关规定，明确金融机构开展金融精准扶贫的激励措施，鼓励各类金融机构创新金融扶贫方式和产品，引导信贷资金和社会资金更多的投入扶贫领域。要加快贫困地区基础金融服务普及和信用体系建设，精准对接贫困地区特色产业金融需求，推动政策性农业保险优先向贫困村和贫困户倾斜，支持贫困地区利用各种融资模式开展公益性基础设施建设。2020 年决胜脱贫攻坚以后，这些地区仍有发展不均衡、不充分及发展滞后的问题，立法不是权宜之计。

（三）加强扶持、激励引导

综合运用财政、税收扶持政策和货币政策工具，有利于增强金融机构的支农服务能力，是降低金融支农成本的有效途径，有利于调动金融机构的支农服务积极性，是推动金融机构由“要我做”向“我要做”转变的重要手段，给予农村金融长期稳定的政策扶持，也是金融机构的普遍呼声。农村金融立法要推动建立农村金融激励引导机制，在给予金融机构稳定政策预期的同时，帮助金融机构降低经营成本并获得合理经济回报，实现支农服务的可持续发展。

通过立法建立农村金融激励引导机制，要与金融机构履行的支农责任结合起来，在具体制度设计中，作出指向性规定，优先扶持达到涉农贷款比例的金融机构，优先扶持履行支农责任良好的金融机构，推动建立谁履行支农责任就扶持谁，谁履行支农责任力度大，谁享受的优惠就多的政策导向。

在财政扶持政策方面，我国农村金融财政扶持措施在改革实践中不断发展完善，目前国家通过实施涉农贷款增量奖励、定向费用补贴、涉农贷款贴息、建立政策性涉农融资担保机构、开展涉农贷款风险补偿等，支持各类金融机构开展农村金融服务。农村金融立法，一方面要将目前已有规定并经过实践检验的财政扶持政策以法律形式固定下来，增强扶持政策的长期性和稳定性；另一方面要把握好法律权威性与部门操作灵活性之间的关系，为国务院相关主管部门灵活执行具体扶持措施留出空间，在立法技术上可以采取授权性规定，明确由国务院或相关主管部门制定财政扶持政策的具体实施办法。

在税收优惠政策方面，2008年以来，国家先后实施了对金融机构农户小额贷款利息收入减按90%计算企业所得税纳税额；对种养殖业农业保险的保费收入减按90%计算企业所得税纳税额；对农户贷款、农村企业和各类组织贷款中的关注、次级、可疑、损失等四类贷款资产按规定比例提取的专项准备金，在计算企业所得税纳税额时予以扣除；对种植业农业保险险种按规定比例计提的巨灾风险准备金，在计算企业所得税纳税额时予以扣除；对金融机构农户小额贷款的利息收入免征营业税；对农牧保险项目免征营业税；对农村信用社、村镇银行、农村资金互助社、县域农村商业银行、农村合作银行的金融业收入，减按3%的税率征收营业税；对农业银行三农事业部发放的农户贷款、农村企业和农村各类组织贷款取得的利息收入，减按3%的税率征收营业税；对农林作物、牧业畜类保险合同免征印花税；对贴息贷款合同、金融机构与小微企业签订的借款合同免征印花税等税收优惠政策。从政策实施效果看，减免税收对企业利润具有较大促进作用，减免税额每提高1个百分点，企业利润率将提高0.26个百分点，税收优惠政策以营业税减免较多，减免总额占比超过60%，对减轻金融机构资金压力，改进金融机构经营绩效具有明显效果。

实现农村金融税收优惠政策的法制化，有两个问题需要深入研究，一是农村金融立法规定税收优惠政策的度，二是营业税改增值税对立法的影响。党的十八届三中全会决定提出，“税收优惠政策统一由专门税收法律法规规定”，农村金融法显然不属于专门的税收法律，对优惠政策规定到什么程度？自 2016 年 5 月 1 日起，我国营业税改增值税已在各行业领域全面实施，按照目前财政部、国家税务总局的相关规定，仅对农牧业保险收入免征增值税，原来减免效果明显的营业税优惠政策，大部分没有被纳入现行增值税优惠政策中，原来已有的优惠政策到期后是否继续执行？对于这两个问题，要本着实事求是、有利于发展的原则推动解决。首先，要坚定通过法律手段规范农村金融税收优惠政策的立法方向。税收优惠、财政扶持如同鸟之两翼，如果立法对税收优惠政策回避，既不符合党中央推动财税与金融政策有效衔接的明确要求，也会引起金融机构和社会公众对改革方向的疑虑，农村金融立法需要将税收优惠政策纳入其中。如果未经授权任由部门规章规定，潜藏着加大法律冲突，留存法律真空的风险，金融机构也难以形成稳定预期。其次，从党的十八届三中全会以后的立法实践看，由非专门税收法律规定税收优惠政策有先例。2016 年 3 月颁布的慈善法，不仅对税收优惠政策作出原则性规定，也包含具有操作性的条款内容。2017 年 9 月通过的修改后的中小企业促进法，对财税支持中小企业发展也有明确规定。鉴于此，农村金融立法规范税收优惠政策，在立法技术上可比照上述两法的做法，既要有规定，又要有度，如明确对符合规定的农村金融服务依法免征印花税、减征或者免征增值税、减按一定比例计算所得税纳税额、计算所得税纳税额时据实扣除等，其他的则留给制定或修改相关税收专门法律法规时规定。

在货币政策工具方面：按照中国人民银行法的规定，中国人民银行负责制定和执行货币政策，人民银行运用货币政策工具时，可以规定具体的条件和程序。农村金融立法要把握好与中国人民银行法等金融法律之间的关系，兼顾制定货币政策的统一性和运用货币政策工具的灵活性两方面。立法的重点是依法明确中国人民银行通过综合运用货币政策工具，鼓励和引导各类金融机构加大涉农信贷投放的职责，同时对实践中行之有效的差别化存款准备金率、定向降低存款准备金率、发放支农、支小、扶贫再贷款、优先办理涉农票据再贴现等货币政策工具进行原则规范，至于这些货币政策工具何时运用、如何运用，交由人民银行根据实际情况具体实施。

对服务“三农”的金融行为给予优惠政策，将产生巨大的“外溢性”，可能会成为解决农村金融服务难题的“牛鼻子”“总开关”，绝不可小视。

（四）差别监管、提质增效

实施差别化监管是党中央农村金融政策的重要组成部分，也是推动金融机构提高农村金融服务质量和效率的重要途径。实施农村金融差别化监管政策，前提是确保安全，要依法明确农村金融监管职责，有效防范农村金融风险；重点是提质增效，要从提高农村金融服务能力和水平出发，在安全和效率之间找到平衡点。

依法规范农村金融差别化监管政策，在制度设计上应包括以下三个方面：

一是推动建立涉农贷款靶向瞄准机制。建立靶向机制的关键是完善涉农贷款专项统计制度，要把握好农村金融服务与农业农村实体经济发展之间的关系，科学设定涉农贷款统计类别和标准，解决目前涉农贷款统计“虚胖”问题。涉农贷款统计应重点反映各类金融机构直接为农民、农村集体经济组织、农民专业合作社及其他新型农业生产经营主体提供的用于农林牧渔业生产及加工的贷款、直接用于脱贫攻坚的贷款、直接用于乡镇、村基础设施建设的贷款等核心指标。

二是推动建立农村金融效果评估考核机制。明确由金融监管部门对各类金融机构的支农服务效果进行定期评估、考核，主要指标包括金融机构的支农服务规模、利率或费率水平、农村网点建设情况、经营绩效等，评估、考核的结果将作为金融机构享受国家扶持政策的重要依据。同时，加强对农村金融扶持政策的实施效果评估，努力提高扶持政策的针对性和有效性。

三是推动建立差别化农村金融监管机制。针对不同类型金融机构的业务特点，对达到涉农贷款投放比例要求、履行支农责任良好的金融机构，依法制定和执行差别化的流动性风险监测指标，适当提高涉农贷款风险容忍度。实行有利于农村金融发展的市场准入政策，优先支持达标金融机构增设网点，优先办理其金融服务市场准入事项。

（五）优化环境、协同发力

开展农村金融服务，离不开良好的金融生态环境，需要包括农村金融服务供需双方、金融监管机构和各级政府及相关部门的共同努力。农村金融立法要推动建立农村金融生态环境建设机制。明确农村信用体系建设、支付结算体系建设职责，规范各类金融机构依法开展农村信用信息采集、信用评价活动，推动农村信用信息实现共享，推动改善农村支付结算条件，依法规范非银行支付机构开展农村支付服务。农村金融立法要推动建立农村金融权益保护机制。依法明确各级地方政府推动农村普惠金融发展，加强农村金融人才培养，宣传普及金融知识，查处金融违法行为的责任。一方面要保护好农村金融机构依法经营的权利，打击恶意逃废债行为，维护农村金融市场秩序；另一方面要保护好农村金融消费者的合法权益，保障消费者的知情权和选择权，畅通金融消费争议解决渠道。农村金融立法要推动建立农村金融服务风险分散机制。通过立法将农业保险条例的核心条款提升为法律规范，建立财政支持的大灾风险分散机制，促进农业保险和涉农贷款的融合发展，完善政策性农业保险制度。针对有效抵押担保物不足问题，构建国家融资担保基金、省级再担保机构、市县融资担保机构等三层政府性融资担保组织体系，加强农村产权交易市场建设，依法扩大农村有效担保物范围。推动建立农村金融责任追究机制，立法还要针对农村金融服务中的违法行为明确法律责任。

总之，农村金融立法要立足于发展完善适度竞争、责任明确、激励有效、差别监管、环境优化的农村金融体系，从推动建立合作金融发展机制、责任约束机制、激励引导机制、靶向瞄准机制、评估考核机制、差别化监管机制、权益保护机制、风险分散机制和责任追究机制等方面，作出有针对性的制度安排。农村金融立法要把握好推进农村金融改革创新与法律在一定时期内稳定性的关系，无论是建立约束机制，还是完善激励机制，最终目的都是为了确保金融机构不弃农、不脱农、不离农，推动金融机构多强农、多惠农、多利农。

农村金融改革发展情况的调研报告*

全国人大农业与农村委员会调研组

（2013 年 6 月）

为了配合全国人大常委会审议国务院关于农村金融改革发展情况的工作报告，全国人大农业与农村委员会有关负责同志于 4 至 6 月期间赴北京、山东、江苏、安徽、广东、重庆、吉林、河北等地实地调研，听取了有关省、市、县政府及相关部门的情况介绍，召开了有基层干部、农业产业化龙头企业、农民专业合作社和农民代表参加的座谈会，广泛深入地了解情况。现将有关情况报告如下：

一、基本情况

总体上看，各地按照党的十七届三中全会关于建立现代农村金融制度的要求，不断深化农村金融改革，金融促进“三农”和县域经济发展的作用不断增强，涉农贷款增速高于各项贷款平均增速，涉农贷款余额逐年增长。人民银行、财政部、税务总局、农业部、

* 注：2013 年 6 月，第十二届全国人民代表大会常务委员会第三次会议听取和审议了国务院关于农村金融改革发展工作情况的报告。为配合常委会审议该报告，全国人大农业与农村委员会开展了专题调研，本文系全国人大农业与农村委员会向常委会提交的调研报告。报告提出了适时启动农村金融立法的建议。

银监会、保监会等在指导、支持农村金融改革发展方面做了大量工作。农业银行、农业发展银行、农村信用社是涉农贷款的主力军，发挥着重要作用。农业银行积极发挥农村金融骨干作用，持续加大“三农”信贷投放，全行“三农”和县域贷款增速高于全行平均增速，同时积极开展“三农事业部”试点，探索面向“三农”与商业运作有机结合的新模式。农业发展银行积极支持农业农村基础设施建设。农村信用社改革深化，效果明显。

（一）完善农村金融组织体系

各地初步建立起商业性金融、合作性金融、政策性金融、新型农村金融组织相结合的农村金融服务体系。农村合作金融机构深化改革，有些组建为农村商业银行或农村合作银行，完善内部治理结构，提高了管理水平。目前，江苏省农信社改制为农村商业银行或农村合作银行的占93.5%，安徽省占70%。北京、重庆在全市范围成立了农村商业银行。农村合作金融机构立足基层，是农户贷款和农业贷款的主体。新型农村金融机构较快发展，全国已组建村镇银行876家，小额贷款公司覆盖率大幅提高，有的省份基本实现县域全覆盖。商业性银行回归县域新设网点，业务向农村延伸。农业银行重视涉农金融服务，加大贷款投放，不少市县支行设立了“三农事业部”。邮储银行经营业务转向存贷结合，涉农贷款业务逐步扩大。政策性银行拓宽支农业务范围，积极为农村建设服务。

农业贷款担保较快发展。北京、重庆成立了专门的农业担保公司，广东省有融资性担保机构390家，其中在县级机关登记的68家。涉农企业通过资本市场直接融资稳步增长，出现了一批境内外上市农业企业，融资水平有所提高。

（二）创新农村金融产品和服务方式

金融机构积极开展农村金融产品创新，积极开展进村入社区、阳光信贷、富民惠农金融创新等，以适应农村发展的需求。如：进一步做好小额信用贷款、联保贷款、农户贷款和个体工商户贷款；针对新农村建设和农村经济新增长点，开展“农家乐”、农民创业、农房建设贷款等；开发保单、仓单、商标权、专利权等质押贷款，探索开展林权、土地承包经营权、宅基地使用权抵（质）押贷款试点；针对农民专业合作社开展“社员联保 + 互助金担保”、“社员联保 + 专业合作社担保”、专业合作社管理成员个人财产担保等担保形式；依托大学生村官向农民宣传金融知识，设立村级金融服务站，创新金融服务农村的新方式。

（三）优化农村金融生态环境

建立农村征信体系，有利于解决金融服务中的信息不对称问题，也有利于推动良好社会道德行为的形成。广东梅州市、安徽金寨县、重庆巴南区等在农村金融改革试点中，当地政府和人民银行合作，建立涉及农户信息采集、评级、授信、贷款机制的征信系统，实现了征信中心与金融机构信息的互联互通。梅州市政府建立市级征信中心，在各个县（市、区）设立征信分中心，形成采集、评级、授信“一体化”的农户信用信息采集与评级系统。建立了全市统一的信用村（镇、户）评定标准和守信激励、失信惩戒制度，对信用评价高的农户实行贷款优惠措施。

以促进城乡基础金融服务均等化为目标，启动全国偏远地区金融机构空白乡镇金融全覆盖工作，解决了一批乡镇的金融机构空白和金融服务空白问题。一些地方开展电话“贷款直通车”业务，发放适合农民需要的银行卡，在乡镇和村庄增设 POS 机、电话支付终端等金融服务机具。完善支付结算体系，推进农村金融服务手段电子化、信息化，提高农村金融服务便利度。

（四）积极推进政策性农业保险

农业保险险种和覆盖区域逐步扩大，保险金额稳步提升。安徽省、江苏省种植业承保面积达到了90%以上。各地积极探索政策性农业保险模式，坚持政府引导和市场运作相结合，通过财政补贴、购买再保险等方式支持开展农业保险。北京市政府出台了政策性农业保险相关规定，对绩效评价、市场准入和监督管理等进行规范；市县（区）两级财政保费补贴比例最高为90%；建立多层次的风险分散机制，赔付率160%以下的风险由保险公司承担，160%～300%的风险通过政府购买再保险向外转移，超过300%的农业巨灾风险由政府采取一事一议方式解决；坚持市场原则，每个区县至少两家商业保险公司承保，并且要按照“单独立账、单独核算”的原则管理政策性农业保费收入；农民自愿参保，自主选择保险公司。北京市政策性农业保险覆盖率超过70%。

（五）农村金融政策支持体系初步形成

税收优惠、财政补贴、对涉农贷款增量实行奖励以及差别化的监管政策等，对调动金融支农积极性发挥了导向作用。在这方面，各地也采取了不少措施。一是出台促进农村金融发展的政策文件。江苏、重庆等省（市）政府专门出台了加快推进农村金融改革发展的意见，广东等省份召开了全省农村金融工作会议，安徽、北京等对农村金融改革作出了全面部署。二是落实促进农村金融改革发展的支持措施。认真执行新型农村金融机构定向费用补贴和涉农贷款增长奖励政策。安徽省对农业保险保单质押贷款给予奖励。重庆市建立了贷款风险补偿金，在全国率先建立小额贷款保证保险机制，由政府出资引导社会兴办各类担保公司。三是积极探索农村金融综合改革。广东梅州市、安徽金寨县、吉林九台市、北京大兴区等开展了农村金融综合改革试验或试点，在增加农村金融供给、创新农村金融产品、提升农村金融服务水平、完善政策支持体系、改善农村金融环境等方面，从体制机制上进行了探索，促进了当地经济社会发展，为下一步农村金融改革积累了经验。

二、存在的主要问题

由于多种原因，农村金融服务与农民和农村经济社会发展的需求相比，还存在不小差距。各地反映，农村资金外流现象仍然较严重，县域内金融机构存贷比普遍较低，一般在50%左右，有的低至约20%。农村金融供给不足，农民贷款难和农村金融服务水平低等问题未得到根本缓解，农村金融仍是我国整个金融链条中最薄弱的环节。

据重庆的调研情况，农村贷款难、难贷款、利息高、额度小、期限短的现象较为普遍，有超过70%的被调查者认为贷款很难或较难，向亲朋好友借款的占63%；全市市级农业产业化龙头企业、农民专业合作社的融资需求90%以上得不到满足；涉农贷款平均利率为7.21%，另要承担3%～5%的担保费用以及一定的手续费，农户和小微企业认为较合理的贷款利率为3.57%；涉农贷款成本较高，农商行县域支行信贷成本高于城区支行2.9个百分点；涉农贷款余额虽然较快增长，但在全部贷款余额中的比重仅为18.4%，其中农林牧渔业贷款余额占涉农贷款的11.9%。

农村信用社改为商业银行或合作银行后，有些出现离农脱农倾向，其经营重点和资金流向逐渐从农业转向非农业。粮食主产区农村信用社历史包袱重，经营困难。

农村金融供给与需求的矛盾，既有农村金融运行成本高以及银行风险控制、盈利要求等因素，也有体制、机制和政策性因素。一是农村金融市场不发达，多层次、多元化、适度竞争的市场格局没有形成。县域内为农服务的金融机构少，化解金融风险的农业保险发展相对滞后。二是农村金融环境和基础服务比较落后。农村财产权制度不完善，农民缺乏有效的抵押担保物。征信系统建设滞后，支付结算体系不发达。农村地区金融基础设施落后，服务网点少。三是政策引导和激励机制需要完善。财政、税收、货币政策向农村金融的倾斜力度总体偏小，政策的综合协调性不强。另外，涉农贷款风险较高，贷款成本与收益不对称，也影响到提高农村金融服务水平的力度和深度。

三、几点建议

党中央高度重视农村金融服务问题，在统筹城乡发展战略部署，促进农村改革发展等重大决策中，就建立现代农村金融制度提出了明确要求。今后的任务，就是要进一步统一认识，深化改革，细化政策措施，把中央的要求扎扎实实落到实处。

（一）财政、税收和货币政策要形成支持农村金融改革发展的合力

农村金融是现代农村经济的核心，现代农业发展和社会主义新农村建设需要发达的金融来支撑。由于农业效益比较低、风险大，农村经济整体上发展滞后，单纯通过市场和行政的办法解决农村金融问题，无法基本满足农村的金融需求，发达国家也是如此。因此，需要统筹协调，财政、税收和货币政策要共同发力，形成支持农村金融改革发展的合力。

认真落实党的十七届三中全会确定的“县域内银行业金融机构新吸收的存款，主要用于当地发放贷款”的要求，明确考核标准，

制定奖惩政策，提高县域金融机构存贷比。

科学界定涉农贷款口径，剔除房地产开发、县域内大中型工业企业等明显属于非农的部分。细化农林牧渔业贷款、农户小额贷款及农村小微企业贷款的指标体系。制定面向农村金融的普惠性长期性财政税收政策，对农林牧渔业贷款、农户小额贷款给予优惠的减免税政策。凡是发放了符合规定的涉农贷款的金融机构，无论什么性质，都可按照规定给予财政奖励、补贴及税收优惠。

考虑农村金融成本高、风险较大的客观实际，建议对农村金融实行差别化监管制度。对风险成本计量到位、资本与拨备充足、“三农”金融服务良好的商业银行，适当放宽农村信贷风险容忍度，在拨备和核销等方面的监管指标进行差别化考核，降低农村金融服务成本。适当放宽农村金融准入政策，降低民间资本参与农村金融门槛。放宽对涉农贷款的信贷规模限制，根据金融机构涉农贷款比重实行动态差别存款准备金率，增加可用资金来源。加大支农再贷款力度，实行优惠支农再贷款利率。

认真落实中央关于“允许有条件的农民专业合作社开展信用合作”的要求，在肯定农民信用合作积极作用、促进其健康发展的同时，要明确监督管理的部门及责任，规范农民信用合作组织行为，防止超范围吸储和发放高利贷等违规行为，对此，相关部门应加强协调。

（二）着力改善农村金融服务的薄弱环节

完善多元、适度竞争的农村金融市场。在保持县域法人地位不变前提下，稳步推进农信社改革。对于历史包袱沉重、经营困难的县级信用联社，可通过明确产权、盘活不良资产等途径，加快改革进程。无论采取什么样的发展模式，农村信用社（含农村商业银行和农村合作银行）坚持面向“三农”的方向始终不能动摇，对出现的一些离农脱农倾向要加强监管和纠正。支持各类银行业金融机构到县域和农村设立机构和网点，扩大县域机构贷款授信额度，适当下放贷款审批权。发挥邮储银行网点优势，创新信贷方式，拓展小额信贷业务，增加信贷额度。深化农业银行“三农”事业部改革，提高县域服务水平。大力培育各类新型农村金融机构。完善农业发展银行功能定位和运作机制，进一步扩大政策性业务范围。

构建政府扶持、多方参与、市场运作的农村信贷担保机制和担保损失补偿机制。以国家和地方财政资金为主，建立专门的农业信贷担保机构，为“三农”贷款提供较低费率的担保服务。扩大农村有效担保物范围，健全农村土地、林地、房屋等确权、登记、流转、评估和抵押制度。

（三）加强政策性农业保险体系建设

农业保险是现代农业发展的重要保障，也是农村金融的重要组成部分。要认真落实农业保险条例，发展多种形式的农业保险，建议成立政策性农业保险公司，建立巨灾风险保障机制。总结各地开展农业保险的成功经验，探索政策性农业保险的有效运行模式，丰富保险品种，扩大覆盖面。开展政策性农业保险的企业实行企业化管理，并将部分来自于政策性农业保险的利润转为巨灾风险基金。鼓励从事政策性农业保险业务的保险公司开展再保险业务，降低农业保险的经营风险。

（四）积极推动农村金融法制建设

在市场经济体制下，农村金融改革发展离不开法制保障。我国立法法规定，国家基本经济制度以及金融基本制度，必须采取法律的形式加以规范。目前，我国还没有制定农村金融方面的专门法律，在已经制定的金融法律中仅有个别条款涉及农村信用社和农业保险。农业法、农民专业合作社法等法律也只对发展农村金融提出了原则性要求，缺乏可操作性。在行政法规方面，仅出台了农业保险条例。当前农村金融制度建设和服务管理，主要依靠大量的政策性文件及部门规章规范，立法层次较低，权威性和稳定性不够，难以建立起促进农村金融发展的长效机制。鉴于农业和农村经济的弱质性，许多国家都专门制定了农村金融法律，如美国的联邦农业贷款法、农业信用法，日本的农林中央金库法，德国的合作银行法，法国的土地银行法，印度的地区农村银行法等。无论从国内立法实际，还是国外立法经验看，积极推动农村金融法制建设，是解决农村金融问题的必然选择。

党中央和全国人大及常委会高度重视农村金融改革发展。党的十七届三中全会和近几年的中央一号文件，对深化农村金融改革指明了方向，做出了具体部署。第十届全国人大以来，有 1460 人次的全国人大代表提出了关于农村金融立法的议案共 45 件，涉及制定农村金融促进法、农村合作金融法、农业保险法以及规范民间融资借贷等内容。自 2008 年以来，在第十届、第十一届全国人大常委会委员长吴邦国同志的关心和指导下，全国人大农业与农村委员会与人民银行、银监会协调有关部委和金融机构，推动广西壮族自治区田东县和安徽省金寨县的农村金融改革服务试点，探索总结农村金融改革中可借鉴的经验。近年来，按照中央的决策部署，人民银行、财政部、国家税务总局、农业部、银监会、保监会及各金融机构，积极完善农村金融政策，推动深化农村金融改革，在推进农村信用社改革、完善农村金融组织体系、创新金融服务产品、优化农村金融环境、提升农村金融监管水平、建立政策扶持体系等方面，做了大量富有成效的工作，也积累了宝贵经验。建议适时启动相关农村金融立法，将农村金融的基本制度法制化、长期化，从根本上解决农村金融改革发展中面临的体制机制问题。

实践篇

农村金融法律制度研究

NONG CUN JIN RONG FA LU ZHI DU YAN JIU

田东县农村金融综合改革

广西壮族自治区田东县的农村金融综合改革始于2008年。2008年10月19日至21日，时任中共中央政治局常委、全国人大常委会委员长吴邦国赴田东调研，对田东发展农村金融服务提出明确要求。同年12月10日，吴邦国同志批示，“金融是发展农村经济的瓶颈，建议以田东为试点，在中央金融部门的支持下，破解这一难题，这也是三中全会提出的课题”。为贯彻落实吴邦国同志指示精神，时任全国人大常委会副委员长兼秘书长李建国、时任中共中央组织部常务副部长沈跃跃多次赴田东指导深入学习科学发展观活动，全国人大农业与农村委员会副主任委员刘振伟具体组织协调农村金融改革试点工作，中国人民银行、中国银监会、中国保监会及相关金融机构共12个部门对试点工作给予了大力支持。经过多年发展，田东农村金融综合改革取得了显著成效，主要金融指标稳步增长，实现了金融网点、农村支付体系、农村社会信用体系的全面覆盖，惠农保险、助农担保体系、农村金融服务的有效覆盖，农村金融成为县域经济、农业农村经济发展和脱贫攻坚的重要支撑，田东县被确定为全国农村金融改革试验区，为推动全国农村金融改革和农村金融立法提供了可复制、可借鉴的经验。

2015年11月，习近平总书记在中央扶贫开发工作会议上对田东农村金融改革和金融扶贫工作给予充分肯定，提出田东通过建设机构、信用、支付、保险、担保、村级服务组织等六大金融服务体系，有效缓解了贫困户资金缺、贷款难问题，强调做好金融扶贫这篇文章，根本上要靠改革，要加快农村金融改革创新步伐，提高贫困地区和贫困人口金融服务水平。

田东县农村金融服务的现状及需求*

（2008 年 12 月）

近年来，银行类金融机构不断加大对田东县经济发展的支持力度，贷款总量逐年增加。但金融机构还缺少符合地方经济发展特色的金融品种，特别是农业、农村、农民的不少金融需求难以得到满足，影响着当地经济特别是农村经济的发展。在农业保险方面，除了去年底开展了能繁母猪保险外，还没有其他农业保险品种。而田东县每年的受灾人口有 15 万多人次、农作物受灾面积 16 万多亩、造成直接经济损失上亿元，因灾致贫、返贫率都较高。搞好农村金融和农业保险服务，是支持田东县经济发展特别是农村经济发展的当务之急。

目前，中国人民银行、银监会、保监会、中国农业银行、中国农业发展银行已经确定了支持田东县农村金融服务和农业保险发展的五项措施：

（一）支持田东县开展新型农村金融机构试点。银监会提出，支持田东县组建村镇银行、农村资金互助社，支持银行类金融机构在田东县设立分支机构，支持田东县农村信用社尽快改制为农村合作

---

* 注：2008 年 11 月 20 日至 21 日，全国人大农业与农村委员会调研组赴广西壮族自治区田东县就推动田东农村金融综合改革试点进行调研，本文系调研组向吴邦国同志呈报的调研报告。

银行。中国人民银行提出，将建议广西壮族自治区人民政府将田东县纳入小额贷款公司的试点范围。

（二）加大对田东县农村金融服务的资金支持力度。中国农业发展银行提出，要在未来三年（2009 年至 2011 年）期间对田东县安排信贷资金 12.5 亿元，重点投向支持粮食收购、农村道路和农田水利等基础设施建设、特色农业产业化、农民专业合作社发展等四个方面。中国人民银行在已核准田东县 3000 万元支农再贷款额度的基础上，从今年 12 月起将该额度提高到 5000 万元，以推动田东县农村信用社发放小额信用贷款。银监会提出，协调有关方面将田东县工行和建行纳入小企业授信试点单位，在风险可控前提下适当增加县支行的授信权限等。中国农业银行提出，要适当扩大田东支行的信贷审批权限；加大对田东县重点项目和农户贷款的支持力度，总、分行将对田东县重点贷款项目开辟“绿色通道”，对重点项目投放所需的计划、资金等，由上级行专项调配，保障需求；积极开展农户小额贷款业务；总行和广西分行对田东支行增加费用、固定资产和资助设备，改造营业网点，充实配备人员，增强服务能力。

（三）支持田东县推动农村金融产品和服务创新。中国农业银行提出，把农业银行田东支行列为服务“三农”试点重点行，在准入、担保、产品和服务流程等方面进行创新。

（四）改善田东县农村金融服务环境。中国人民银行拟将田东县列入 2009 年全国改善农村支农服务环境工作试点县，帮助田东县推动社会信用体系建设。银监会建议田东县政府建立信贷担保公司，主要用于支持发展农民专业合作社，在市场准入方面将给予支持。

此外，银监会和中国农业银行还提出，将田东县作为农村金融服务工作联系点，确保有关支持措施落到实处。

（五）支持田东县发展农业保险。保监会提出，将田东县列入农业保险试点县，并责成农业保险公司针对田东县特色农业的实际，开展水稻、香蕉、甘蔗、芒果等农业保险产品，要求总公司对开展上述农业保险产品给予支持，并力争明年将有关保险品种列入中央财政保费补贴项目，加大中央财政的补贴力度。

田东县农村金融改革试点进展情况的报告*

（2009 年 3 月）

一、试点进展情况

广西壮族自治区党委、政府、全国人大农委、中国银监会对试点工作高度重视，及时加强沟通、协调和工作指导。有关金融部门在百色市、田东县党委、政府的大力支持下组织实施，形成了试点工作的合力，目前已作了以下工作：

（一）新型农村金融机构筹建进展顺利。目前，田东北部湾村镇银行获准筹建，营业网点装修已经完工，5000 万元注册资本金全部到位，计划近期正式挂牌营业。祥周镇鸿祥农村资金互助社筹建工作全部完成，第一批 18 名社员股东已经落实，召开了出资人会议，在工商部门已办理了预登记手续，将于近期开业。广西银监局还向互助社捐赠 3 台电脑，并倡议百色辖内各银行业金融机构捐赠了 18 万元启动资金。田东县农村信用社改制组建农村合作银行进展顺利，1950 万元央行票据兑付到位，自治区联社下拨 500 万元资金促成清收不良贷款 1256 万元，完善土地权属并返还土地出让金 331 万元，帮助达到组建条件，目前筹建申请材料已逐级报至银监会。座谈会

* 注：2009 年 3 月 23 日至 25 日，全国人大农业与农村委员会调研组就田东县农村金融改革试点进展情况进行调研，本文系调研组向吴邦国同志呈报的调研报告。

上就解决县农信社贷款集中度高的问题也达成一致解决意见，待这一问题在近期解决后，银监会即可批复。另外，百色市财政出资的银信投资担保公司在田东县设立了办事处。

（二）积极探索建立服务“三农”和县域经济的金融管理体制、机制。有关金融机构在这方面都有举措，如：自治区农村信用联社提高了田东县农信社贷款审批权限，由600万元提高至1200万元；指导设立“个人、企业贷款服务受理中心”，并对优质客户开辟贷款咨询“绿色通道”，实行一周办结制；调增营业费用350万元，改善营业网点安全防控和电子化建设；帮助筹措支农信贷资金。有关部门协调地方实行按各金融机构当地信贷市场份额分存财政性存款的政策，使田东县农信社试点以来的财政性存款增加4470万元，增长1.5倍。农行广西分行对田东县支行的授权执行百色市分行标准，超权限信贷事项可径直上报区分行审批，随报随办。工行广西分行将田东县支行个人质押、住房、消费、商用房以及综合消费贷款权限上调一倍以上，并在田东县设立小企业信贷中心。建行田东县支行小企业贷款中心已正式成立，同时自治区分行对田东县支行贷款业务授权百色分行直接介入，联合调查申报，十日内完成审批。邮储银行广西分行将田东县支行纳入银团贷款试点县，并将其授信权限提高至百色市分行等级。人保财险田东支公司拟定了农业保险实施方案，农房、甘蔗、香蕉、水稻承保准备工作就绪，待政策补贴资金到位后实施。

（三）金融产品和服务方式日趋丰富。各银行业金融机构大力开展符合县域和农村金融服务需求的金融创新，贷款便利度明显提高。农信社综合发挥贷款证和桂盛卡功能，在原向3.3万农户发放2.6亿元小额贷款基础上，又向3384户农户新增授信6871万元，农户贷款覆盖面达43.4%。选择作登瑶族乡陇穷村开展贫困村信贷试点，已发放信用贷款30多万元。农行田东县支行已发放惠农卡3.1万张，农户覆盖率达36.9%，向586户农户发放1685万元小额贷款。邮储银行已为农民工办理5000张绿卡。积极引入现代化金融服务手段，试点以来先后投入512万元，新布设ATM机29台、POS机97台，开通转账电话306部、电话银行7650户，基本覆盖全县所有乡镇和人口密集的社区、村屯。这些现代金融服务手段改变了以往农产品的交易方式，减少了销售时间，确保了交易安全，农产品卖得更好，农民收益也多了。

（四）信贷投放显著增加。各银行业金融机构结合田东县“三农”和县域经济发展重点，按照商业原则加大信贷投放力度。截至3月20日，各项贷款余额28.7亿元，比年初增加5.6亿元，增幅24.3%，同比多增5.9亿元（去年同期较去年初下降0.3亿元）。其中：涉农贷款余额18亿元，占各项贷款总额的62.7%，比年初增加4.4亿元，增幅32.3%。特别是田东县农信社基本达到新增存款的可贷资金全部用于当地发放贷款的要求，涉农贷款余额占贷款总额的85.6%，占全县涉农贷款余额的51%。

（五）金融基础设施建设顺利推进。人民银行田东县支行组织当地农信社完成了祥周镇中平村、林逢镇那来村、印茶镇那板村等三个村的农户信息采集、录入及授信工作，至此已完成全县27.3%，共2.3万户农户电子化信用信息建设工作。开通了田东县农村信用社乡镇网点人民币账户结算系统和联网核查公民信息系统。田东县41个银行业金融机构网点中，有7个已接入大小额支付系统，33个营业网点已接入人民币账户结算系统。

（六）县域金融监管明显加强。当地银监部门把防范金融风险作为推进试点工作的重要保障，监管力度明显加大。系统内调配2名监管业务骨干充实田东县金融监管力量，百色银监分局主要负责人蹲点田东县，加强对监管和试点工作的指导。突出监管重点，严把市场准入关，着重加大对信用风险监管和案件查防工作力度。允许在风险可控基础上适当突破存贷比指标要求，并严把新增贷款质量关。试点以来，全县银行业金融机构没有发生案件，截至3月20日，不良贷款率下降0.4个百分点，总体在可控范围内。全县金融运行稳健，呈现健康发展的好局面。

二、下一步工作建议

调研中，田东县人民政府和有关金融机构也提出了一些具体问题，恳请帮助协调解决。我们认为，这次试点工作是研究解决县域农村金融问题的破冰工程，也需要做好长期工作准备。目前，既要把前期各项工作安排落实好，更要着力探索建立县域金融改革发展和支农服务工作的长效机制，力争试点模式的可复制、易推广，为在全国推进这项工作积累经验。结合调研了解掌握的情况，提出以下三点建议：

（一）将田东县纳入涉农贷款增量资金奖励政策试点县。今年3月，财政部出台了涉农贷款增量资金奖励政策，对县域内金融机构年末涉农贷款余额较年初增长15%的部分，按2%给予财政资金奖励，西部地区中央和地方财政担负比例为7∶3，中部地区为5∶5，东部地区为3∶7，并选择黑龙江、山东等六省开展试点，建议财政部将田东县纳入首批试点范围，将广西壮族自治区纳入明年试点范围。

（二）加强贫困村金融服务试点。田东县目前尚有95个贫困村，研究解决这些贫困村的金融服务问题很有意义。对此，当地银监部门已选择3个贫困村开展调查，制定了贫困村金融服务试点方案，并拟从中选择1个村开展农民资金互助社试点工作。由于此试点前期未纳入银监会新型农村金融机构试点工作规划，建议中国银监会调增田东县试点机构名额。

（三）加强有针对性的金融服务培训。为帮助田东县政府及有关部门、金融机构提高金融工作能力，确保试点工作顺利推进，建议由中国银监会协调，请广西壮族自治区金融办具体组织，定期赴田东县开展针对性金融培训。

田东县农村金融改革试点情况的报告*

（2010 年 2 月）

一、试点工作的主要成效

对比试点前后，有 10 项主要指标表明田东县经济和金融形势发生明显变化：（1）经济快速增长。2009 年全县预计实现生产总值 50.21 亿元，比上年增长 26.9%，农业产值 14.96 亿元，增长 8.88%，财政收入 7.02 亿元，增长 36%。（2）城乡居民收入明显提高。2009 年田东县城镇居民人均可支配收入为 16099 元，农民人均纯收入为 3867 元，分别增长 16% 和 15%。（3）新增贷款大幅提高，涉农贷款占比较高。2009 年田东县新增贷款 15.63 亿元，比上年多增 13 亿元，增长 67.8%，其中，新增涉农贷款 9.42 亿元，占全部新增贷款的 60.23%。（4）农户贷款覆盖率较大提高。2009 年田东县农户贷款覆盖率达到 38.8%，比上年的 24.9% 提高了 13.9 个百分点。到目前为止，全县累计有 60% 的农户得到过银行贷款。（5）农户贷款满足程度不断增强。2008 年、2009 年农户贷款额度满足率分别是 85% 和 88%，平均贷款额度从 1.86 万元上升到 3.63 万元。（6）农村信用体系初步建立。2009 年全县 39% 的农户建立了信用信

---

* 注：2010 年 1 月 21 日至 24 日，全国人大农业与农村委员会与中国人民银行、中国银监会组成联合调研组，就田东农村金融改革试点工作进行评估，本文系联合调研组向吴邦国同志呈报的评估报告。

息电子档案，14.82%的农户获得信用评定。（7）银行网点覆盖率扩大。银行网点从2008年的41个发展到2009年的45个，每万人拥有网点数从1个提高到1.09个，银行网点间距从每68.68平方公里减少到62.58平方公里。（8）农村支付体系显著改善。截至2009年末，在全县10个乡镇完成了大小额支付系统全覆盖，率先在广西实现乡镇级金融网点跨行资金汇划乡乡通，接入率达77.27%，超过全国平均水平54.1个百分点；各金融机构累计发卡33.9万张，比2008年新增14.7万张，实现户均一卡目标。（9）农村金融机构盈利水平提高。2009年田东县农村金融机构利润总额8305万元，比上年增加3300多万元。（10）农村金融机构可持续发展状况改善。田东县农村金融机构不良贷款率从2008年的1.7%下降到2009年的1%。总之，一年来田东县农村信贷投入增加，农村金融环境改善，农村金融服务水平明显提高。从试点内容看，主要有以下十个方面：

（一）完善农村金融组织体系

试点前，田东县辖区内有银行业金融机构6家，其中国有商业银行3家，政策性银行、邮政储蓄银行、农村信用社各1家；保险公司（含营业部）9家。在银监部门的大力支持下，经过一年多努力，田东县农村信用社改制为田东农村合作银行，田东北部湾村镇银行、鸿祥农村资金互助社和思林竹海农村资金互助社先后设立，鑫正小额贷款公司已注册成立。目前银行网点已覆盖所有乡镇，成为广西县域金融机构种类最多的县。基本形成以农合行和农行为主力，农发行、邮储银行、村镇银行、农村资金互助社为补充的农村金融市场竞争格局。

（二）完善农村支付体系

在人民银行大力支持下，全县有34个营业网点接入大小额支付系统，占全部网点的80.95%。除2家新成立的资金互助社外，其余

42 个银行营业网点全部接入人民币结算账户管理系统和联网核查公民信息系统。全县财税库行横向联网建设已完成，有 99% 的企业和 100% 的个人可通过横向联网直接缴税，率先在全国基本实现税款征收无纸化和电子化。农村支付基础设施建设加快，2009 年新增 ATM 自动柜员机和自助服务终端 25 台、POS 机 197 台及电话支付终端 396 台，电子机具覆盖了全县 95 个行政村，使田东县农村地区金融服务环境明显改善。

（三）推进农村社会信用体系建设

试点中，田东县进行农户信用信息系统和信用村（镇）创建工作，通过采集信息、评定等级、确定授信额度、发放贷款证等行为，提高了农户贷款的便利化程度。2009 年年末，全县有 2.9 万户农户建立了信用信息电子档案，为 2.23 万户农户发放贷款证。创建了 1 个信用镇、10 个信用村、60 个信用组。农村信用体系建设发挥了较好的示范带动作用，信用农户不仅在贷款授信额度、利率、期限等方面得到优惠，还促进了诚实守信、遵纪守法良好风气的形成。

（四）启动政策性农业保险

田东县是国家糖料生产基地和广西第二大香蕉种植基地。人保财险田东支公司除开展能繁母猪和“两属两户”保险外，选取甘蔗、香蕉作为田东政策性种植保险首批试点项目，承保甘蔗 18 万亩、香蕉 3 万亩，分别占全县甘蔗、香蕉总种植面积的 51.3% 和 26%。田东县人保公司启动了村干部和计生干部意外伤害综合保险、农村独生子女爱心保险，探索了“小农户 + 小贷款 + 小保险”的服务模式和“新农合 + 农村小额保险”的综合保障服务模式，创建了 12 个“人寿保险示范村”。田东县农村保险试点的推进，使农民生产生活得到一定程度的风险保障。

（五）增加贷款投放量

田东县抓住中央实施积极财政政策和适度宽松货币政策的机遇，找准推动县域经济发展和服务“三农”的切入点，在风险可控的前提下加大了信贷投放力度。截至2009年年末，各项贷款余额38.7亿元，比试点前增加15.64亿元，是同期2008年贷款增长的5.8倍，其中涉农贷款余额26.5亿元，比上年增加9.42亿元。此外，田东县还积极开展农村青年、妇女、返乡农民工创业贷款业务，2009年累计发放各类创业贷款2.69亿元。信贷投入带动了全县经济的快速增长。

（六）推进农村信用担保体系建设

百色市银信投资担保公司在田东县设立业务联系点，田东县政府出资1000万元，成立助农担保公司，有效降低了银行信贷风险。探索开展林权抵押贷款、土地承包经营权质押贷款、“公司+基地+农户”贷款、农户联保贷款等试点，目前已分别发放林权抵押贷款4笔1260万元、土地承包经营权质押贷款2笔200万元，村镇银行还以联保、互保方式为各类农民专业经济合作组织提供优惠贷款。

（七）建立农村信贷风险补偿与信贷支农奖励机制

田东县制定了促进县域资金回流支持县域经济发展的意见，出台了《田东县金融机构涉农贷款奖励办法》《田东县小额农户贷款风险补偿办法》和《田东县金融机构信贷增量奖励办法》，探索建立农村信贷风险补偿和信贷支农奖励机制，补偿涉农金融机构因信贷风险造成的信贷损失，对农村信贷市场支持力度大的金融机构给予奖励。从监测情况看，田东县新增存款的79%用于本地发放贷款。

（八）落实“存贷同比”扩大涉农贷款资金来源

按当地各家金融机构一定时期内信贷资金支持当地经济社会发

展所占份额，确定财政性存款存放在各家金融机构的比例，有效增强了服务“三农”和支持地方经济社会发展的资金实力。截至2009年末，田东农合行各项存款余额13.53亿元，比年初增加4.68亿元，增长52.88%。

（九）加强县域金融监管

区、市、县各级银行监管部门把防范金融风险作为推进试点工作的重要保障，着重加大对信用风险监管和案件查防工作力度，允许在风险可控基础上适当突破存贷比指标要求，并严控新增贷款质量。截至2009年末，全县银行业金融机构不良贷款比率为1.2%，比年初下降1.16个百分点，没有发生案件，全县金融运行稳健，呈现健康发展的良好局面。

（十）设立行政村“三农”金融服务室

为便利农民贷款，提高金融服务效率，田东县出台推进行政村金融服务综合试点工作意见，探索“农金村办”的服务模式。目前，首批10个乡镇31个行政村已建立31个村级“三农”金融服务室，依托农户信用评级和信用体系建设，推进农户小额贷款，并开展针对农民群众的金融知识宣传培训和服务。截至2009年年末，已通过行政村金融服务室向3744户农户发放贷款9317万元。

二、推进试点工作的主要经验

（一）加强组织领导，形成工作合力

试点工作启动后，区、市、县各级政府和人行、银监、保监、农行等金融部门及其分支机构，都相应成立了领导小组或工作机构，形成了分工协作、相互配合、上下联动、共同推进的工作机制。如人民银行将田东县列为全国改善农村支付服务环境试点，确立了

“强化一个指导，完善两个机制，构建三个体系”（即强化信贷窗口指导作用，完善农村金融市场机制和涉农信贷机制，构建农村支付体系、农村信用体系和惠农综合服务体系）的工作思路并制定了相关工作方案。银监部门制定了《关于加快推进田东县农村金融改革试点工作指导意见》《关于促进田东县域资金回流支持县域经济发展的若干意见》和《推动田东县小企业金融服务工作方案》等。

（二）出台优惠政策，促进金融机构转变经营机制

在支农金融政策的引导下，各金融机构积极探索金融服务“三农”和县域经济的政策措施：（1）人民银行灵活运用货币政策工具，一是提高支农再贷款额度。由最初的4000万元调增至1亿元，截至2009年末，已向田东县农合行发放9000万元支农再贷款，正在授理北部湾村镇银行要求支农再贷款的申请。二是实施差别存款准备金率优惠政策。目前田东县农合行和北部湾村镇银行均执行10%的存款准备金率，低于商业银行15.5%的存款准备金率，由此可增加支农资金8171.35万元。三是开启再贴现窗口。增加2000万元再贴现额度，专门用于田东县涉农企业票据贴现。四是加强利率定价指导。指导金融机构根据贷款主体的不同，实行有差别的贷款利率政策，切实做到让利于“三农”。农合行2009年的贷款利率水平比上年同期下降3.08个百分点，为农户及涉农企业节省利息支出1282.10万元。（2）银监部门积极支持在田东县设立新型农村金融机构，引导和督促辖内机构把准信贷投向，还给予田东县三年内不考核村镇银行存贷比例，允许农合行2009年存贷比提高到80%等优惠政策。（3）各金融机构下沉经营重心，调整放宽在田东县分支机构的自主经营权限，探索服务县域的经营管理体制和运行机制。农行广西区分行将田东县支行作为全区唯一一个贷款审批权限提高到二级分行

水平的机构，总行明确对田东县上报试点项目给予特事特办。工行田东县支行个人质押、住房、消费、商用房以及综合消费贷款权限上调一倍以上。建行在田东县的贷款业务由市分行直接介入，联合田东县支行调查申报，十日内完成审批。田东县农合行的贷款审批权限由600万元提高至1200万元，对“三农”的贷款实行“绿色通道”和“一周办结制”。邮储田东县支行成为银团贷款试点行。此外，在田东县实行了免费给农户发放银行卡（包括惠农卡）的政策。

（三）加强财政政策与金融政策衔接，引导信贷资金更多投向“三农”

在推进田东县试点过程中，地方政府发挥了重要作用。一是建立农村金融风险补偿与金融信贷支农奖励机制，在2009年财政预算中安排建立“三农”信贷风险补偿基金和奖励基金。二是出台对新型农村金融机构的扶持政策，在地方权限范围内的税费返还等方面给予优惠。三是加强政银企沟通，2009年共召开政银企座谈会43次，授信企业93家，发放贷款14.35亿元。

（四）抓好金融知识培训，增强农民群众的金融意识和干部的金融工作能力

银监部门积极推动开展农村金融服务的宣传和培训工作。通过开展“诚信田东”和“金融知识进农家”等活动，农民对办理存贷业务比过去熟悉了，大部分农民会使用ATM、POS和转账电话等现代支付手段，干部的金融工作能力也有了一定程度的提高。

三、试点工作中遇到的主要问题

（一）农村金融商业可持续发展的体制机制尚未建立

在各方支持下，县域金融机构盈利水平有所提高，如2009年农

合行盈余2644万元，同比增加2104万元；运行不足一年的北部湾村镇银行也实现盈利500万元。但是农村金融运营成本高、收益低、风险大的特性难以改变，需要解决金融机构支农的内在动力及金融创新的主动性问题，以形成政策性和商业性有机结合、可持续发展的农村金融服务长效机制。

（二）农业保险试点推进困难较多

政策性农业保险扩大覆盖面仍有难度。目前田东县甘蔗、香蕉种植保险保费补贴来源主要是自治区和县两级财政，财政补贴资金有限使试点工作只能维持低保费、低保额、小覆盖、少品种的现状，除能繁母猪外的其他畜禽养殖保险还未开展，水稻、果树等只有少数试点，覆盖面不到1%。由于种种原因，农民保费缴纳意识不强，巨灾风险分散机制缺失。

（三）农村信用体系建设有待加速

田东县农村信用体系建设完成了13%的行政村和15%的农户信用评定，后面的工作任务较重。在信息采集、信息使用上也存在各金融机构和地方政府共同推进、信息共享的问题。

（四）信贷抵（质）押范围偏窄

如开展涉农企业存货、原材料等动产质押贷款，办理仓单、保单、应收账款、收费权、商标专利权、地上收益权等权利质押贷款等，还都有空间。在对农户授信的同时，还可进行依托农业产业化、专业化、农民专业合作社的信贷创新等。

四、进一步深化田东县农村金融改革试点的建议

田东县农村金融改革试点运行一年来，在破解农村金融服务难题上进行了有益探索。广西壮族自治区已提出全区14个市各选1个

县作为农村金融改革试点，推广田东经验。下一步，田东县试点还需要进一步探索制约农村金融发展的深层次问题，特别是农村金融服务的体制机制问题，努力建立一个有突破、易推广、可复制的田东县农村金融创新模式。

第一，充实完善田东县农村金融改革试点内容。按照党的十七届三中全会和今年中央1号文件精神，在阶段性总结田东县试点经验的基础上，制定田东县农村金融改革发展规划，明确未来2至3年田东县试点的总体目标、试点内容、扶持政策。除对已进行的试点内容进一步完善外，还要重点在扩大抵押担保物范围，扩大政策性农业保险覆盖面，加大金融产品创新，加快征信体系建设等方面下功夫。

第二，中央金融机构要继续支持田东县试点。田东县在试点中遇到的问题，许多都不是田东县自身能解决的，需要在全国层面上研究解决。建议各项改善县域农村金融服务的措施，可在田东县先行先试。目前出台的针对农村金融的财政、货币和监管政策都已经在田东县实施，包括财政部的涉农贷款增量资金奖励政策、人民银行对村镇银行发放支农再贷款、新型农村金融机构优先准入、提高田东县农合行和村镇银行的存贷比限制等。下一步，在把前期各项政策措施继续落实好的基础上，可以将拟出台的政策措施放到田东县先行试验，适时评估效果，对成熟的经验适时进行全国推广。比如加强财税政策与农村金融的有效衔接，引导更多信贷资金投向“三农”问题；县域内银行业金融机构新吸收存款主要用于当地发放贷款问题；实行农村金融机构差别监管政策问题；加快推进邮储银行的改革步伐，加大邮储资金回流农村问题；发展直接融资，充分利用债券、期货、信托、租赁等现代金融手段和产品，拓宽融资渠道等，都可以在田东县先行先试。

第三，建立由全国人大农委、中农办、中国人民银行、中国银监会、保监会、财政部等单位有关同志组成田东县农村金融改革试点联络指导组，及时了解工作进展情况，评估遇到的问题，协助广西壮族自治区、百色市、田东县推动试点工作，总结田东县试点经验。

田东县农村金融综合改革试点的经验及启示*

刘振伟

（2010 年 7 月）

为了破解农村金融服务难题，广西壮族自治区田东县自 2008 年 10 月启动农村金融综合改革试点，取得明显成效。认真总结田东经验，努力探索易推广、可复制的农村金融服务模式，对于破解农村金融服务瓶颈，建立现代农村金融制度，具有重大意义。

一、田东试点的主要内容

田东县农村金融综合改革试点，紧紧围绕党的十七届三中全会提出的“建立现代农村金融制度，创新农村金融体制，放宽农村金融准入政策，加快建立商业性金融、合作性金融、政策性金融相结合，资本充足、功能健全、服务完善、运行安全的农村金融体系”的目标进行，是深化农村金融体制改革、提高服务质量的一次全方位探索实践。这次试点有人民银行、银监部门、国有商业银行等共 12 家金融机构参与，涉及创新新型农村金融组织主体、创新农村金融产品和服务方式、创新农村信贷抵押担保方式、创新村级“三农”

* 注：自 2008 年 10 月启动田东农村金融综合改革试点以来，全国人大农业与农村委员会副主任委员刘振伟先后七次赴田东县调研，在协调解决试点具体问题的同时，总结田东试点经验。

金融服务室、建立农村征信体系、建立“三农”信贷风险补偿和奖励机制、建立适应“三农”特点的金融政策指导体系和监管体制、建立较为完备的农村金融服务网络体系、建立农业政策性保险等9项内容，可概括为“四创新、五建立”的试点模式。

（一）创新新型农村金融组织主体

针对农村金融服务网点少的问题，创新农村金融组织主体，构建农村金融市场竞争格局。田东县农村信用社改制为田东农村合作银行，设立田东北部湾村镇银行、鸿祥农村资金互助社、思林竹海农村资金互助社和鑫正小额贷款公司。目前，田东县已有9家银行类金融机构、9家保险机构和2家担保机构，银行业金融机构和担保机构分别比试点前增加3家和2家，银行类金融机构网点数达到44个，服务网点已覆盖所有乡镇，成为广西壮族自治区县域金融机构种类最多的县，初步形成以农合行和农行为主力，农发行、邮储银行、村镇银行、农村资金互助社为补充的农村金融市场竞争格局。

（二）创新农村金融产品和服务方式

针对农村金融服务产品少的问题，创新符合“三农”和县域经济发展需求的金融产品和服务。一是运用桂盛卡、惠农卡和小额信用贷款证的载体功能，扩大农户小额贷款。二是设立小企业贷款专营中心，缓解小企业贷款难问题。三是开展“公司+基地+农户”以及农村青年、妇女、返乡农民工、个体工商户、残疾人创业等贷款业务。2009年，全县贷款农户增加了54.8%，贷款余额增加了95.4%。四是邮储银行介入银团贷款试点并开展农村小额信贷业务，解决资金回流农村问题。五是加强政银企沟通，2009年共召开政银企座谈会43次，授信企业93家，发放贷款14.35亿元。

（三）创新农村信贷抵押担保方式

针对农村信贷抵押担保机构少、抵押担保范围偏窄的问题，创新农村信贷抵押担保方式。田东县政府出资1000万元，成立助农担保公司，有效降低银行信贷风险；百色市银信投资担保公司在田东县设立业务联系点；开展林权抵押贷款、试点土地承包经营权预期收益抵押贷款等，目前已发放林权抵押贷款4笔1260万元。村镇银行还以联保、互保方式为农民专业经济合作社提供优惠贷款。

（四）创新村级“三农”金融服务室

针对农民金融知识缺乏的问题，创新村级“三农”金融工作服务室，提高金融服务效率。目前，首批10个乡镇31个村委会已建立“三农”金融服务室。“三农”金融服务室依托农户信用评级和征信体系建设成果，为农民小额贷款提供服务，开展金融知识宣传培训。2009年，已通过村级“三农”金融服务室向3744户农户发放贷款9317万元。

（五）建立农村征信体系

针对农村征信体系建设滞后的问题，推进农村征信体系建设。通过进行农户信用信息系统和信用村（镇）创建工作，采集信息、评定等级、确定授信额度、发放贷款证，提高了农户贷款的便利化程度。2009年，为全县2.9万农户建立了信用信息电子档案，为2.23万农户发放贷款证，创建了1个信用镇、10个信用村、60个信用组。农村征信体系的建设，不仅使农户在贷款授信额度、利率、期限等方面得到优惠，还促进了诚实守信、遵纪守法良好风气的形成。

（六）建立“三农”信贷风险补偿和奖励机制

针对县域资金流出较多的问题，出台促进县域资金回流支持发展县域经济的办法。田东县政府出台了《金融机构涉农贷款奖励办法》《小额农户贷款风险补偿办法》和《金融机构信贷增量奖励办法》，建立农村信贷风险补偿和信贷支农奖励机制。2009 年，县财政预算中安排贷款风险补偿和奖励基金，用以补偿涉农金融机构因信贷风险造成的信贷损失，对涉农信贷增量大的金融机构给予奖励。同时，还按照各金融机构信贷支持当地经济社会发展所占份额，确定财政性存款存放在各金融机构的比例，以增强这些金融机构服务“三农”的资金实力。2009 年，田东农合行各项存款余额为 13.53 亿元，比年初增加 4.68 亿元，增长 52.9%，其中对公存款余额达到 5.27 亿元，增加 3.68 亿元，增长 231%。全年新增存款的 79% 用于本地发放贷款。

（七）建立适应“三农”特点的金融政策指导体系和监管体制

针对城乡金融的不同特点，实行差别化的政策指导和监管体制。人民银行灵活运用货币政策工具，提高支农再贷款额度，由最初的 4000 万元调增至 1 亿元，2009 年已向田东县农合行发放 9000 万元支农再贷款；实施差别存款准备金率优惠政策，目前田东县农合行和北部湾村镇银行均执行 10% 的存款准备金率，低于商业银行 15.5% 的存款准备金率，由此可增加支农资金 8171 万元；开启再贴现窗口，增加 2000 万元再贴现额度，专门用于田东县涉农企业票据贴现；指导金融机构按照不同贷款主体，实行有差别的贷款利率政策，让利“三农”，2009 年农合行贷款利率比上年同期下降 3.08 个百分点，为农户及涉农企业节省利息支出 1282 万元。

银监部门采取差别化监管政策，给予田东县三年内不考核村镇银行存贷比例，在风险可控基础上，允许农合行 2009 年存贷比提高到 80%；有关商业银行下沉经营重心，调整放宽在田东县分支机构的自主经营权限，农业银行广西区分行将田东县支行贷款审批权限提高到二级分行水平；工商银行田东县支行将个人质押、住房、消费、商用房以及综合消费贷款权限上调一倍以上；建设银行在田东县的贷款业务由市分行直接介入，联合田东县支行调查申报，十日内完成审批；田东县农合行的贷款审批权限由600万元提高至1200万元，对“三农”贷款实行“绿色通道”和“一周办结制”。

（八）建立较为完备的农村金融服务网络体系

针对农村金融服务网点布局少的问题，加强农村金融服务基础设施建设，改善农村金融服务环境。在人民银行支持下，全县有34个营业网点接入大小额支付系统，占全部网点的80.95%。除2家新成立的资金互助社外，其余42个银行营业网点全部接入人民币结算账户管理系统和联网核查公民信息系统。全县财税库行横向联网建设已完成，企业和个人可通过横向联网直接缴税，率先在全国基本实现税款征收无纸化和电子化。农村支付基础设施建设加快，2009年新增ATM自动柜员机和自助服务终端25台、POS机197台及电话支付终端396台，电子机具覆盖了全县95个村委会，使田东县农村地区金融服务环境明显改善。

（九）建立农业政策性保险

针对农村信贷风险大的问题，启动特色农业政策性保险，分散信贷风险。人保财险田东支公司除开展能繁母猪和“两属两户”保险外，选取甘蔗、香蕉作为田东政策性种植保险首批试点项目，承保甘蔗18万亩、香蕉3万亩，分别占全县甘蔗、香蕉总种植面积的51.3%和26%。田东县人保公司还探索了“小农户+小贷款+小保险”“新农合+农村小额保险”的综合保障服务模式，创建了12个“人寿保险示范村”。这些，即使农民生产生活得到一定程度的风险保障，又在一定程度上分散了信贷风险。

二、田东试点取得的成效及启示

试点以来，田东县引导信贷资金向“三农”投放、金融促进县域经济发展和促进农民增收的效应已经初步显现。2009 年，田东县实现生产总值 47.43 亿元，同比增长 24.3%；固定资产投资完成 85.49 亿元，同比增长 130.1%；财政收入 7.02 亿元，同比增长 36%；城镇居民人均可支配收入 15950 元，农民人均纯收入 3777 元，同比分别增长 14.9% 和 12.3%。

对比试点前后的信贷状况，在以下六个方面发生了明显的变化：一是新增贷款大幅提高，涉农贷款占比提高。2009 年田东县新增贷款 15.64 亿元，比上年多增 13 亿元，增长 67.8%，其中，新增涉农贷款 9.42 亿元，占全部新增贷款的 60.2%。二是农户贷款覆盖率较大提高。2009 年田东县农户贷款覆盖率达到 38.8%，比上年的 24.9% 提高了 13.9 个百分点。到目前为止，全县累计有 60% 的农户得到过银行贷款。农户平均贷款额度从 1.86 万元上升到 3.63 万元。三是农村征信体系从无到有。2009 年全县 39% 的农户建立了信用信息电子档案，14.8% 的农户获得信用评定。四是农村支付体系显著改善。2009 年，在全县 10 个乡镇完成了大小额支付系统全覆盖，率先在广西实现乡镇级金融网点跨行资金汇划乡乡通，接入率达 77.3%，超过全国平均水平 54.1 个百分点；各金融机构累计发卡 33.9 万张，比 2008 年新增 14.7 万张，实现户均一卡目标。五是农村金融机构盈利水平提高。2009 年田东县农村金融机构利润总额 8305 万元，比上年增加 3300 多万元。六是农村金融机构可持续发展状况改善。田东县农村金融机构不良贷款率从 2008 年的 1.7% 下降到 2009 年的 1%，全县金融运行稳健，呈现健康发展的良好局面。

总之，一年来田东县农村信贷投入明显增加，农村金融环境明显改善，农村金融服务水平明显提高。田东试点顺利推进，有以下几点启示：

启示一：领导重视是推动试点工作的根本动力。试点以来，吴邦国同志就田东金融改革综合试点多次作出批示，为试点指明了方向。对于田东农村金融改革试点，吴邦国同志提出，“关于发展农村金融保险体系，党的十七届三中全会提了一些新举措，田东可否争取试点，在贷款担保、政策性保险上探索一些新路子”。“金融是发展农村经济的瓶颈，建议以田东为试点，在中央金融部门的支持下，破解这一难题，这也是三中全会提出的课题。”试点工作启动后，吴邦国同志又就财政政策与金融政策结合问题作出重要批示，使财政政策与金融政策有效衔接成为田东试点的重要内容。回良玉、李建国、乌云其木格等领导同志也分别就注重从制度和机制层面探索破解农村金融难题，加强金融知识培训等作出重要批示。这些，都有力地推进了试点工作顺利进行。

启示二：整体推进是试点工作取得实效的重要保障。试点工作启动后，广西壮族自治区、百色市、田东县各级政府和人行、银监、保监、农行等部门，形成了分工协作、相互配合、上下联动、共同推进的工作机制。区、市、县政府出台试点配套政策措施，在推进农村征信体系建设、开展农村金融服务宣传教育和培训、推进农业保险试点等方面发挥了主导作用。人民银行将田东县列为全国改善农村支付服务环境试点，确立了“强化一个指导，完善两个机制，构建三个体系”，即强化信贷窗口指导作用，完善农村金融市场机制和涉农信贷机制，构建农村支付体系、农村征信体系和惠农综合服务体系的工作思路，并制定了相关工作方案。银监部门制定了《关于加快推进田东县农村金融改革试点工作指导意见》《关于促进田东县域资金回流支持县域经济发展的若干意见》和《推动田东县小企业金融服务工作方案》等。各金融机构纷纷出台支持试点的具体工作措施，在管理体制和运行机制方面都有突破。田东试点说明，建立政府主导，各金融机构协调联动的工作机制是试点成功的重要保障。田东试点的综合性强，也区别于其他地方的农村金融单项改革试点。

启示三：建立财政政策与金融政策结合的机制十分重要。“三农”的特性决定了涉农贷款具有数额较小、地域分散、放贷成本高和风险较大的特征。在信用担保体系不完善的情况下，商业性银行审慎经营、风险管理的要求与旺盛的农村金融服务需求形成矛盾。田东试点注重发挥财税政策的引导作用，在财政预算中安排资金建立农村金融风险补偿与金融信贷支农奖励机制；出台对新型农村金融机构的扶持政策，在地方权限范围内的税费返还等方面给予优惠；实行“存贷同比”，有效增加县域金融机构信贷支农的资金实力等，都起到了引导示范作用。田东试点说明，在推进农村金融改革中，要进一步建立和完善农村金融政策扶持体系，探索把财政政策与金融政策有机结合的机制，以引导更多信贷资金流向“三农”。

启示四：农业政策性保险对于分散农村金融风险的作用不可忽视。银保互动有利于农民获得信贷支持。针对农业保险起步晚、基础差、规模小的现状，田东县按照“先易后难，分步推进”原则，选择特色农业产业为突破口，稳妥地推进农业政策性保险，县财政承担30%的保费补贴。农业、水利、民政、气象等政府职能部门协助保险公司开展工作。田东试点表明，发展农业政策性保险，财政、保监、农业等部门要协调配合，保险公司、金融机构与农民的利益关系要妥善处理。

三、对进一步深化田东试点的思考

田东农村金融综合改革试点已经取得了阶段性成果，应当认真总结阶段性试点经验，并对下一步深化改革做出安排。深化试点，可更加注重探索解决制约农村金融服务的深层次问题，重点在财税政策与农村金融政策的有效衔接、推进农业政策性保险、扩大抵质押担保物范围等方面深化改革。

一是进一步加强财税政策与金融政策的有效衔接，探索农村金融发展长效机制。当前，扶持农村金融的财税政策主要包括涉农贷款税收优惠、定向费用补贴、涉农贷款增量资金奖励、有差别的存款准备金、涉农贷款风险补偿等政策，这些政策大多局限在特定农村金融机构在特定时期内享有，还没有做到长期化、制度化。在深化改革试点中，田东县可着力探索建立财税政策与金融政策有效衔接的农村金融发展长效机制。在财政支持政策方面，可以试点建立由中央、自治区、市、县四级财政共同承担合理设置比例的、包括涉农贷款风险补偿及增量激励、农业保险及农村担保补贴在内的农村金融扶持机制。在税收政策支持方面，可以试点减免县域内法人金融机构的企业所得税和营业税，并以业务为主而不以机构为主确定涉农税收优惠政策，对所有金融机构按其涉农贷款比例给予税收优惠。此外，进一步完善“存贷同比”政策，实现按涉农贷款数量合理确定财政、税收支持力度，以引导更多信贷资金投向“三农”。

二是进一步推动农业保险业发展，实现农业保险与农村金融的良性互动。在发展农业政策性保险中，田东县遇到的覆盖面较低、保费补贴有限、巨灾风险分散机制缺失等问题，在全国具有一定的普遍性。进一步推动农业保险试点，田东县应针对这些问题探索完善相关政策措施，在保费补贴方面，积极争取上级财政支持，并加强调查研究，为科学合理确定中央、自治区、县和农户之间保费分担比例提供依据，并探索建立巨灾风险分散机制。在建立银保互动机制方面，采取积极措施引导申请贷款的农户参加农业保险，对于贷款农户参加保险的，政府可以尝试通过给予保费补贴或银行降低贷款利率的方式加以鼓励。

三是进一步完善农村信贷担保体系，不断扩大农村抵质押物范围。在扩大信贷抵押物范围方面，田东试点较为注重的是开展不动产抵押，在有效扩大抵质押物范围方面还有较大空间，在开展涉农企业存货、原材料等动产质押贷款，办理仓单、保单、应收账款、收费权、商标专利权、地上收益权等权利质押贷款等方面，还可进一步扩大试点。在对农户授信的同时，还可依托农业产业化、农民专业合作社的信贷创新，探索多种载体的抵质押方式，解决农村中小企业和农户的融资难问题。

四是将改善农村金融服务的政策放到田东先行先试。中央金融机构应继续支持田东县试点，制订田东县农村金融综合改革规划，明确未来2至3年县试点的总体目标、试点内容、扶持政策。目前出台的针对农村金融的财政、货币和监管政策都已经在田东县实施，在完善落实前期各项政策措施的基础上，可以将拟出台的各项改善县域农村金融服务的措施放到田东县先行先试，适时评估效果，对成熟的经验适时在面上推广。比如县域内银行业金融机构新吸收存款主要用于当地发放贷款问题；实行农村金融机构差别监管政策问题；加快推进邮储银行的改革步伐，加大邮储资金回流农村问题；发展直接融资，充分利用债券、期货、信托、租赁等现代金融手段和产品，拓宽涉农融资渠道等，都可以在田东先行试点。

田东县经济社会发展和农村金融改革试点情况的报告*

（2012 年 4 月）

自田东县开展农村金融综合改革试点以来，县域经济快速增长，城乡社会面貌呈现喜人变化。

一、田东县经济社会发展状况良好

2011 年，全县生产总值 97.6 亿元，增长 13.1%；财政收入 13.1 亿元，增长 30.8%；全社会固定资产投资 133 亿元，增长 23.7%；社会消费品零售总额 13.1 亿元，增长 18.2%；城镇居民可支配收入 20213 元，增长 12.2%；农民人均纯收入 5414 元，增长 21.6%。田东县荣获 2011 中国最具经济活力城市、2011 中国十佳金融生态城市，成为“中国西部百强县”（第 94 位）。委员长两次视察时提出的几大问题，都有新的进展。

（一）发挥特色农业优势，促进农民增收

紧紧围绕农业生产标准化、规模化、品牌化和产业化，发展竹子、甘蔗、蔬菜、水果、生猪、家禽等六大 10 亿元特色产业，促进

* 注：2012 年 3 月 27 日至 28 日，全国人大农业与农村委员会副主任委员刘振伟赴田东县调研农村金融改革试点有关情况，本文系调研组向吴邦国同志呈报的调研报告。

了农民增收。全县 2009、2010 年农民人均纯收入增幅居广西第一，2011 年农民人均纯收入比试点初期增长 56.7%。

（二）发挥资源优势，形成工业新格局

围绕发展循环经济，全县形成了以石化和铝锰为支柱，以煤炭、电力、制糖、建材、造纸等为骨干的工业新格局。石化工业园建设取得新突破，全年入园项目投资 30 亿元。石化总厂 60 万吨催化裂化技改项目点火试产成功，纳米氧化锌和双氧水两个高新技术项目进展正常。2011 年全县工业增加值 51 亿元，增长 39.2%。

（三）非公有制经济快速发展

从项目推进、政策激励、环境优化等方面持续推动非公经济发展。2011 年，全县新增个体工商户 2858 家、从业人员 4515 人，分别增长 18% 和 30%；新增私营企业 170 家。目前全县 34 家规模以上工业企业中有非公企业 28 家。非公经济在繁荣经济、改善民生、增加就业、维护稳定等方面发挥了重要作用。

（四）实施十项扶贫工程

围绕 2020 年实现全面建成小康社会的总目标，实施项目扶贫、生态扶贫、产业扶贫、教育扶贫、就业扶贫、科技扶贫、金融扶贫、社会扶贫、文化扶贫、保障扶贫等十项扶贫工程。按照原来 1196 元贫困线标准，全县贫困人口由 2008 年底的 6.8 万人减少到 2011 年的 4.89 万人。全县 2011 年外出务工人员保持在 8 万人左右，每年人均收入约 2.5 万元。

（五）积极推动解决住房、教育、医疗等民生问题

住房方面：开工建设保障性安居住房 1123 套，实施国有工矿棚户区改造 660 户，完成农村危旧房改造 2820 户。教育方面：投资 2000 多万元实施的全县农村小学饭堂改造工程和校园安全工程全部

竣工使用。田东职业技术学校扩建项目已竣工投入使用，2011 年招生 1800 人，开展各类技术培训 60 期 3000 人次。医疗方面：全县 13 个乡镇卫生院全部进行了综合改革，实施国家基本药物制度覆盖率 100%。县财政出资 1000 多万元代缴农民参加新型农村合作医疗个人缴费部分，37 万农民享受到新农合保障。

二、农村金融改革取得阶段性成果，深化改革已经启动

自 2008 年 10 月开始，田东县农村金融改革试点已经进行三年。三年多来，田东县实施了以组织机构建设、支付环境建设、信用体系建设为主线的一系列改革项目，完成了改革初期制定的主要目标和任务。2011 年，田东县获得全国首个“信用县”称号。2011 年 12 月，田东县获中农办、农业部批准成为全国农村金融改革试验区，将围绕“建立现代农村金融制度”进行为期 5 年的改革试验。

（一）田东县农村金融改革试点的主要成效

通过农村金融改革试验，田东县实现了“三个全面覆盖”和“三个有效覆盖”，各项金融指标稳步提升。

“三个全面覆盖”：金融网点实现全覆盖。全县已建立银行业金融机构、农村资金互助社、担保公司、保险公司横向联动的服务格局。农村支付体系实现全覆盖。实现大小额支付系统乡镇全覆盖，在广西第一个实现“乡镇级金融网点跨行资金汇划乡乡通”，成为全国第一个实现转账支付电话“村村通”的县，ATM 机具、POS 机、电话支付终端每万人拥有量均超过全国平均水平。农村社会信用体系实现全覆盖。完成了全县农户信用信息采集和信用评定工作，评定信用村 88 个，信用乡（镇）7 个，分别占全县的 54% 和 70%，有效解决了农户和金融机构之间信息不对称问题，缩短了审贷时间，

提高了放贷效率。

“三个有效覆盖”：惠农保险实现有效覆盖。启动了香蕉、甘蔗、竹子和水稻等特色农业保险，实现了财政出资的农房保险全县覆盖，在全国首创了芒果种植保险新险种。在10个乡镇成立了“保险咨询站”。创新了“小农户+小贷款+小保险”和“新农合+小保险”模式。助农担保体系实现有效覆盖。助农担保公司积极开展农户贷款业务的协调、审查和担保工作，有效降低了银行信贷风险。创新了“惠农信贷产品+助农担保产品+小额贷款保险”相结合的金融服务模式。金融服务实现有效覆盖。田东县是全国第一个基础金融服务覆盖到村一级的县。以村为单位成立“三农金融服务室”，承担贷款调查、贷后监督、贷款催收、保险知识普及等工作，创新了农村金融服务机制。

主要金融指标稳步增长，贷款余额大幅提升。全县各项贷款余额从2007年的20.38亿元增长到2011年末的52.23亿元，2011年末各项贷款总量是试点初期的2.56倍。新增贷款大幅增加，2008年全县新增贷款仅2.69亿元，2009年、2010年、2011年新增贷款分别为15.63亿元、7.54亿元和5.98亿元，改革以来年均增幅32.09%。涉农贷款余额保持高位，2008、2009、2010年田东县涉农贷款余额分别为17.11亿元、26.53亿元和30.38亿元，2011年为35.87亿元，占比始终保持在70%左右。

田东农村金融改革试点的成效是在委员长的关怀重视、各方共同努力下取得的。农村金融改革，需要通过完善金融组织机构体系建设、加强农村金融基础设施建设、建立贷款风险补偿与财政奖励激励机制、特殊的货币政策等多策并举，综合完善农村金融服务功能。在这方面，广西壮族自治区各级政府和有关银行给予了大力支持。

（二）田东县对深化农村金融改革试点的建议

1. 给予更灵活的货币政策。延长适当放宽存贷比限制性要求期限，适度提高涉农不良贷款容忍度，延长村镇银行不考核的期限。

2. 出台政策或法律规定，要求县域金融机构吸收的存款必须有一定比例投放“三农”，对“三农”金融业务进一步从财政、税收、货币政策等方面给予利益引导。

3. 给予特殊政策支持田东探索农村金融贷款抵押问题。

田东农村金融综合改革七年间*

（2015 年 12 月）

田东县位于广西壮族自治区西南部，地处右江河谷盆地，是革命老区。全县县域面积 2816 平方公里，辖 9 镇 1 乡 167 个行政村，总人口 43 万，是一个以壮族为主体的多民族聚集县，也是国家扶贫开发工作的重点县。全县贫困人口 14.63 万人，贫困发生率 34%，贫困面大、贫困程度深。在这样一个集革命老区、多民族聚集区、贫困地区于一身的地方，如何实现精准扶贫和推动经济社会全面发展，需要找准切入点。田东的一个重要切入点是深化农村金融综合改革。

一、田东农村金融综合改革的主要做法

田东县的农村金融综合改革始于 2008 年，是全国最早开展农村金融综合改革的试点县。田东农村金融综合改革涉及面广、综合性强，是提高农村金融服务覆盖面和有效性的一次全方位探索实践。改革七年间，田东县经济社会快速发展，脱贫攻坚明显加快，成为全国农村信用体系建设示范区、国家农村改革实验区、国家现代农业示

---

* 注：2015 年 12 月 14 日至 17 日，全国人大农业与农村委员会副主任委员刘振伟赴田东县就农村金融综合改革试点、农村金融立法问题开展调研。中国农业发展银行、农业银行有关负责同志参加。该报告由王瀚整理。

范区和国家扶贫开发综合改革试点县，得到中央领导同志的肯定。

田东农村金融综合改革的主要做法是：

（一）建立完善组织机构体系

针对农村金融机构网点覆盖面窄的问题，田东县先后成立北部湾村镇银行、2家农村资金互助社、2家小额贷款公司、1家政策性融资担保公司，推动农村信用社重组改制为农村商业银行。目前，全县有9家银行业金融机构、18家非银行业金融机构，银行机构网点48个，覆盖10个乡镇和部分村屯。为解决贫困村农户短期资金周转困难，田东县以财政扶贫资金投入为主，农户交纳少量互助金为辅（贫困户可免交），成立了29个扶贫资金互助社，为入社农户提供5000元以下、手续费最高5%的小额贷款，目前已吸纳1128户贫困户入社，贷款余额410万元。扶贫资金互助社进一步丰富了田东农村合作金融机构类型，使银行信贷无法覆盖的贫困农户获得部分发展资金，同时实现了扶贫资金的循环使用。

（二）建立完善农村信用体系

针对农户和农业生产经营主体信用评级缺失、农村金融有效供给和需求双向不足问题，田东县建立起“农户—农民专业合作社—中小微企业”三级信用体系，农户信用评级覆盖率达到89%，53个贫困村全部转为信用村，182家农民专业合作社、1251家中小微企业被纳入征信体系，农民专业合作社信用评级覆盖率达到58%。依托信用体系建设成果，田东采取“一放宽一提高一差别”的涉农贷款优惠政策，即放宽种养殖业等周期长的涉农贷款期限，最长至5年；根据信用等级提高授信额度，农户最高至30万元，新型经营主体最高至100万元；实行差别化贷款利率，信用等级高的贷款利率上浮不超过30%，信用村比非信用村贷款上浮利率低10%，信用良好的贫困户实行基准利率。信用体系建设有效提升了农户和新型经营主体银行贷款的可获得性，已累计有5.9万农户获得免抵押、免担保的小额信用贷款22.8亿元，占全县农户总数的71%，其中9145户贫困户获得小额信用贷款4.56亿元，占全县贫困户总数的57%；64家农民专业合作社获得贷款6215万元，占全县授信合作社总数的35%。

（三）建立完善村级服务体系

针对农民金融知识缺乏、贷款融资耗时费力、金融机构基层信贷人员短缺等问题，田东县在全部行政村设立了村级农村金融服务室，实现了“农金村办”百分之百覆盖。村级农村金融服务室人员由村两委干部、大学生村官、致富带头人等组成，主要工作是协助金融机构进行金融知识宣传、信用信息采集、贷前尽职调查、贷后还款催收、保险业务办理等，由于其比银行信贷员更熟悉农户生产生活情况和信用信息，有利于搭建金融机构与农户间的沟通桥梁，也有助于解决金融机构网点不足、人员短缺问题。目前，通过村级农村金融服务室平台，累计已有5.2万农户办理了4.7万笔、23亿元各类贷款。此外，田东县还积极开展“农业产业化龙头企业+基地+农户”的产业链金融服务模式，金融机构根据农户与龙头企业签订的订单，向处于产业链前端的种养殖农户投放贷款并给予利率优惠，简化了审批程序，提高了首贷成功率。

（四）建立完善支付结算体系

针对农村基础金融服务设施滞后、农村金融支付环境差的问题，田东县在农村地区累计安装ATM机136台、布放POS机1628台、电话支付终端384台，发放各种银行卡75万张，人均1.74张，大小额支付系统接入网点达到41个。个人网银、短信通等服务方式得到广泛使用，现代化支付方式覆盖所有贫困村，成为全国首个实现转账支付电话“村村通”的县，被中国人民银行确定为“全国农村支付服务环境建设联系点”。通过建立完善面向农村、服务农民的支付结算体系，农民在村里就可以办理2000元以下的小额存取款业务，提高了获得基础金融服务的效率和便捷度，降低了支付结算成本。同时田东还积极开展金融知识进农村活动，督促金融机构每年开展不少于4次的“送资金、送信息、送金融知识”服务活动，帮助农民提高诚信意识，提升农民利用金融资源发展生产、改善生活的能力。

（五）建立完善政策性农业保险体系

针对农业保险起步晚、农民和承保机构都缺乏积极性而现实又十分必要和迫切的问题，田东开展了13种由各级财政给予保费补贴的农业保险险种，累计为农业生产提供了89亿元风险保障，2015年投保面积85万亩。为提高农业保险便捷性，田东县健全县乡村三级保险服务网络，实现农村保险服务站乡镇全覆盖、农业保险服务点行政村全覆盖。探索建立财政扶贫资金保险补偿机制，利用扶贫资金提高贫困户保费补贴标准，扩大农业保险在贫困村的覆盖面。为提高农业保险服务有效性，设立农业保险县理赔定损小组，制定大灾理赔应急预案，建立理赔绿色通道，实行限时结案制和责任追究制。在发挥农业保险对农业生产保障作用的同时，田东还积极探索银保互动机制，开办农户小额贷款保证保险，覆盖面达到90%，有效分担了小额贷款风险；创新农村人身小额保险、留守儿童意外伤害保险、农村独生子女家庭爱心保险、残疾人保险等险种，提高农民特别是贫困户生活保障水平，积极应对化解因病、因残返贫隐患。

（六）建立完善抵押担保体系

针对长期以来农民贷款融资缺乏有效抵押担保物的老大难问题，

田东县积极推动银担合作机制，成立由财政出资设立的助农融资担保公司，资本金由最初的1000万元增加到3000万元，目前已累计为种养大户、家庭农场、农民专业合作社、农村中小企业等提供融资担保1.45亿元，担保金放大倍数接近1:5。引进广西金融投资集团在田东县设立综合金融服务中心，累计为县域中小企业提供融资担保8.3亿元。同时，田东县积极拓展农村有效抵押担保物范围，已完成林权、农村集体土地所有权确权工作，积极推动农村集体土地承包经营权、集体建设用地使用权、宅基地使用权和农房所有权、小型水利工程产权确权登记，在明晰产权归属的基础上，通过农村产权交易中心提供投融资咨询、交易信息发布与鉴证、资产价值评估、产权抵押贷款等服务。目前，农村产权交易中心已累计办理农村产权交易9761宗、交易额7.9亿元，其中流转土地面积7.99万亩，占全县土地流转总量的45%；组织农村资产评估134宗、评估价值11.3亿元；协助金融机构办理林权、农村承包土地经营权、农村房屋所有权抵押贷款3.8亿元，其中农村承包土地经营权抵押贷款5982万元，均为正常类贷款。

田东县依托农村产权交易中心，探索实行土地信托模式，建立土地流转和产权交易的“委托—代理”机制，在农户自愿基础上，引导农村承包地向专门设立的土地收储公司流转，待利用银行贷款进行土地整理后，再流转给规模经营主体。土地信托模式解决了流转双方信息不对称问题，降低了流转成本，有效保障了农户土地流转收益。目前，已实施3000亩标准化香蕉园项目，收储并开展整理土地1.2万亩。

二、田东农村金融综合改革的成效和经验

田东农村金融综合改革实现了农村金融服务与县域经济、农业

农村发展的良性互动，取得了明显成效，积累了能复制、易推广、可持续的成功经验。

（一）主要成效

一是有效提升了金融服务县域经济的水平。田东县地区生产总值由改革前（2008 年）的 43.4 亿元增长到 2014 年的 119.64 亿元，年均增长 18.4%，高于全国 5.9 个百分点；财政收入由改革前的 3.7 亿元增长到 12.42 亿，年均增长 22.4%，高于全国 7.6 个百分点；人均地区生产总值由改革前的 11032 元增长到 27800 元，人均可支配财力由 942 元增长到 2407 元。

农村金融综合改革推动田东实现了县域经济的跨越式发展，形成了以资源加工型为主的工业体系，第二产业比重由改革前的 44.3% 提高到 56.7%，2014 年单位 GDP 能耗下降 4.6%；现代服务业不断壮大，2014 年完成社会消费品零售总额 17.9 亿元，在百色市 12 个县区中排名第一位；城镇化快速发展，城镇化率由改革前的 13.9% 提高到 43.8%，2014 年城镇居民人均可支配收入和农民人均纯收入在百色市均排名第一位。田东县先后获评为中国西部百强县、中国西部最具投资吸引力城市、中国西部最具经济活力城市等。

二是有效提升了农村金融服务的供给能力。田东县各项贷款余额由改革前的 23.07 亿元增长到 2014 年的 79.99 亿元，涉农贷款余额由改革前的 15.37 亿元增长到 2014 年的 58.18 亿元，涉农贷款年均增长 25%。截至 2015 年 10 月底，田东各项贷款余额 86.2 亿元，涉农贷款余额 64.4 亿元，涉农贷款比例由改革前的 66.6% 提高到 75%，涉农不良贷款率由改革前的 2.4% 下降到 0.49%。农业保险综合覆盖率由改革前 30% 提高到 73%。农村金融改革为农业生产经营提供了有力的资金支持和风险保障，县域农业总产值由改革前的

21.08 亿元增长到2014 年39.79 亿元。

农村金融综合改革进一步推动县域金融服务实现城乡均等化。田东县的农户信用评级从无到有，覆盖率达到89%；农村金融知识普及率由改革前的0.2%提高到92%；农户贷款覆盖率、农户贷款满足率分别由改革前的26%、35%提升到目前的90%、92%；平均单笔贷款额由改革前的1.86 万元提高到4.05 万元，其中信用户人均贷款额2.61 万元。

三是有效推动了扶贫攻坚。农村金融综合改革提升了县域社会事业城乡统筹发展水平。田东县实现了新型农村养老保险和新型农村合作医疗全覆盖，国家基本药物制度覆盖率达100%；通过农村危旧房改造解决了1.6 万群众住房问题；完成农村沼气池建设3000 多座，清洁能源使用面进一步扩展；建设农村通村水泥路628 公里，12 万群众出行受益；解决了农村13.5 万人饮水安全问题，农村集中供水率达57%。预计2015 年田东县城镇居民可支配收入达到28157 元，农民人均纯收入达到9193 元，七年间年均增长16.5%，城乡收入比由2009 年最高时的4.22∶1 降到3.06∶1。

农村金融综合改革加快了田东县贫困农户脱贫致富。贫困村贷款余额由改革前的5938 万元增长到2014 年的2.16 亿元。农村贫困人口由2011 年的14.63 万人降低到6.58 万人，贫困发生率由2011 年的34%下降到15%，贫困村农民人均纯收入由2011 年的2205 元增长到4788 元，年均增长29.5%。

（二）经验启示

田东农村金融综合改革主要做法已经在广西壮族自治区开始推广，安徽省金寨县等地也在学习借鉴田东做法。田东农村金融综合改革的经验和启示：

一是田东农村金融综合改革始终坚持解决农村金融服务的体制机制性问题。田东县开展农村金融综合改革，不是简单地给予倾斜性信贷支持政策，其推动建立“六大体系”的改革举措，立足于农村金融服务的供需双方，聚焦于农村资金外流、农民贷款难、难贷款，解决的是金融机构贷给谁、贷得出、用得好、收得回的问题，解决的是农民找谁贷、怎么贷、花得掉、还得上的问题，解决的是如何处理市场与政府在农村金融资源配置中的关系问题，解决的是如何充分发挥市场主导和政府引导双重作用的问题，解决的是农村金融供给与有效需求不对称问题，这些都是束缚农村金融发展的体制机制性问题。

二是田东农村金融综合改革始终坚持融入全面深化农村改革措施中的各项举措，与改革、扶贫、发展现代农业紧密结合。田东改革试点始终紧紧围绕党中央关于全面深化农村改革的各项要求，将农村金融改革精准切入、有效对接、积极融入到农村产权制度改革、城乡一体化发展等深化农村改革的重点领域，使农村金融改革措施与深化农村改革各项举措相辅相成、相互促进。田东注重推动农村金融综合改革与扶贫开发有效衔接，发挥金融机构在融资、规划、资金平衡等方面的作用，促进贫困地区移民搬迁扶贫与新型城镇化的融合发展，目前田东已累计建设32个生态移民点，搬迁安置2379户1.05万人。田东注重将农村金融综合改革与发展现代农业相结合，通过增强对新型经营主体信贷投入、推动农村土地流转发展适度规模经营、引导农村富余劳动力转移就业、培育优势特色农产品、加强农业资源整合等方式，不断推进农业规模化产业化发展，增强现代农业发展后劲。

三是田东农村金融综合改革始终坚持激发金融机构支农服务的内生动力。农村金融是金融机构不能忽视的一个潜在市场，作为一片待开发的蓝海，农村金融市场可以为金融机构提供新的增长点。为此，田东农村金融综合改革注重激发金融机构支农服务的内生动力，实现农村金融服务由“要我做”转变为“我要做”。一方面，田东县通过信用评级降低银行贷前调查成本，利用村级农村金融服务室降低银行贷后管理成本。另一方面，推动财政政策与金融政策的有效衔接，采取县级财政出资设立贫困农户小额贷款奖补基金、涉农贷款风险补偿基金、建立财政性存款与涉农贷款挂钩机制等方式，推动农村金融服务实现商业可持续。县域金融机构在加大支农投放力度的同时，盈利水平也大幅提升，2014 年田东县金融机构利润总额达到 2. 57 亿元，其中县农村商业银行 2014 年的经营利润为 9850 万元，比改革前的 2008 年（2210 万元）增长了近 3. 5 倍，年均增长 28%。

四是田东农村金融综合改革始终坚持防风险与促发展兼顾并重的原则。田东县在农村金融综合改革过程中，注意处理防风险与促发展之间的关系，在确保金融安全的前提下，注重提高农村金融服务的有效性。田东县通过设立地方金融监管部门，不断建立健全监管制度，着力做好风险识别、监测、评估、预警和控制工作，维护县域农村金融稳定。同时，通过加强对金融机构履行支农职责的监督检查，引导金融机构不断加大对农业农村的信贷支持力度，提升金融支农整体水平和服务县域经济发展的能力。

五是田东农村金融综合改革始终坚持市场原则下的党委、政府主动作为，形成多方联动、综合发力的格局。农村金融服务成本高、风险大、周期长、收益低，商业性金融机构大多不愿介入。为调动金融机构支农服务积极性，田东县注重发挥政府的激励和引导作用，在“六大体系”建设中，信用体系、村级服务体系、助农担保体系是在政府主导和积极推动下建立的，而在组织体系、支付结算体系、农业保险体系建设中，都体现了政府在财政资金扶持、基础设施建设投入等方面的支持。田东农村金融综合改革建立起以各类金融机构为主体、政府及财税等相关部门为支撑、金融监管部门为保障、农民和农业生产经营主体广泛参与的多方联动格局，通过建立完善政银企沟通协调机制，搭建银保、银担合作平台，完善农村金融环境，推动解决农村金融有效供给和有效需求双向不足问题。田东改革实践证明，农村金融改革既需要自上而下顶层设计，更需要自下而上积极创新探索，地方党委、政府在农村金融改革中是大有可为的，其重视程度也影响着改革的广度和深度。

三、田东农村金融综合改革对立法的借鉴意义

按照党中央要求，改革要于法有据。全国人大农委正在积极推动农村金融立法，做好农村金融改革与立法的有效衔接。农村金融立法要重点解决各类金融机构支农责任、完善农村金融机构内部运作和治理机制、确立农村金融服务长效支持政策、完善农村金融风险分散转移机制、建立农村金融服务差别化监管政策、推动农村金融环境建设等方面的重点问题，这些也是田东农村金融综合改革涉及的内容。结合田东农村金融综合改革的成功做法，对农村金融立法有以下五点考虑：

（一）明确农村金融立法的目的和指导思想

田东农村金融综合改革是落实党中央关于建立现代农村金融制度要求的探索实践，改革的具体内容和各项举措都紧紧围绕为“三农”服务的方向，都坚持有利于农民得实惠的方向。农村金融立法要体现党中央关于农村金融改革的明确要求，将推动金融资源向农业、农村和农民倾斜，引导信贷资金和社会资金投向农村，扩大农

村金融服务规模和覆盖面，提高服务质量和水平，将依法保障农民享有的金融权益作为立法的根本目的。农村金融立法要推动建立商业性、开发性、政策性、合作性金融相结合，多层次、广覆盖、可持续的现代农村金融体系，建立导向明确、激励有效、约束严格、协调配套的农村金融扶持和监管政策体系，为金融机构开展农村金融服务提供稳定的政策预期。

（二）明确发展农村普惠金融的改革方向

农业农村经济发展面临自然和市场双重风险，加之生产经营主体规模小、交易成本高及信息不对称等，完全依靠市场机制难以培育适合农业农村发展所需的金融市场。田东改革实践表明，农村金融既要发挥市场在资源配置中的决定性作用，又要从“三农”自身的特殊性和发展的特殊需求出发，作出一些非市场的制度安排。为确保金融服务惠及农业、农村和农民，农村金融立法需要明确发展农村普惠金融的改革方向，按照市场运作、政府支持、因地制宜的原则，在发挥政府引导作用，促进金融资源均衡配置，确保“三农”和小微企业拥有平等的贷款权等方面做出相应制度安排。

（三）明确不同类型金融机构的支农责任

田东农村金融综合改革不仅进一步丰富了县域农村金融服务的供给主体，更明确和规范了金融机构的支农服务责任，确保金融机构不脱农、不离农。明确金融机构支农责任是农村金融立法的首要任务，要建立立治有体、施治有序的支农责任规范体系，明确商业性、开发性、政策性、合作性等不同类型金融机构的支农功能定位和重点领域，既要有适用普遍的原则性要求，也要有突出重点的量化标准，推动不同类型金融机构实现功能互补、错位发展、适度竞争、协作融合。要突出合作性金融机构这个重点，明确其法律地位、组织体系、治理机制、运行和管理体制，作出与其履行支农责任相适应的制度设计。

（四）明确农村金融发展的扶持政策体系

田东农村金融综合改革在落实中央有关财税、货币扶持政策的同时，在有限的县级财政范围内，采取贴息、风险补偿、保费补贴、减免行政事业性收费等扶持措施，激发金融机构支农服务的内生动力。农村金融立法要建立导向明确的农村金融扶持政策体系，制定与金融机构履行支农责任相匹配的农村金融财税扶持政策，实现金融政策与财税扶持政策的有效衔接；制定和执行差别化货币政策，对履行支农责任良好的金融机构，给予差别化存款准备金、再贷款、再贴现等政策支持；制定完善相关配套政策法规，依法明晰农村各类资产权属，为包括农村承包土地经营权、林权、住房财产权在内的各类农村资产抵押担保提供法律依据。

（五）明确农村金融的差别化监管措施

加强农村金融监管，积极防范化解农村金融风险，是田东农村金融综合改革顺利进行的重要保障。农村金融立法要结合农村金融市场实际，立足于既防风险又促发展，建立奖励与约束并重的差别化监管政策体系。要建立金融机构支农服务质量考核制度，将支农责任考核结果作为对金融机构综合评价、机构和业务准入、享受财税和货币政策扶持的重要条件。要针对不同类型金融机构的特点及其支农责任，制定差别化的监管考核指标，实行差别化的涉农贷款风险容忍度、尽职免责和自主核销政策。要合理界定中央和地方的农村金融监管和风险处置责任，明确中央和地方金融监管部门的职责分工，确保中央和地方金融监管目标和规则的一致性，守住不发生系统性、区域性金融风险的底线。

附：

田东县农村金融综合改革以来社会经济发展情况

主要指标	2008 年	2014 年
地区生产总值	43.4 亿元	119.64 亿元
财政收入	3.7 亿元	12.42 亿元
农业总产值	21.08 亿元	39.79 亿元
农民人均纯收入	3363 元	8357 元
各项存款余额	30.45 亿元	81.97 亿元
各项贷款余额	23.07 亿元	79.99 亿元
涉农贷款余额	15.37 亿元	58.18 亿元
涉农贷款比例	66.6%	72.7%
农户信用评级覆盖率	--	89%
拥有银行机构网点数	0.99 个/万人	1.1 个/万人
农户贷款覆盖率	26%	90%
农户贷款满足率	35%	92%
单笔贷款额	1.86 万元	4.05 万元
不良贷款率	2.4%	0.49%
农业保险综合覆盖率	30%	73%
金融知识普及率	0.2%	92%
电子机具（ATM、POS 机、转账电话）数量	170 台	2148 台
银行卡发卡量	19 万张	75 万张
大小额支付系统接入网点数	7 个	41 个

田东县农业保险险种及保费补贴比例

险种		保费	保障金额	保费构成比例			
				中央财政	自治区财政	县级财政	农户自担
甘蔗		24 元/亩	600 元/亩	40%	30%	10%	20%
水稻		20 元/亩	400 元/亩	40%	30%	10%	20%
森林	公益林	1.2 元/亩	400 元/亩	50%	40%	10%	- -
	商品林	1.8 元/亩	600 元/亩	30%	40%	10%	20%
能繁母猪		60 元/头	1000 元/头	50%	24%	6%	20%
育肥猪		25 元/头	500 元/头	50%	20%	10%	20%
香蕉		120 元/亩	1200 元/亩	- -	50%	20%	30%
芒果		50 元/亩	500 元/亩	- -	50%	20%	30%
火龙果		60 元/亩	1000 元/亩	- -	60%	20%	20%
柑橘		60 元/亩	1000 元/亩	- -	60%	20%	20%
田七		750 元/亩	1.5 万元/亩	- -	40%	40%	20%
农房		9.3 元/户	1.5 万元/户	- -	82%	18%	- -
竹林		6 元/亩	500 元/亩	- -	- -	70%	30%
养鸡		0.15 元/只	10 元/只	- -	- -	50%	50%

田东县金融机构类型

机构类别		机构名称
监管单位		中国人民银行田东支行、银监会田东办事处、田东县政府金融办
银行	政策性	农业发展银行田东支行
	商业性	农业银行、工商银行、建设银行、邮储银行田东支行、农村商业银行
	合作性	农村资金互助社、贫困村资金互助社
新型农村金融机构		北部湾村镇银行、小额贷款公司

续表

机构类别	机构名称
保险	中国人保财险、北部湾财险、太平洋保险田东支公司，中国人寿田东支公司
证券	国海证券田东营业部
担保	助农融资担保公司、广西金融投资集团田东综合服务中心
其他	农村产权交易中心、典当公司等

进一步深化田东农村金融综合改革试点*

刘振伟

（2015 年 12 月）

近年来，田东坚持将农村金融综合改革作为激发老区发展内生动力的重要抓手，积极推动农村金融服务与农业农村发展实现良性互动，为贫困地区开展金融扶贫积累了经验，也起到了示范带动作用。

一、始终坚定不移地坚持田东农村金融改革

2008 年 10 月，按照党中央安排，时任中共中央政治局常委、全国人大常委会委员长的吴邦国同志将田东县作为学习贯彻科学发展观的联系点，当时恰时党的十七届三中全会召开不久，全会决定提出推动建立现代农村金融制度的明确要求，吴邦国同志第一次到田东调研即要求田东开展农村金融改革试点，探索破解农村金融服务束缚农村经济发展的瓶颈问题。按照吴邦国同志的指示，全国人大农委负责联系推动田东试点，中央有关部门、金融监管机构、金融机构共同推动改革试点工作。

---

* 注：2015 年 12 月 14 日至 17 日，全国人大农业与农村委员会副主任委员刘振伟在田东县调研期间主持召开座谈会，听取田东县对进一步深化改革试点，推动农村金融立法的意见和建议，本文系刘振伟在座谈会上的讲话。

田东农村金融改革的内容包括建立和完善组织、支付、信用、担保、保险、服务等“六大体系”，我将田东农村金融改革概括为“四创新、五建立”模式，即创新新型农村金融组织主体、创新农村金融产品和服务方式、创新农村信贷抵押担保方式、创新村级“三农”金融服务室，建立农村征信体系、建立“三农”信贷风险补偿和奖励机制、建立适应“三农”特点的金融政策指导体系和监管体制、建立较为完备的农村金融服务网络体系、建立农业政策性保险体系。无论是“六大体系”建设，还是“四创新、五建立”模式，都不是简单地给予田东倾斜性政策，而是聚焦于理顺农村金融服务的体制机制，可以说田东改革抓住了这个根本性问题。田东经验已经在广西壮族自治区得到推广，安徽等外省市也在学习借鉴田东模式，这充分证明了田东农村金融改革试验是可复制、易推广、能借鉴的。

从农村金融改革的成效看，2014 年田东县完成地区生产总值 119.64 亿元，财政收入 12.42 亿，田东的人均 GDP 由 2007 年改革前的 9100 元增长到 27800 元，人均可支配财力由 900 元增长到 2880 元；农业总产值由 21.08 亿元增长到 39.79 亿元；农民人均纯收入由 2931 元提高到 8357 元，城乡收入比由 2009 年最高时的 4.22:1 降低到 3.15:1；农村贫困人口由 14.63 万人降低到 6.58 万人，贫困村由 57 个减少到 53 个，贫困村人均纯收入由 1210 元增长到 4643 元；县域贷款余额由 20.38 亿元增长到 79.99 亿元，涉农贷款余额 15.37 亿元增长到 58.18 亿元，农户贷款覆盖率、满足率分别由 23%、35% 提高到 90%；农业保险综合覆盖率由 30% 提高到 73%，开展了 13 项特色农业保险、涉农保险业务，2014 年保费收入 1226 万元，承保面积 80.6 万亩，为农业生产提供 18.97 亿元风险保障，还创新开展了小额贷款保险险种，覆盖率超过 90%，有效防范了银行信贷风险。实践证明，农村金融改革有效缩小了田东城乡金融服务差距，有效提升了金融机构的支农积极性和盈利能力，有效提高了金融服务县域经济和农业农村发展的整体水平。田东农村金融改革是经得起历史检验的，应当始终坚定走农村金融改革道路的决心，坚定不移地深化农村金融改革的各项举措。

二、深化田东农村金融改革需要关注的几个问题

近年来，党中央、国务院对深化农村金融改革提出了新的更高要求。党的十八届三中全会明确提出，发展普惠金融，保障金融机构农村存款主要用于农业农村。2015 年 8 月，中办、国办印发了深化农村改革综合性实施方案，明确提出要“坚持商业性金融、合作性金融、政策性金融相结合，健全政策支持、公平准入和差异监管制度，扩大农村金融服务规模和覆盖面，创新农村金融服务模式，加快建立多层次、广覆盖、可持续、竞争适度、风险可控的现代农村金融体系”。10 月闭幕的十八届五中全会关于制定十三五规划的建议，将“现行标准下农村贫困人口实现脱贫，贫困县全部摘帽，解决区域性整体贫困”作为 2020 年全面建成小康社会的目标任务，明确提出要“发展普惠金融，着力加强对中小微企业、农村特别是贫困地区的金融服务”。在刚刚召开的中央扶贫工作会议上，习近平总书记强调指出，贫困地区要坚持以脱贫攻坚统揽当地经济社会发展全局，并把金融扶贫作为“怎么扶”的一项重要举措。11 月底，《中共中央、国务院关于打赢脱贫攻坚战的决定》对商业性、政策性、开发性、合作性等各类金融机构加大金融扶贫力度作出了新的制度安排和周密部署。

目前，田东县已被纳入国家农村综合改革试验区，这是对田东农村金融改革阶段性成果的肯定，如何将党中央、国务院关于农村金融改革的要求部署落实好，如何进一步推动建立金融扶贫的长效

机制，对田东改革提出了新课题新挑战。要想进一步深化农村金融改革，加大金融扶贫力度，田东在以下五个方面还要有所突破：

（一）着力建立金融扶贫的精确瞄准机制

扶贫攻坚是田东县十三五发展的首要任务，农村金融改革也需要服务于精准扶贫、精准脱贫这个重点。一是以开放理念发展扶贫性的金融组织。目前，田东已经成立了2家农村资金互助社，还成立了29家扶贫资金互助社，下一步可以推动符合一定条件、带动贫困户能力强的农民专业合作社开展内部信用合作，在推动合作社发展的同时，有效解决入社贫困户的发展资金需求，建立入社贫困户与合作社利益链接机制。此外，在鼓励社会资本参与金融改革，发展新型农村金融机构方面，田东也可以进一步探索。二是创新针对贫困村和贫困户的农村金融产品。要鼓励和引导农业银行、邮储银行、农商行、村镇银行等商业银行在农村贫困地区大力推广应用微贷技术，将信用建设与扶贫开发相结合，依托信用建设成果提升贫困村、贫困户获得小额信用贷款的能力。积极推动农业发展银行在县域投放异地扶贫搬迁贷款，引导其加大对新型城镇化、生态移民扶贫项目的信贷支持力度。探索政策性银行与商业性银行发挥互补作用的实践方式，通过银团贷款、过桥贷款、批零结合、业务代理等形式，为县域农业农村发展提供更多信贷支持。三是加强财税扶持与农村金融服务的协调配合。在巩固县级财政涉农贷款风险补偿、建档立卡贫困户小额贷款利息补贴等政策基础上，可考虑在符合条件的村建立合作性村级融资担保基金，发展政策性融资担保机构和涉农担保，特别是扶贫担保业务，探索建立扶贫贷款风险补偿基金，对贫困村资金互助社、合作社内部信用合作组织给予贷款风险补偿等，进一步发挥财政资金的撬动作用。四是提高贫困村和贫困户金融服务的共享水平。坚持发展农村普惠金融的方向，依托于已经建立的167个村“农村金融服务室”，进一步提高贫困户获得基础金融服务的便捷度，降低服务成本，提高服务有效性。继续推动贫困村转评为信用村，在贫困村推动一次核定、随用随贷、余额控制、周转使用、动态调整的农户信贷模式。

（二）着力发挥农业保险的保障作用

在目前田东开展的特色农业保险、涉农保险业务中，得到中央、自治区财政保费补贴的险种有11种，由县级财政给予保费补贴的有2种。下一步在积极争取中央和自治区财政支持、县级财政可负担的前提下，要因地制宜地发展适合田东实际的特色优势农产品保险及其他涉农保险，探索开展特色农产品价格保险；在扩大小额贷款保险覆盖面的基础上，可考虑拓展涉农保证保险险种，针对贫困户的扶贫小额信用贷款保证保险，可对投保贫困户给予适当保费补贴；探索发展贫困村互助合作保险，积极争取中央财政通过以奖代补方式予以支持；对由财政给予保费补贴的农业保险，督促保险机构按比例计提巨灾风险准备金，应对农业大灾风险。

（三）着力扩大涉农中小企业直接融资规模

涉农企业融资依赖贷款，缺乏直接融资渠道，是多年来田东一直面临的问题，田东县提出的加快实现“四个转变”（即加快运行机制从政府主导向政府引导和社会力量共同参与转变，信用体系建设从注重金融指标为主向金融指标与社会指标并重转变，融资渠道从传统贷款业务向多种融资渠道转变，金融工具运用从单一性向多元化转变），也明确了融资渠道从传统贷款业务向多种融资渠道转变的工作思路。对于利用资本市场直接融资，可考虑在财政、税收等方面采取必要支持措施，鼓励和支持符合的条件的县域涉农中小企业利用全国中小企业股权交易系统、区域性股权交易市场等，进行股权、债权转让，扩大融资规模。同时，按照市场主导和政府引导相结合的原则，积极培育县域内上市（挂牌）企业后备资源，根据不同层次资本市场的要求，有针对性地做好企业辅导和融资服务工作。

（四）着力推动农村集体经济发展与金融改革的有效融合

摩天岭村“农村产权＋社会资本”的股份制改造，是激活农村生产要素，发展贫困村集体经济的有益探索。农村集体经济的发展同样离不开农村金融服务的支持，一方面要利用好田东被人民银行和农业发展银行分别确定为全国“两权”抵押贷款试点县、全国开展土地承包经营权抵押融资试点的契机，积极拓宽农村有效抵押担保物范围；另一方面充分发挥县产权交易中心的资产评估、融资咨询、产权交易等功能，在明晰产权归属并确权的基础上，探索将贫困村集体所有的农田水利设施、村办建筑物、机械设备以及土地、林场、水域等自然资源资产化，打通资源变资产，资产变资本的盘活通道，同时试点将村集体经营管理的农村资产作为有效抵押担保物的可行性。

（五）着力防范和化解农村金融风险

目前，田东涉农贷款的整体不良率维持在0.9%的低水平，势头很好。继续深化农村金融改革，还要正确处理好防风险和促发展之间的关系，既要引导县域金融机构不断加大对“三农”和贫困户的信贷支持力度，也要采取有效措施防范和化解农村金融风险。地方金融监管部门与中央金融监管部门派出机构，应按照监管职责分工，共同履行好金融监管职责，形成监管合力，确保中央和地方金融监管目标和规则的一致性，守住不发生系统性、区域性金融风险的底线。

三、田东农村金融改革要为立法提供实践经验

农村金融改革是全面深化农村改革的重要内容，与深化农村改革所涉及的农村集体产权制度改革、农业经营制度改革、农业支持保护制度改革、城乡发展一体化体制机制改革、农村社会治理制度改革等五大领域都密切相关、相辅相成。党的十八届三中全会以来，中央及有关部门已经制定出台了20多项关于深化农村改革的指导意见或试点方案，涉及土地制度改革、产权制度改革、户籍制度改革、扶贫开发、农民工服务等多个方面，这些改革举措有的直接涉及农村金融改革内容，有的需要农村金融服务配套相关措施，形成政策合力。按照党中央要求，农村重大改革都要于法有据，全国人大农委正在积极推动农村金融立法，做好农村改革决策与立法的有效衔接。

2013年6月，第十二届全国人大常委会第三次会议听取并审议了国务院关于农村金融改革发展情况的报告，报告提出了适时启动农村金融立法的建议。为落实常委会审议意见，全国人大农委与中国人民银行、银监会等部门组成农村金融立法调研组，开展立法的前期调研论证工作。农村金融立法要重点解决各类金融机构支农责任、完善农村金融机构内部运作和治理机制、确立农村金融服务长效支持政策、完善农村金融的风险分散转移机制、建立农村金融服务差别化监管政策、推动农村金融环境建设等方面的重点问题。这些问题都是金融服务“三农”的体制机制问题，也是田东农村金融综合改革涉及的重点内容。

田东农村金融改革需要将试点经验与顶层设计相结合，我们也将考虑将田东金融改革经过实践检验的成功做法上升为法律规范的可行性，在推进贫困地区金融产品和服务方式创新、健全引导信贷

资金投向贫困地区的激励机制、明确不同金融机构在扶贫开发中的功能、充分发挥政策性、开发性金融支持新型城镇化和社会主义新农村建设、支持贫困地区基础设施建设和现代农业发展、改善贫困地区金融环境、推动合作金融加快发展等方面作出相应的制度规范，也希望田东县围绕这些内容进一步探索实践，为国家层面的农村金融立法积累经验、提供范例。

金寨县农村金融改革试点

2012 年 6 月，时任中共中央政治局常委、全国人大常委会委员长吴邦国到大别山区的安徽省金寨县调研，提出全国人大机关对口帮扶金寨县实施“5 + 1”扶贫项目，其中包括参照广西田东县的做法进行农村金融改革。作为“5 + 1”帮扶项目的一项重要内容，全国人大农业与农村委员会副主任委员刘振伟组织协调工作，中央金融监管部门和有关金融机构对试点工作给予了大力支持。目前，金寨农村金融改革取得明显成效，被确定为全国农村金融改革试验区、农村保险改革创新试点县、国家农村信用体系建设试验区，全国人大农业与农村委员会农村金融立法联系点。

金寨县农村金融综合改革有关情况*

（2014 年 3 月）

为推动安徽省金寨县农村金融改革有关工作，全国人大农业与农村委员会会同中国人民银行、中国银监会，指导安徽省于 2012 年 9 月出台了《金寨县农村金融综合改革实施方案》，明确了改革的总体要求、目标任务、实施步骤和保障措施。按照实施方案的任务分工和工作部署，金寨县积极推动金融组织、服务、产品和机制创新，农村金融服务具有较大改善，有力促进了县域经济社会发展。

一、主要做法

（一）创新金融组织，完善金融市场体系

金寨县农联社改制为农商行，通过增资扩股和完善治理结构，提升了经营水平；组建了江淮、徽银两家村镇银行，成为全国唯一拥有两家村镇银行的县份；开展了毛竹、森林、育肥猪、茶叶等政策性农业保险以及农房保险，国元农业保险公司在金寨县设立了分支机构。省担保集团、省产权交易中心分支机构落户金寨，设立了华安、海通两家证券营业部；重组了县城投公司，新设立汇金公司。当前，金寨县农村金融组织体系逐步健全，适度竞争的金融市场初步形成。

---

* 注：2014 年 3 月，全国人大农业与农村委员会与中国人民银行、中国银监会组成联合调研组赴金寨县开展调研，了解金寨县农村金融改革进展情况，本文系调研组提交的调研报告。本报告由王观芳整理。

（二）创新金融产品，增加信贷投放

金融机构加大创新力度，开发当地特色金融产品。农发行推出了直接面向农户的“担保机构＋金融机构＋政策性支农机构＋龙头企业＋农户”的“五位一体”贷款产品。建设银行推出了“助保金”贷款产品，率先开展了林权抵质押贷款。徽商银行推出了“金徽通”金融产品。创新小额担保贷款抵押担保方式，降低贷款门槛；扩展贷款受益面，将农民专业合作社纳入贷款发放范围；提高贷款额度，农民专业合作社可贷款额度达30万元，个人贷款额度提升到5至8万元。各金融机构创新了下岗再就业、农民工返乡创业、巾帼、大学生创业等小额担保贷款抵押方式。利用征信体系建设成果，农户凭信用等级不需抵押便可获得4万至8万元贷款。

（三）创新体制机制，完善鼓励支持措施

健全财政税收政策支持体系，设立了农村金融综合改革专项资金，由省市县财政共同出资，对金融机构由于自然灾害和市场风险等原因形成的涉农和小微企业贷款损失、代偿损失给予损失额的15%补偿，对于发放涉农信用贷款损失的给予25%的补偿。对符合条件的农户信用贷款实行财政贴息，促进信贷投放。对于新设立的村镇银行，财政予以专项资金支持，税收予以部分返还，给予与注册资金等额的财政性存款。

出台鼓励县域金融机构新增存款用于当地、加大农户和小微企业贷款投放力度的政策。修订完善了金融机构支持县域经济发展考核奖励办法，完善财政性存款与贷款投放挂钩机制，分季度调整财政资金在各金融机构的存款量。人民银行在支农再贷款、再贴现方面予以倾斜。银监部门出台了针对金寨县的金融机构差异化监管政策，合理确定不良率容忍度。

金融机构创新服务县域工作机制。农业银行金寨支行设立了

“三农”事业部，工行、建行、中行金寨县支行设立了小企业专营机构。各家银行进行了流程调整并扩大了审批权限，徽商银行授予了金寨支行市级分行贷款审批权限。

（四）创新金融服务，提升基层服务水平

引导金融机构合理布局、改进服务。布放24小时自助银行设备8个、ATM机10台、POS机905台，布设存款机7台，特约商户876户，发放银行卡71万余张，实现人均一卡。通过以奖代补方式，建立村级金融服务室，设立助农取款服务点328个，实现了金融服务村级全覆盖。

（五）健全农村征信体系，改善金融生态环境

建立了覆盖13.6万农户的信用信息数据库，并对750多户专业合作社信用信息进行了采集录入，初步实现了农户、专业合作社、中小企业的信用信息全覆盖。加大信贷政策、金融产品、征信、支付结算等金融知识宣传，增强群众金融意识。

（六）加强金融风险防控，健全考评奖励制度

加大金融风险指标监测预警，守住区域性、系统性金融风险底线。制定了金融突发事件应急处置预案，严厉打击恶意逃废银行债务行为，开展“优秀金融生态县”创建活动。

二、主要成效

通过农村金融综合改革，金寨县金融市场得到较快发展，2013年末，全县贷款余额73.7亿元，比2012年增长34.4%，是2011年末的近2倍；存量存贷比55.4%，比2012年末提高4.7个百分点，增量存贷比54.9%，比改革前提高了22.5个百分点。

金融促进县域经济发展的作用明显。信贷资金投放加快了特色

产业、重点项目、主导产业、基础建设、城镇化项目、民生工程等领域发展。2013 年，全县工业固定资产投资 31.5 亿元，增长 30%；新增规模工业 22 家，规模工业增加值 23.6 亿元；新发展特色产业基地 4.5 万亩，实现农业总产值 30.8 亿元；旅游业综合收入 17.5 亿元；社会消费品零售总额 42 亿元，增长 16.1%。

金融服务激发了社会活力，全民创业氛围日益浓厚，城乡居民收入水平提高。小额担保贷款基本覆盖了全民创业整个群体。林权流转抵押等金融产品创新，激活了农村的资产资源，促进了农村特色产业发展。财政资金与信贷资金相结合，使扶贫工作更加有效。2013 年共发放涉农贷款 52 亿元，支持 4 户企业成长为省级龙头企业；支持 9034 户农户发展种养业项目，5961 户贫困户实现脱贫。2013 年全县新建农民专业合作组织 1200 多家，新增个体工商户 4467 户，各类企业 315 家。2013 年，全县农民人均纯收入 7104 元，比上年增长 13.5%。

农村金融发展助推了思想解放。通过参与农村金融综合改革，提高了干部群众对金融的认识，提升了运用金融促进发展的能力。

三、存在的困难和问题

一是部分原定金融改革方案目标实现有困难。按照实施方案，2013 年底县域存贷比要达到 65%，实际为 55.4%；到 2015 年底之前存贷比达到 80%，贷款余额 160 亿元，目前来看难度较大；原定 2015 年底之前金寨县农村法人金融机构执行 10% 的存款准备金率，现在实际执行的与其他地区没有差别，县农商行为 17%，村镇银行为 14%。

二是改革成本压力较大。农村金融综合改革，前期投入较大，后续运行维护成本较高。金融机构物理网点的新建及升级、人员培训、电子机具布放和维护、柜员机改造、阳光信贷系统升级，征信体系信息资料的收集和更新，农村金融服务室的日常运营，都需要资金投入。不少改善金融服务的措施社会效益大，经济效益小，需要财政资金的支持。

三是基层创新权力有限，金融创新尚需提升。林权、土地承包经营权和农村宅基地等作为抵押物的贷款发放有限；农村征信系统的利用不充分，目前仅有县农商行、邮储银行以及两家村镇银行启用。

四是部分支持政策尚未到位。村镇银行成立后五年内多贷多存，不考核存贷比指标，实行差异化监管政策，提高不良贷款容忍度等政策尚未得到完全落实。2 家村镇银行、公积金中心、小额贷款公司、融资性担保公司尚未接入人民银行征信系统。市财政每年 1000 万元的金融改革风险补偿金至今尚未落实。国有商业银行对县支行的贷款发放授权不够。

四、进一步深化改革的建议

金寨县就深化农村金融综合改革提出六点请求，希望得到支持。一是全国人大在 6 月底前对金寨农村金融综合改革开展中期评估。二是将金寨县纳入全国农村金融改革试验区。三是督促有关金融机构加大信贷支持力度，推进农村信用体系建设成果应用。四是建立征信信息共享平台，尽快将村镇银行、担保公司接入人民银行征信系统、大小额支付系统。五是加大对金寨县发放支农再贷款、再贴现支持力度，落实差异化监管政策。六是上级财政对金寨县农村征信体系建设成果维护、农村金融服务室建设、金融机构农村网点维护、涉农贷款政策性补贴和税收优惠等方面予以支持。

结合金寨县的请求，对进一步深化改革提出以下建议：

1. 开展中期评估，调整完善金寨县农村金融改革试点内容。就农村综合改革情况进行中期评估，把握实施方案落实进度，针对存在的问题，提出下一步试点方案和措施，为农村金融立法提供经验。

2. 开展土地承包经营权抵押、担保试点。

3. 发展新型农村合作金融组织试点。

4. 推进农户信用信息系统的建设与应用，加快金寨县农村信用体系试验区建设。

5. 完善对金寨县银行业金融机构差异化监管政策，加强监测和考核；对涉农金融机构单列信贷额度，加大对县支行授权力度，鼓励商业银行积极支持县支行加大信贷投放力度。

6. 加大涉农贷款贴息和对农村金融基础设施建设的财政支持；研究落实贷款担保基金。

7. 适度调整金融综合改革实施方案确定的存贷比、存款准备金率、年末贷款余额等指标，使之更切合当地实际。

金寨县农村金融综合改革取得阶段性成效*

——金寨县农村金融综合改革中期评估报告

（2014年5月）

金寨县自实施农村金融综合改革以来，农村金融机构种类和数量迅速增加，信贷总量持续增长，金融创新成效显著，服务水平明显提升，金融环境不断改善，有力地促进了农民增收、农业增效和农村经济发展。

一、主要成效

（一）组织体系不断完善

通过机构改制、分设、增设分支机构网点，金寨县金融机构种类更加丰富，体系进一步健全，初步建成以政策性银行和大型银行为主导，以农村商业银行为主体，以新型农村金融机构为辅助，以村级金融服务室（站）、助农取款点为补充的农村金融组织体系。目前，该县拥有农业发展银行、工商银行、农业银行、中国银行、建设银行、邮储银行、农村商业银行、村镇银行和徽商银行等银行机

* 注：2014年5月5日至6日，全国人大农业与农村委员会副主任委员刘振伟带领财政部、农业部、中国人民银行、中国银监会、中国保监会，中国农业银行、国家开发银行、中国农业发展银行、中国邮政储蓄银行等有关部门负责同志，赴金寨开展了农村金融综合改革中期评估。本文系金寨县农村金融改革中期评估报告。

构10家，营业网点70个，自助银行网点17个，ATM机86台。此外，该县还组建了城镇开发投资（集团）有限公司，安徽省信用担保集团金寨分公司；国元农保公司在该县设立了支公司和四个营业部，安徽省国资委在该县组建了产权交易分中心，华安、海通证券分别设立了营业部，还新设了1家典当行。

（二）服务水平显著提升

改革启动以来，金寨县各银行业金融机构先后投入基础设施建设资金7000万元，新增营业网点8个、自助银行网点8个、ATM机52台；新布设POS机1074台，POS机总数达到1603台；新建村级金融服务室21个、助农取款点384个，初步实现了基础金融服务的村级全覆盖，网点覆盖率较改革前提高64.2个百分点。全县发行银行卡71.2万张，实现人均一卡。目前，金寨县每万人拥有银行服务网点2.39个，较改革启动前增加0.91个，增幅61.5%，农村居民基本做到“贷款申请不出户、存取现金不出村、汇款业务不出乡镇”。

（三）信贷投放持续增长

近两年来，金寨县各银行业金融机构在重点项目、新型城镇化、农业基础设施建设、产业化龙头企业等方面全面加大了信贷投放。2013年末，全县贷款余额73.7亿元，较上年增长34.4%，高于全市平均增幅14.6个百分点，增速由改革前的全市末位跃居首位；存量存贷比55.4%，较改革前提高5.7个百分点；增量存贷比54.9%，较改革前提高22.5个百分点，有效缓解了当地企业和农户融资难、融资贵问题。在产业园区、城市建设方面，依托县城投公司、汇金公司平台与8家银行对接了棚户区改造等14个项目，达成融资意向31.5亿元，2013年投放到位10.1亿元，超过近10年融资总和；2014年农发行向金寨县发放山区旅游公路建设贷款6.7亿元。

（四）金融创新成效初显

金融机构结合实际大力开展金融产品和服务创新，农发行创新贷款模式，建行和徽商银行创新“助保金”、“金徽通”贷款新产品等。面向下岗再就业、农民工返乡创业、巾帼妇女创业、大学生创业等人员，大范围拓展小额担保贷款方式。在开展征信体系建设基础上，对农户发放无抵押小额信用贷款。运用信贷新产品支持了15个贷款项目，2.14万户农户，248户小微企业，1.12万户个体工商户，累计发放各项贷款89.29亿元。保险机构全面实施毛竹、森林、生猪等政策性保险，创新开展农房保险，在2013年抗击两次特大洪灾中发挥了重要作用。

（五）有力助推地方经济发展

各银行业金融机构重点加大对特色农业、重点项目、主导产业、基础设施、城镇化、民生工程等领域信贷投放，有力支持了金寨县经济社会发展。2013年，金寨县完成工业固定资产投资31.5亿元，增长30%，新增规模工业22家，规模工业增加值23.6亿元；新发展特色产业基地4.5万亩，实现农业总产值30.8亿元，实现社会消费品零售总额42亿元，增长16.1%；实现生产总值80.2亿元，财政收入6亿元。

（六）带动农村扶贫开发

通过实施农村金融综合改革，创新林权抵押等金融新产品，扩大有效抵质押物范围，激活了农村资产资源，为扶贫开发注入了新动力。2013年，金寨县银行业金融机构共发放涉农贷款52亿元，支持4户企业成长为省级龙头企业。在45个整村推进中，县级投入扶贫资金1329.5万元，实施产业扶贫到户，带动银行贷款1.23亿元，支持9034户农户发展种养殖项目，使5961户贫困农户实现脱贫。2013年，金寨县共减少贫困人口2.7万人。

（七）有效促进农村居民增收

实施农村金融综合改革，受益最大的是农民。实施改革以来，该县积极推进信用体系建设成果应用，采取全额贴息方式大力发放农户小额信用贷款4492万元，为群众发展生产、发家致富提供了有力支持。农发行金寨县支行由农户作为实际用款人，发放贷款1000万元，发展茶叶、油茶大户80多户、基地2.4万亩。2013年，金寨县农民人均纯收入7104元，较改革前增长13.5%。

（八）撬动全民创业就业

金寨县以金融改革为抓手，积极破解资金难题，大力推动全民创业，促进民营经济发展。银行业金融机构通过扩大担保贷款发放范围，将专业合作社贷款额度提高至30万元，将小额担保个人贷款额度由2万元提高到5至8万元；通过创新小额贷款抵押担保方式，在风险可控前提下，尽可能降低贷款门槛。2013年，全县发放小额担保贷款4169笔，金额3.99亿元，是2012年的12倍，带动新建农民合作组织1200家，新增个体工商户4467户、各类企业315家。

二、农村金融综合改革主要做法

自农村金融综合改革启动以来，金寨县在有关部门和金融机构的大力支持下，着力推进农村金融组织、服务、产品和机制创新，不断扩大信贷投放，工作取得阶段性成效。

（一）切实加强组织推动

在充分调研的基础上，安徽省政府下发《金寨县农村金融综合改革实施方案》，明确改革的总体要求、目标任务、实施步骤和保障措施。全国人大、银监会和人民银行等部门领导先后深入金寨县开展专题调研，对改革工作提出明确要求，银监会专门成立了综合改革试点工作推进小组，安徽省相关部门和银行业机构分别成立改革领导组，就加强金融监管、增设机构网点、扩大县级支行贷款权限、开展金融产品创新、增加信贷投放等出台具体方案。金寨县委、县政府成立农村金融综合改革领导组，出台了一系列优惠政策和扶持措施，引导鼓励金融机构参与改革。

（二）全面推进四项创新

1. 创新金融组织。通过积极开辟机构准入绿色通道，加大对证券、保险、担保、典当等机构的引进力度，不断丰富县域金融业态。一是推进农联社改制。金寨县政府积极帮助金寨县农村信用联社消化历史包袱，增加注册资本，率先在全市改制为农村商业银行，目前正在进行4亿元增资扩股，为下一步深化村级金融服务打下坚实基础。二是大力培育新型农村金融机构。组建了金寨江淮村镇银行和金寨徽银村镇银行，使金寨县成为全国仅有的拥有两家村镇银行的县域。三是推进证券、保险、担保、典当等机构建设。国元农保公司、安徽省投资担保集团公司、省产权交易中心分别在金寨设立了分支机构；华安、海通证券在金寨县设立了营业部；引进设立1家典当行，重组了县城投公司，增加了注册资本。

2. 创新体制机制。各金融机构根据金寨县域和农村金融服务需求大力创新体制机制。一是推进设立专营机构。农行金寨支行设立了“三农”事业部，工行、建行、中行金寨支行相继设立了3家小企业专营机构，邮储银行、徽商银行六安分行分别在金寨设立了2家小企业分中心。二是推进提高授信额度。推动金融机构积极开展流程再造，开辟绿色通道，扩大审批权限，提高授信额度。工商银行省市分行第一时间受理、审查、审批金寨支行上报的信贷业务；农业银行对金寨县支行上报的业务实行“直报行审”；邮储银行将金寨县支行小企业贷款额度由500万元提高到2000万元。

3. 创新金融产品。围绕制约贷款投放的抵押、担保难等问题，推进各银行机构大力创新信贷产品，扩大信贷投放。一是创新担保方式。农发行突破贷款不能直接到户的政策，创新推出“担保公司+金融机构+政策性支农机构+龙头企业+农户”的“五位一体”的贷款发放模式。二是创新抵（质）押方式。中国银行六安分行推出“林权抵押贷款”，建设银行与县政府合作推出“助保金”权利质押贷款。三是创新信贷产品。徽商银行针对金寨县小微企业开发了“金徽通”产品。四是推进法人银行机构发放小额担保贷款。金寨农村商业银行、村镇银行创新下岗再就业、农民工返乡创业、巾帼创业、大学生创业等小额担保贷款方式，全面推广农户小额信用贷款，2013年新增小额担保贷款6.5亿元，较好解决了农民贷款难、担保难问题。

4. 创新金融服务。各银行业机构针对金寨县农村金融服务不充分的现状，采取发放适合县域和农民实际需求的银行卡，在交通便利、人口密集的集镇新建金融服务室（站），在村委会、农村小超市设立助农取款点，布放金融服务电子机具等方式，为农民群众提供方便快捷的金融服务。

（三）积极构建支持体系

1. 建立和完善农村金融政策扶持体系。人民银行、银监会对金寨县农村金融综合改革给予重点支持。安徽银监局对金寨县银行业机构出台了差异化监管政策，合理确定不良贷款容忍度；人民银行对金寨县新增存款用于当地超过一定比例的金融机构，在支农再贷款、再贴现等方面给予支持。

2. 建立地方财税政策支持体系。金寨县政府出台专项政策，对新设立的村镇银行等金融机构，除给予财政专项资金支持、安排与注册资金等比例的财政性存款外，对其缴纳的税收地方留成部分还给予财政扶持。由省、市、县分别出资3000万元建立农村金融综合改革专项基金，对金融机构由于自然灾害和市场风险等原因形成的涉农和小微企业贷款损失、代偿损失给予损失额15%的补偿，对因发放涉农信用贷款损失的给予25%补偿。

3. 建立完善现代支付体系。各涉农金融机构加大农村支付体系建设力度，通过布放自助银行设备、存款机、POS机具、发放银行卡等方式，有效解决农村支付结算难问题，2013年新增结算量28亿元。通过以奖代补方式，在全省率先建立村级金融服务室，实现了村级全覆盖。

4. 建立完善农村保险体系。2012年，金寨县开始实施毛竹、森林、育肥猪、茶叶等政策性农业保险；2013年又创新开展了农房保险并纳入民生工程。全县农房保险14.9万户，保费由县财政全额承担，最高每户可获赔8万元，全年理赔455户、275万元。

5. 建立完善农村信用体系。改革以来，金寨县开展了“诚信政府、诚信企业、信用乡镇、信用村、信用户”创建活动，建立了覆盖13.6万农户和750户专业合作社的信用信息数据库，初步实现了农户、专业合作社、中小企业的信用信息全覆盖。在此基础上，对广大农户开展了信用评级，为金融机构开展对农户授信搭建了桥梁，实现了与金融机构的有效对接。

6. 建立完善风险防控体系。引导银行业金融机构加大风险指标的监测预警，坚守不发生区域性、系统性风险底线；开展“优秀金融生态县”创建，制定金融突发事件应急处置预案，打击逃废银行债务行为，营造良好的金融生态环境。

7. 完善考评奖惩机制。金寨县政府修订完善了金融机构支持县域经济发展考核奖励办法，由县财政安排经费给予适当奖励。建立了金寨县财政性存款与贷款投放挂钩机制，根据金融机构当年新增贷款投放规模占全县的比重，确定财政性资金存放该金融机构的比例，分季度调整财政性资金在各金融机构的存款量，调动金融机构贷款投放积极性。

8. 建立完善金融知识培训体系。金寨县政府组织编写了《金融知识通俗读本》。金融监管机构、金融机构开展了“送金融知识进乡村、进学校、入社区”、金融知识宣讲、促监管政策进基层行活动，在乡镇农村金融流动服务点广泛开展信贷政策、金融产品、征信系统、支付结算、反假币、保险、非法集资等金融知识宣传。

三、存在的主要问题

(一) 信贷支持产业链条较短

金寨县由于地处山区，整体经济基础比较薄弱，受自然条件以及农户自身因素制约，农业产业化经营程度相对较低。农业专业大户和产业化龙头企业经营规模普遍较小，缺少大型工业企业，工业园区建设处于启动阶段，配套产业链尚未形成，迫切需要支柱产业、大型企业发挥示范带动作用。

(二) 风险共担机制有待完善

由于“三农”的季节性、周期性、波动性等特点，受自然灾害和市场风险等因素影响较大；金寨县小微企业多数处于“散、小、弱”状态，产品科技含量低，附加值不高，抗风险能力弱，这些客观因素导致涉农和小微企业贷款存在不可忽视的风险。银行业金融机构独立承担风险压力较大，一旦形成风险，将造成较大损失。财政补贴资金有限，使农业保险试点品种少，范围狭窄，政策性保险扩大覆盖面仍有难度。

(三) 产品服务创新仍需加强

受体制、人才等因素的限制，以及涉农金融业务成本高、风险大、收益低的影响，一些金融机构在推动农村金融综合改革工作中内生动力不足，服务功能不能全面满足农村多元化金融服务需求。依托农业产业化、土地流转、农民合作社开展的信贷服务规模较小，以动产质押和权利质押开展的贷款服务创新不足。

（四）抵押担保难问题有待破解

随着城镇化、农业现代化的推进，农村较大额的贷款需求占比将明显上升，难以依靠信用贷款方式予以有效解决。土地作为农民最重要的资产，由于法律上的制约，目前还难以作为有效抵押物而实现资本化。如何进一步拓展农村抵押物、完善农村担保体系是亟待解决的重大课题。金寨县虽然建立了产权交易分中心，“三权”抵押工作目前仍处于启动阶段，需要突破产权评估、抵押、处置、收储等方面的障碍。

（五）政府风险补偿机制有待完善

由于农村金融创新政策性强、涉及面广、协调难度大，农村金融服务设施维护成本高，推进农村产权抵押贷款、农村信用体系建设、银行卡助农取款服务，进一步完善涉农信贷风险补偿机制等还需要政府部门的参与和财政资金的大力支持。

四、深化改革的建议

深化农村金融综合改革，提高农村金融服务水平，需要各级政府、金融监管和金融机构等各方面共同努力，促进当地金融服务协调发展。

（一）加强政府推动

地方政府要结合县域实际，研究出台新的扶持政策，不断完善金融可持续发展的外部环境。要不断整合优化各类支农金融资源，完善配套政策，建立健全农村信贷担保机构和担保方式，安排一定额度的扶助资金用于农户贷款贴息；要加快产业园区大型企业引进工作，积极培育合格的信贷投放主体；要加快推进产权交易中心建设，为稳妥审慎推进“三权”抵押创造外部条件，帮助解决抵押担保难问题；要加快建立风险补偿和激励机制，激发金融机构的内生动力，实现良性互动、多方共赢的工作局面；要积极推进政策性农业保险发展，扩大保险覆盖范围，将部分重点农产品纳入政策性农业保险范围。

（二）强化监管引导

监管部门要创新监管手段和工作方式，引导金融机构加强风险管理，提升风险管控能力，确保信贷资金进入实体经济。要继续加强资本市场和保险市场建设，大力发展担保机构、贷款专营机构等组织，积极推动县域各类金融业态协调发展。要督促金融机构落实不良贷款容忍度、新增存款一定比例用于当地等差异化监管政策，有效增加县域信贷投放。要引导金融机构及时调整信贷结构，加大对现代农业、粮食生产、新型农村经营主体和新型城镇化建设的支持力度。要推动金寨县银行业金融机构大力发展普惠金融和民生金融。

（三）充实改革内涵

按照今年中央一号文件、国务院办公厅关于金融服务“三农”发展的若干意见，以及关于全面做好扶贫开发金融工作的指导意见，进一步调整充实金寨农村金融改革的内容。通过加强农村金融组织创新，带动和促进农村金融产品和服务创新。继续深化农行“三农”事业部制改革，引导其重点支持农村企业和县域发展。继续扩大大型银行对县域机构的授权，进一步创新产品服务，优化信贷流程，适当增加信用贷款，有效扩大抵押担保范围，增加有效信贷供给，加快县域内资金的周转速度，提高资金使用效益。涉农银行业机构要着力打造服务“三农”的专业化服务组织，大力发展小额信贷，鼓励发展适合农村特点和需要的各种微型金融服务。加强银行业金融机构营业网点、基础业务、基本制度的规范化建设。

（四）优化金融环境

地方政府要充分发挥主导作用，将农村信用体系建设纳入新农村建设的总体规划，切实加以推进。加大打击恶意逃废银行债务行为的力度，营造良好的农村金融生态环境。持续加强金融政策、知识的宣传教育，普及金融知识，提高民众的金融认知力，提升金融消费者的自我权益保护能力。搭建政府部门、金融机构、企业、农户经常交流的平台，解决企业、农户的融资需求。

提供可复制、可借鉴、可持续的农村金融综合改革经验*

刘振伟

（2014 年 5 月）

金寨县农村金融综合改革是全国人大帮扶金寨县扶贫“5＋1”项目的重要内容，从 2012 年下半年开始启动。按照实施方案，改革的目标是完善金寨县金融组织体系、增加社会融资总量、健全农村金融服务、改善金融生态环境，改革的任务是推进金融组织创新、体制机制创新、金融产品创新及服务方式创新，建立健全征信、现代支付服务、农村保险服务、金融政策支持、财税政策支持、风险防控、考评奖励和金融知识培训等八大体系。两年来，金寨县农村金融综合改革取得明显效果，金融服务主体快速发育，信贷资金投入持续增长，“三农”金融需求满足程度提高，金融改革成为促进金寨县域经济发展的内在动力，有力推动了金寨县的经济社会发展和扶贫开发工作。

金寨县农村金融改革取得的成效与各方面的重视和努力是分不开的。试点工作开始后，国务院相关部门和有关金融机构积极开展工作，银监会尚福林、周慕冰、人民银行潘功胜、农业发展银行郑

* 注：本文系全国人大农业与农村委员会副主任委员刘振伟在 2014 年 5 月 6 日主持召开金寨县农村金融综合改革中期评估座谈会上的讲话。

晖等领导同志赴金寨县开展专题调研，指导试点工作。银监会成立了由周慕冰同志为组长的金寨县农村金融综合改革试点工作推进小组，制定了《金寨县农村金融综合改革试点工作推进方案》，对支持金寨县农村金融综合改革的政策措施进行分工，落实责任。人民银行对金寨县支农再贷款、再贴现给予政策倾斜。农业银行、农业发展银行、国家开发银行、邮政储蓄银行等将金寨作为服务“三农”的重点联系县，根据金寨县“5 +1”项目的金融服务需求，出台具体优惠政策。保监会指导保险公司和六安市、金寨县制定《金寨县政策性农业保险试点工作实施方案》，积极协调财政部加大中央财政保费补贴比例。安徽省委、省政府高度重视金寨农村金融改革，提出了“抓金寨、促全省”的工作思路，省委、省政府主要领导及分管领导多次实地调研，协调解决试点中遇到的实际问题。六安市委、市政府，金寨县委、县政府及安徽省金融办全力投入改革，做了大量工作。

继续推动包括金寨县农村金融综合改革的各项帮扶工作，是张德江委员长、李建国副委员长、王晨副委员长兼秘书长的明确要求。王晨副委员长兼秘书长2013年8月22日听取金寨县“5 +1”项目进展情况汇报时提出，“第一，全国人大要继续做好帮扶协调工作。全国人大对金寨县‘5 +1项目’的帮扶协调工作不会停，更不会断，将一如既往地帮助金寨县推进项目建设。第二，全国人大的作用是助推帮扶而不是包办代替，大别山革命老区和金寨县的扶贫工作应当主要依靠当地党委、政府和人民群众。全国人大做帮扶协调工作要尽心尽力，但‘5 +1项目’从规划编制、申报审批到具体实施，各个环节的工作主要还得依靠地方来落实。第三，项目帮扶协调责任人要按照分工，继续关心、支持项目建设。要本着为革命老区人民办实事、办好事的精神，通过上门拜访、电话沟通等多种形式，主动同国务院有关部门负责同志协商，对地方请求帮助协调解决的问题，能帮助解决的尽最大努力帮助解决。”

进一步推动金寨县农村金融改革，还要注意以下四个方面问题：

一、进一步提高对农村金融改革重要意义的认识

农村金融是我国金融体系的重要组成部分，是服务“三农”的重要力量。党中央、国务院高度重视农村金融工作，党的十八届三中全会提出了保障金融机构农村存款主要用于农业农村和完善农业保险制度的要求。2014 年的中央一号文件对加快农村金融制度创新作了全面部署，从强化金融机构服务“三农”职责、发展新型农村合作金融组织、加大农业保险支持力度等方面，提出了 18 项具体措施。4 月 22 日，国务院召开了全国农村金融服务经验交流电视电话会议，李克强总理就金融服务“三农”作了重要批示，要求深化农村金融改革，培育农村金融市场，加大涉农信贷投放和政策支持力度，落实好差别化存款准备金制度，完善金融监管和风险防控机制，涉农金融机构要树立普惠金融理念，不脱农、多惠农，不断提升农村金融服务能力和水平。国务院办公厅最近出台了关于金融服务“三农”的若干意见，确定了 35 项任务。这些都充分说明，农村金融改革顺应了“四化同步”发展特别是城乡一体化发展的趋势，不仅重要，而且紧迫。请各参与单位按照党中央、国务院有关精神及全国人大常委会领导同志的要求，进一步重视金寨县的农村金融综合改革工作，务求取得实质性的试点成果。

二、进一步把握好深化改革的重点和方向

对于进一步推动金寨县农村金融改革，应把握好三个问题：一是坚持金融服务“三农”的改革方向。金寨县金融综合改革的初衷

是要使金融更好地为"三农"、为大别山革命老区贫困人口脱贫致富服务。农业是弱质产业，农村金融也是金融体系中的薄弱环节。金寨县农村金融综合改革，要始终坚持改革不脱农、多惠农的方向，使"三农"在金融服务中享有与城市平等的权利。贷款权是重要的经济权利，改革的目的，是要使被忽视和弱化的权利回归。二是将完善体制机制作为改革重点。金寨金融综合改革不仅是为了助推当地经济社会发展和贫困人口脱贫致富，还要为全国农村金融改革积累可复制、可借鉴、可持续的经验。2013 年 6 月，第十二届全国人大常委会第三次会议听取并审议了国务院关于农村金融改革发展情况的报告，报告提出了适时启动农村金融立法的建议。为落实常委会审议意见，经常委会领导同志同意，农委与中国人民银行、银监会等部门组成农村金融立法调研组，开展立法的前期调研论证工作。农村金融立法要重点解决各类金融机构支农责任、完善农村金融机构内部运作和治理机制、确立农村金融服务长效支持政策、完善农村金融的风险分散转移机制、建立农村金融服务差别化监管政策、推动农村金融环境建设等六方面的重点问题，而且主要是金融服务"三农"的体制机制问题，也是金寨金融综合改革涉及的重点问题。今后，金寨县将成为我们开展农村金融立法调研的联系点。在改革中，倾斜性的信贷支持政策及相关措施在一定阶段是必要的，但从长期和根本看，改革的着力点重点应放在完善体制机制上，努力为面上的农村金融改革及立法积累经验，提供范例。三是改革要注意防控风险。改革是不可逆的，现在各金融机构对金寨县的信贷支持力度都比较大，在加大信贷投入的同时需要注意防控金融风险，这是监管部门、金融机构及金寨县共同的责任。

三、进一步调整充实金寨农村金融改革的内容

2014 年中央一号文件和国务院办公厅关于金融服务"三农"发

展的若干意见，对推动农村金融改革提出了许多新的要求，金寨的农村金融综合改革应根据这些要求，进一步调整充实改革试点内容。国家要求在面上实施的，凡金寨县有条件的，都可以先行一步。如发展农村合作金融、扩大农村有效担保物范围、拓展农业保险的广度和深度等，都可以先行先试。同时，金寨县农村金融综合改革实施方案中提出的一些具体指标，也要根据县域社会经济发展的实际情况和农村金融服务的实际需求做些适度调整，以使改革目标与当地经济社会发展规模及增长要求相匹配。

四、进一步形成合力，将各项改革措施落到实处

参加这次中期评估的国务院相关部门和金融机构，都是金寨县农村金融综合改革协调推进小组的成员单位。全国人大农委作为牵头单位，主要发挥组织协调作用，改革涉及的具体任务，按照既有分工，继续由人民银行、银监会和财政部协调。请各部门的有关同志一如既往，主动担当，切实负起责任。也请安徽省金融办加大对省内各方面工作的协调力度，督促省内各部门落实已承诺的改革措施。

安徽省金寨县开展农村土地承包经营权和土地经营权抵押贷款的有关情况*

（2015 年 5 月）

党的十八届三中全会通过的《中共中央关于全面深化改革若干重大问题的决定》提出，“赋予农民对承包地占有、使用、收益、流转及承包经营权抵押、担保权能。”2014 年中央一号文件进一步提出，“允许承包地的经营权向金融机构抵押融资”。按照中央的明确要求，为积极破解农村融资难题，扩大农村有效担保物范围，安徽省金寨县将开展农村土地承包经营权和土地经营权抵押贷款作为农村金融改革试点的重要内容之一，积极推动相关工作。

一、土地承包经营权抵押

（一）抵押范围

金寨县可以用于抵押的农村土地承包经营权范围，包括通过招标、拍卖、公开协商方式取得的农村“四荒地”承包经营权，也包括通过家庭承包方式取得的农村土地承包经营权。可以用于抵押的土地承包经营权，其所依附的土地范围和类型，涵盖了耕地、草地、园地、养殖水面、荒山、荒沟、荒丘、荒滩以及其他依法用于农业种养殖的农村集体土地。

---

* 注：本文由王瀚根据金寨试点工作有关情况整理。

（二）抵押关系

通过上述两种方式取得土地承包经营权的承包人为抵押人，为承包人提供抵押贷款的银行业金融机构为抵押权人。金寨县开展土地承包经营权抵押贷款，明确了不得改变农村土地所有权性质、不得改变土地用途、不得损害农民利益的基本要求，在自愿、互利、公平和诚实信用的原则下，依法保护作为抵押人的承包农户和作为抵押权人的银行业金融机构的合法权益。

承包农户以土地承包经营权抵押获得的贷款，主要用于发展种养殖生产和农产品经营、购买农业生产机具和农田水利等设施设备、保护农业生态资源以及用于农户扩大再生产、消费升级、自主创业等。银行业金融机构在到期债务不履行时，有权依法处置抵押的土地承包经营权，并用处置所得价款优先受偿；当用于抵押的土地承包经营权因承包人原因致使其价值不足以履行债务时，银行有权要求承包人增加或重新提供相应担保；抵押期间，未经银行同意，承包农户不得将土地承包经营权再次抵押，不得将该承包地进行流转；土地承包经营权抵押后，承包农户原来享有的国家相关补贴政策不变，如发生土地征收、征用情况，承包农户按照相关法律和政策规定获得相应补偿。

（三）抵押物价值

金寨县规定，农村土地承包经营权的抵押价值，应综合考虑地面作物预期收入、地面附着物价值、国家和地方财政补贴以及土地流转成本、人工成本、生产资料成本等因素确定，其实质是通过经营该土地能够获得的预期收益。由于目前专业的资产评估中介机构尚未开展土地承包经营权价值评估业务，金寨县规定由县政府农业行政主管部门组织专家对土地承包经营权的抵押价值进行测算并出具证明，将其作为银行业金融机构办理抵押贷款的价值参考。

同时，金寨县规定，银行应综合考虑承包农户的资金需求、承贷能力和土地承包经营权评估价值等因素，根据项目发展的实际情况，合理确定土地承包经营权抵押贷款金额。土地承包经营权抵押贷款的抵押率，应根据不同农产品，综合考虑承包农户的资信状况、偿贷能力，贷款业务的期限、风险度，以及土地承包经营权的变现难度、变现贬值可能、变现税费等因素综合确定，最高不得超过用于抵押的土地承包经营权评估价值的40%。

（四）抵押条件

农村土地承包经营权抵押不仅涉及承包农户和银行，当到期债务不履行需要处置抵押物时，还涉及土地发包方、流转受让方等主体。为此，金寨县对土地承包经营权抵押设定了以下条件：

1. 承包农户需合法取得农村土地承包经营权证，且其承包经营的剩余存续期必须在5年以上；

2. 承包农户抵押土地承包经营权前，需取得发包方同意抵押和流转的书面证明；

3. 土地承包经营权抵押时，其地上附着物一并抵押，抵押期间不得改变土地所有权性质和农业用途；

4. 土地承包经营权抵押贷款的期限原则上不超过一个生产经营周期，且抵押期限不得超过土地承包经营权的剩余存续期间。

此外，对于权属不清或有异议的，未取得土地承包经营权权属证明或未经依法办理登记的，以及已依法公告列入征地拆迁范围或因公共利益需要土地已被依法规划征收、征用的，不得用于抵押。

（五）抵押登记管理

金寨县建立了农村土地承包经营权抵押登记制度，明确县政府农业行政主管部门为登记管理部门，负责对抵押物的权属、面积、地界、抵押时间等事项进行登记、公示、确认，出具登记凭证。承包农户和银行签订抵押合同后，双方共同到县政府农业行政主管部门办理抵押登记，对符合抵押登记条件的承包农户，农业行政主管部门在抵押的农村土地承包经营权证的“变更登记”栏内载明抵押的主要内容，并在抵押合同上签注日期，抵押权自登记时设立。农村土地承包经营权抵押贷款到期，承包农户按合同规定及时偿还贷款本息后，持银行出具的债务履行完毕证明，到农业行政主管部门办理抵押注销登记。承包农户在抵押期间要求变更或注销抵押登记的，必须由银行出具债务履行完毕或其他同意变更、注销的证明。

（六）抵押物处置

债务履行期届满后抵押物难处置、难变现，是当前有关法律将农村土地承包经营权列为禁止抵押财产的主要原因，也是影响银行发放土地承包经营权抵押贷款积极性的重要因素。为此，金寨县规定，当抵押贷款到期无法偿还时，银行作为抵押权人有权处置承包农户抵押的土地承包经营权，处置的方法是将土地承包经营权所依附的土地以出租方式流转，流转获得的价款银行优先受偿。银行可与承包农户协商，由承包农户或由所在集体经济组织进行流转；以出租方式流转获得的价款，在保障银行优先受偿后，超过债权数额部分归承包农户所有，不足部分由承包农户继续清偿；处置抵押物的流转受让方，享有流转期间的土地经营权，但不得改变土地用途，并按约定支付原始承包方的承包费用；银行与承包农户就流转受偿事宜协商不成的，可以向人民法院提起诉讼。

二、土地经营权抵押

（一）抵押范围

除了将农村土地承包经营权纳入抵押担保物范围，金寨县还规定，通过转包、出租、股份合作等形式流转土地的，流转受让主体可以以其获得的土地经营权向银行业金融机构抵押贷款。对于以流转土地的经营权向银行抵押贷款的，县政府农业行政主管部门向流转受让主体颁发“农村土地经营权证”，作为土地经营权抵押的凭证。

（二）抵押关系

通过转包、出租、股份合作等形式流转土地的农户和新型农业经营主体为抵押人，为农户和新型经营主体提供贷款的银行业金融机构为抵押权人。金寨县开展土地经营权抵押贷款，主要针对专业大户、家庭农场、农民专业合作社、农业产业化龙头企业以及新型职业农民等新型经营主体，目的是为了满足新型经营主体在发展农业适度规模经营中的融资需求。

与农村土地承包经营权抵押一样，在土地经营权抵押中，当到期债务不履行时，银行有权依法处置抵押的土地经营权，并用处置所得价款优先受偿；当用于抵押的土地经营权因新型经营主体原因致使价值不足以履行债务时，银行有权要求其增加或重新提供相应担保；抵押期间，未经银行同意，新型经营主体不得将土地经营权再次抵押，不得将其所依附的土地进行再流转。

（三）抵押物价值

土地经营权的抵押价值指向的是通过经营该土地能够获得的预期收益。金寨县规定，土地经营权的评估定价方法为：年土地平均净收益乘以租金支付期限再加上地上附着物价值，其中年土地平均净收益以近三年市场平均价值计算，租金支付期限以实际交付流转费用后现有剩余经营年限计算。同时，为防止土地价值被低估，要求应结合流转土地的地理位置、设施条件以及种养殖存续期间的预期收益等，合理确定土地经营权的抵押评估价值。土地经营权价值评估，由县政府农业行政主管部门承担，银行根据参考价值合理确定土地经营权抵押贷款金额，抵押率也应遵循最高不得超过土地经营权评估价值40%的规定。

（四）抵押条件

土地经营权抵押不仅涉及新型经营主体和银行，还涉及原承包农户及再流转受让方，为保护各方合法权益，金寨县规定土地经营权抵押应符合以下条件：

1. 依法签订农村土地承包经营权流转合同，并取得土地经营权证；

2. 新型经营主体抵押土地经营权前，需取得承包农户同意抵押和同意处置土地流转剩余期限内经营权的书面证明；

3. 经营权依附的土地没有改变所有权性质和农业用途；

4. 抵押贷款的期限原则上不超过一个生产经营周期，且抵押期限不得超过土地流转合同的剩余期限；

5. 抵押人为农民专业合作社或农业产业化龙头企业的，应出具同意抵押的内部决议等证明材料。

（五）抵押登记管理

土地经营权抵押登记由县政府农业行政主管部门负责。新型经营主体和银行签订抵押合同后，双方共同到农业行政主管部门办理抵押登记，对符合条件的，在土地经营权证的“变更登记”栏内予以载明；抵押贷款到期偿还本息后，可以办理抵押注销登记；抵押期间变更或注销抵押登记，由银行出具债务履行完毕或同意变更、注销证明。

（六）抵押物处置

土地经营权抵押贷款到期无法偿还时，处置方法是以出租方式将土地再次流转，流转获得的价款银行优先受偿。土地再流转的价款在保障银行优先受偿后，超过债权数额部分归新型经营主体，不足部分由其继续清偿。土地再流转的受让方，享有流转期间的土地经营权，但不得改变土地用途。

三、建议

金寨实践证明，赋予农村土地承包经营权和土地经营权抵押担保功能，是推动农业产业发展，解决农户和新型经营主体贷款难问题的有效途径，有利于进一步强化土地承包经营权和土地经营权的财产权能，实现农村土地资源资本化。在调研过程中，农村金融机构也反映了一些问题，如由于目前法律仍有限制性规定，金融机构对能否和如何处置抵押后的农村土地承包经营权仍有顾虑，是否以承包经营权或经营权抵押仅仅成为银行尽职调查和贷款审批的形式要件。一些金融机构在发放土地承包经营权和土地经营权贷款时，更多从贷款主体的信用资质、项目发展前景、盈利预期等方面考量，有时为降低风险还需要政策性融资担保机构提供第三方担保，使得承包经营权的抵押担保权能形同虚设，发挥的作用有限。为此，建议：

一是将以家庭承包方式取得的农村土地承包经营权纳入法定抵押物范围。按照物权法和担保法的相关规定，农村“四荒地”的承包经营权是可以抵押的，但禁止以家庭承包方式取得的农村土地承包经营权抵押。法律规定禁止抵押财产，主要原因是有的财产在市场上禁止、限制流通或不可变价，难以转化为货币形态，无法保障债权人利益实现。目前，随着土地适度规模经营和土地流转规模扩大，土地承包经营权作为承包农户拥有合法且有权处分的财产，其流动性已逐渐增强且定价机制已不断完善，具备了作为抵押物的必要条件。为贯彻落实中央提出的赋予农村土地承包经营权抵押担保权能的明确要求，建议通过修改相关法律，将以家庭承包方式取得的农村土地承包经营权纳入法定抵押物范围。

二是允许新型农业经营主体将通过流转取得的土地经营权设立担保。实现所有权、承包权、经营权三权分置是中央的明确要求。土地经营权是由土地承包经营权派生出来的使用土地并获得收益的权利，指向的是通过转包、出租、股份合作等方式流转土地，发展适度规模经营的专业大户、家庭农场、农民专业合作社、农业产业化龙头企业等新型农业经营主体。实践中，这些新型经营主体发展农业产业的资金需求更为迫切也更为旺盛。建议通过修改相关法律，明确土地经营权的法律地位，并允许新型经营主体以土地经营权作担保向金融机构融资，解决其发展资金短缺的问题。

三是完善与农村土地承包经营权和土地经营权抵押担保的配套措施。对土地承包经营权和土地经营权抵押担保设立必要条件，如不得改变土地的所有权性质和土地用途、抵押担保需经原发包方或原承包农户同意、抵押期限不得超过土地承包经营权剩余期限或流转合同剩余期限等。完善土地承包经营权和土地经营权抵押担保价值评估方法和程序，逐步推动由专业性评估中介机构开展价值评估。完善土地承包经营权和土地经营权登记制度，加强对农村土地承包经营权证和土地经营权证的抵押登记管理。完善土地承包经营权和土地经营权抵押处置方式，当未履行到期债务时，在农村产权交易市场依法流转抵押的土地承包经营权和土地经营权，通过获得流转收益清偿贷款本息。完善土地承包经营权和土地经营权抵押贷款的风险分担机制，在有条件的地方可以探索由财政对抵押贷款给予贴息，或建立抵押贷款逾期收储再流转机制，降低银行信贷风险。

农村金融服务供需情况案例分析*

——基于金寨县金圩皖西白鹅养殖专业合作社

（2015 年 6 月）

金寨县金圩皖西白鹅养殖专业合作社于 2010 年 8 月成立，现有社员 126 人，主要从事鹅苗孵化、商品鹅养殖、销售及副产品开发利用。合作社实行统一为社员供应鹅苗、统一采购饲料、统一组织饲养、统一收购销售社员商品鹅的模式，为社员进行产前、产中和产后服务。目前，合作社建有占地约 40 亩的畜禽标准化养殖场一处，拥有孵化室 500 平方米、育雏舍 400 平方米、标准化鹅舍 3000 平方米、孵化机 5 台套。截至 2014 年年底，合作社存栏皖西白鹅种鹅 1.5 万只，全年共销售商品鹅 15 万只。

一、合作社资金供需情况

（一）资金投入情况

自 2010 年成立以来，金圩合作社在固定资产方面已累计投入 470 万元，主要包括：投入 140 万元用于建设商品鹅鹅舍（钢架大棚）；投入 210 万元用于建设标准化养殖场（孵化室、育雏室、种鹅舍）；投入 120 万元用于建设办公用房。在流动资金方面，合作社（含社员）每年需投入约 1100 多万元（每只商品鹅的生产成本约

* 注：本文由王瀚根据在金寨调研了解的有关情况整理。

100至110元，其中鹅苗30元、防疫5元、饲料60元、人工10元，鹅苗由合作社自己提供，以2014年销售商品鹅15万只计算），主要包括：防疫费用约75万元、人工成本约150万元、饲料费用约900万元。如果加上合作社流转池塘用于养殖的租金费用（平均每亩约600元）、合作社以保护价收购社员商品鹅费用（26元/公斤，每只约6公斤）以及固定资产折旧等，合作社每年需要的流动资金数量更大。

（二）资金供给情况

合作社资金来源主要有合作社自有资金（理事长及社员资金入股）、政府财政补贴（财政已先后补贴各类项目资金185万元）和金融机构贷款等。其中，在信贷资金支持方面，自合作社成立以来，金寨县银行业金融机构共向合作社发放贷款300万元，主要包括：2011年，农业银行县支行以公务员担保形式向合作社发放贷款50万元，用于合作社购买鹅苗；2013年，县农村商业银行以县利达担保公司（由县财政出资的政策性融资担保机构）担保形式向合作社发放贷款30万元，用于合作社发展生产，县财政全额贴息；2014年，县徽银村镇银行为合作社理事长发放无抵押无担保的20万元个人信用贷款，并以科技特派员担保形式向合作社发放贷款150万元，用于合作社建设标准化孵化场；2015年，农业银行县支行以“农业保险+流转土地经营权”抵押担保形式向合作社授信300万元，用于满足合作社流动资金需求，目前已向合作社发放贷款50万元。

除以上向合作社发放的贷款外，金融机构还为合作社社员提供了454万贷款支持，主要包括：2012年，农业银行县支行以合作社担保形式向社员发放贷款150万元（共30名养殖户，每户贷款5万元），主要用于社员发展生产，县扶贫办给予农户贷款10%的贴息；

2013 年，徽商银行县支行以省担保中心担保形式发放妇女创业贷款 304 万元（共 38 名妇女，每户贷款 8 万元），用于合作社妇女发展生产，贷款由财政全额贴息。

二、合作社资金供需分析

从贷款用途分析金圩合作社的资金供需情况，金融机构为支持合作社孵化场建设，共发放了 2 笔 170 万元贷款，占合作社固定资产投资总额的 36.2%；为解决合作社流动资金需求，金融机构向合作社发放了 3 笔 130 万贷款，占合作社流动资金需求的 11.6%，如果加上向社员发放的 2 笔 454 万元贷款，可占合作社流动资金需要的 52%。以上分析表明，金圩合作社获得金融服务的满足率并不高，资金需求特别是流动资金需求还存在较大缺口。据金寨县农业发展委反映，由于皖西白鹅是金寨县重点发展的特色农业产业，金圩合作社又是皖西白鹅产业中重点扶持的合作社，县政府相关部门为发挥其示范带动作用，在政策上给予了最大支持，在引导金融机构加大信贷投放方面做了大量工作，无论从获得贷款的批次，还是贷款数额，该社与其他合作社相比处于较高水平，如果从金寨县总体情况看，合作社的资金需求满足程度仍普遍较低，贷款难问题较为突出。

从向金圩合作社提供信贷支持的金融机构主体、贷款方式、优惠条件等方面分析，金寨县农村金融服务还体现出以下特征：

一是金融服务的供给主体和渠道仍较为单一。在金圩合作社及社员获得的 7 笔共 754 万元贷款中，徽商银行贷款 1 笔共 304 万，占 40%；农业银行贷款 3 笔 250 万元，占 33%；村镇银行贷款 2 笔 170 万，占 23%；农村商业银行贷款 1 笔 30 万元，占 4%。从金寨县整体情况看，截至 2014 年年底，各类金融机构存款余额 166.2 亿元，贷款余额86.2亿元，存贷比51.8%，其中县农村商业银行存款余额58亿元，贷款余额40亿元，存贷比69%；江淮、徽银两家村镇银行存款余额7亿元，贷款余额4亿元，存贷比57%；徽商银行县支行存款余额10.9亿元，贷款余额5.3亿元，存贷比49%。除以上金融机构，其他商业性金融机构的存款余额总量为90.3亿元，贷款余额为36.9亿元，存贷比仅为41%，如果再将农业银行县支行计算在外，其他国有商业银行、股份制银行、邮政储蓄银行的存贷比则更低。推动资金回流农业农村仍需要金融机构特别是国有商业银行、股份制银行、邮政储蓄银行等大中型商业性银行履行支农责任。

二是抵押担保仍是发放贷款的必须条件。在金圩合作社获得的7笔贷款中，无抵押无担保的信用贷款1笔，以土地经营权抵押的贷款1笔（国元保险公司以农业保险保单为合作社担保，合作社以流转土地经营权证作反担保），由第三方提供担保的贷款5笔，担保形式有担保机构担保、合作社为社员担保、公务员担保、科技特派员担保等。金圩合作社反映，尽管该社无任何违约失信记录且信用资质良好，金融机构也看好产业未来发展和项目盈利预期，但在审批发放贷款时，仍需要合作社提供有效的抵押物或担保。目前，合作社所拥有的养殖舍、办公用房等固定资产以及孵化机等生产设备，金融机构不认可其为有效抵押物，如果由担保机构提供担保，合作社还需支付一定费用，会增加融资成本。无法提供有效的抵押担保，成为制约合作社贷款的原因之一。

三是扶持政策是影响金融机构投放贷款的重要因素。在金圩合作社获得的7笔贷款中，由财政给予全额或部分贴息的贷款有3笔，由财政出资的政策性融资担保机构提供担保的贷款有2笔，由财政给予保费补贴的农业保险提供担保的贷款有1笔，农业银行县支行投放的每户5万元共150万元贷款，徽商银行县支行投放的每户8万元共304万元贷款，还享受了国家规定的免征营业税和减按90%计算企业所得税纳税额的优惠政策。调研中，金融机构表示，尽管财税扶持政策对于降低单笔贷款经营成本、防控风险的作用有限，但扶持政策有胜于无，也是影响其选择投放贷款的重要因素之一。此外，政府及相关部门在制定农业产业政策、以惠农资金撬动信贷投入、推动银行与保险、担保机构合作、搭建信息服务平台等方面做了大量协调工作，政府的这些举措对推动金融支农发挥着积极的引导作用。

三、建议

当前，农村金融服务需求主体已由农户扩展到农民专业合作社等新型经营主体，需求领域从简单的生产经营扩展到全产业链发展。金圩合作社反映，该社已与周边从事有机稻、龙虾、苗圃生产、农机服务的八个合作社联合组建了生态种养殖联合社，并计划向农业休闲观光、畜禽产品深加工等领域发展，迫切需要金融机构给予有力的信贷支持。金融机构在有效控制风险的前提下，完全可以在农村金融市场上寻求新的利润增长点，这也是金融机构履行社会责任的要求。为有效满足农村金融服务需求，建议：

（一）明确商业性金融机构的支农责任

党的十八届三中全会决定提出，“保障金融机构农村存款主要用于农业农村”。在县域吸收存款的商业性金融机构，无论是农村商业银行、村镇银行等县域法人金融机构，还是国有商业银行、股份制银行、邮政储蓄银行的县域分支机构，都应承担起支持农业农村经济发展的责任。建议：对县域法人金融机构和分支机构的存贷比作出原则性规定，并建立县域法人金融机构和分支机构的信贷投放承诺制度；明确县域法人金融机构和分支机构年度新增贷款占年度新增可贷资金的最低比例，确保涉农贷款增量不低于上年，增速不低于各项贷款增速；推动商业性金融机构建立与其履行支农责任相适应的信贷专门机构和运营机制，在强化风险管理的基础上，扩大县域分支机构业务授权，单列涉农信贷计划，下放贷款审批权限。

（二）推动合作社内部开展信用合作

目前，金寨县在惠民茶叶专业合作社开展了信用合作试点，合作社内部成立金融合作部，入社的77名社员每人交纳1000元至1万元入股资金，按1:10的倍数申请贷款，作为合作银行的徽银村镇银行负责审批放贷。截至2015年5月，合作部已向50户社员发放贷款100多万元，未发生不良贷款记录。合作社开展内部信用合作缩短了审批流程、提高了贷款效率，为有效弥补传统金融机构服务不足，满足生产所需的流动性资金需求发挥了积极作用。建议：将社员制、封闭性，不对外吸储放贷投资、不支付固定回报、不以营利为目的，作为规范和监督合作社内部开展信用合作的基本原则；将合作社内部开展信用合作的资金用途，定位于主要满足合作社及社员的生产经营流动性资金需求，并对确已满足内部需求的富余资金如何使用作出规范；推动已开展信用合作的合作社发展互助担保，可考虑由政府财政出资引导、合作社及社员参与，共同建立合作担保基金，以降低信用合作风险，放大贷款倍数，提高资金使用效率。

（三）发展适合农业农村特点的抵押担保方式

提供合法有效的抵押担保物，是金融机构防控信贷风险的必然选择。为加大涉农信贷投放力度，应发展适合农业农村特色的抵押担保方式。建议：把农民专业合作社、家庭农场等新型经营主体纳入金融机构客户信用评定范围，将社员授信与新型经营主体授信结合起来，扩大新型经营主体的授信额度；将农村土地承包经营权、土地经营权、林地和林木所有权、水域滩涂使用权、农民住房财产权、农业科技专利、农用生产设备、应收账款、股权、仓单、存单等符合法律法规规定、产权归属清晰的各类农村资产纳入有效担保物范围；推动金融机构根据农民专业合作社、家庭农场等新型经营主体的信用评级，设计符合农业生产经营周期和特点的信贷产品，在授信额度内循环发放贷款，满足新型经营主体的流动性资金需求。

（四）发挥扶持政策的引领和推动作用

实行财税扶持政策和差别化监管政策是推动金融机构履行支农责任的重要措施。建议：由财政安排适当资金，对金融机构发放的农产品加工、销售、仓储、种植养殖基地建设、购置设施设备等符合条件的农业产业化经营项目，给予贷款利息补贴，重点支持农民专业合作社、家庭农场等新型农业经营主体；设立由财政支持的涉农担保资金，通过资本金注入、担保费补贴、业务补助、风险补偿等方式，推动政策性融资担保机构发展，引导商业性担保机构提供融资担保服务，降低新型经营主体融资成本；扩大由财政给予保费补贴的农业保险险种和覆盖面，支持新型经营主体通过投保农业保险分散涉农信贷风险；将金融机构履行支农责任、投放涉农信贷的情况，作为金融监管的重要内容，在金融机构监管评级中增加相应权重，并建立差别化监管与财税优惠政策的挂钩机制。

（五）构建良好的农村金融市场环境

调动金融机构支农服务的积极性，需要地方政府和有关部门采取必要措施，推动构建良好的农村金融市场环境。建议：推动有条件的地方在行政村设立金融服务室、农业保险服务室，开展金融知识普及教育，为农民提供金融咨询和信息服务；通过减免水电、住房、场地费用和有关行政事业性收费等方式，引导和支持金融机构在乡镇及行政村布设金融电子机具、自助服务终端，提高农村金融服务普惠度；妥善处理农村金融消费纠纷，畅通农村金融消费者诉求渠道，打击恶意逃废债行为，依法维护债权人合法权益；搭建政银企信息服务平台，引导大中型商业银行与地方金融机构通过批发或转贷方式开展信贷合作，形成互惠互利的合作机制。

金寨县农村金融综合改革调研报告*

（2015 年 8 月）

2014 年 5 月，全国人大农业与农村委员会组织国务院有关部门、金融监管部门及相关金融机构，对安徽省金寨县农村金融综合改革进行了中期评估，对进一步深化改革提出了具体建议。一年来，金寨县按照中期评估报告的建议，在完善金融组织体系、创新农村金融产品、健全金融服务支持措施等方面，积极推动深化改革。

一、农村金融改革进展情况

（一）提高农村金融服务普惠程度

金寨县以完善金融机构组织体系为抓手，落实中期评估报告关于“大力发展普惠金融和民生金融”的要求，着力提高农村金融普惠程度，基本实现“综合金融不出镇、基础金融不出村”。目前，金寨县共有银行机构 10 家、营业网点 75 个、自助银行网点 47 个，机构网点实现乡镇全覆盖。共建设村级金融服务室 26 个，设立助农取款点 379 个，在 226 个行政村建立农村金融服务站，实现村级全覆盖。针对山区交通不便的情况，金寨县农村商业银行创新“拎包银行”服务方式，为偏远地区提供查询、取款、转账等基础金融服务。

---

* 注：本文由王瀚根据金寨农村金融改革进展情况整理。

（二）开展新型农村合作金融试点

2014 年 12 月，金寨县被纳入全国第二批农村改革试验区，重点就中期评估报告提出的“发展新型农村合作金融组织”开展试点。2015 年 2 月，金寨县确定在惠民茶叶专业合作社开展合作社内部信用合作试点，合作社成立了金融合作部，社员每人交纳 1000 元至 1 万元入股资金，享受章程规定的小额贷款权。当有贷款需求时，社员向合作社提出申请，由合作银行徽银村镇银行进行审核，并按 1:10的倍数审批放贷。截至 5 月底，已累计向 50 户社员发放了 100 多万元的小额信用贷款，尚未发生不良贷款记录。

（三）做强政策性融资性担保机构

按照中期评估报告关于“建立健全农村信贷担保机构和担保方式”“研究落实贷款担保基金”的要求，金寨县积极推动政策性融资担保机构发展。今年以来，金寨县先后为县域政策性融资担保机构利达担保公司增资 5562 万元，有效增强了为涉农和中小企业贷款提供担保的能力。同时，积极推动政策性融资担保机构与县内银行机构开展“政银担”合作，截至 2015 年 5 月，利达担保公司、省担保集团金寨分公司（省财政出资的政策性担保机构）和人和融资担保有限公司（县财政出资 36%）的在保余额为 14. 7 亿元。

（四）拓展农村有效抵押担保物

为盘活农村资产，拓宽融资渠道，金寨县以中期评估报告提出的“稳妥审慎推进‘三权’抵押”“开展土地承包经营权抵押担保试点”为切入点，制定农村“三权一诚”抵押贷款实施方案，将农村土地承包经营权（包括流转土地经营权）、农村居民财产权（包括农房及宅基地使用权、交通工具、大型农机具、设施设备等）、林权和个人诚信，纳入农村有效抵押担保物范围，并建立农村综合产权服务中心，为农村产权流转搭建平台。目前，农业银行金寨县支行发放了首笔土地经营权抵押贷款 50 万元，首笔农民住房财产权抵押贷款 20 万元，徽银、江淮村镇银行共发放林权抵押贷款 1240 万元。

（五）优化县域农村金融环境

金寨县将中期评估报告提出的“推进农户信用信息系统建设与应用”作为优化农村金融环境的重要内容，积极推动信用镇、信用村和信用户创建工作，加强农村信用信息平台建设，及时更新农户信用信息，及时添加农民专业合作社等新型经营主体信用信息。2014 年以来，各银行机构通过信用信息平台累计发放农户信用贷款 4992 万元，累计发放农户小额担保贷款 4.3 亿元，大大提高了农户信用信息系统的使用效率。同时，金寨县还加大了对逾期小额担保贷款的清收力度，依法惩治恶意逃废债务的借款人，维护农村金融市场正常秩序。

（六）完善金融支农财政扶持措施

在设立农村金融综合改革专项资金，建立涉农信贷损失补偿机制的基础上，金寨县制定了金融机构支持县域经济考核奖励办法，落实中期评估报告关于“加大对农村金融基础设施建设财政支持”的要求。按照考核办法的规定，金寨县财政局、金融办、银监办、人民银行等部门从农村金融网点建设、提高农村金融服务便捷度、完善农村金融服务功能等方面，对县域各金融机构进行年度量化考核，根据履行支农责任情况进行财政奖励。目前，已向考核达标的金融机构兑现 2014 年度奖励资金 75.5 万元，向引导和配合金融机构履行支农责任工作突出的乡镇兑现奖励资金 69.4 万元。

（七）扩大县域金融机构审批权限

按照中期评估报告提出的“对涉农金融机构单列信贷额度，加大对县支行授权力度，鼓励商业银行积极支持县支行加大信贷投放力度”的要求，金寨县积极引导银行合理配置并扩大审批权限，优化信贷审批流程，并鼓励银行设立涉农或中小企业专营机构，增加县域内信贷资金的有效供给。目前，农业银行县支行已成立三农金融事业部，中国银行、建设银行、工商银行县支行设立了小企业专营机构；徽商银行县分行获得系统内二级分行信贷审批权限；县农村商业银行开发了网上信贷申请系统，实行在线审批。

此外，金寨县还积极探索涉农企业运用资本市场筹集资金的有效途径。2015 年以来，建立起直接融资后备企业资源库，并择优选择重点企业对接证券业金融机构，已先后推动 2 家涉农企业在上海股权托管交易中心挂牌。

二、需要关注的几个问题

金寨县深化农村金融改革的各项措施取得了良好效果，为推动县域经济发展和农民持续增收提供了强劲动力。截至 2015 年 6 月，金寨县金融机构存款余额 187.3 亿元，比改革前（与 2011 年底数据比较）增长 115%，各项贷款余额 97.1 亿元，比改革前增长 162%，存贷比 51.8%，比改革前提高 9.3 个百分点。其中，涉农贷款余额 77.8 亿元，占全部贷款余额的 80%，是改革前的 2.4 倍，人均贷款由 5581 元增加到 1.45 万元，增幅 158%。在金融的有力支持下，金寨县今年上半年实现地区生产总值 45.3 亿元，同比增长 8%，财政收入 5.9 亿元，同比增长 32%；新增农民合作社 117 家、家庭农场 95 家、发展种养大户 600 余家；农村居民人均可支配收入 4474 元，同比增长 9.7%。

调研中，金寨县金融监管部门和相关金融机构也表示，进一步加大县域信贷投放力度，提高金融服务“三农”和中小企业有效性还有提升空间，目前主要存在三方面问题：

一是农村资金回流机制有待进一步加强。尽管金寨县金融机构存贷比较改革前提高了近10个百分点，但商业银行特别是大型国有商业性银行存贷比偏低的问题仍然存在。目前，县农村商业银行、徽银和江淮村镇银行的存贷比超过了70%，工、农、中等国有商业银行的存贷比均低于40%，邮储银行县支行的存款余额占全部金融机构总量的12.5%，贷款余额只占总量的3.7%，存贷比仅为15.3%，信贷资金尚未在县域得到充分运用，农村资金回流机制仍需加强。

二是"三农"信贷需求的满足度有待进一步提高。农村金融产品和服务方式需要适应现代农业发展的新要求，而金寨县开展的"三权一诚"抵押贷款尚处于起步阶段，传统的农户信用贷款、小额担保贷款、农户联保贷款等仍是服务的主要方式，创新适合农民专业合作社、家庭农场等新型经营主体的金融产品的需要进一步加强。同时，随着城镇化和农村宅基地制度改革的推进，"三农"信贷资金的需求领域从农业生产经营扩展到城镇及新农村基础设施建设等方面，如何满足农业、农村、农民多元化的资金需求，需要深入研究。

三是发挥利率的市场化作用有待进一步实践。利率市场化改革对于优化涉农信贷资金配置，营造各类金融机构公平竞争的制度环境有着积极的推动作用。调研中，相关金融机构也反映，放开存贷款利率进一步压缩了银行的盈利空间，使利率风险管理难度加大，客观上造成一些商业银行谨慎选择信贷投放，转而扩大理财产品和中间业务范围，而农村中小法人金融机构由于自有资金实力较弱、资金成本偏高，利差收窄对其选择涉农贷款投向、客户类型及业务重点等造成了一定影响。如何发挥利率市场化对农村金融服务的促进作用，抑制消极影响，仍需在实践中进一步探索。

三、对农村金融立法的建议

金寨县是全国人大农委确立的农村金融立法联系点，为立法积累实践经验、提供有益借鉴是深化改革的目的之一。结合调研了解的情况，建议：

一是将发展农村普惠金融作为立法的重要目的。农村金融立法应明确国家依法保障农民和农业生产经营组织的金融权益，支持其从金融机构获得安全、便捷、高效的农村金融服务，推动金融资源向农业、农村和农民倾斜。通过立法，建立商业性金融、合作性金融、政策性金融相结合的农村金融服务体系，促进各类金融机构为农业生产、农村建设、农民生产生活以及其他农业生产经营组织的农业生产经营活动提供信贷支持。

二是完善农村金融组织体系和管理机制。提高农村金融普惠度，需要以法律形式明确国有商业银行、股份制商业银行、邮政储蓄银行稳定县域机构网点、扩展乡镇服务网络的职责要求，扩大县域机构的业务授权和审批权限，建立相对独立的“三农”和中小企业信贷专门机构和运营机制。引导政策性银行、大中型商业银行通过设立村镇银行的方式，加强对中西部及经济落后地区县域经济发展的金融支持。要稳定农村信用社县域法人机构地位，积极稳妥组建农村商业银行，发挥农村商业银行、村镇银行支农服务的重要作用。

三是依法保障金融机构农村存款主要用于农业农村。可考虑将人民银行关于鼓励县域法人金融机构将新增存款一定比例用于当地贷款的有关规定上升为法律规范，明确农村信用社、农村合作银行、农村商业银行等县域法人金融机构和国有商业银行、股份制商业银行县域分支机构，将不低于70%的年度新增可贷资金用于当地发放涉农贷款，确保当年涉农贷款与全部贷款的比例不低于上年。可考虑建立农村合作银行、农村商业银行一定比例贷款用于“三农”以及村镇银行年度可贷资金全部用于当地发放涉农贷款的备案考核制度，加强资金流向监管。将农村小额贷款的增量和质量，作为对邮政储蓄银行县域支行监管和年度考核的重要内容，推动邮储资金回流农村。

四是对涉农贷款执行优惠利率。对由财政给予利息补贴的创业担保贷款、小额扶贫贷款、农业产业化经营贷款等涉农贷款，金融机构应依法执行人民银行规定的优惠利率。地方财政可以通过扩大贴息范围，增加贴息力度，推动金融机构给予新型经营主体涉农贷款更加优惠的利率。对于没有财政贴息的涉农贷款，在确立市场化定价原则的基础上，引导金融机构按照一般贷款平均利润率水平，合理确定涉农贷款利率，推动金融机构按照涉农贷款对象的信用等级、规范经营程度、风险控制能力、贷款方式、回报情况等，自主选择符合条件的对象给予利率优惠，禁止通过以贷转存、存贷挂钩等方式变相提高涉农贷款利率。

五是加强地方财政对农村金融的支撑。推动地方财政出资组建县域政策性融资担保机构或担保基金，探索建立合作性村级融资担保基金；推动有条件的地方建立以地方财政出资为主的涉农贷款风险补偿资金，对金融机构由于自然风险和市场风险形成的涉农贷款损失，给予适当补偿；建立农村金融服务奖励资金，由地方财政对履行基础金融服务职责良好的金融机构予以奖励，对金融机构在偏远地区布设和维护电子机具给予适当补贴；允许地方政府根据金融机构发放涉农贷款的数量和对县域经济发展的贡献度，合理分配财政性资金的存入比例，引导县域涉农单位和企业在金融机构设立账户，增强金融机构的支农资金实力。

六是稳步培育农村资本市场。支持符合条件的农业产业化龙头企业及其他涉农企业，通过上市融资、股权公开挂牌转让、发行企业债、公司债和中小企业私募债、发行中小企业集合票据和短期融资券等途径，在多层次资本市场筹集发展资金。鼓励证券业金融机构开发适合农业农村经济特点的个性化产品，谨慎稳妥地发展农村地区证券服务。对符合条件的涉农企业实行差别化信息披露制度，监管部门对农业产业化龙头企业并购重组实行优先审批。

附：

金寨县金融机构存贷款情况统计表

（截至 2015 年 6 月底）

单位：万元

机构名称	存款余额	贷款余额	存贷比（%）
工商银行	165562	50672	30. 6
农业银行	239776	81369	33. 9
中国银行	165800	33267	20. 1
建设银行	125024	69990	56
邮政储蓄银行	233149	35680	15. 3
农村商业银行	622573	451453	72. 5
徽商银行	134024	65617	49
徽银村镇银行	65309	48216	73. 8
江淮村镇银行	32600	23023	70. 6
农业发展银行	45590	111568	/
财政性存款	43187	/	/
总计	1872594	970855	51. 8

专题篇

农村金融制度改革与服务专题研究

（2009 年 10 月）

2009 年，全国人大农业与农村委员会组成课题组，对“农村金融制度改革与服务”问题进行了专题研究，力求从总体上分析我国农村金融制度改革服务的现状，为立法做前期准备。课题研究由农业与农村委员会副主任委员刘振伟主持，十一届全国人大常委会副委员长乌云其木格、十一届全国人大农业与农村委员会主任委员王云龙对调研工作给予大力支持和指导。

第一章 农村金融制度改革和服务的现状*

近年来，为适应农业和农村经济社会发展的需要，党中央对加强农村金融工作做出了一系列战略部署，农村金融制度改革和服务取得明显成效，为促进农业增产、农民增收和农村经济社会发展发挥了重要作用。截至2008年年底，全国农村银行业金融机构共有网点13.9万个，占银行业金融机构网点的71.9%，从业人员129.5万人，占银行业金融机构的47.6%。截至2009年6月底，全部金融机构涉农贷款余额8.2万亿元，占全部金融机构贷款总额的20.9%，当年新增贷款1.54万亿元，同比增长27.6%。

一、我国农村金融制度改革和服务取得明显成效

（一）努力推进农村金融服务组织改革与创新

目前，我国农村金融组织体系日益健全，主要包括：商业银行中的农业银行和邮政储蓄银行，政策性银行中的农业发展银行，农村合作金融机构中的农村信用社、农村商业银行和农村合作银行，以及新型农村金融机构中的村镇银行、贷款公司、农村资金互助社和小额贷款公司。一是农村信用社改革顺利推进，服务能力有所提高。截至2009年6月底，全国已组建农村商业银行27家，农村合作银行174家，以县（市）为单位的统一法人农村信用社2018家。

---

* 注：本章由赵鲲整理。

截至2009年6月底，全国农村信用社系统（含农村合作银行、农村商业银行）涉农贷款余额2.22万亿元，占全部金融机构涉农贷款总额的27%。农村信用社系统农业贷款余额1.31万亿元。二是农业银行稳步推进“三农”事业部制改革，涉农贷款业务稳定增长。在按照中央部署进行股份制改造的同时，农业银行明确服务“三农”的战略定位，稳步推进“三农”事业部制改革，确定了服务“三农”的职能重点、区域重点和行业重点，提出了确保“三农”贷款增长速度高于全行平均水平的目标。截至2009年3月底，农业银行涉农贷款余额9909亿元，占全行各项贷款余额的31.8%，占同期贷款增量的35%。三是农业发展银行积极拓宽支农领域，政策性支农作用增强。2004年以来，农业发展银行积极完善支农功能，由过去单一支持粮棉油购销储业务，逐步形成以粮棉油收购贷款为主体，以农业产业化经营和农业农村中长期贷款业务为两翼，以中间业务为补充的支农格局。截至2009年3月底，涉农贷款余额1.33万亿元，比2003年底增长近1倍。四是国家开发银行在服务县域经济方面进行了探索实践。国家开发银行金融服务延伸到全国1000多个县（市），贷款主要投向农村基础设施、农业产业化龙头企业、农村社会事业等领域。截至2009年3月底，累计发放新农村建设及县域贷款4006亿元，余额3346亿元，占全行信贷余额的11%。五是邮政储蓄银行完成组建，资金返还农村开始起步。截至2008年6月底，邮政储蓄银行在全国的36家省市分行、312家地市分行、1600多家县级支行、2万多家自营网点、1万多家代理网点全部完成组建，成为覆盖全国所有市、县和主要乡镇，连接城乡经济的重要金融网络。邮政储蓄银行在改善农村金融服务、解决农民贷款难等方面做了初步尝试。截至2008年年底，邮政储蓄银行发放贷款2748亿元，其中涉农贷款余额280亿元。截至2009年2月底，支农协议存款余额584

亿元，认购农业发展银行债券余额 426 亿元。六是设立新型农村金融机构提上日程。2006 年以来，按照“低门槛、严监管”原则，国家鼓励各类社会资本到农村地区设立村镇银行、贷款公司和农村资金互助社等新型农村金融机构。截至 2009 年 6 月底，设立村镇银行 100 家，贷款公司 8 家，农村资金互助社 11 家。同时，小额贷款公司已登记注册的约 600 家。

（二）拓宽政策性支农贷款渠道

近年来，在国家大力支持下，农业发展银行、国家开发银行、扶贫办提供的政策性支农贷款种类不断增加。（1）支持粮棉油收购储备贷款。近几年来，农业发展银行累计发放粮食收购贷款 2217 亿元，粮油储备贷款 2856 亿元，棉花收购贷款 2644 亿元。此外，还积极支持了食糖、肉类、化肥等专项储备，累计发放贷款 909 亿元。（2）支持农业产业化龙头企业和农产品流通体系建设贷款。截至 2009 年 3 月底，农业发展银行共支持农业产业化龙头企业 7000 多家，累计发放贷款 3679 亿元，贷款余额 2003.8 亿元；支持农产品流通体系建设类贷款余额 67.2 亿元。（3）支持农业基础设施建设和农业综合开发的中长期贷款。截至 2009 年 3 月底，农业发展银行此类业务贷款余额 1763 亿元，支持项目 2057 个。国家开发银行在服务农村和县域经济方面也进行了积极探索，截至 2009 年 3 月底，累计发放新农村建设及县域贷款 4006 亿元，余额 3346 亿元。（4）大力发展扶贫贷款。2004 年起国务院扶贫办与财政部等部门对扶贫贷款管理体制进行改革，下放管理权限，引入市场竞争机制，提高服务水平。2008 年，共发放贫困户扶贫贷款 109 亿元，扶贫龙头企业贷款 98 亿元。

（三）推进农村金融服务和产品创新

针对我国农村地区金融产品较少、服务方式单一的问题，中国人民银行、银监会把鼓励农村金融产品创新，丰富农村金融服务方式放在重要位置。2008 年 10 月，人民银行联合银监会发布《中国人民银行、中国银行业监督管理委员会关于加快推进农村金融产品和服务方式创新的意见》，决定在中部六省和东北三省选择粮食主产区或在县域经济发展有扎实基础的部分县（市）开展农村金融产品和服务方式创新试点。

一是大力发展农户小额信用贷款和农户联保贷款。从 1999 年开始，在人民银行支持下，针对广大分散农户信贷需求，农村信用社开始大力发展农户小额信用贷款和联保贷款。近年来新设立的新型农村金融机构、邮政储蓄银行探索了各种形式的小额贷款方式，取得了较好的效果。截至 2009 年 3 月底，全部金融机构农户小额信用贷款和农户联保贷款余额分别为 2347 亿元和 1668 亿元，占农户贷款余额 9346 亿元的 43%。邮政储蓄银行的小额贷款业务有了较快的发展，截至 2009 年 3 月底，邮政储蓄银行累计发放小额贷款 77 万笔、487 亿元。湖北省农村信用社对农户小额贷款进行了延伸，推出了劳务输出培训贷款、农村青年创业贷款、农村生源地助学贷款和巾帼建功致富贷款等品种。

二是将农户小额贷款做法引入农村小企业贷款。农村信用社建立小企业贷款事业部，开发农村小企业贷款品种，支持各类农村小企业发展。截至 2009 年 6 月底，全国农村信用社系统发放农村中小企业贷款余额 3637 亿元，同比增长 41.9%。农业发展银行大力开展小企业贷款业务，截至 2009 年 3 月底，共向从事种植、养殖、加工、流通等方面的 4100 多个农业小企业发放贷款 198 亿元。

三是开发服务农民专业合作社的信贷产品。银监会、农业部出台了《中国银行业监督管理委员会、农业部关于做好农民专业合作社金融服务工作的意见》。农业发展银行已经在吉林、四川等地开始尝试对农民专业合作社提供信贷支持。

四是鼓励采取银（社）团贷款方式，满足大额信贷资金需求。针对日益增长的农村大额信贷需求，银监会下发《农村合作金融机构社团贷款指引》，鼓励和引导各类银行业金融机构加强业务协作，采取跨地区、跨行业的银（社）团贷款方式，满足农村各类大额信贷资金需求。

五是积极研发惠农金融服务产品。农业银行专门研发了“金穗惠农卡”“惠农信用卡”等惠农服务产品，除普通结算功能外，还提供了信贷、代理支付等功能。其中的惠农信用卡，授信额度可达到30万元，重点解决农村市场中农产品批发经营户、个体工商户、种植户、养殖户的短期、小额、频繁的资金周转需求。

（四）推进农村信贷抵押、担保方式创新

2008年10月，人民银行联合银监会发布《中国人民银行、中国银行业监督管理委员会关于加快推进农村金融产品和服务方式创新的意见》，明确提出“创新贷款担保方式，扩大有效担保品范围；探索发展基于订单与保单的金融工具，提高农村信贷资源配置效率。”按照这一要求，各地进行了积极的探索。一是开展抵押担保品创新。湖北省积极推行林权抵押、农产品仓储抵押、应收账款质押、定单质押等方式，切实缓解农村贷款担保抵押难的问题。浙江省鼓励农村合作金融机构开展林权抵押试点，到2009年3月底全省林权抵押贷款余额达4.73亿元。温州市积极探索以农房作为抵押物，为农户提供贷款，截至2009年4月底，全市共为2.65万农户提供农房抵押贷款62亿元。二是推进担保机制创新。湖北省于2005年成立了农业产业化信用担保股份有限公司，以政策性、专业性和服务性为基本特点，为各市州级以上农业产业化龙头企业提供融资担保。截至

2009 年 4 月底，担保公司累计为全省 200 多家农业产业化龙头企业提供融资担保，担保金额达 27 亿元。四川省探索建立了“龙头企业 + 担保公司 + 银行 + 农户”的农村信贷担保模式，即由农业产业化龙头企业成立具有独立法人资格的商业性担保公司，银行根据农业产业化龙头企业建立农产品原料基地的需求，将贷款发放给相关农户，由农业产业化龙头企业用收购农产品的价款偿还银行贷款，担保公司为农户贷款提供担保。一些地方积极探索建立农民专业合作社担保贷款，实行“合作社 + 农户”的贷款模式。如湖北省对注册登记的农民专业合作社，由合作社和农户形成信用共同体，向其提供贷款，2009 年 1 至 4 月，全省共向 150 多家农民专业合作社的 3790 多个农户发放贷款 3.8 亿元。浙江省嘉兴市王江泾镇水产合作社与当地农村合作银行合作，利用合作社入股的 50 万元注册资金为社员贷款提供担保。

（五）积极推进针对农村金融的监管体系建设

一是大力推进农村信用体系建设。加强对农村地区信用及相关金融知识的宣传，推进农户电子信用档案建立和农户信用评价工作。进一步将企业和个人信用信息基础数据库运行范围扩大到全国农村地区。截至 2008 年年底，全国共有 2232 个县（区）开展了农户信用档案建设工作，累计为 9515 万农户建立了信用档案，对其中的 6308 万户进行了信用评定，获得信贷支持的农户由 2007 年末的 3909 万户增加到 5458 万户，贷款余额 7100 多亿元。

二是加强农村地区支付体系建设。人民银行通过设计灵活多样的支付系统和支票影像交换系统接入方式，方便农村信用社、农村商业银行等农村金融机构接入，有效畅通农村金融机构资金汇划渠道。截至 2008 年年底，全国农村信用社支付系统直接参与者 43 个，间接参与者17515个，占农村信用社县级以上法人机构数量的72%。各地也积极协调，帮助解决农村金融机构发展中遇到的问题。如湖北省银监局积极与银联公司沟通，争取到村镇银行按注册资本1%收取入网费的政策，降低了村镇银行加入银联网的门槛。

三是努力提高对农村金融机构的监管服务水平。针对农村中小金融机构的特点，银监会不断丰富监管手段，建立上下集成与联动监管、现场监管与非现场监管的分工合作新机制，以商业银行监管标准为标杆，逐步统一了农村中小金融机构的审慎监管标准。2006年推行贷款五级分类，2007年鼓励细化贷款风险分类档次，并全面实施非信贷资产分类，引导农村中小金融机构进入了全面资产风险管理新阶段。按照商业银行标准构建农村信用社监管评级制度，确立了6个风险级别10个档次，依据监管评级结果，在分支机构设立、业务开办、风险处置等方面采取差别化的监管措施，全面推行分类监管。

（六）探索建立支持农村金融服务的财政、税收和货币政策体系

一是财政、税收优惠政策。主要包括：（1）减免所得税、营业税。为支持农村信用社改革发展，财政部与国家税务总局规定，从2003年开始对试点地区的农村信用社给予减免企业所得税、减征营业税的优惠政策。截至2008年年底，累计减免试点地区农村信用社企业所得税、营业税超过200亿元。（2）给予涉农金融业务财政补贴。为支持金融机构开展涉农业务，截至2008年年底，财政部共拨付1994～1997年亏损农村信用社实际支付的保值储蓄利息支出补贴88.5亿元，拨付农业发展银行政策性业务亏损补贴578亿元，农业银行政策性业务亏损补贴100亿元。（3）开展县域金融机构涉农贷款增量奖励试点，发放新型农村金融机构定向费用补贴。从2009年

起，对试点地区县域金融机构的涉农贷款年末余额同比增长超过15%的部分，按2%的比例给予奖励。对符合条件的新型农村金融机构，按年末贷款余额的2%给予费用补贴。人民银行杭州中心支行2008年联合浙江省财政厅开展农业贷款风险补偿试点工作，专门用于农村合作金融机构农业贷款风险补偿，共安排补偿金3089万元。（4）积极开展农业保险保费补贴试点。2007年以来，先后出台了能繁母猪、奶牛、育肥猪和森林保险保费补贴政策，补贴范围不断扩展，补贴力度不断加大。2007年、2008年，拨付保费补贴资金分别达到21.33亿元、49.15亿元，2009年共安排保费补贴资金预算79.75亿元。

二是货币支持政策。主要包括：（1）放宽涉农贷款利率上限控制，推进农村金融机构贷款利率市场化。为有利于农村金融机构在收益覆盖成本和风险的基础上合理定价，实现公平竞争，从2004年10月起将农村信用社贷款利率的浮动上限扩大到贷款基准利率的2.3倍。对村镇银行、农村资金互助社等新型农村金融机构的贷款利率实行下限管理。（2）降低涉农金融机构存款准备金率。目前，人民银行对农村信用社、农村合作银行执行11%的存款准备金率，比大型商业银行存款准备金率低4.5个百分点。其中，对资产规模较小、支农贷款比例较高的1379个县（市）农村信用社（农村合作银行）执行10%的存款准备金率。村镇银行存款准备金率比照当地农村信用社执行，农村资金互助社暂不向人民银行交存存款准备金。（3）发放支农再贷款，支持扩大涉农信贷投放。截至2009年3月底，全国支农再贷款额度1492亿元。其中，西部地区和粮食主产区的支农再贷款额度1388亿元。（4）运用专项票据支持农村信用社改革。截至2009年3月底，人民银行对全国2406个县（市）农村信用社累计发行专项票据1691亿元，累计对2259个县（市）农村信用社兑付专项票据1569亿元，专项票据兑付进程达到93%以上。到2008年6月底，浙江省37.64亿元专项票据兑付申请都已通过人民银行总行审核，成为全国首个全部兑付的省份。

二、我国农村金融服务存在的问题及原因

近年来，我国农村金融改革取得了一定进展，但农村金融仍然是金融体系中的薄弱环节，农村金融的整体水平与“三农”发展的现实需要，与推进社会主义新农村建设的要求还有很大差距。一是农民金融服务的满足率不高。据国务院发展研究中心的调查，我国农村的金融需求旺盛，但只有32%的农户能够获得正规渠道贷款，同时在有金融需求的农户中仍有40%以上不能获得正规信贷支持。农村中小企业贷款难的问题依然突出。二是农村金融服务的区域覆盖面仍有缺口。据人民银行调查，2007年年底，全国县域金融机构比2005年年底减少了4754个。据银监会统计，截至2008年年底，我国农村地区仍然有1424个乡镇的金融服务没有得到覆盖，其中大部分在中西部地区。三是农村金融服务功能不健全。随着农村经济社会的发展，农村金融需求日趋多样化，对信用卡、网上银行和理财等各类新业务需求持续增长，但农村地区金融机构网点服务功能普遍不健全，许多甚至只能提供存贷汇等传统业务。针对农业科技、农产品开发、农田水利设施、农产品营销等方面的金融产品和服务还基本处于空白。此外，由于种种原因，涉农贷款不良率较高。据银监会统计，全国银行金融机构涉农贷款不良率为14.8%，农户不良贷款率为16.1%，均高于全国银行业金融机构全部贷款不良率平均水平。

我国农村金融服务存在的问题，有农业弱质性、农村经济发展滞后、农民收入水平低等客观因素，也有我国长期以来城乡分割、

农村金融制度改革与创新不足以及政策方面的因素。突出的表现为以下几点矛盾：

（一）商业银行效益考核与支农要求的矛盾

农业银行曾经是金融支农的主力军，定性为商业银行后，受业绩考核的压力，近年来大幅度收缩农村地区网点，据人民银行调查，2007年底，农业银行的县域金融机构营业网点比2005年底减少了2369个，从业人员减少了2.2万人。而工商银行、建设银行等商业银行设在县及县以下的经营网点主要任务是吸收存款，放贷权限小，成为农村资金外流的渠道。邮政储蓄银行虽然开展了小额贷款业务，但由于起步晚，缺少专业人员，普遍存在“放贷难”的问题，返还农村的资金比例还较小。

（二）政策性银行资本金不足与支农任务重的矛盾

长期以来，农业发展银行仅仅依靠市场发债筹资，渠道单一且成本较高。受到资金短缺的制约，农业发展银行在促进农业基础设施建设和社会主义新农村建设方面的资金有限。另外，农业发展银行的性质和职能定位问题一直没有在法律层次明确，未建立起区别于商业银行的绩效考评和监督管理机制。

（三）农村信用社历史包袱重与发挥农村金融服务主力军作用的矛盾

农村信用社是金融支农主力军，是指基层的农村金融服务主要靠农村信用社提供，从现有业务发生量看，它占的比例高，但从功能上看，农村信用社还不具备有效满足农民和农村发展资金需求的实力；从体制看，农村信用社的内部治理结构尚不健全。从人员素质看，农村信用社人员数量大，但专业知识水平与国有商业银行相差较大；从历史包袱看，农村信用社有大量的不良资产，据匡算，按现行政策和发展情况，有些省要彻底化解这些历史包袱需要 20 年以上。

（四）新型农村金融机构发育慢与形成竞争格局需要的矛盾

从 2006 年开始进行试点，我国农村新型金融机构的发展仅有三年多时间，而且考虑到农村地区金融资源短缺、专业人才匮乏和规避金融风险等因素，村镇银行、农村资金互助社设立、审批程序复杂。目前，新型农村金融机构全国仅有 100 余家，相对于 2000 多个县、数万个乡镇的广大农村地区而言，发挥的主要还是示范效应，从促进农村发展的全局来看其作用还远远不够。由于资金实力较弱、业务刚刚开展，新型农村金融机构的发展还处于探索阶段，特别是如何防止产生离农倾向，在制度设计上一开始就需高度重视。

（五）农业保险发展滞后与分散涉农信贷风险的矛盾

农业生产受制于自然与市场双重风险，从事农村金融服务，不仅面临市场风险，还面临洪涝、干旱、病虫害等自然灾害风险。目前，我国农业保险业发展缓慢，对农业生产的保障作用弱，使农村金融服务不得不直接面对农业生产的高风险，影响着金融机构发展涉农信贷业务的积极性。

此外，农村信用基础设施短缺，征信体系尚未全面建立，债权保护不到位，农村信用担保机制建设滞后，农民缺乏可抵押的财产，有些贷款企业、农户诚信意识不强，法律意识淡薄，恶意逃废债现象时有发生等，这都是影响涉农信贷投放的原因。

加快建立健全适应“三农”特色的多层次、广覆盖、可持续的农村金融体系，需要从农村金融组织体系、农村金融市场体系、农村金融产品体系、农村金融政策扶持体系建设等方面整体研究，加大推动力度，才有可能缓解旺盛的农村金融需求与供给不足的矛盾。

第二章　农村金融组织主体的创新性实践*

近年来，在国家宏观金融政策的支持引导下，农村金融组织主体的创新性实践呈现出良好态势。

一、农村商业银行和农村合作银行

2003年以来，农村信用社加大改革力度，在明晰产权关系、强化约束机制等方面取得新的进展，资产质量改善，支农投放增加，盈利能力提高。与此同时，农村商业银行和农村合作银行的组建迈出新步伐，成为完善法人治理结构的有益探索。截至2009年6月底，全国农村信用社通过改革共组建农村商业银行27家，农村合作银行174家。

在一些经济比较发达、城乡一体化程度较高、信用社资产规模较大且已实现商业化经营的地区，采取了将农村信用社改制为农村商业银行的模式。基本条件是：有较强的管理能力；全辖农村信用社资产总规模10亿元以上；不良贷款比例15%以下；发起人不少于500人，发起人以原农村信用社的社员为基础，吸收农民、农村工商户、企业法人和其他经济组织参加；组建后资本金不低于5000万元，资本充足率达到8%。农村商业银行的运行机制及管理要求是：(1) 性质上是实行股份有限公司形式的地方性金融机构。股本划分

* 注：本章由王观芳整理。

为等额股份，同股同权，同股同利。（2）股东大会由股东按持有股份的数额行使表决权，实行一股一票。（3）资产负债比例管理按照商业银行法有关规定执行，资本充足率不得低于 8%，贷款余额与存款余额的比例不得超过 75%，流动性资产余额与流动性负债余额的比例不得低于 25%，对同一借款人的贷款余额与商业银行资本余额的比例不得超过 10%。（4）支持“三农”贷款的比例由股东大会根据当地农村产业结构状况确定，并报当地省级银行监管机构备案。（5）高级管理人员任职资格条件比照城市商业银行高级管理人员任职资格规定执行。

在粮棉大县或人口密度较高的地区，一般选择组建农村合作银行的模式。主要条件是：发起人不少于 1000 人，发起人可以是农村信用社社员、辖区内农民、农村工商户、企业法人和其他经济组织；注册资本金不低于 2000 万元，核心资本充足率达到 4%；不良贷款比率低于 15%。农村合作银行的运行机制及管理要求是：（1）它是一种吸收股份制运作机制的合作制企业组织形式。（2）根据股金来源和归属设置自然人股、法人股。自然人股和法人股分别设定资格股和投资股。资格股是取得农村合作银行股东资格必须交纳的基础股金，投资股是由股东在基础股金外投资形成的股份，投资股参与分红。自然人股东资格股起点一般为 1000 元，法人股东资格股起点为 10000 元。投资股金额由股东自行决定。（3）资格股实行一人一票。投资股实行自然人股东每 2000 元一个投票权，法人股东每 20000 元一个投票权。（4）实行资产负债比例管理：贷款余额与存款余额的比例不得超过 80%、流动性资产余额与流动性负债余额的比例不得低于 25%、对同一借款人贷款余额与农村合作银行资本余额的比例不得超过 20%。（5）支持“三农”贷款比例由当地银行监管机构根据当地农村经济发展状况确定。

农村商业银行和农村合作银行在运营中，完善了内部治理结构，经营机制也比过去灵活，资产规模不断增长，支农能力也有所提升。北京、上海等省级农村商业银行和天津农村合作银行成长为当地实力较强的银行。县（市）农村合作银行经营状况也明显改善，如浙江省苍南农村合作银行，与体制改革前的2004年比，2009年4月底存款余额增长293%，贷款余额增长268%，不良贷款率0.12%，比改革前下降了1.49个百分点；存贷款规模居全县金融机构首位，其中涉农贷款余额49.42亿元，占贷款余额的76.5%，小额贷款户数9.76万户，占全县农户数的35%，有力支持了当地农业和农村经济的发展。2008年实现利润1.53亿元，比改革前增加1.27亿元。

当前农村商业银行和农村合作银行还面临一些问题，主要是：管理体制需要进一步理顺，要防止政企不分，减少政府干预；股权比较分散，小股东参与管理积极性不高，法人治理结构还需要进一步完善等。此外，组建农村商业银行和农村合作银行后，要采取限制性规定措施，防止出现脱农倾向。

二、村镇银行

2006年以来，村镇银行有了较快发展，目前全国有100家。村镇银行组建的基本条件是：发起人或出资人是符合条件的境内外金融机构、境内非金融机构企业法人、境内自然人，且发起人或出资人中至少有1家银行业金融机构；在县（市）设立的村镇银行，注册资本不得低于300万元；在乡（镇）设立的村镇银行，注册资本不得低于100万元。

村镇银行设立模式多元化。在发起银行的性质上，有政策性银行、商业银行、农村合作银行及农村信用联社，也有外资银行。村镇银行的股权设置，在保持银行业金融机构主导地位的同时，吸引了社会资金进入。例如吉林省磐石荣丰村镇银行由吉林市商业银行发起，共有88名自然人出资。四川省仪陇惠民村镇银行由南充市农村商业银行出资50%，5家企业分别出资10%设立。甘肃省陇南武都金桥村镇银行由兰州市商业银行、武都区信用联社和当地企业法人及10户自然人共同出资设立。

对村镇银行的管理要求是：（1）村镇银行最大股东或唯一股东必须是银行业金融机构，持股比例不得低于村镇银行股本总额的20%。单个自然人股东及关联方持股比例、单一非银行金融机构或单一非金融机构企业法人及其关联方持股比例，均不得超过村镇银行股本总额的10%。（2）村镇银行可以经营所有的商业银行业务，但在注册资金等方面的门槛比商业银行低。（3）坚持为农服务方向，发放贷款坚持小额、分散的原则。村镇银行主要在农村地区设立，发放贷款首先用于满足县域内农户、农业和农村经济发展的需要。对同一借款人的贷款余额不得超过资本净额的5%，对单一集团企业客户的授信余额不得超过资本净额的10%，由此提高贷款覆盖面，防止贷款过度集中。（4）资本充足率在任何时点不低于8%，资产损失准备充足率不低于100%。

村镇银行按照立足县域、服务三农、服务中小企业的市场定位，支农服务作用得到发挥。一是支农投放力度较大。湖北仙桃北农商村镇银行是由北京农村商业银行全资发起设立，注册资本1000万元，于2007年4月28日挂牌成立。两年来，累计发放小额贷款6203万元，其中农户及农村个体户贷款3896万元，占贷款总额的63%，累计为农村中小企业贷款及贴现融资2307万元。目前风险控制较好，尚未出现明显的不良贷款和任何资金损失。二是创新金融服务产品积极性较高。湖北仙桃北农商村镇银行成立后，根据当地农村产业的特点，开发出多项贷款产品。“协会+农户”“担保公司＋农户”等贷款方式，有效解决了农户资信审定繁琐和抵押困难问题。农户大额联保贷款，单户信贷额度最高可达20万元，弥补了原来农村金融市场缺少大额信用贷款的不足。中小企业联保贷款，最高授信额度可达50万元，有效解决了中小企业不能提供抵押担保的情况。开展代理保险业务，并对积极投保贷款保险、农业保险及其他保险的农户给予优惠利率待遇。依托北农商网络，开通了“金凤凰”网上银行，发行了凤凰借记卡，有效弥补了村镇银行网点少、服务手段单一的缺点。三是形成了竞争格局。新型农村金融机构信贷决策链短、发放贷款快、经营机制灵活，以其创新的贷款运行模式争取到了一批客户，对同一地域内的金融机构产生了竞争压力。如湖北仙桃北农商村镇银行开业后，当地农村信用社感受到了竞争压力，迅速调整经营战略，将60个村的农户纳入重点服务对象，服务质量改善，信贷投入力度加大。

当前各方面反映的村镇银行发展中存在的问题主要有：对于商业银行来说，设立分支机构比设立村镇银行更便捷，更易于管理，因而积极性不高；设立村镇银行必须由至少一家银行控股，民间资本进入受到较大限制；村镇银行多数设立在试点地区的市区附近，贷款多是面向较大客户，如何防止脱农化倾向是一个需要认真研究的问题。

三、农村资金互助社

截至2009年3月底，银监会批准开展试点的农村资金互助社有11家。农村资金互助社设立的基本条件是：有10名以上符合社员条件要求的发起人；在乡（镇）设立的，注册资本不低于30万元，在行政村设立的，注册资本不低于10万元，注册资本应为实缴资本；有符合任职资格的理事、经理和具备从业条件的工作人员、经营场所等。农村资金互助社是由社员出资，为社员服务，管理上实行一人一票的合作金融组织。对其监管要求是：资本充足率不得低于8%；对单一社员的贷款总额不得超过资本净额的15%；对单一农村小企业社员及其关联企业社员、单一农民社员及其在同一户口簿上的其他社员贷款总额不得超过资本净额的20%；对前十大户贷款总额不得超过资本净额的50%；资产损失准备充足率不得低于100%等。

农村资金互助社试点取得了积极成效。一是创新了农村合作金融运行机制。吉林梨树县闫家村百信农民资金互助社是全国第一个正式注册的农村资金互助社。在股权结构上，建立了“股金额—贷款额互动机制”，规定社员借款最高额度不得超过所入股本金的6倍，如果超过这个数额贷款，则须追加股本金。这一机制，一方面有助于控制风险，另一方面保持了资本充足率。在贷款利率上，对10天内紧急贷款给予免息，10天以上至半年内借款采取低于农村信用社的利率，9个月左右贷款采取与农村信用社相当的利率，1年期以上的贷款与民间借贷持平。这种设计体现了农村资金互助社主要满足广大农户短期融资需求的目的，同时有利于防止农村资金互助社资金流向民间借贷市场。在投票权上，实行加权投票制，即：资格股1个投票权，投资股每增加一定数额增加1个投票权，较好实现了民主和资本权利的平衡。二是为农村信用社改革提供了新思路。农村信用社内部治理上的一个问题是小股东参与管理的话语权少。资金互助社是社员的联合，如果资金互助社向农村信用社入股，可以有效解决农村信用社社员分散及股金少的缺陷，成为普通农户与农村信用社连接的桥梁。同时，农村资金互助社可以得到农村信用社的批发贷款，从而解决资金来源不足问题。三是农村资金互助社为财政支农、财政扶贫资金的使用提供了一条途径。将财政支农资金或者财政扶贫资金交给农村资金互助社运作，在严格贷款条件和有效控制风险的前提下，可以有效提高财政扶贫资金的使用效率。

当前农村资金互助社总体上发展较慢。农村资金互助社发展中遇到了一些问题，主要有：一是风险控制措施不健全。在治理结构上，有的农村资金互助社没有健全的理事会、监事会和社员代表大会制度。日常业务由少数管理人员决定，没有建立科学、严格的审批制度。在风险控制上，一些农村资金互助社过分追求盈利，存贷比过高。有相当部分资金互助社存贷比超过 75% 的最高比例规定。在经营范围上，一些地方的农村资金互助社超出了为社员提供服务的范围，有的为到外地承包工程的包工头放款。二是与农民专业合作社的衔接不到位。我国农村生产、流通等农民专业合作社有了较快发展，而农民专业合作社遇到的问题之一就是缺乏资金。农村资金互助社在资金合作的同时，也需要依托一定产业才能更好发挥作用。农民通过综合性合作，以产业合作为基础，以资金互助为纽带，将会为农村经济发展起到更大推动作用。三是资金短缺。农村资金互助社资金来源以社员入股为主，不能吸收社会存款，资金有限。银行或当地信用社也很少愿意为其提供批发性贷款。当前发展较好的农村资金互助社多数获得了政府扶持，但是财政资金扶持来源面临较大的不确定性。

四、贷款公司

截至 2009 年 3 月底，全国获准开业的贷款公司共有 8 家。按照有关规定，设立贷款公司的投资人必须是境内商业银行或农村合作银行，资产规模不低于 50 亿元，公司治理良好，内部控制健全有效，主要审慎监管指标符合监管，贷款公司注册资本不低于 50 万元等。对贷款公司的监管要求是：（1）要求由境内商业银行或农村合作银行全额出资，是有限责任公司形式的非银行业金融机构。（2）不得吸收公众存款。资金来源主要是实收资本和向投资人的借款，资金运用主要是办理各项贷款，还可以办理票据贴现、资产转让、贷款项下的结算等业务。（3）投资人决定贷款公司治理结构。投资人制定贷款公司章程，决定贷款公司的经营管理层。投资人可以决定贷款公司是否设立董事会、监事会，但必须建立健全经营管理机制和监督机制。（4）在农村地区设立，专门为县域农民、农业和农村经济发展提供贷款服务。（5）贷款坚持小额、分散的原则，提高贷款覆盖面，防止贷款过度集中，对同一借款人的贷款余额不得超过资本净额的10%；对单一集团企业客户的授信余额不得超过资本净额的15%。（6）有效控制风险。资本充足率不低于8%，资产损失准备充足率不低于100%。

同村镇银行和农村资金互助社一样，贷款公司为农村金融服务带来了竞争效应，为城市资金流向农村提供了新渠道；贷款公司对于不熟悉“三农”业务或异地业务的商业银行来说，也是一条比较稳妥的扩大经营地域和业务内容的途径。目前的贷款公司和商业银行支行相比，不能吸收存款，运行成本较高，各商业银行设立积极性不高，发展较慢。

五、小额贷款公司

2004年中央1号文件提出，要“兴办直接为‘三农’服务的多种所有制的金融组织”。2005年中央1号文件提出，要“兴办多种所有制金融机构，探索建立更加贴近农民和农村需要、由自然人或企业发起的小额信贷组织”。

自2005年5月开始，中国人民银行在贵州、四川、陕西、山西、内蒙古等五省区推动设立由民营资本经营的“只贷不存”小额贷款机构试点。2008年5月，中国银行业监督管理委员会、人民银行发布了关于小额贷款公司试点的指导意见，进一步规范了小额贷款公司设立、经营、监管等事项。小额贷款公司是由自然人、企业法人与其他社会组织投资设立的，不吸收公众存款，为社会资本设立从事金融业务的企业开放了大门。据不完全统计，目前，全国已登记注册的小额贷款公司约580家，正在筹建的有570多家。其中发展最快的内蒙古自治区，已经有150多家。小额贷款公司成立以后，适应了当地农村金融需求，很多小额贷款公司成立两三个月，就将资金全部贷出，有的金额达几亿元。截至2009年3月底，浙江省54家已经注册登记的小额贷款公司共有注册资本总额77.5亿元，累计发放贷款146.61亿元，户均贷款45.87万元。

设立小额贷款公司的基本条件是：（1）股东需符合法定人数规定。采取有限责任公司形式的，应由50个以下股东出资设立；采取股份有限公司形式的，应有2~200名发起人，其中须有半数以上的发起人在中国境内有住所。（2）有限责任公司的注册资本不得低于500万元，股份有限公司的注册资本不得低于1000万元。单一自然人、企业法人、其他社会组织及其关联方持有的股份，不得超过小额贷款公司注册资本总额的10%。（3）需要向省级政府主管部门提出正式申请，经批准后，到当地工商行政管理部门申请办理注册登记手续。

小额贷款公司在农村金融市场发挥了以下作用：一是促进了农村资金要素的有效配置。小额贷款公司成立后，成为连接当地农村资金供求的中介之一。国家对小额贷款公司贷款利率实行下限管理，上限在不得高于基准利率4倍的前提下放开，按照市场原则确定资金使用价格，提高了资金使用效率。小额贷款公司对非正规民间金融形成了挤压效应，有利于减少高利贷。二是为民间借贷规范化、阳光化开放了一条途径。小额贷款公司一方面为民间借贷行为合法化、规范化开放了一条途径，另一方面有利于加强监管，促进民间借贷有序发展，维护金融秩序。三是有利于激活农村金融市场。小额贷款公司坚持面向农村，发放小额贷款，而且资金提供速度快、手续相对简便，适应了农村金融特点，满足了农村金融需求。小额贷款公司丰富了农村金融主体种类，成为现代农村金融体系的组成部分。小额贷款公司打破了农村金融市场的垄断，带来了一定程度的良性竞争。

当前小额贷款公司发展过程中还存在以下困难和问题：一是法律地位上定为一般工商企业法人，还不是金融机构。由于不是金融机构，小额贷款公司不能获得人民银行的再贷款，不能进入人民银行的征信系统。小额贷款公司适用报表及发票不明确，向银行业金融机构申请授信时依照企业贷款利率，而不能获得银行间同业拆借利率。税收上实行一般企业税收，25%的所得税，5%的营业税，资金周转一次就要交一次5‰印花税。这些限制使得小额贷款公司经营成本较高，利润空间缩小。据测算，温州小额贷款公司扣除税负后的投资年收益率约为7%，远低于当地平均投资年收益率30%的水平。二是资金来源和政策支持不足。按照目前规定，小额贷款公司可以向不超过两个银行业金融机构融入不超过注册资本金50%的资金，作为放贷资金来源。但是实际上小额贷款公司很难获得银行借款。在支持政策上，由于管理和监管主要在省级政府，小额贷款公司不能享受国家对新型农村金融机构的定向费用补贴以及其他中央政策和资金支持。三是风险控制能力还需加强。尽管当前对小额贷款公司建立准备金制度和风险保障基金等风险控制措施有明确要求，但还没有建立具体的规章制度和实施办法。部分试点贷款公司单笔贷款金额较高，存在风险隐患。小额贷款公司内控制度还不健全，多数从业人员缺乏金融工作经验。四是监管需要加强。小额贷款公司试点是否成功的关键在于监管。当前，对农村金融监管部门有地方政府、工商、公安、人行、银监等多个部门。要完善相关制度，明确监管部门和监管责任。吸取20世纪80年代的农村合作基金会、典当行等发展的经验教训，对开办小额贷款公司的主体资格要严格审查，严禁抽逃注册资金、非法或变相吸收公众存款等问题。五是转为村镇银行的门槛较高。2009年6月，银监会发布了《小额贷款公司改制设立村镇银行暂行规定》，规定小额贷款公司改制为村镇银行必须由银行业金融机构作为主发起人，至少占20%股权。这一规定对于原小额贷款公司的股东来说很难接受。

六、邮政储蓄银行

2007年3月，邮政储蓄银行总行在北京挂牌成立。截至2008年6月底，邮政储蓄银行有全国36家省市分行、312家地市分行、1600多家县级支行，邮政储蓄体制改革与发展取得重大阶段性成果，结束了自1986年以来邮政储蓄业务只存不贷的状况。

邮政储蓄银行成立后，适用商业银行法，可以从事所有银行类业务，银行职能逐步完善。业务范围从传统的储蓄、汇兑、代收付等负债和中间业务，延伸到存单质押贷款、小额贷款等零售信贷业务，为农户融资提供了服务。通过资金市场业务、银团贷款等批发型资金运用业务，为农村基础建设提供了资金。邮政储蓄银行的成立，使得“农村资金外流的抽水机”转变为“抽水和放水”功能并存。

邮政储蓄银行业务刚刚起步，经验相对不足。但是，邮政储蓄银行具有自身优势。一是资源整合优势。邮政储蓄拥有全国一体化的机构体系，在系统内部可以有效整合资源，充分发挥各类资源的优势。如，开发的金融产品可统一向全国推广；实行“资金池”管理，规定贷款资金来源只能来源于总行，根据内部定价有偿使用，做到了资金的集中管理。二是网点优势。邮政储蓄目前建成了覆盖城乡的全国最大的个人金融服务网络。在4.5万个邮政汇兑网点中，有3.2万个位于县及县以下，在3.6万个邮政储蓄网点中，有2.6万个位于县及县以下，被称为“延伸城乡金融最后一公里”的金融机构。三是没有历史包袱。长期以来，邮政储蓄只存不贷，没有产生不良贷款和呆坏账。多年积累的大量资金来源，为开展贷款等业务打下了好的基础。四是创新优势。作为新开展贷款业务的机构，邮政储蓄银行可以全面比较和借鉴经验，精心设计产品，培养企业文化，建立有效激励机制。

邮政储蓄银行成立以来主要发展了以下业务：一是为农民提供储蓄、绿卡、汇兑、代理保险、代收农村水费、电话费和有线电视费等服务。依托网络优势和各地财政部门合作，办理代发粮食补助金、退耕还林款和计划生育奖励等业务。二是发展了存单质押贷款业务。截至2009年3月底，邮政储蓄存单质押贷款业务在全国31个省（区、市）的1.55万个网点开办，其中县和县以下农村地区网点1万多个。累计发放小额质押贷款359亿元，尚无不良贷款。三是发展小额贷款业务。贯彻“小额、分散、流动”贷款原则，发展“好借好还”小额贷款业务。截至2009年3月底，小额贷款在全国31个省（区、市）的2400多个网点开办，其中县和县以下农村地区开办网点1561个。累计发放小额贷款487亿元。

邮政储蓄银行目前存在的问题是，业务发展刚刚起步，相对邮政储蓄银行的巨量资金来看，发放面向三农的贷款比例还较小。

新型农村金融机构的特点和比较

	村镇银行	农村资金互助社	贷款公司	小额贷款公司
投资人或发起人	最大股东或唯一股东必须是银行业金融机构。最大银行业金融机构股东持股比例不得低于村镇银行股本总额的20%。	有10名以上符合社员条件要求的发起人。 社员可以是本乡镇或行政村农民，也可以是注册地或主要营业场所在本乡镇或行政村的农村小企业。	由境内商业银行或农村合作银行全额出资。投资人资产规模不低于50亿元。	自然人、企业法人与其他社会组织。有限责任公司应由50个以下股东出资设立；股份有限公司应有2~200名发起人。
注册资本	在县（市）设立的村镇银行，其注册资本不得低于300万元；在乡（镇）设立的村镇银行，其注册资本不得低于100万元。	在乡（镇）设立的，注册资本不低于30万元；在行政村设立的，注册资本不低于10万元，注册资本应为实缴资本。	注册资本不低于50万元，为实收货币资本。	有限责任公司的注册资本不得低于500万元，股份有限公司的注册资本不得低于1000万元。
资金来源	股东缴纳的资本金，存款等商业银行业务。资本充足率不低于8%。	吸收社员存款、接受社会捐赠资金、符合审慎要求向其他银行业金融机构融入资金。 不得向非社员吸收存款。资本充足率不低于8%。	投资人出资、向投资人的借款。资本充足率不低于8%。	股东缴纳的资本金、捐赠资金，以及来自不超过两个银行业金融机构的融入资金。 从银行业金融机构获得融入资金的余额，不得超过资本净额的50%。

续表

	村镇银行	农村资金互助社	贷款公司	小额贷款公司
资金运用	贷款、结算等所有商业银行资金运用业务。	向社员发放贷款等业务。不得向非社员发放贷款及办理其他金融业务。	坚持小额、分散的原则，主要为县域农民、农业和农村经济发展提供贷款服务。	资金运用要坚持“小额、分散”的原则，面向农户和微型企业提供信贷服务。
资金投向农村规定	在缴足存款准备金后，其可用资金应全部用于当地农村经济建设。发放贷款应首先充分满足县域内农户、农业和农村经济发展的需要。确已满足当地农村资金需求的，其富余资金可投放当地其他产业、购买涉农债券或向其他金融机构融资。	主要用于发放社员贷款，满足社员贷款需求后确有富余的可存放其他银行业金融机构，也可购买国债和金融债券。	专门为县域农民、农业和农村经济发展提供贷款服务。贷款的投向主要用于支持农民、农业和农村经济发展。	坚持“小额、分散”的原则，鼓励小额贷款公司面向农户和微型企业提供信贷服务。
贷款分散性规定	对同一借款人的贷款余额不得超过资本净额的5%；对单一集团企业客户的授信余额不得超过资本净额的10%。	对单一社员的贷款总额不超过资本净额的15%；对单一农村小企业社员及其关联小企业社员、单一农民社员及其在同一户口簿上的其他社员贷款总额不超过资本	对同一借款人的贷款余额不得超过资本净额的10%；对单一集团企业客户的授信余额不得超过资本净额的15%。	同一借款人的贷款余额不得超过小额贷款公司资本净额的5%。

续表

	村镇银行	农村资金互助社	贷款公司	小额贷款公司
		净额的 20%； 对前十大户贷款总额不超过资本净额的 50%。		
贷款利率	按照市场化原则进行经营，下限为人民银行公布的贷款基准利率的 0.9 倍；上限在不高于基准利率 4 倍的前提下放开。			
存款准备金	需要缴存。比照当地农村信用社执行。	暂不交存	——	——
性质	银行业金融机构	社区互助性银行业金融机构	非银行业金融机构	一般工商企业，非金融机构。
设立分支机构	可以设立分支机构	不得设立分支机构	可根据业务发展需要，在县域内设立分公司。	可以设立分支机构。符合条件的可以改造为村镇银行。

第三章　农村信贷抵押担保问题*

缺乏有效的担保是影响农村信贷供给的重要原因之一。为了解决农民和农村中小企业借款难、融资难的问题，各地根据实际情况，不断探索创新信贷担保形式。对此，需要认真研究总结。

一、农村信贷担保的创新实践

（一）农房抵押贷款

近年来，浙江省温州乐清、瑞安等地不断探索以农房作为抵押物，为农户提供贷款。2009 年初，温州市政府召开专门会议研究农房抵押贷款问题，市法院、房管、国土等部门达成一致意见，允许农民以住宅作为抵押物，在全市范围试行农房抵押贷款。目前，全市的农村信用社、城市商行以及工、农、建等国有商业银行都面向农民开展此项业务。农房抵押贷款根据农民申请，以“房屋所有权证＋集体土地使用证＋村委会认可书”为抵押，经审核合格后，农户可以获得银行发放的农房市场评估价 60% 至 80% 的贷款，期限为 1 至 3 年，手续十分便捷。据温州市统计，先行试点的瑞安、乐清两市共为 2.1 万户农户提供农房抵押贷款 58 亿元。

抵押农房的受让对象是宅基地所在地的农业户口；抵押农房被处置后，国土资源部门给予办理农房宅基地使用权的变更登记，房

---

* 注：本章由王瀚整理。

屋管理部门给予办理农房所有权转移登记；银行业和金融机构在农房抵押出现不良贷款时，不能以农房不能抵押为由，追溯相关登记机构的登记行为。为了确保农民居有定所，温州市对农房抵押贷款规定了两个前提条件：一是抵押的农房必须已领取房屋所有权和集体土地使用权；二是申请农房贷款的农户应具备两处以上住所或其抵押房产处置后仍有住房。这样就有效防止了农民因抵押农房被处置而无房可住的情况，在解决农民贷款难的同时又维护了社会稳定。

（二）林权抵押贷款

开展林权抵押贷款是林权制度改革的重要配套措施，也是金融服务加大对林业发展信贷投入的重要手段。最近召开的中央林业工作会议提出，要建立健全林业金融支持制度，健全林权抵押贷款制度。2009 年 5 月，人民银行、财政部等部门在制定出台的《关于做好集体林权制度改革与林业发展金融服务工作的指导意见》中提出，在已实行集体林权制度改革的地区，各银行业金融机构要积极开办林权抵押贷款。目前，全国的林权抵押贷款总额已达 120 多亿元。

林权抵押贷款是林农以林木所有权和林地使用权作为抵押物，将林权证抵押给金融机构办理贷款。金融机构审核同意后，书面委托森林资产评估机构对其进行评估，金融机构根据评估价值的一定比例审批贷款数额，林权证办理抵押登记，签订贷款合同发放贷款。2003 年，福建省试点开展林权抵押贷款，是全国试点开展林权抵押贷款较早的省份之一，目前，福建省农业开发银行、农村信用社、工商银行、农业银行、建设银行和中信银行等已开展林权抵押贷款业务。2006 年，浙江省探索开展林权抵押贷款，鼓励农村合作金融机构在丽水、衢州等 5 个地区开展试点工作，目前已扩大到 25 个县，参与的金融机构已扩大到农业发展银行和农业银行。

林业抵押贷款使林权成为可变现的资本，提升了林业资源价值，在一定程度上也推动了林业投资主体由单一向多元的转变，社会投资造林的积极性明显提高。在开展林权抵押贷款的地区，贷款不仅为林业发展带来了资金，也促使传统林业生产方式发生改变，林农利用贷款修建灌溉工程，科学化管理和经营水平得到不断提高，林权抵押贷款成为推动林农增收、林业增效的重要手段。截至 2009 年 3 月底，湖北省农村信用社共发放林权抵押贷款 3.8 亿元，其中，襄樊市南漳县联社共向 30 户林农发放贷款 1188 万元，抵押林地面积 2.74 万亩，有效满足了广大林农的资金需求。福建省累计发放林权抵押贷款 46.4 亿元，贷款余额 22.5 亿元，支持育林造林 714.5 万亩。福建省永安市，截至 2008 年 10 月底累计发放林权抵押贷款 6.64 亿元，贷款余额 4.8 亿元，支持林业开发 167.5 万亩。永安市森发技贸有限公司与 200 多户林农合作，通过林权抵押贷款从农业银行累计获得 750 万元贷款，林农每年可获得 200 多万元的劳务收入和 100 余万元的合作经营收入。

（三）订单农业质押贷款

湖北省开展订单农业质押贷款，是农村信贷担保的又一创新实践。订单农业质押贷款是农村信用社向农户发放的以订单农业购销合同的收款权为质押担保的贷款。订单农业质押贷款实行“龙头企业 + 农户 + 农村信用社”模式，农村信用社、农业龙头企业、农户三方签订协议，农户与农业龙头企业签订购销合同，以合同的收款权为质押向农村信用社贷款，龙头企业为农户贷款提供信用担保，农村信用社根据购销合同向农户发放贷款。订单农业质押贷款有力地促进了当地农业和农村经济的发展，截至 2009 年 4 月底，湖北省累计发放订单质押贷款 5.3 亿元。

订单农业质押贷款是解决农户贷款缺乏有效担保的一个重要途径，有力拓宽了农村融资渠道，形成了多赢的局面。对于农户来说，订单农业质押贷款不仅帮助农户获得发展资金，还帮助农民从农业产业化龙头企业获得了饲料、防疫和技术服务，按照合同确定的价格销售农产品，是对农民收益的有效保障。对于农业产业化龙头企业来说，通过与广大农户的合作，使其获得了稳定的产品来源和可观的规模化收益。对于农村信用社来说，有效控制和降低了信贷风险，提升了经营效益和社会效益。对于当地政府来讲，促进了农业和农村经济的发展，形成了以农业产业化龙头企业为辐射的产业集群。如湖北省汉川市广东温氏家禽有限公司是一家以养鸡为主的农业产业化龙头企业，在该企业的带动和辐射下，汉川市已经初步形成了以该市分水镇为中心、以严华镇等 15 个镇和 100 多个村为支持、1000 多个专业养殖户为主体的肉鸡养殖产业群。

（四）淡水养殖权抵押贷款

福建省清流县为促进当地淡水养殖业的发展，由该县农村信用社向从事渔业生产的单位和个人提供淡水养殖权抵押贷款。淡水养殖权抵押贷款是以水产主管部门和农村信用社认可的水域资源作为抵押物开展的贷款业务。从事渔业生产的养殖户凭水域养殖权证及相关资料，向县畜牧水产局提出抵押申请，畜牧水产局审核权属认定，并对抵押水域进行渔业资源资产评估，县农村信用联社按照评估价值 40% 至 60% 的比例确定贷款额度，贷款期限根据贷款人所养鱼种周期确定，一般为 1 至 3 年。据清流县统计，2006 年至 2008 年 8 月，县农村信用社共发放淡水养殖权抵押贷款 2200 万元，满足了当地淡水养殖业 47% 的资金需求，渔业产值 8024 万元，成为该县农民收入的主要来源。

淡水养殖权抵押贷款有效满足了当地渔业发展的资金需求，推动了淡水养殖业的产业升级。当地农户利用淡水养殖权抵押贷款不断扩大养殖面积，增产又增收。为了防范贷款风险，清流县规定用于抵押的必须是辖区范围内水域滩涂的经营权，生态公益水域和以家庭承包形式取得的集体水域使用权不在抵押范围之内。抵押期间，未经农村信用社同意，贷款人不得将抵押物再次抵押或流转，登记机关不得为抵押权流转办理变更登记。贷款出现风险时，农村信用社有权处置其中的水产品，收回贷款。

（五）行业协会联保贷款

湖北省宜城市为解决当地从事粮食收购加工的中小企业融资难问题，推出了粮油行业协会联保贷款，实行“行业协会+联保基金+银行”的信贷模式。宜城市粮油行业协会主要由当地从事收购加工粮食的中小企业组成，有200多个会员。粮油行业协会联保贷款，由会员向粮油协会提出贷款申请，协会初审后统一向农村信用社申请贷款；会员按比例缴纳贷款担保金，由粮油协会统一汇集后存入农村信用社联社专户；农村信用社以贷款担保金为基数，按照1：4的比例向会员授信，还款期限最长为1年；会员之间相互担保，共同承担联保责任，形成风险共担的联合担保体。2007年，宜城市农村信用社分两批向93户会员提供贷款2395万元、向79户会员提供贷款2175万元。在这两批贷款的有力推动下，该市粮油行业协会会员2007年共收购小麦近10万吨、油菜籽300万公斤，收购量比同期分别增长95%和20%，小麦收购价格比2006年提高了0.02元/公斤，农民因此增收200多万元。

宜城市的行业协会联保贷款依托当地粮油行业协会的服务网络，搭建起农村金融服务平台和信用平台。粮油行业协会联保贷款针对协会会员生产规模普遍较小，企业资本数量较少，无法满足粮食收购加工季节性需求的矛盾，较好地解决了小企业在缺乏有效担保情况下融资难的问题，不仅促进了粮食收购加工小企业的发展，也降低了农村信用社的贷款风险，卖粮农民也得到了实惠，各方共同受益。

（六）农民专业合作社担保贷款

一些地方积极探索农民专业合作社担保贷款，实行“合作社 + 农户”的贷款模式。如湖北省对注册登记的农民专业合作社，由合作社和农户形成信用共同体，向其提供贷款，有力推动了农产品的生产、收购、加工和销售。浙江省嘉兴市王江泾镇水产合作社是为社员渔业生产提供全方位服务的农民专业合作社，现有社员 400 多人。该合作社为了帮助社员获得发展资金，与当地农村合作银行合作，利用合作社入股的 50 万元注册资金为社员贷款提供担保。合作社内持有 1000 元股金以上的社员，在农村合作银行申请贷款时，合作社可以给予担保。为了防范贷款风险，合作社要求贷款社员必须具有不少于 50% 的自有资金，并将自己的入股资金作为贷款的风险保证金，还规定由 2 至 3 户社员作为第二保证人。合作社的担保金额根据社员项目规模具体确定，一般控制在 1 至 5 万元，累计不超过风险保证金的 10 倍。

通过农民专业合作社为社员农户提供贷款担保，农户获得发展农业生产需要的资金，金融机构在贷款调查、发放、管理以及催收等环节得到合作社的帮助，有效降低了贷款风险，合作社经济实力也得到发展壮大。自开展农民专业合作社担保贷款以来，农村合作银行共向该社社员发放贷款 3380 万元，贷款本息全部偿还。2001 年至 2007 年，王江泾水产合作社共销售水产品 6700 吨，实现销售收入8670万元，纯收益322万元，按股分红63万元，提取公积金、公益金60万元。

（七）农业信贷担保公司担保贷款

为切实解决农业产业化龙头企业的融资难问题，湖北省于2005年成立了农业产业化信用担保股份有限公司，这是全国第一家由省级财政出资成立的农业政策性信贷担保公司。湖北省农业产业化担保公司的资本金来自农业项目资金，注册资金2亿元，开展担保业务不以盈利为主要目的，以政策性、专业性和服务性为基本特点，主要为各市州级以上农业产业化龙头企业提供融资担保。目前，担保公司的资本金与累计贷款总额比已达到1:13，放大效应明显，在保余额13亿元，在保余额与资本金放大比已超过6:1，成效较为显著。据湖北省农业产业化担保公司对63家受保农业产业化龙头企业的调查显示，担保贷款的发放为受保的农业龙头企业发展注入了动力，63家企业共新增销售收入70亿元，新增利税4亿元，新增就业岗位8000多个，带动农户致富140万人，平均每户增收900多元。通过市场化运作、规范化操作和风险控制，农业产业化担保公司也得到了长足的发展，成立以来共实现利润1200万元，资产总额达到2.5亿元，增值25%。

浙江省温州市充分利用供销社的社有资本和政府财政资金，组建农信担保公司，与当地的农村信用社开展农业信用担保贷款业务，为全市的农业企业、农民专业合作社、种养殖大户等提供担保服务。截至2009年3月底，全市供销社所属的5家农信担保公司，累计向255家农业企业、96家农民专业合作社、900多户农产品种养殖大户提供贷款担保1750笔、担保贷款金额5.8亿元，实现销售收入117亿元，新增利税12亿元，达到了农民赞赏、社会肯定、政府满意的良好效果。

（八）农业产业化龙头企业担保贷款

四川省探索建立了“龙头企业+担保公司+银行+农户”的农村信贷担保模式，即由农业产业化龙头企业成立具有独立法人资格的商业性担保公司，银行根据农业产业化龙头企业建立农产品原料基地的需求，将贷款发放给相关农户，由农业产业化龙头企业用收购农产品的价款偿还银行贷款，担保公司为农户贷款提供担保。四川通威集团是国内一家具有较大规模的水产和畜禽饲料生产企业。为了促进与其有业务往来的农户发展生产，扩大产业规模，通威集团于2006年成立了通威担保公司，开始在四川邛崃市开展业务。

农业产业化龙头企业成立担保公司，为农户贷款提供担保的模式，在金融机构和农户之间搭建起一座信用桥梁，解决了农村金融机构与农户间信息不对称的问题，担保公司通过农业产业化龙头企业与农户的紧密联系，增强了对贷款农户和项目的控制力，有效防范了担保风险。同时，由农业产业化龙头企业成立商业性的担保公司，也是推动农村金融担保机构发展的有益尝试。

（九）农户联保贷款和小额信用贷款

农户联保贷款和小额信用贷款是解决单个农户贷款难问题的一个重要手段。农户联保贷款指由农户在自愿基础上组成联保小组，金融机构向联保小组成员发放一定额度的信用保证贷款。小额信用贷款是以农户的信誉为保证，在核定的额度和期限内发放的贷款。据银监会2007年的统计数据，全国共有农户2.3亿户，有贷款需求的1.2亿户，获得农村合作金融机构农户联保贷款和小额信用贷款的农户有7800万户，占全国农户总数的34%。2007年，邮政储蓄银行在河南新乡长垣县试点开展小额贷款业务，截至2009年3月底，已在全国31个省、1900多个县市全面开展此项业务，累计发放小额贷款77万笔、487亿元，不良贷款率为0.3%。

（十）土地承包经营权抵押贷款试验

2009年，人民银行、银监会出台了《关于进一步加强信贷结构调整，促进国民经济平稳较快发展的指导意见》，提出有条件的地方可以探索办理土地经营权抵押贷款。目前，山东省枣庄市、辽宁省法库县、宁夏吴忠市同心县、浙江省温岭市等地，已先后探索试行了土地承包经营权抵押贷款。如宁夏吴忠市同心县开展土地承包经营权抵押贷款，试点村成立土地承包经营权抵押协会，农户以不超过承包地总数的40%自愿加入，会长、副会长及常务会员每人拿出1000元存入协会账户，作为共同偿债基金。土地承包经营权贷款的额度一般不超过每亩3000元，期限为1年。贷款到期，农户不能及时偿还，土地承包经营权转给代其还款的担保人，或由协会转给有意为其偿还贷款的其他村民，贷款农户还清贷款后即可重新获得承包经营权。有的村还采取农民土地入股的方式，协会出面与信用社协调贷款，按照会员农户入股的多少分配贷款。据吴忠市统计，截至2008年底，土地承包经营权抵押贷款已覆盖全县58个村，受益农户达4883户，贷款超过4400万元。该县河西镇上湾村自开展土地承包经营权抵押贷款以来，全村514户农民通过协会获得贷款，大力发展肉牛养殖，用3年的时间由全镇最穷的村转变为富裕村。

开展土地承包经营权抵押贷款，贷款农户偿还完本息后，承租人需及时归还土地承包经营权，通过对承租人进行合理约束，以保证贷款农户土地流转后利益不受损失。吴忠市同心县开展土地承包经营权贷款主要集中在该县旱涝保收的扬黄灌区，农户还款能力较强，目前尚未出现农户失去土地承包经营权的情况。

二、农村信贷抵押担保存在的主要问题

据农业部有关抽样调查显示，在农村信用社发放的贷款构成中，熟人之间的保证担保仍是农村信贷担保的主要方式，约占40%，其次是无须担保的信用贷款，约占30%，而抵押、质押担保贷款所占比重较低。主要原因是：

一是缺乏有效的抵押物。对于农村集体土地使用权，除了经发包方同意的集体所有的荒山、荒沟、荒丘、荒滩等荒地的土地使用权，以及用于抵押的乡镇企业的厂房等建筑物占用范围内的集体土地使用权外，土地承包经营权不得抵押。农民的住房属于农民的基本生活资料，在当前农村社会保障体系还不健全的情况下，是农民的居住保障，且由于农民的宅基地不得抵押，也使得农民将住房作为抵押物受到限制。据人民银行德州市中心支行调查显示，本地农户申请贷款时，53%不能提供抵押品，72%农户仅可提供不符合有关法律规定的房屋作为抵押，农户可抵押资源严重匮乏。一些农业龙头企业如畜牧养殖企业，采取租用土地的方式进行建设，银行对租用土地上的固定资产投资不作为贷款抵押物，龙头企业借贷难，流动资金缺乏。

二是信贷担保机构发展滞后。目前，专业性的农村信贷担保机构规模普遍较小，资金来源比较单一，对于面广量大的农户和农村中小企业来说，覆盖面和受益面还不大。据浙江省人民银行杭州中心支行统计，全省只有30家农业担保公司，年担保额只有5亿元，服务范围无法满足农村融资需求。一些担保机构的运作也不够规范，且缺少专业技术人员，开展担保业务的方式比较粗放，不能进行细致深入的调查，无法准确把握担保项目的运营情况，风险化解能力比较低。一些担保机构受利益驱使，超出自身资本的承受范围，为

规模较大的企业和项目提供担保，也不利于防范风险。

三是农户获得担保贷款的成本高。农户获得贷款不仅需要支付正常的贷款本金和利息，还受交通、复杂手续等因素的影响，负担相对较高的成本。如按照担保法的要求，抵押需要到相关部门进行登记或公证，农村地区一般无抵押公证机构，农户需要到县城所在地办理相关登记公证手续，交通成本较高；农民文化程度相对较低，办理房产评估、抵押登记等手续，对于农民来说较为复杂，难以掌握，还需要支付一定的费用；农村金融机构放贷的审批时间较长，农民申请一笔贷款要往来金融机构多次。

四是法律规定上的制约。我国现行的有关法律政策对农村信贷抵押担保还有一些限制性规定，在一些地方试行的农民住房抵押贷款和土地承包经营权抵押贷款缺乏法律依据，政策层面上难以突破；林权抵押贷款的评估、登记、流转等在操作规范上还有待进一步明确；农户的家庭财产属于农户基本的生产和生活资料，即使能够抵押，一般也不能在诉讼中得到执行。

第四章　农业保险问题*

农业保险业的健康发展，对于提高农业防灾减灾能力，促进农业和农村经济社会的发展，降低涉农信贷风险，都具有重要意义。近年来，我国农业保险逐步发展，成效是比较明显的。

一、多项措施促进农业保险不断发展

（一）出台扶持政策，创造政策环境

2003 年修订的农业法规定，国家逐步建立和完善政策性农业保险，首次以法律形式确定了发展政策性农业保险的方向。2004 年以来的中央一号文件，都对加快农业保险发展提出明确要求。2006 年 6 月出台的《国务院关于保险业改革发展的若干意见》，指明了农业保险的发展方向。按照国家法律和中央有关政策的要求，一系列支持农业保险发展的措施应运而生。主要有：一是启动农业保险试点。从 2004 年开始，保监会在黑龙江、吉林、上海、新疆等省（区、市）启动农业保险试点，先后批准设立和引进了 5 家专业性保险公司，鼓励和引导中国人保财险和中华联合保险两家全国性公司积极开展农业保险业务，试点工作不断扩大和深化。二是开展农业保险保费补贴试点。从 2007 年开始，财政部在部分省区开展了农作物保险保费补贴试点，并逐步实施了能繁母猪、奶牛、育肥猪和森林保

---

* 注：本章由金农整理。

险保费补贴政策。2008 年试点省份增加到 16 个，全年共拨付保费补贴资金 49 亿元，比 2007 年增长 1 倍多。2009 年共安排保费补贴资金预算 79 亿元，比 2008 年增长近 60%。三是出台税收优惠政策。对农林作物、牧业畜类保险合同免征印花税，对农牧保险以及相关技术培训业务免征营业税。四是发展农业再保险。2007 年以来，保监会指导各试点公司与中再集团签署农业再保险框架协议，做好农业再保险安排，同时，推动建立农业保险联席会议机制。为有效防止因特大灾害导致保险公司难承受的局面，浙江省确定了 5 倍封顶方案：当年农业保险累计赔付在保费收入 2 倍以内的，由承办农业保险的共保体全额承担；2～3 倍部分，由政府与承办农业保险的共保体按 1:1 比例承担；3～5 倍部分，由政府与承办农业保险的共保体按 2:1 比例承担。北京市则规定，赔付额在保费的 1.6 倍以内，由保险公司全额承担，超过 1.6 倍部分由政府支付。同时，各地也从实际出发，采取了一些支持农业保险的政策措施。据保监会提供的材料，2008 年，97% 以上的农业保险业务得到了地方财政不同程度的补贴，全年中央、省和地市县各级财政投入的农业保险保费补贴为 79 亿元，占全年农业保险保费收入的 72%。浙江省采取以险养险的方法，将县及县以下的财政拨款机关事业单位的车辆险由承办农业保险的共保体承保，近三年经营盈余 3800 万元，对弥补农业保险的亏损发挥了积极作用。北京市大兴区专门下发关于做好农业保险工作的实施意见，通过增加财政补贴、加强保险服务等，建立“政府＋保险公司＋农户”的合作模式，努力促进农业保险发展。大兴区农委与人保财产大兴支公司签订《农业保险合作协议》，以合同形式明确双方的权利义务，规定了保费补贴比例和赔款补贴政策，将农险业务的经营管理纳入到地方政府制度范畴；区经管站与人保财产大兴支公司签订《农村保险服务站业务管理办法》，依托农村经济经营管理系统，利用村“两委”，加强农村保险服务，扩大农业保险范围，努力增加农户投保数量。

（二）推进组织创新，多层次的农业保险经营网络初步形成

2004 年以来，专业性保险公司、专业协会、保险经纪公司等农业保险经营机构较快发展。一是专业性农业保险公司。先后成立了上海安信农业保险股份有限公司、吉林安华农业保险股份有限公司、黑龙江阳光农业相互保险公司和安徽国元农业保险公司等四家专业性保险公司，引进了法国安盟保险集团公司成立的法国安盟成都分公司在四川农村开展农业保险业务。二是农民专业协会建立的风险互助组织。这是由具有同类风险的经营者组成的非营利性互助保险组织，全体成员既是保险人，又是投保人，资产由全体成员所有，债务共同承担。2004 年以来，先后有北京谷物协会、北京果树协会、北京养鸡协会等建立了风险互助协会。三是保险经纪公司。目前主要有宜安、江泰和长城等保险经纪公司，这是为保险供求双方提供咨询和服务的中介机构，为农业保险经营机构、农业产业化龙头企业、农民专业合作经济组织和农户提供风险管理咨询、直接保险采购、专业索赔协助、再保险采购和保险经纪增值等服务。此外，一些地方也组建了一些新型的保险组织。如浙江省根据位于高自然风险地区的特点，由省人保、太平洋、永安、大地、安信等商业保险公司共同出资，创建了“浙江省政策性农业保险共保体”。共保体实行“单独建账、独立核算、赢利共享、风险共担”，日常业务委托省人保公司经营，试点三年来取得了较好的效果。

（三）鼓励开展产品创新，保险品种增多

一是保险责任扩大。种植业方面，将广大农户反映强烈的旱灾和病虫害纳入保险责任。养殖业方面，承保所有动物疾病（疫病）、

自然灾害、意外事故和政府扑杀。浙江省在保险责任上，重点选择发生频率较高、影响较大的灾害，如台风、暴风暴雨等，保险责任覆盖了本省自然灾害的80%以上。二是保险险种增加。种植业以开展大宗粮油作物保险为重点，涵盖了水稻、玉米、小麦、棉花、大豆、花生、油菜等农作物，以地方特色经济发展为重点，开展了烟叶、橡胶、瓜果、糖料、林木、蔬菜等特色作物类保险。养殖业除在全国范围内开办能繁母猪和奶牛保险外，还在一些地方开办了生猪、家禽和渔业等保险。各地也从特色产业出发，积极开发保险品种，如湖北省探索开展了泥石流、柑橘等保险业务。浙江省在试点品种选择上坚持规定品种与自选品种相结合，为各地自主选择留有空间。三是积极开展涉农保险。以服务“三农”为重点，积极开展农民家庭财产、农民信用保证、农机、农房、农民养老、农民工意外伤害等涉农保险业务。2008年全国涉农保险保费收入24.4亿元，提供风险保障1.3万亿元，支付赔款19.2亿元。四是积极探索农业保险与农村金融相结合的新方式。湖北省发展农村小额贷款借款人意外伤害保险，保险公司与农村信用社联合推出农村小额信贷保证保险，对解决农户贷款难有一定帮助。

（四）加强监管和服务，促进农业保险规范经营

近年来，保监会不断加大监管力度，促进农业保险业规范经营。2008年组织开展了对试点地区的专项检查，严厉打击欺瞒、误导、少赔、惜赔、拖赔等损害投保农户利益的行为。湖北省保监局按照保险法要求，严格农业保险市场监督管理，对农业保险的承保、理赔、服务等环节跟踪监督，要求切实做到惠民政策、承保情况、理赔情况“三公开”，坚决防止坑农骗农事件的发生。浙江省在定损理赔上坚持基层组织与共保体联运。乡镇设立农险服务站，村设立代

办员，县建立农险定损专家组。灾情发生后，镇村专业代理人员先行查勘估损，共保体审核定损，有争议时，由专家组审议裁定。这样的运作模式体现了勘损快速、定损准确、争议较少、赔付及时的特点，受到了农民群众的欢迎。湖北省保险业还充分利用各种媒介，向农民宣传农业保险知识，与农村基层组织合作，聘请村组干部担任协保员、协办员，积极参与农业保险宣传工作，提高农民参保的积极性。

农业保险业的健康发展，对促进农业发展、农民增收发挥了重要作用。一是发挥了灾前预防功能，稳定了生产预期。据保监会提供的材料，2008 年，全国农业保险承保各类农作物 5.32 亿亩，其中粮、棉、油作物 4.05 亿亩，承保各类牲畜、家禽 4.7 亿头（羽），其中承保奶牛 174.1 万头，承保覆盖面超过 95%。新疆生产建设兵团的棉花、黑龙江垦区的水稻、上海市的种植业和养殖业基本实现了 100% 承保。农业保险规模的扩大，既增强了农民投入农业的信心，也促使保险公司积极参与农业防灾工作。二是发挥了灾后保障功能，支持了灾后重建和恢复。2008 年，全国参保农户达 9000 万户次，为农民提供了 2397 亿元风险保障。农业保险业全年向 1400 万户农民支付赔款 70 亿元（是同期农民自负保费 31 亿元的两倍多），在一定程度上缓解了“因灾致贫、因灾返贫”的状况。湖北省 2008 年农业保险共赔付 2.66 亿元，是农民所缴保费的 5.1 倍。2007 年 10 月，“罗莎”台风导致浙江全省水稻受淹 14 万亩，3244 户受灾农民共获赔付 3623 万元，平均每亩 300 元，基本上相当于正常年景的收益。这种建立在保险基础上的救灾模式，改变了过去主要依赖政府临时性救灾行为的做法，对于建立规范化、透明化的灾害应对机制，提高对灾害的应急能力，帮助农民及时恢复生产生活提供了有力的保障。

二、农业保险发展面临的困难和问题

近年来我国农业保险有了较快的发展，但由于起步晚、基础差，农业保险总体规模小，覆盖面窄，对农业和农村经济发展的保障作用没有得到充分发挥。农业保险业的发展壮大仍然面临着许多困难和问题。

（一）农民风险保障意识弱，收入水平低，影响参保率的提高

受自给自足的小农经济观念影响，以及对政府直接救济模式的长期依赖，我国农民的风险意识还比较淡薄。而农业的高风险性又决定了农业保险的保费较为昂贵，收入水平相对较低的农民承受力不足，大大影响农业保险参保率。

（二）农业保险经营机构少，业务人员专业知识不够，管理经验不足

我国农业保险公司数量少，网络不足，覆盖面小。专业性保险公司、互保协会等组织主要集中在发达地区，在农业大区发育缓慢。多数保险公司成立时间短，缺乏经营经验、专业人才不足、管理水平不高。有的公司内部组织制度不完善，风险管控薄弱。由于大多数农业保险经营机构是在国家农业保险政策支持下或政府部门的直接推动下组建的，市场意识和服务意识不强，开发新品种和技术创新的动力不足，保险业务的开展过多地依赖有关部门和地方政府的支持，甚至出现收取保费快、理赔难的现象。保险公司业务人员多数缺乏病虫害防治、农业灾害预防、农作物价值评估及定损等涉农知识。

（三）农业保险的配套法规不健全，支持政策不完善

农业法虽然明确了农业保险的政策性属性。但作为政策性保险，

由于没有配套规定，农业保险的定位、组织机构与运行方式、政策性业务与商业性业务的界定等都不明确、财政税收优惠政策不完善、力度较小。农业生产的自然属性，如大面积干旱、暴雨、台风等巨灾，造成的系统性风险远大于普通保险行业，但防范农业巨灾威胁的风险分散机制没有建立。现行的农业保险保费补贴政策要求地方财政提供配套资金，但农业大省（市、县）多数财政实力较弱，补贴资金到位难，影响了保费补贴政策的实施。我国现行法律法规和相关政策对农业保险提供的税收优惠政策有限，没有减免种植业、养殖业保险业务的所得税，对小型渔船和渔民的人身意外伤害等政策性农业保险项目也未涉及。

第五章　农产品期货市场建设情况*

近年来，我国农产品期货市场持续健康发展，市场规模不断扩大，市场功能逐步发挥。

一、农产品期货市场发展的基本情况

目前，我国农产品期货市场品种较多、成交较活跃、参与面较广泛，呈现出以下特点：

一是农产品期货品种齐全，市场规模大幅增加。我国的期货交易所有上海期货交易所、郑州商品交易所、大连商品交易所三家，均从事农产品期货交易。目前的期货品种覆盖农产品、金属、能源和化工等领域，而农产品是我国期货市场的主导产品。目前上市交易的 21 个期货品种中，有 11 个是农产品，分别是稻谷、小麦、玉米、棉花、白糖、大豆、豆粕、豆油、棕榈油、菜籽油和天然橡胶等，基本覆盖了主要农副产品。2008 年，农产品期货成交量 11.15 亿手，成交金额 49.9 万亿元，在期货市场的份额分别达 81.7% 和 69.4%。根据美国期货业协会（FIA）的统计，按照成交量计算，我国已成为全球最大的农产品期货市场，全球成交量最大的 10 个农产品期货合约中有 7 个来自我国，国际市场的影响力不断提高。

二是投资者信心不断增强，涉农企业参与面稳步提高。投资者

* 注：本章由钟政琦整理。

特别是涉农企业入市数量稳步增长，截至 2017 年 8 月月底，期货市场客户 82 万户，客户保证金 1012 亿元，同比分别增长 34% 和 115%。越来越多的涉农企业自觉运用期货市场的价格信息和套期保值功能，安排生产消费，规避价格风险，优化资产配置，提升市场竞争力。目前，国内大型粮食企业大都参与了期货交易，如中粮集团、吉粮集团、九三油脂参与粮油期货交易；中纺集团、中棉集团、新疆建设兵团等参与棉花期货交易。一些中小企业也开始有意识地通过积极参与农产品期货交易来管理价格风险，稳定经营收益，巩固订单农业模式。

三是法规制度建设不断增强，监管构架逐步完善。逐步健全了以《期货交易管理条例》为核心，以证监会部门规章和规范性文件为主体，以期货交易所、期货保证金监控中心和期货业协会的若干规则细则为补充，符合中国实际的期货市场法规制度体系。证监会进一步强化基础性制度建设和市场监管，陆续完成了期货保证金安全存管监控、以净资本为核心的期货公司风险监管、期货市场统一开户等期货市场基础制度，完善期货辖区监管责任制，构建起证监会全面监管、派出机构对辖区期货公司日常监管、期货交易所对市场一线监管、期货保证金监控中心对期货保证金每日稽查、行业协会自律管理的“五位一体”的监管体系。

四是加强创新实践，服务“三农”的广度和深度不断拓展。在有关部委和地方政府的大力支持下，证监会指导和督促期货交易所、期货公司引导广大农民和涉农企业利用期货市场，不断拓展农产品期货市场服务“三农”的广度和深度。郑州商品交易所在稻谷、小麦、棉花、菜籽油、白糖主产区积极推广订单农业模式，通过公司、协会、合作社等帮助农民利用期货市场。大连商品交易所开展“千村万户市场服务工程”，免费培训农民，送信息下乡，探索期货订单试验，累计培训东北三省和内蒙古大部分县区的5万余名农民；在黑龙江省望奎县、吉林省四平市等地，探索“公司+农户（或农民专业合作社）、期货+订单”的粮食经营模式试点，取得初步成效。

二、农产品期货市场服务“三农”存在的主要问题

农产品期货市场具有发现价格和套期保值两大功能，已经成为现代农业生产和贸易中不可或缺的组成部分。一方面，期货价格通过充分竞争形成，具有前瞻性、透明性和权威性，已经成为国家贸易定价的基准价格。利用期货价格，可以提高生产、经营和宏观调控的科学性，合理调整种植结构。另一方面，套期保值交易可以帮助农民提前在期货市场上将粮食卖出，锁定销售价格，保证当期收益。涉农企业利用期货市场控制采购和销售环节的价格风险，可以促进订单农业的发展，帮助涉农企业做大做强，并能够帮助农民和涉农企业有效降低信用风险，有力促进涉农信贷的发展。在美国，农产品期货市场在整个农产品生产、流通和消费过程中都发挥着重要作用，参与期货套期保值已经成为银行发放涉农贷款的重要前提。另外，农产品期货交易对于推动农业生产标准化，促进农民专业合作社发展也具有积极作用。

与国外成熟农产品期货市场相比，我国广大农民和涉农企业对期货市场利用率比较低，总体还处于初级阶段。我国只有不足1%的农民有意识地了解和掌握农产品期货价格走势，直接或者间接参与期货市场的比例更低。制约农产品期货市场服务“三农”的主要因素包括：一是农民缺乏对期货市场的认识，不了解更不能自觉利用期货市场价格发现和套期保值的功能，参与期货市场较被动。二是农村信息服务体系不完善，服务质量和手段十分有限，成本较高，难以满足农民和涉农企业的需要。三是农民利用期货市场缺乏必要

的载体，农民专业合作社是连接农民和期货市场的桥梁，但受种种因素影响，合作社在参与期货市场方面还相对滞后。四是涉农信贷投放力度不足，广大农民和涉农企业自有资金匮乏，面临的资金瓶颈较为明显，信贷资金进入期货市场仍然存在一定的限制。五是农产品期货市场有待于进一步完善，主要表现在投资者结构不合理，机构投资者比重较低，缺乏期权等易于操作的交易机制。

三、进一步推动农产品期货市场发展的建议

党的十七届三中全会提出要“加强农产品期货市场建设”。农产品期货市场是完善农产品价格形成机制、规避农产品价格风险较为有效的工具，加强农产品期货市场建设，发挥其价格发现和套期保值功能不仅依赖农产品期货市场本身，更需要解决好制约农民和涉农企业利用期货市场的体制性、机制性问题。鉴于期货市场服务“三农”工作是一个涉及面广、政策性强的系统工程，涉及证监会、发改委、商务部、农业部、银监会等多个部门，也需要有关地方政府的大力支持，因此政府的大力推动是重要前提。建议在国家层面建立协调机制，有关部门充分发挥各自优势，加强协同配合，相互支持，共同推进农产品期货市场的发展。

一是继续推动农产品现货市场发展。特别是进一步加强涉农信息体系建设，完善农产品流通体制，改进农业补贴政策等。二是支持农民专业合作社的发展。发挥其联结农民与涉农企业、期货市场的桥梁和纽带作用，积极探索引导农民通过合作社间接参与期货市场进行套期保值的运作模式。三是进一步加大涉农信贷的支持力度。消除信贷资金参与期货市场的制约性因素，为农民和涉农企业通过期货市场进行套期保值提供资金保障。四是开展农产品期货风险管理教育和培训项目。积极普及农产品期货市场知识，介绍农产品期

货市场的功能和作用，教授农民参与农产品期货市场进行套期保值的方式和技巧。五是继续发展农产品期货市场。对现有农产品期货合约和规则进行修订和完善，着力培育和发展机构投资者，研究其他涉农大宗商品开展期货交易的可行性，并探索农产品期权。进一步加强监管防范风险，保障农产品期货市场的平稳运行。

第六章　进一步加强农村金融制度改革和服务的建议*

按照党的十七届三中全会确定的“创新农村金融体制，放宽农村金融准入政策，加快建立商业性金融、合作性金融、政策性金融相结合，资本充足、功能健全、服务完善、运行安全的农村金融体系”的要求，就进一步深化农村金融制度改革，提高农村金融服务水平提出如下建议：

一、积极推进农村金融组织主体创新，构建有序竞争的农村金融组织体系

提供满足“三农”基本需求的金融服务，缩小城乡金融服务差距，必须下气力激活农村金融市场，形成有序竞争的格局。要围绕农村全面建设小康社会和建设社会主义新农村的目标，适应农村经济体数量多、规模小、分布散，其融资需求笔数多、数额小、期限短、需求急，且普遍缺少抵押物的特点，坚持多层次、广覆盖、低门槛、保供给、可持续的原则，积极推进农村金融组织主体创新，发展多种形式的农村金融机构，在严格监管的前提下鼓励有序竞争。

（一）鼓励和引导国有商业银行、股份制商业银行积极发展涉农信贷业务。“三农”是党和国家全部工作的重中之重，事关国民经济

* 注：本章由赵鲲整理。

健康发展和社会稳定，事关全面建设小康社会目标的实现。服务“三农”，破解农村金融服务瓶颈，是农村金融改革的出发点和落脚点，是所有金融机构应尽的社会责任。按照党的十七届三中全会关于“县域内银行业金融机构新吸收的存款，主要用于当地发放贷款”的要求，尽快出台金融机构支农服务评价考核及激励约束制度，明确其发放“三农”贷款的比例，确保县域银行业金融机构新增存款主要用于涉农信贷业务。引导并鼓励商业银行参照农业银行建立“三农金融事业部”的做法，建立涉农服务专营机构，通过创新信贷管理模式，集中监管涉农信贷，下沉经营重心，提高县域信贷资金运用水平。农业银行曾经为我国农业和农村经济发展做出过重要贡献，在股份制改革后，仍要坚持面向“三农”的总体定位不动摇，处理好商业化运作与支持“三农”、经济效益与社会责任的关系，要稳定和发展农村服务网络，发挥大型商业性金融机构在服务“三农”方面的骨干及示范作用。要把涉农贷款是否随农业与农村经济的发展而增长，作为评估农业银行股份制改革成效的重要标准。邮政储蓄银行已成立各级分支机构 1.9 万家，在 3.6 万个邮政储蓄网点中，有 2.6 万个位于县及县以下，是延伸农村金融服务最后一公里的金融机构，应发挥其点多面广的优势，拓宽资金回流农村的渠道。银行监管部门应大力支持邮储银行开展小额信贷业务，并在监管指标等方面提出明确要求，引导邮储银行将小额信贷办成“政府欢迎，农民受益”的民心工程。

（二）深化农村合作金融机构管理体制、机制改革。国内外的实践证明，发展农村合作金融机构，是缓解农村金融供给短缺的重要途径之一。2009 年 6 月月底，我国农村合作金融机构涉农贷款余额 29390 亿元，占全部金融机构涉农贷款的 35%，位居全部金融机构之首。要坚持服务“三农”不动摇的宗旨，继续深化农村信用社改革，重点在管理体制、产权制度和法人治理结构改革上下功夫。要重点解决一些农村合作金融机构法人治理有效性不足，内部管理能力薄弱，潜在风险隐患较大的问题。通过增发票据、资产置换、定向剥离、集中清收等方式，支持农村信用社进一步消化历史包袱。逐步扩大农村信用社办理对公存款业务，条件具备的信用社，应允许其办理存放财政、住房公积金、社会保障等资金的业务。农村资金互助社是名副其实的农村合作金融组织，能在一定程度上满足农民小额贷款和应急需求，现在经银监会批准的资金互助社只有 11 家，发展十分缓慢。要加强政策引导和服务监管，积极支持农村资金互助社发展，帮助解决遇到的问题。允许农村资金互助社从金融机构融入资金，使之成为大中型金融机构延伸服务的“毛细血管”。积极落实《中国银行业监督管理委员会、农业部关于做好农民专业合作社金融服务工作的意见》，尽快出台鼓励有条件的农民专业合作社开展信用合作的具体办法。

（三）支持政策性银行不断拓展涉农业务。引导农业发展银行进一步拓宽涉农政策性业务范围，在切实做好粮棉油收购融资的基础上，承担起农村长期、微利甚至无收益项目的政策性信贷业务，重点满足农业综合开发和农村基础设施建设的中长期信贷需求。研究建立农业发展银行正常的资本金补充机制，对农业发展银行粮棉油收购信贷资金的合理要求，必要时中央银行应给予再贷款支持。根据农业发展银行业务发展实际情况，对政策性业务和商业性业务实行单独核算，分别考核，对政策性农业信贷业务实行优惠的税收政策和扶持性的货币政策。

（四）加快村镇银行、贷款公司等新型农村金融机构的培育。截至 2008 年年底，全国农村地区只有一家金融机构的乡镇有 8000 多个，没有任何金融机构或网点的乡镇有 2000 多个，有 1400 多个乡镇还是金融服务的空白点。村镇银行、贷款公司的设立，弥补了农村金融市场的空白，对农村金融市场产生了激活效应，但新型农村金融机构发展数量还较少，到2009年6月月底，经批准设立的村镇银行、贷款公司只有107家。要鼓励大型国有商业银行和股份制商业银行在县域增设分支机构，支持其出资设立村镇银行和贷款公司，发挥资金、技术、管理、人才、网络、信息等优势。加快研究鼓励民间资本参与发起设立村镇银行、贷款公司等股份制金融机构的办法。力争用2到3年时间，基本实现全国每县至少有1家新型农村金融机构。在新型农村金融机构布局上，应向国家扶贫开发工作重点县倾斜，向粮棉油主产区倾斜，向中西部地区倾斜，实现县（市）及乡镇金融服务全覆盖。适当降低小额贷款公司转制为村镇银行的门槛，对经营时间长、业绩良好的小额贷款公司，允许其转制时不以银行机构控股为必要条件。对新型农村金融机构要加强监管，落实其服务“三农”的市场定位，建立规范的资金投放考核机制，防止出现离农倾向。对投放“三农”资金达不到监管要求的，应限期整改乃至取消其从业资格。

（五）把规范和引导民间借贷健康发展提上日程。在我国农村正规金融服务存在较大缺口的情况下，大量发生民间借贷行为在所难免，应正视其存在并加强规范和引导。有的可通过引导其组建小额贷款公司等方式使其逐步规范化，以防范和降低风险。如果对其视而不见，听之任之，既会对正规的农村金融市场带来冲击，也会形成社会不稳定因素。

二、统筹推进农村金融服务产品创新，不断提升农村金融服务水平

近年来，针对“三农”不断增长的服务需求，发展小额信用贷

款、联保贷款、农村小企业贷款等适合农村特点的金融产品，取得了较为明显的成效，受到广大农民的欢迎。但由于我国农村地区信用基础设施短缺，征信体系建设滞后，金融网点服务功能不强等原因，大量的农民贷款需求难以满足。要适应农村经济发展水平较低、农村金融需求多样化、农村金融服务点多面广的特点，围绕金融服务满意度、便利度和贷款可得性，继续创新农村金融服务机制，创新农村金融服务产品，并推动创新工作由点到面扩展。

在金融产品上，全面巩固发展农户小额信用贷款和农户联保贷款，把这两个产品设计理念和机制推广到农村中小企业、农民专业合作社和其他农村信贷领域。全面推广低成本、可复制、易推广的农村金融产品，加快将保险、代理、租赁、保管、担保、个人理财、信息咨询、银行卡等新的产品服务全面覆盖到农村。鼓励各类银行业金融机构开展业务合作，积极开办银（社）团贷款和代理业务，探索担保、农业保险和农产品期货等农村金融业务合作机制，使各方在竞争中成长，在合作中壮大。引导树立“以客户为中心”的经营理念，改进授权机制，在风险可控的前提下，简化贷款手续，建立“绿色通道”，倡导建立涉农金融业务产品、流程、价格“三公开”制度。加快农村征信体系建设，改善县域信用环境，引导金融机构将农户信用档案与信用评价结果引入贷款审核与管理过程，增加对农户的信用贷款。

三、加强农村信贷担保体系建设，推动解决农村金融服务担保抵押物不足的问题

为解决“三农”信贷抵押担保难和建立风险分散转移机制问题，近年来，一些地方探索开展林权抵押、动产及权利质押，试行“行业协会＋联保基金＋银行”“合作社＋农户”“龙头企业＋担保公司

+银行+农户”等贷款担保模式，应认真总结，完善财产抵（质）押制度和贷款抵（质）押物认定办法，缓解涉农贷款抵（质）押物不足的矛盾。

（一）大力发展农业担保。农业担保的资金放大效应明显，有的地方可以达到1:15乃至更高，有效撬动了大量信贷资金回流农村。政府要加大对农村信贷担保体系建设的支持力度，鼓励政府出资的各类信用担保机构积极拓展符合农村特点的担保业务。有条件的地方，可以由政府牵头出资，农民和农村企业参股，建立专业化信贷担保机构，采取市场化运作方式，主要服务于“三农”。探索建立财政主导的农村信贷担保风险补偿基金，通过市场化运作、规范化操作和风险控制，确保担保公司的资本运行安全。鼓励农民专业合作社运用联保、担保基金和风险保证金等方式为成员贷款提供担保，鼓励担保公司、农业产业化龙头企业为农民专业合作社提供担保服务。对开展涉农信贷担保业务的机构，应在免征营业税、准备金提取和代偿损失税前扣除等方面给予优惠政策。

（二）努力扩大农村地区不动产、动产、权利抵（质）押的范围。要探索将农户和农村中小企业产权归属清晰的林权、渔权、货物、农用生产设备、仓单、订单、应收账款等抵（质）押的有效途径，研究解决好质物转移占有、价值评估和风险控制等问题。政府应支持多品种、多方式的抵押担保业务创新。

（三）加强对土地承包经营权和农房抵押试验的跟踪评估。对少数地方进行的土地承包经营权抵押试验，要加强跟踪评估。试点的原则是，既要坚持农村基本经营制度，坚持土地集体所有、农户使用，防止农户失去土地资源和生活来源，又要体现土地承包经营权的物权属性，体现土地承包经营权的流转价值。

当前，有些农民因继承等原因在农村拥有多处住房，有些农民在城市有了稳定的生活来源并购房长期居住，使其在农村的住房闲置。应跟踪评估浙江省温州市的做法，允许部分地区在履行报批程序后开展富余农房抵押试验，探索既实现农房价值，又避免农民居无定所的路子。

四、大力扶持农业保险业，实现农业保险与农村金融的良性互动

近年来，国家不断加大对农业保险的支持力度，我国农业保险有了较快发展，但由于起步晚、基础差，农业保险总体上仍然是规模小，覆盖面窄，其分散农村金融风险和促进农村经济发展的保障作用没有得到充分发挥。应建立农业保险的政策协调机制，由保监会、发改、财政、税收、农业、林业、气象、防灾减灾等多部门参加，协调制定和实施农业保险与农业补贴、农业救济相结合的政策措施，充分发挥政策合力。

（一）加快推进农村保险体系建设。研究建立强制性农业保险制度，通过政策性保险的引导作用，提高参保率，加快农业保险推广。研究建立中央财政支持下的农业保险、再保险和巨灾风险分散机制。参照北京、浙江等地对农业保险实行赔付封顶的政策，明确风险分层安排，由国家确定保险机构承担的最高赔偿比例，在最高赔偿比例之下的风险，由保险公司通过分保、共保、购买再保险等市场化手段化解；超过最高赔偿比例部分，由中央和地方财政共同负担。鼓励地方先探索建立适合本地实际的农业大灾风险分散机制，中央财政可给予适当的政策倾斜。

（二）探索建立农村信贷与农业保险相结合的银保互动机制。农业保险的开展有助于提高农民抵御风险的能力，也可以降低银行的贷款风险，使农民更容易获得信贷支持。建议借鉴国外的有益经验，

鼓励和引导申请贷款的农户参加保险。可考虑由政府给予保费补贴或银行降低贷款利率的方式，也可采取银行作为农业保险的代理人，贷款农户的赔款由贷款机构来支付等多种形式。研究允许省级农村信用社组建担保公司和保险公司，专门负责本系统内农户和中小企业贷款的担保和保险业务，实现农村信用社系统的风险自我消化和互助协调发展。

（三）加强对农业保险的财政和税收支持。对农业保险业务，在免征营业税的同时，也应给予所得税优惠。继续扩大政策性农业保险补贴品种和补贴区域，逐步提高保额补助标准，加大对中西部农业大省（区）中央财政补贴比例，逐步取消中西部地区县级财政配套补贴要求。

五、进一步完善金融支农政策体系

金融支农工作涉及部门较多，应完善金融支农政策体系，使财政、税收、货币政策配套协调，并与监管政策有机结合，引导金融机构发展涉农信贷业务。

（一）建立以财政、税收、货币和监管政策为主要内容的长期化、制度化的农村金融支农政策体系。明确制定和落实金融支农政策的牵头部门，系统设计、统筹规划，加强各部门之间的协调，增强政策实施效果。组织研究科学界定涉农贷款范围，防止与“三农”无关的贷款项目计入涉农贷款，逐步实现按涉农贷款业务量确定财政、税收、货币等支持幅度。

（二）加大财政支持力度，鼓励开展涉农信贷业务。在落实现有财政奖补政策的基础上，扩大县域金融机构涉农贷款增量奖励范围，提高奖励标准。对金融机构发放的高风险低收益涉农贷款，按贷款发放规模给予风险补贴。对促进农业发展和带动农民增收效果明显的农村企业或组织，如农民专业合作社，研究通过涉农贷款贴息等政策，支持和引导金融机构加大资金支持力度。

（三）不断完善税收优惠政策。研究制定针对涉农信贷业务的税收优惠政策，引导金融机构提高涉农业务比例。研究解决农村信用社、农村资金互助社税收优惠政策的长期化问题，明确将村镇银行、贷款公司等新型农村金融机构的涉农贷款业务纳入营业税和所得税优惠范围。参照对农村信用社发放小额贷款实行减免营业税的做法，对邮政储蓄银行在县域内开展的小额贷款业务给予同等优惠。

（四）发挥货币政策的结构性调节作用。完善差别准备金率制度，探索根据金融机构涉农贷款占全部贷款的比重，设定并动态执行差别准备金率，鼓励发展涉农信贷业务。在充分竞争的基础上，适时推进农村利率市场化改革，允许农村金融机构按照客户的信用评级合理进行风险定价，有效覆盖经营成本和信贷风险。放宽农村信贷规模限制，稳步提高支农再贷款额度和使用面，确定合理的再贷款利率，延长再贷款使用期限。

（五）发挥监管政策的导向作用。对涉农信贷业务实施差别监管，适当放宽农村信贷风险容忍度和问责制，调动金融机构和人员的支农积极性。根据农村金融业务特点，适当调整涉农贷款的不良认定标准，并放宽对农户贷款的展期要求。在稳定现有政策的基础上，将减免农村金融机构监管费用长期化和制度化。继续稳步放宽农村金融准入政策，适度提高兼并重组高风险农村金融机构的持股比例限制。强化对农村金融机构的监督管理，切实防范系统性金融风险。

六、加快农村金融法制建设，依法推进农村金融改革和服务

在市场经济体制下，农村金融的发展需要法律的规范和保护。

从一些国家的经验看，为促进农村金融服务的健康发展，都制定了相关的法律法规，如美国的《农业信贷法》《农业信用法》，日本的《农业协同组合法》《农林中央金库法》，德国的《合作银行法》，法国的《土地银行法》等。我国目前对农村金融服务的管理，还主要依靠政策文件及部门规章。抓紧制定农村金融方面的法律法规，将中央的政策转化为法律规定，是促进农村金融健康发展的必然选择。

通过修改《商业银行法》或《银行业监督管理法》，明确规定银行业金融机构将县域内新吸收的存款主要用于当地发放贷款的要求。出台农业信贷促进条例，将财政、税收、货币支持政策系统化、规范化，明确各类新型农村金融机构的准入门槛及监管要求，鼓励各类金融机构积极开展涉农信贷业务。出台农业保险条例，对农业保险的性质、经营目标、业务范围、保障水平、经营主体、政府扶持、资金来源与使用等进行规范，依法支持和促进农业保险业的健康发展。制定中国农业发展银行条例，明确规定其性质、宗旨、业务范围、经营机制、管理体制、外部监管、扶持政策等，使农业发展银行依法经营，在发展农业政策性信贷业务方面发挥更大作用。积极开展农村土地、农房、农业生产设备、农产品等财产抵（质）押担保方面的法律问题研究，适时修改《贷款通则》，扩大农村地区的担保品范围。

农村金融立法专题研究

（2015年3月）

2014年6月，全国人大农业与农村委员会成立了“农村金融立法”专题调研组，对农村金融立法的必要性和可行性进行再研究，对立法有关重点问题进行深入评估论证，于2015年3月形成了专题研究报告。本研究由农业与农村委员会副主任委员刘振伟、唐双宁主持，十二届全国人大常委会副委员长吉炳轩、张宝文，十二届全国人大农业与农村委员会主任委员陈建国对调研工作给予大力支持和指导。

第一章　农村金融立法的必要性*

立足服务农业、农村、农民的农村金融是国家金融体系的重要组成部分。自20世纪90年代实行农村金融体制改革以来，我国农村金融机构和组织体系不断完善，涉农金融产品不断创新，金融支农服务水平显著提高，在推动农业发展、新农村建设、农民增收方面发挥了重要作用。但农村金融仍是我国金融体系的薄弱环节，当前农村金融服务的整体水平与实现“四化同步”、统筹城乡发展的现实需要相比还存在较大差距，农村金融市场发展相对滞后、农村金融服务不健全等问题依然存在，已明显制约了农村城镇化建设和城乡一体化发展。

当前，我国改革进入攻坚期和深水区，深化农村改革的任务十分复杂和艰巨。推进体制机制创新，及时把深化农村改革、推进城乡一体化发展的成熟经验上升为法律，巩固改革成果，及时把推进农村改革过程中的改革决策与立法决策结合起来，发挥立法的引领和规范作用，加强制度建设，特别是法律制度建设，是保障改革顺利进行的重要途径和手段。认真总结农村金融改革成果，积极借鉴国外有益实践和立法经验，加快构建完善、有效的多层次农村金融体系，规范并完善各项促进农村金融健康发展的体制机制，加强农村金融立法是实现促进农村金融事业发展进步和新形势下满足“三农”发展需求的客观要求。

---

* 注：本章由门炜整理。

一、农村金融对建设现代农业，推动城乡一体化发挥着重要作用

金融是市场经济的核心，在一定程度上决定着经济建设、文化建设、社会建设、生态文明建设的成败。金融对于现代社会发展在一定程度上起着决定性作用。现代社会中的各项社会活动都离不开金融。经济是基础，经济基础决定上层建筑，而金融是经济基础的血脉，没有金融的输入和贯通，经济基础是建立不起来的，或者是不牢固的。

我国是传统农业国，“三农”问题在工业化、城镇化过程中是经济社会发展的基础性、关键性问题。历史形成的长期、落后的农村经济社会发展条件，使得我国现阶段的农业还是质弱体虚的产业，农民还是困难势弱的群体，农村还是相对落后困苦的地区。处在转型期的农村改革面临着更复杂的环境，困难和挑战增多，人多地少水缺的矛盾加剧，农产品需求总量快速增长、消费结构不断升级，农业对外依存度明显提高，保障重要农产品有效供给和国家粮食安全任务繁重，农村劳动力流动量大且频繁，农户兼业化、农村空心化、人口老龄化趋势明显。解决这些问题不仅是农业农村经济社会发展所面临的阶段性发展任务，也是我国经济社会发展过程中的一项重要任务。

从世界各国经济社会发展进程来看，不论一个国家市场经济发展程度如何，农业发展水平高低，农业始终是国民经济的基础部门，农业在市场竞争中始终处于不利的弱势地位，这是由其产业特点和特性决定的，农业的这一地位并未随着经济的不断发展而改变。现阶段，国民经济与“三农”的关联日益强化，农业与其他产业部门，农村与社会其他领域的联系日益紧密。我国农业农村发展过程中普

遍存在着农业资源要素流失加快，城乡要素交换失衡，公共资源配置有待进一步完善，城乡二元结构还没有发生根本改变等问题，深化农村改革任重道远。这些问题的解决以及现代农业、城乡一体化的发展都对资金有着强烈的需求，而且对资金的需求无论是在总量上还是在精细程度上的要求都有明显的提高，农业经营方式创新、农业综合生产能力提升、农业社会化服务发展、农业发展方式转变以及新型城镇化发展等，都需要金融的重点扶持，都需要大量资金作保障。可以说，农村金融对建设现代农业、推动城乡一体化密切相关，发挥着十分重要的作用。

二、新形势下农村金融改革需要进一步向纵深推进

经济发展，特别是现代经济发展离不开金融支持。金融服务于社会生产各部门，对其他产业的支持和促进作用明显，金融的投向直接决定着产业和经济的发展方向。实践表明，金融支持哪个产业，哪个产业就能获得较快发展。“三农”工作也不例外，金融的保障和拉动作用在农业农村经济社会发展过程的不同阶段均得到了充分体现。

受城乡发展二元结构影响，我国金融发展程度和金融服务提供也呈现二元化特征，城市金融体系比较健全和完善，国有商业银行、股份制银行网点和分支机构遍布城区，存贷相对便利快捷，而农村金融机构少、网点少，贷款难、贷款贵问题突出，严重影响农村的“造血”功能。同时，农村资金大量流入城市，金融资源逆向流动，金融机构成为农村资金的“抽水机”，更扩大了“三农”发展的资金缺口。总体来看，我国农村金融的基础脆弱，还处于发展的初期阶段，农村金融市场发展不健全，农村金融资源占用率低、配置效率低。金融对农业农村发展的支持仍显乏力，加剧了农业产业的弱

质性和农村地区发展的滞后性。

促进和规范农村金融长效发展机制的制度缺失，在一定程度上已经成为影响城乡一体化发展的制约因素，与农村改革发展的需要、与“三农”的需求都是不相适应的。农村金融不同于城市金融，面对的是分散的小规模农户和大量的农村中小企业。当前农业农村经济发展的新形势对农村金融的发展提出了新要求，农村金融必须在改革的基础上进一步发展。推进城镇化和城乡一体化发展，既需要依靠政府和市场的双重拉动，更需要金融支持，特别是政府调节下以市场为导向的金融支持。

党的十八届三中全会就推进金融改革做出了重要部署，提出了健全多层次资本市场体系、多渠道推动股权融资、发展普惠金融等要求。普惠金融不是政府扶贫，不同于政策性金融，也不是普遍服务，而是金融机构在遵循商业可持续原则下承担的社会责任。改善农村金融服务应当在进一步扩展融资渠道、丰富金融产品和开拓金融市场的基础上，加快建立普惠型农村金融体系，有效、全方位地为广大农民提供价格合理、便捷安全的金融服务。通过建立和完善普惠型金融体系，为农村基础设施建设、农村城镇化建设提供持续、稳定、有效的资金支持，积极建立透明规范的城镇建设投融资机制，吸引更多的资本参与城镇化建设。这都是城乡一体化发展过程中对农村金融改革提出的新要求，涉及农村金融体系的发展和完善，需要将农村金融改革进一步向纵深推进，实现农村金融改革发展的新常态。

三、农村金融立法是加强农业农村支持保护的重要内容

改革开放以来，我国的农业支持保护政策不断完善，支农惠农力度不断加大，国家取消了农业税，结束了两千多年来农民种粮交

税的历史，还对农民种粮实行直接补贴、良种补贴、农机具购置补贴等，深受广大农民拥护。从总体上看，农村改革实现了阶段性突破，统筹城乡发展迈出了实质性步伐，迎来了农业发展形势好、农村面貌变化大、农民得到实惠多的发展阶段。

金融改革作为加强农业农村支持保护的重要措施，随着改革开放的逐步深入，也取得了显著成效。目前，金融机构网点已覆盖了全部县（市）和绝大多数乡镇，金融服务已覆盖全部乡镇。涉农贷款保持较快增长，截至2013年年底，我国银行业金融机构涉农贷款余额20.88万亿元，占全部贷款余额的29%；主要农作物农业保险承保面积11亿亩，占农作物播种面积的42%；承保森林面积19亿亩，占森林面积的59%。2007年以来，近50家涉农企业在主板和创业板上市，累计融资490多亿元；农产品期货品种达到15个，占现有商品期货品种总数的近一半。涉农贷款增速高于各项贷款平均增速，涉农贷款余额逐年增长。有关部门采取多种措施推进农村金融产品和服务方式创新，认真指导、积极支持农村金融改革发展；金融机构积极探索服务“三农”、支持“三农”的金融产品和服务模式，农业银行、农业发展银行、农村信用社、邮储银行等积极发挥农村金融骨干作用，持续加大“三农”信贷投放，在满足“三农”发展和城乡一体化的资金需求方面，发挥了重要作用。

虽然农村金融改革有了很大进展，农村金融发展取得了明显成绩，但农村发展滞后、农业综合生产能力提高较慢、城乡居民收入差距较大等问题仍然是客观存在。农业要发展、农村要改变、农民要富裕仍然是紧迫任务，但鉴于资金的趋利性，不会主动关注“三农”。农业发展、农村建设需要大量资金支持，而农民资金缺乏、贷款难、融资担保难、金融风险大，是现阶段农业农村经济发展中长期面临的问题。当前农村金融服务整体水平与实现“四化同步”、统筹城乡发展的现实需要相比还存在很大差距。随着城乡统筹发展、农业现代化和城镇化的快速推进，“三农”的资金需求会进一步加大，农村金融的供需矛盾会更加突出，农村金融发展的城乡不平衡、区域不平衡、农业产业链上下游不平衡现象可能会进一步加剧。

现代农业发展的特点是高投入、高成本、快发展，以及伴随存在的高风险，市场在农业生产中的决定性作用已经凸现出来。资本的逐利性决定了资金总是流向收益高的地方，而农村金融服务的成本高、风险大、周期长、收益低，导致资金天然地具有离农倾向，在这种情况下仅仅强调金融的市场调节会导致农村资金的非农化，单纯依靠金融机构的自发行为难以实现农村金融发展目标，需要市场以外的调节手段确保对农业农村支持保护目标的实现。

由于我们发展的底子薄、基础差、负担重，我国农业农村的支持保护体系与一些发达的市场经济国家相比，甚至与一些发展中国家相比，存在着体制机制不完善，支持保护措施不稳定，支持保护水平还比较低等突出问题。要实现农村金融改革的深入、可持续发展，加强农村金融对农业农村发展的支持保护水平，应当在现有政策措施基础上进一步拓展。

四、农村金融立法是破解农村金融改革难题的重要举措

农村金融关系着农业的可持续发展和现代农业建设。农业农村发展的产业特征和阶段性任务对金融的规模化、专业化提出了更高的要求。要实现普惠金融，吸引资金投入并服务“三农”，单纯依靠市场是不行的，必须借助市场以外的力量。

党中央一直十分重视金融在“三农”中的作用，将农村金融制度建设作为农村改革发展制度建设的一项重要内容，制定了一系列政策措施提升农村金融的发展水平，为促进农村经济发展提供更好

的保障。近年来的中央一号文件，连续就农村金融问题做出规定、提出要求。2007 年全国金融工作会议后，国务院明确把推进农村金融改革发展作为金融工作的重点，出台了一系列政策措施。农村金融得到较快发展，覆盖面不断扩大，服务水平不断提高。与此同时还积极开展了实践探索，在吴邦国同志关心和重视下，广西田东县、安徽金寨县等地探索开展农村金融改革试点，积累了宝贵经验。这两个县目前都成为农村金融改革试验区。但达到田东、金寨的农村金融服务水平的地方，在全国还为数不多。

从目前规范和促进农村金融发展的措施类型来看，现阶段的改革实践主要依靠政策性文件和部门规章。有关部门制定了不少促进农村金融发展的具体措施，为农村金融发展创造了良好的政策环境。但这些政策措施层级低，权威性不够。一些地方在实践中摸索出来的好做法好经验，也没有得到法律的认可，发展的不确定性增大。同时，政策措施受到自身特性的制约，缺乏稳定性和执行的强制力保障，与其他相关法律法规对接存在缺口。因此，有必要从法律层面规范、协调、稳定现行农村金融政策，促进和保障政策效能的充分发挥。

现阶段的农村金融发展政策措施在一定程度上促进了农村金融的发展，也解决了一些发展问题。但长期来看，主要依靠政策性文件和部门规章对农村金融服务进行规范，难以形成推动农村金融长效发展协调有力的机制，客观上造成一些农村金融政策不稳定，不利于形成农村金融发展的良好制度环境。农村金融的发展是一个系统工程，涉及财政、税收、银行、信贷、保险等多个领域，资源需要整合，措施需要协调，特别是需要财政政策、税收政策与金融政策的结合，需要通过金融政策调动社会资本的投资积极性，不是简单依靠某个特定的部门就能实现的。因此，需要通过立法加以引导，通过法律的强制力，引导、支持和保障农村金融健康发展，如果没有法律约束和政策激励，金融服务不会自动惠及农民等弱势群体。同时，单纯依靠规章对农村金融进行调整，与立法法关于金融基本制度必须采取法律形式加以规范的规定也是不相符的。

农村金融立法立足于进一步加强对农业农村发展的支持保护，在稳定完善现行有效政策基础上，认真总结实践经验，着力构建“三农”投入稳定增长的长效机制并将其法制化，引导和支持农村金融发展。这一举措为解决农村金融的特殊性所带来的问题提供了新途径。通过立法，将实践检验行之有效的农村金融政策转化为法律规定，明确不同金融机构的定位和支农责任，有利于完善农村金融体制机制，促进农村金融服务改革创新。农村金融立法不是闭门造车，也不是单纯的理论研究，而是立足于农业农村现实和农民需求，在市场经济规则下，遵循金融基本规律，为农村金融创造利于发展的制度空间，进而为发展农业、繁荣农村、富裕农民提供金融服务和保障。受调节手段个体特性的影响，许多问题只有通过立法才能得到根本解决。将成功、成熟的政策措施和实践经验上升到法律层面，给予认可和肯定，发挥法律的权威性、长期性和稳定性优势，使得金融机构的行为有法可依，农民的金融需求满足于法有据，利于更好的规范农村金融活动。

五、国外的实践经验证明立法有利于农村金融健康发展

随着中国特色社会主义法律体系的形成，我国已经建立起以农业法为基础，以不同领域专门农业法律为主干，以有关法律中涉农条款为补充，辅之以行政法规和地方性法规，多层次、全方位的农业法律制度。全国人大常委会制定的现行有效农业法律 25 部，国务院制定涉农行政法规 76 部，各地还制定了 1300 多部农业地方性法

规，农业法律法规体系已经基本健全。但是，农村金融立法还相对滞后，目前只有农业法、农民专业合作社法等相关法律的个别条款对农村金融作了原则规定，与“三农”发展的金融需求相比严重不足，而且既滞后于农业法律、金融法律的发展，也滞后于农村金融发展的实践。

通过立法对农业给予支持和保护，是各国的普遍做法。许多国家在发展市场经济的过程中都对农业提供强有力的支持，并且采取有别于城市金融的政策措施和法律制度，促进农村金融的发展。美国、德国、法国、日本、澳大利亚、印度、孟加拉等国都分别采取不同的形式就农村金融问题立法，解决不同发展阶段的农村金融服务问题。

由于各国农业生产条件和发展程度不同，经济发展模式和发展水平的差异，历史传统和文化背景的区别，各国农村金融法律制度并没有统一的模式。但由于农业生产自身特性，以及农业在国民经济中作用的共性，使得农村金融法律制度在差异化国情中也表现出共有的属性。各国农村金融法律制度紧紧围绕农业和农村发展进行制度设计，目标是为农业和农村提供充裕的资金支持和安全的金融环境，降低自然风险和市场风险，保证农业实现市场化、商品化、产业化和现代化的顺利进行，保证农民不断增收，与其他行业保持合理收入差距，甚至高于其他行业收入。由于农业和农村经济的先天不足，各国农村金融法律制度普遍是立法机关和政府主动参与、不断完善的结果，是遵循市场经济规律和政府宏观调控二者的有机结合。立法机关和政府通过税收调节、财政贴息、利率调整、提供担保等方式，通过行业规划、信息披露、建立规范、监管市场等手段，实现各类金融组织的共存共赢，支持农业发展和农村繁荣。

第二章　商业性金融服务"三农"的责任*

加大商业性金融支农力度是推动农村金融改革的重要举措。2014年中央一号文件对于商业性金融机构服务"三农"作出了明确部署，要求"稳定大中型商业银行的县域网点，扩展乡镇服务网络，根据自身业务结构和特点，建立适应'三农'需要的专门机构和独立运营机制。强化商业金融对'三农'和县域小微企业的服务能力，扩大县域分支机构业务授权，不断提高存贷比和涉农贷款比例，将涉农信贷投放情况纳入信贷政策导向效果评估和综合考评体系。稳步扩大农业银行三农金融事业部改革试点。鼓励邮政储蓄银行拓展农村金融业务"。

一、商业性银行履行支农责任的必要性和可行性

实现农民增收、农业发展和农村繁荣离不开金融的支持。商业银行作为重要的金融机构，履行支农责任既有必要性，也有可行性。

（一）服务"三农"是商业银行履行社会责任的必然选择

金融机构的主要功能是为市场主体的生产经营活动提供资金融通。孟加拉格莱珉银行的创立者尤努斯认为，金融权利也是人权，是公民的一种基本生存权利。在市场经济中，金融服务成为市场主体从事生产经营的基本条件，在农村地区，能否获得足够的资金投

---

* 注：本章由王瀚整理。

入，是影响农业生产和农民增收的重要因素。让广大农民享受平等的贷款权就是尊重他们的发展权。改革开放以来，农业、农村和农民为国家现代化建设和经济社会发展做出了巨大贡献，提供了廉价的劳动力，金融机构将从农村地区吸收的存款投放到城市，为工商业发展提供有力的资金支持。在城乡一体化发展的新形势下，保障农村存款主要用于农业、农村，发展普惠金融，是党的十八届三中全会对金融机构履行社会责任提出的明确要求。作为聚集和配置庞大社会资金的商业银行，切实履行支农责任，是其履行社会责任的一项重要内容，不仅有利于促进农村经济社会发展，也有助于商业银行树立负责任的企业形象，有利于商业银行的长远发展。

（二）农村金融服务需求旺盛是商业银行加大支农力度的内在动力

在农业现代化和农业农村经济快速发展的情况下，农村地区潜藏着大量的金融服务需求。随着土地流转加快和农业规模化经营，农村金融的需求主体和内容呈现出多元化趋势，需求主体从农户扩展到新型经营主体、农业龙头企业及工商企业，需求领域从简单的生产经营扩展到全产业链发展、城镇化和新农村建设。一些与农业产业化龙头企业紧密联系，并且具有一定生产经营水平的种养殖大户、家庭农场、农民专业合作社等，不仅有较强烈的融资需求，还具备了较高的还贷能力。据农业部农村经济研究中心统计，按照目前粮食作物生产每亩1000至1500元的投入（土地租金500至1000元，农资投入500元），经营规模100亩的家庭农场需要资金10至25万元，再加上农机具购置和农田基础设施建设、产后商品化处理的设施设备购置等方面投入，资金需求规模更大。农村金融缺口迫切需要更多的供给主体提供信贷服务，商业银行在有效控制风险的前提下，完全可以在农村金融市场上寻求到新的利润增长点，提升同业竞争能力，为其持续健康发展提供支持和保障。

二、商业性银行履行支农责任的现状

商业性银行是提供农村基础金融服务的重要力量，以农业银行和邮政储蓄银行为例，目前农业银行有各类机构网点2.35万个，覆盖全国99.5%的县，农行系统41%的存款、34%的贷款、54%的网点和48%的员工在县和县以下。中国邮政储蓄银行在全国有3.9万个网点，助农取款服务点10.9万个，其中2.8万个营业网点分布在农村地区，占比超过70%，客户总数超过4.3亿人，是全国网点规模最大、网点覆盖面最广、客户最多的金融机构。

商业性银行在加大涉农信贷投放方面发挥着积极作用。截至2013年年底，我国银行业金融机构贷款余额71.9万亿元，涉农贷款余额20.88万亿元、农户贷款余额4.5万亿元，占全部贷款余额的比重分别为29%和6.3%。大型商业银行的涉农贷款余额占全国涉农贷款余额的比重约在35%左右。

2009－2010年各类金融机构涉农贷款统计

机构	2009年		2010年	
	余额（亿元）	比例（%）	余额（亿元）	比例（%）
总　量	91418.93	100	117657.5	100
1. 商业性银行	41355.14	45.3	56808.8	48.3
①大型商业银行	32817.87	35.9	42697.7	36.3
中国银行	4872.01	5.3	6342.1	5.4
农业银行	12054.84	13.2	14737.6	12.6
工商银行	7045.51	7.7	9406.9	8

续表

机构	2009年		2010年	
	余额（亿元）	比例（%）	余额（亿元）	比例（%）
建设银行	5923.91	6.5	8220.8	7
交通银行	2493.38	2.7	3136.8	2.3
邮政储蓄银行	428.22	0.5	853.6	0.7
②中型商业银行	5652.24	6.2	9269.2	7.9
③小型商业银行	2885.03	3.2	4841.9	4.1
村镇银行	124.33	0.14	431.5	0.37
2. 政策性银行	18924.55	20.7	21994.8	18.7
①国家开发银行	4459.95	4.9	5783.4	5
②中国农业发展银行	14096.14	15.4	15728.2	13.3
③进出口银行	368.46	0.4	483.2	0.4
3. 合作性金融机构	30956.27	33.9	38759.4	32.9
①城市信用社	38.6	–	16.2	–
②农村信用社系统	30917.67	33.82	38743.2	32.9

注：当年统计的中型商业银行包括招商银行、中信银行、兴业银行、民生银行、光大银行、华夏银行、浦东发展银行、广东发展银行、深圳发展银行、北京银行、上海银行、江苏银行等。小型商业银行包括恒丰银行、浙商银行、渤海银行和其他小型城市商业银行。农村信用社系统包括农村信用社、农村商业银行、农村合作银行。

当然，由于目前涉农贷款统计制度还不完善，有些地方将县域房地产贷款、建筑业贷款等计入涉农贷款，导致涉农贷款规模“虚高”，但不能因此否认商业银行服务“三农”的努力和贡献。

近年来，农业银行、邮政储蓄银行在履行金融支农责任，加大涉农信贷投放方面做了积极探索，取得了初步成效。

（一）农业银行三农金融事业部改革实践

2008 年，农业银行开始实施三农金融事业部改革，2014 年试点范围已扩展到 20 家省分行和 3 家比照试点行，占农行系统县域支行总数的 80% 以上。截至 2013 年 6 月月底，1492 个县域试点支行存贷款余额分别为 3.99 万亿元和 1.88 万亿元，县域支行存量、增量贷存比分别为 47.1% 和 52.6%。

为实现支农服务的商业可持续，三农金融事业部实施了“六个单独”的管理和运行机制，有效提高了试点县域支行的经营能力。按照“六个单独”的原则，农业银行总行高于全行平均水平单独安排涉农信贷增量，确保试点行县域贷款增速、涉农贷款增速高于分行整体贷款增速。对试点行的固定资产投资和管理费用给予倾斜，支持其开展涉农信贷业务。细化和改进“三农”信贷转授权管理，加大县域支行对重点客户的信贷业务审批权，逐步实现信贷授权由“按贷款额度授权”向“按风险程度授权”的转变。此外，国家为支持农业银行三农金融事业部改革，还实行了营业税减免、监管费减免、差别存款准备金率等配套扶持政策，进一步调动其服务“三农”的积极性。

农业银行三农金融事业部“六个单独”运行机制

“六个单独”	主要内容
单独的“三农”经济资本约束	单独核定三农金融事业部的运营资本，单独安排费用预算和资本性支出，单独制定固定资产投入计划，适度提高三农业务发展费用率，建立“基础费用+激励费用+战略费用”结合的费用配置机制
单独的信贷管理通道	按照“低平台、短流程、高效率、能控制”的原则，对重点涉农行业和区域信贷加快审批，向县域支行下放审批权，提高涉农信贷管理效率

续表

“六个单独”	主要内容
单独的会计核算报告体系	将三农事业部经营单元作为独立的会计核算主体，通过资金转移定价、成本分摊、收益分享和风险计量等方法，开展精细化核算调查
单独的风险拨备与核销力度	对涉农不良贷款实行单独的风险资产处置和核销政策，足额计提减值准备，对符合条件的不良资产加快核销
单独的资金平衡与运营机制	赋予三农事业部相对独立的经营自主权，包括业务规划、信贷制度制定、资源配置、产品研发等，优化内部资金转移价格，提高三农金融事业部资金运营效率
单独的考评激励约束机制	合理设定涉农贷款业务的风险容忍度，对正常范围内的风险损失实行尽职免责，将考核结果与费用、固定资产分配政策挂钩

注：根据《中国农业银行三农金融事业部制改革试点实施方案》《中国农业银行三农金融事业部制改革与监管指引》整理。

在加大涉农贷款投入的同时，农业银行三农事业部还在农村地区设立了助农服务点 31 万个，布放各类电子机具 66 万台，对乡镇和村的服务覆盖率分别超过 80% 和 60%，有效提升了农村基础金融服务水平，使广大农民享受到了方便快捷的金融服务。

（二）邮政储蓄银行开展普惠金融服务的实践

邮政储蓄银行自 2007 年成立以来，坚持“普之城乡、惠之于民”的理念，积极探索发展小额信贷业务。采取微贷技术的小额贷款是邮储银行开展普惠金融服务的一个重点。邮储银行将德国的小额贷款技术与我国农村经济社会实际相结合，在县域配备 3.5 万信贷人员，大力发展农户小额贷款和县域小微企业贷款业务，目前已累计发放农户小额贷款 8300 亿元，发放小微企业贷款 1.7 万亿元，“两小”贷款品种已达 55 个。同时，邮储银行还设立了三农金融部，推广农户保证贷款、农户联保贷款、商户保证贷款、商户联保贷款等4个无抵押贷款品种，在山东省开展土地承包经营权抵押贷款试点。

邮储银行运用微贷技术开展小额贷款业务，重点对借款人的还款能力和还款意愿进行考察，利用其自身的服务网络优势，确定贷款对象和贷款项目，设计贷款产品，同时加强内部操作的风险防控，在贷前调查、贷中放款、贷后监督等环节，严把风险控制关，并对借款人的后续发展给予支持，确保贷款偿还。邮储银行发展“两小”贷款的实践，为大银行关注小业务提供了经验。实践表明，开展小额贷款将银行利益与地方经济发展紧密结合在一起，是将金融机构吸收存款重新投入当地的有效途径。尽管小额贷款成本更高、风险更大，但由于大型企业申请贷款的议价能力较强，贷款利率一般都有优惠，在同业竞争的背景下，银行息差的利润空间被挤压，如果小额贷款能够有效防范风险，将给商业银行带来新的利润增长点。

三、商业性银行履行支农责任存在的问题

当前，商业银行履行支农责任的情况还不够理想，商业银行的内部管理和面临的外部环境方面都存在一些急需解决的问题。

商业银行内部管理方面存在的主要问题有：一是商业性银行的效益考核与支农责任存在矛盾。目前，商业性银行基本进行了股份制改造，需要对股东负责，保证经营活动的利润。在同一经营管理体系下，商业银行为农村提供服务，需要投入的成本远高于城市，资本的逐利性决定了资金总是流向收益高的地方，而农村金融的风险大、收益低，导致资金天然具有离农倾向。商业银行作为独立的市场主体，遵循市场经济规律独立行使经营自主权，而农村金融服务具有惠农支农的政策导向性，如何在商业银行的商业可持续经营和履行社会责任之间找到平衡点，是制定法律规范必须考虑的重要

问题。二是商业银行的涉农金融产品与农村金融需求不对称。农村金融需求主体和需求内容的多元化，既为商业银行获取利润提供了可能性，也对商业银行开发有针对性的农村金融产品提出了挑战。长期以来，作为传统的金融机构，大型商业银行在涉农信贷产品设计上投入力量不足，降低了金融资源的配置效率。大型商业银行设在县及县以下的经营网点，主要任务多是吸收存款，审批发放贷款的权限小，成为农村资金外流的渠道。三是商业银行的涉农贷款风险管理水平还需提高。尽管近年来商业银行通过核销、剥离等方式处理了一些积存的涉农不良贷款，但涉农贷款的风险控制压力仍然较大。2010 年以来，农业银行累计为涉农贷款计提了 650 亿元的减值准备，但截至 2012 年年底，其涉农贷款不良率仍高于城市 0.44 个百分点，不良率超过 5% 的县域支行仍有 244 家，农户小额贷款不良率持续上升至 3.81%，比城市个贷不良率高 3.1 个百分点，再加上新投放的大量涉农贷款尚未到期，受经济波动因素影响，潜在的风险压力较大。

商业银行的外部环境方面存在的主要问题有：一是农村金融环境制约了商业银行提供金融服务。我国目前仍是二元经济结构，农村经济发展相对滞后，涉农信贷不仅要面临市场风险，也要面对自然风险，农村有效抵押担保物范围较窄、涉农信贷担保机构发育不快、农业保险保障水平不高、涉农信贷风险补偿机制欠缺、农村信用体系不健全等因素，在一定程度上影响了商业银行投放涉农贷款的积极性，也成为一些商业银行减少涉农贷款的借口。二是对商业银行涉农贷款的扶持政策尚不到位。长期有效的扶持和优惠政策，是化解资金趋利性与涉农信贷周期长、收益低矛盾的有效途径。目前针对涉农贷款的货币、财政、税收优惠政策有的是针对特定农村金融机构的，有的是针对特定涉农信贷业务的，总体来看，大型商业银行能够享受的优惠政策内容和力度，与农村信用社、农村商业银行、农村合作银行、村镇银行等相比，还有较大提高空间。三是农村金融基础服务投入大、负担重。农村地域广，农民居住较分散，交通相对不便，银行在农村地区投放电子机具和设备不仅前期投入较大，后期还要负担较高管护成本。据统计，银行每布放 1 台自动存取款机需要投入 20 万元，布放 1 台转账电话需要 500 元，如果在全国 3.5 万个乡镇按每个乡镇布放 1 台自动存款机和 5 台转账电话计算，设备总投入约 70 亿元，每年的维护费用约 7 亿元。这些电子机具为农村和农民提供了存取款、转账等基础金融服务，提高了农村金融服务的便利度，但由于投入大、负担重，影响了商业银行的投入积极性。

四、建立商业性银行履行支农责任的良性机制

农村金融服务具有特殊性，完全依靠市场机制无法充分调动商业银行的金融支农积极性，需要运用法律手段促进金融资源均衡分配，保障“三农”拥有平等的贷款权，这就需要通过构建正向激励和责任约束的考核监管机制，解决商业性银行金融支农责任问题，建立商业银行与农业农村经济发展的良性互动机制。

（一）构建有利于商业银行履行支农责任的组织体系和业务模式

农业银行三农金融事业部改革为其履行支农责任提供了有力的组织保障，实践证明，事业部制改革改变了大型商业银行“金字塔”式的管理组织构架，总行领导下的部制分权管理，减少了管理层次，降低了管理成本，缩短了工作流程，有利于提高支农服务效率。建议在大型商业银行推广农业银行三农事业部制改革经验，鼓励和支

持商业银行普遍设立独立的服务“三农”的金融部门，作为银行独立的利润中心，实行单独核算、自负盈亏。

鼓励商业银行县域分支机构根据不同地区农业农村经济发展情况、特色农业产业优势、农村金融供需差异等，创新涉农信贷业务模式。引导商业银行发展风险适度、商业可持续的涉农信贷产品。按照普惠制原则，大力推动商业银行进村入社区、阳光信贷、富民惠农金融创新“三大工程”，实现农业农村经济和商业银行发展的“双赢”。

无论对单独设立的三农事业部，还是县域商业银行分支机构开展的涉农信贷业务，建议将涉农信贷的风险、核算与其他业务分离，在涉农贷款政策和贷款程序方面建立独立系统，通过扩大基层分支机构信贷审批权、对运营资本和管理费用配置给予倾斜、建立激励和约束机制等方式，增强基层机构服务“三农”的能力和效率。

（二）建立商业银行履行支农责任的激励和约束机制

依法确立商业银行的支农责任，监管部门将商业银行履行支农责任，投放涉农信贷的情况作为业务监管的重要内容，在金融机构监管评级中增加相应权重，并建立监管评级与货币、财税优惠政策的挂钩机制。

对商业银行的涉农贷款投放比例作出原则性规定，明确商业银行的涉农贷款增量不低于上年，增速不低于各项贷款增速，保证农村存款主要用于农业农村。

将放宽金融机构或分支机构设立条件、扩大金融业务范围作为商业银行加大涉农信贷投放的激励手段。对于涉农信贷投放力度大、成效明显的商业性银行，在分支机构设立、网点布局调整和开办新业务等方面建立审批绿色通道。

对商业性银行的涉农信贷实行差别化监管，对资产质量、流动性、贷款风险、盈利能力等指标设定比其他贷款业务低的监管标准。

确定合理的不良贷款容忍度，商业银行涉农贷款的不良率可适当高于其他贷款不良率水平。同时，建立尽职免责激励机制，对于已履行审查职责但因不可预期自然风险造成的涉农信贷损失，免除相关信贷人员的责任。

（三）完善商业银行履行支农责任的市场环境

激活农村资源、资产和资金，对农村"三资"进行评估，允许农村土地承包经营权和流转后的土地经营权向金融机构抵押融资。

推动政策性涉农担保机构发展，鼓励融资性担保机构开展涉农信贷担保业务，引导商业银行提高担保放大倍数，按照风险共担、利益共享原则，建立担保机构与商业银行良性互动机制。

加强农村金融生态环境建设。建立适合农村特点的征信体系，为商业银行提供全面真实的农户和涉农企业信用信息，构建"守信光荣、失信可耻"的信用氛围，引导司法机构加大对拖欠、逃废贷款的打击力度，支持商业银行清收不良贷款。

提高商业银行涉农信贷风险管控能力。引导商业银行利用人缘、地缘关系了解农村金融需求主体及贷款项目，建立健全客户信息采集、分析、处理平台，完善涉农信贷风险预警和处置机制。

（四）加强大中型商业银行与中小金融机构和地方政府的合作

把大中型商业银行的资本、管理、人才优势，与农村中小金融机构的服务成本优势、信息优势和贴近农业农村、经营机制灵活的特点结合起来，鼓励商业银行利用农村中小金融机构信息，降低贷款风险，增加资金供给，通过发起设立村镇银行、实行银团合作贷款、批发贷款、委托贷款等途径，增强农村中小金融机构信贷资金可得性，形成互惠互利的稳定合作机制。

建立地方政府及相关主管部门与商业银行的良好合作关系，通过政府支持和部门配合，在制定农业产业发展政策、发挥惠农资金引领作用等方面，搭建起政银企的合作平台，实现政府行政资源与金融资源的联动机制，形成金融支农合力。探索由地方政府建立涉农信贷风险补偿机制，探索农村金融基础设施建设基金，对商业银行在基础金融服务薄弱地区投放、管护电子机具给予费用补贴，同时通过合理布局，减少重复建设，提高使用效率。

第三章　农业政策性银行法律政策问题*

政策性金融是农村金融体系的重要组成部分。为了提高“三农”金融服务的质量和水平，实现普惠金融的目标，促进城乡协调发展，必须发展农业政策性金融，明确其支农责任。

1994 年我国组建了三家政策性银行：国家开发银行、中国进出口银行、中国农业发展银行。其中，农业发展银行是农业政策性银行，为农业和农村发展服务。多年来，农业发展银行不断改革发展，为“三农”做出了很大贡献，但是也面临新的问题，迫切需要制定和完善相关的法律和政策。

一、我国农业政策性银行的基本情况

（一）坚持改革发展，组织结构不断完善

农业发展银行自 1994 年成立以来不断完善组织结构。目前有各类机构 2173 个，县级支行 1669 个；在职员工 5.2 万多人。

农业发展银行确立了按照现代银行要求发展现代农业政策性银行的战略目标，全面推进内部改革，初步建立了现代银行的框架结构。尤其近十多年先后出台数十项改革措施，建章立制 300 多件，夯实了基础，强化了经营管理。银行的企业文化建设逐步加强。

---

* 注：本章由王观芳整理。

（二）坚持为农服务，业务范围日益扩展

农业发展银行成立之初的定位是“以国家信用为基础，筹集农业政策性信贷资金，承担国家规定的农业政策性金融业务，代理财政性支农资金拨付，为农业和农村发展服务。”

二十多年来，农业发展银行的业务范围探索、调整和逐步扩展。最初，农业发展银行承接了农业银行、工商银行划转的农业政策性信贷业务，各项贷款共计 2592 亿元。1998 年农业发展银行划出了农村扶贫、农业综合开发等业务，集中开展粮棉油收购资金封闭管理。2004 年以来，党中央每年都出台关于三农的一号文件，加大了强农惠农力度。随着国家实施统筹城乡发展、推进新型工业化和新型城镇化等重大战略，农业发展银行的信贷业务扩展到支持农业产业化发展、农业开发、农业农村基础设施建设、农村土地整治和农民集中住房、农业生产基地和生态环境治理等领域。同时，随着粮食流通体制市场化改革，农业发展银行的粮棉油信贷业务内容也日益丰富。当前，农业发展银行实施“两轮驱动”业务发展战略，开展以粮棉油收储、加工、流通为重点的全产业链信贷业务和以支持水利和新农村建设为重点的农业农村基础设施建设中长期信贷业务。

除信贷业务外，农业发展银行还开展了国际业务、中间业务。2012 年又与财政部等机构共同发起设立了中国农业产业发展基金和现代种业发展基金，开始投资业务。依托两支基金，出资设立了中国农业产业发展基金有限公司、现代种业发展基金公司和北京先农投资管理有限公司，承诺向三个公司出资 15.08 亿元。

（三）发挥政策性银行职能，落实国家决策

农业发展银行着力发挥政策性银行功能，体现政策性要求。一是按照中央要求和国家支农政策确定的重点工作开展信贷业务。2013 年年末人民币各项贷款约 25026.8 亿元，其中的 92.3%，即 23104.4 亿元是政策性贷款。2004～2013 年累放粮棉油收储贷款 3.7 万亿元，每年支持收购的粮食占当年商品量的 60%左右、棉花占产量的 50%以上，从根本上解决了收购给农民打“白条”问题。支持新农村建设、农村基础设施建设等业务都与国家重大决策紧密相关。二是贷款项目主要是政府主导、财政资金支持项目。有的是有收益的农业农村基础设施建设项目，能够通过项目本身偿还；有的则是财政资金还款的项目，如非收费性农村路网建设、政府保障性住房等。三是促进了资金回流农村。农业发展银行不对社会公众吸收存款，通过多种渠道筹集的资金配置到农业农村，支持了城乡统筹发展。四是优惠支农、让利于农。指令性业务执行基准利率，实行利率上浮贷款的定价也低于当地商业银行同类项目利率水平。多年来，执行基准利率的贷款占 90%以上，利率上浮的不足 1%。

（四）增强自主经营能力，提高经营业绩

经过二十多年努力，农业发展银行基本实现了内生性可持续发展，自主经营能力增强，整体实力提升。一是资金来源日益市场化。2004 年以前，其资金来源的 90%是人民银行再贷款。2004 年以来筹资日益市场化，资金来源以发行金融债为主、吸收对公存款为辅。2004 年至 2013 年年底，共发行政策性金融债券 2.91 万亿元，债券余额由 408 亿元上升到 17739 亿元；对公存款由 756 亿元增加到 4111 亿元；人民银行再贷款由 6099 亿元减少到 2920 亿元。2004 年资金自给率为 16%，2013 年年底为 88.4%。二是资产规模和经营效果提高。2013 年与 2004 年相比，贷款余额增长 17837 亿元，增长 2.5 倍；不良贷款率由 18.8%下降至 0.71%，不良贷款余额由 1352

亿元减少为178.7亿元；成本收入比由67.3%下降到21%；经营利润由24亿元增长到490.1亿元，利润率由0.33%提高到2.01%。三是抗风险能力增强。2013年年底拨备覆盖率444.4%，拨贷比3.18%，都高于监管标准优秀值。

二、农业政策性银行面临的问题

（一）职能定位不清

农业发展银行面临的首要问题是职能不清，具体表现在：一是职能范围受阶段性政策影响较大。农业发展银行的业务范围一度缩减为单纯的粮棉油收购，后来根据政策调整逐步扩展，反映了其职能受外部影响较大，具有不稳定性。二是政策性职能发挥不充分。从各国农村金融发展的实践看，政策性金融主要有落实国家重大决策、发挥首倡性功能、弥补市场失灵功能等。但我国农业发展银行主要发挥了落实国家重大决策的职能，在提供首笔贷款发挥首倡性功能、提供面向市场主体的低息贷款、弥补市场失灵功能方面，还没有发挥积极作用。三是业务范围与商业银行有交叉。国家推进新农村建设、农业现代化、新型城镇化、新型工业化，合作金融、商业金融和政策性金融都积极参与其中，各金融机构参与的领域主要取决于其业务拓展能力，这有利于农村金融市场的发展和农村多渠道资金供给。但是农业发展银行作为政策性金融，与其他类型金融机构形成竞争态势，既有纯政策性业务、准政策性业务，也有商业性业务，体现不出政策性质。

（二）支农渠道窄

当前农业发展银行支持“三农”主要以信贷为主，信贷业务又以粮棉油收储、农业农村基础设施为主。国外的政策性金融除开展信贷业务外，还参与到农业保险、担保、直接投资等领域，在农业和农村广泛发挥作用。我国农业发展银行的农业投资业务2012年刚刚起步，金额还比较小，投资领域比较窄；在开展农业机械租赁、农业担保等业务方面尚未起步。

（三）缺乏长效的财税货币支持机制

没有形成有效的资本金补充机制，农业发展银行的资本金还是成立初期注入的200亿元。二十多年来其贷款规模已经翻了两番，但是国家没有增加注资，资本充足率已经低于监管要求；央行再贷款在资金来源中的比重持续减少；对信贷规模实行指令性计划，难以满足“三农”资金需要；实行与商业银行基本相同的所得税率和营业税率；虽然不吸收存款，但却实行与商业银行相同的存款准备金率。而且市场化筹资也面临压力。当前农业发展银行市场化筹资占比超过88%，其中发行政策性金融债券占70%。在利率市场化改革不断深化的情况下，发行金融债券的成本将明显上升，而贷款利率执行政策标准，利差势必收窄，对财务的可持续性带来影响。解决这些问题需要建立长效的政策支持机制。

（四）没有法律规范和专门的监管制度

当前农业发展银行主要依照《中国农业发展银行章程》运营，按照中央文件精神和国务院及有关部委文件进行管理，对其绩效考评方式、监管指标基本与商业银行相同。由于缺少相应的法律或行政法规对其功能定位、运转机制、业务范围、绩效考核等做出明确规定，不利于理顺国家与农业发展银行之间支持和监管的关系，不利于发挥政策性金融的特殊功能，不利于农业发展银行自身发展。

三、农业政策性银行发展的政策建议

（一）完善政策性金融法律制度

首先要区分政策性银行和政策性业务。对政策性业务应当制定普遍性的鼓励措施，任何金融机构都可以开展此类业务，符合条件的，享受税收优惠等政策支持；农业政策性银行目前是指农业发展银行，作为国家出资并且为政策性目标设立的银行，完善法律制度的重点是明确农业发展银行的政策性金融法律地位，规范其功能定位、运行机制、业务重点、绩效考核、扶持政策、管理体制和外部监管，使其开展政策性金融业务有法可依，同时为政府监管提供法律依据。

农业政策性银行的经营原则、经营目标都与商业银行不同，理应采用不同于商业银行的绩效考评和监管机制。要区分农业发展银行的业务种类，实现各类业务分别核算。在此基础上，针对不同种类业务的性质、目标，制定差别化的金融监管和考核评价机制，考核的重点应当是政策性目标实现情况、资金到位情况、服务质量和管理水平等。

（二）完善政策性银行的功能

按照2013年中央一号文件提出的“强化农业发展银行政策性职能定位”的要求，明确农业政策性银行的功能定位，使其继续服务于国家粮食安全、发展现代农业、新农村建设和新型城镇化建设等重大战略决策，同时还要发挥弥补市场失灵和首倡性功能。具体方式包括：直接帮助难以得到商业性贷款的农民和农村小企业获得金融服务；采取投资参股新型农村金融机构、向新型农村金融机构提供批发贷款等方式，引导资金回流农村；参与组建农业信贷担保公司，以较低担保费率为中小微企业和农户贷款提供担保；发起设立投资基金，增加水利建设、粮食安全体系建设、城镇化建设等直接融资渠道；开展农业机械等金融租赁业务。

（三）确立农业政策性银行盈利但不营利的经营原则

盈利但不营利应当是政策性银行区别于商业性金融的重要原则。国外法律都明确政策性银行不以营利为目的，并且限制政策性银行获得高利润。例如美国农民家计局主要向低收入农民提供小额长期农业贷款及担保，贷款利率一般为5%，建房贷款利率为4%，大部分贷款无抵押；美国农村电气化管理局的贷款期限可达35年，贷款利率可低至2%；日本规定成立农林渔业金融公库的目的是为农民提供低利、长期资本以增加农林渔业生产力；印度规定地区农业银行不以营利为目的，主要向生产急需的贫穷农民提供低息贷款，从而满足农民、手工业者的专门需要；德国甚至规定农业地租银行当年经营利润率较高的，应当将超额利润转为低利息贷款。

农业政策性银行经营要有一定盈利，这是其生存和可持续发展的基础。但是农业政策性银行不能成为营利性组织，否则就与商业银行没有区别，就失去了存在的必要。我国农业政策性银行在拓展业务范围、发挥多种政策性职能的同时，必须规定其不营利的原则。农业政策性银行要注重支持社会效益、生态效益比较好，但是营利性不强的项目；以低利率、低担保费率帮助农民获得金融服务，促进资金回流农村；利润率应控制在合理的水平之内。

（四）建立支持政策性银行发展的长效机制

建立正常化资金来源渠道。各国政策性银行的资本金都来自政府，并且有正常的资本金补充机制；央行建立资金调节机制，保障政策性银行的资金来源；资金来源多样化，如金融债券筹资、同业拆借、吸收存款和国外借款等。我国要研究建立农业发展银行的资金来源正常化机制，在市场化筹资增加的同时，也要增加政策性筹资，以更好发挥政策性金融功能。要建立制度化的农业发展银行资本金补充机制；通过人民银行再贷款适度向政策性银行倾斜；对社会资金购买农业政策性银行金融债券予以支持和鼓励；研究将财政性支农资金、农村养老金、医疗保障资金的一定比例通过农业政策性银行拨付；扩大对公存款范围。明确商业银行来自于农村的资金要有一定比例用于农村，达不到规定比例的，必须将相应资金转到政策性金融机构使用或者购买政策性金融债券。

完善财政、货币和税收政策。增加财政贴息贷款，明确财政在政策性银行执行低利率贷款时的责任；明确政策性业务损失弥补等政策；区别于商业性金融业务，针对不同业务资金来源，实行差别化存款准备金率；放宽农业政策性信贷规模限制，根据农业农村发展目标、政策性资金需求等情况，合理确定政策性信贷规模；减免政策性金融业务所得税、营业税等税收。

第四章　农村合作金融的培育与立法*

十年来，在农村金融的改革发展过程中，依附在农村信用社这种组织机构内的合作色彩一步一步褪色。从最初设计时，组织形式的选择为股份制和股份合作制，产权的选择为投资股和资格股，到最后结局是几乎99%选择了股份制，且资格股逐步消亡，农村信用社改革从农村信用合作社－农村合作银行－农村商业银行，通过这三级跳，完成了“去合作”过程，转化为真正的商业银行。而在非正规金融领域，依托农民专业合作社和贫困村互助社等方式，农民由生产合作自发地走向了资金合作，新的合作金融形式不断萌生。这种各地普遍存在、涉众面广、规模较大、监管缺位的农村合作金融组织创新潜流，愈演愈烈，真正到了不得不高度重视、加快引导、避免其走农村合作基金会老路的关键时期。

一、十年来中国农村合作金融的退出与萌生

（一）正规金融体系中，农村金融改革与发展排斥合作金融

中国农村金融改革的目标一直强调初步建成商业性、政策性、合作性等“三位一体”的功能互补、相互协作、适度竞争的农村金融组织体系，实际上，上一轮农村金融改革的结局是形成了以商业性金融为主体的农村金融机构体系，政策性金融不足，合作性金融

* 注：本章由汪小亚整理。

消失。一是农村信用社“去合作”而成为商业性金融机构。农村信用社原本是“农村信用合作社”，现已删除“合作”；原本农村信用社升级的两种方式为农村商业银行和农村合作银行，现也逐步将农村合作银行引导为农村商业银行；原改革时形成了代表合作性质的资格股和代表股份性质的投资股，现也要求在2015年前将资格股全部转为投资股。二是农村资金互助社作用微不足道。目前由银监会批设的农村资金互助社只有49家，实收资本2.06亿元，贷款7.9亿元，比较全国涉农贷款（2012年为17.6万亿元）和农村信用社涉农贷款（2012年为5.3万亿元），其作用十分有限，而且大部分还处于亏损状态。总之，这一轮农村金融改革十年，也是农村信用社逐步“去合作化”的十年。

（二）非正规金融体系中，农村地区各种合作金融形式不断涌现

当前，我国农村地区在发展经济的实践中逐步出现了名称不同、形式多种、具有草根性质与合作金融特征的农村信用合作组织。2010年9月由中国人民银行牵头九部委共同参与对山东河南等省实地调研和全国摸底。在实地调研山东省潍坊、德州、临沂三地和河南省虞城、兰考两县的过程中，发现农村信用合作组织发展快、总量多，山东、河南两省分别超过400家和600家，其发展速度远高于两省正规金融机构网点增速，且呈加快趋势。在对全国除西藏以外30个省（自治区、直辖市）摸底调查得知，截至2009年年末，全国30个省（自治区、直辖市）各类农村信用合作组织大约有5.6万家。2013年7月，中农办组织人民银行、银监会、汇金公司、国务院发展研究中心等单位，对安徽、江苏、浙江等省不同类型的农村合作金融组织进行了实地调研。这是第二次全面而深入地对农村合作金融创新开展的实地调研。截至2012年年末，由各地农业部门主导的农民资金互助社在安

徽、江苏两省分别组建559个和595个；依托扶贫办组建的贫困互助社在安徽省有1931家，江苏省有179家，浙江省有567家；另外，各地还普遍存在以资金互助为目的的自发的农民互助组织，这类资金互助组织难以统计，安徽省预估有155个。总之，两次调研发现当前农村合作金融组织已不是个别现象，而是普遍问题。

二、农村合作金融组织的发展现状与主要问题

（一）农村合作组织发展初具规模

目前，全国具有合作性质的农村金融机构（组织）有五大类：第一类是由银监部门批设的农村资金互助社，2012年成立了49家。第二类是由农业部门推动并依托农民专业合作社而建立的农民资金互助合作社，现在无法统计出全国性数据，各地政府也难以掌握当地具体数据，有一个估计数，全国有98万家农民专业合作社，其中有3万家开展了信用合作。第三类由供销社创办或领办的农民资金互助社。这一类社数量多规模大，目前没有全国数，仅从山东调研得知，全省在53个县（市、区）供销社领办农民合作组织开展资金互助的就有600多家。第四类是由扶贫办和财政部门联合开展的贫困村互助资金试点，截至2012年年末，全国累计1286个县、1.79万个村开展试点，入社农户166.68万人，其中，54.6%为贫困农户。资金总规模近50亿元，74%的资金来自中央和省级扶贫资金。第五类是农民自发形成的农民资金互助社。这一类组织统计和管理都很难。总之，只有第一类是由银监部门批设的农村资金互助社有金融业务许可证，属于正规金融机构，其他四类均无金融业务执照或金融机构许可证，属于非正规的金融组织。

（二）农村合作金融组织的积极作用

一是创新农村金融服务主体。农村合作金融组织是建立在“血

缘、亲缘、人缘、地缘”关系上的，其借助“熟人社会”优势，摆脱了抵押物约束，用合作互助方式发放信用贷款，调剂了农户之间的资金余缺。这与强调有效抵押物的商业性金融机构运作模式截然不同。

二是对正规金融具有替代和互补作用。一方面，部分农村地区由于正规金融机构的网点少，获得正规金融服务的农户比例较低，农村信用合作组织利用熟人社会信息优势，通过资金互助的平台为农户提供低成本金融服务。调查显示，农村信用合作组织的贷款规模与获得正规金融机构服务的农户比例之间呈弱的负相关性。另一方面，部分农村信用合作组织在功能上实现了与农村信用社等正规金融机构的有效衔接，将正规金融与小企业和农户连结起来，在大资金和小客户之间发挥桥梁作用。

三是探索了一种新的扶贫资金支农模式。与简单地发放扶贫救助资金相比，扶持贫困户生产经营能力能够从根本上解决贫困难题。贫困村互助资金不仅提高了财政扶贫资金的使用效率，而且培养了农民的信用意识和互助意识，提高了贫困村和贫困户的自我积累、自我管理和可持续发展的能力。

（三）当前合作金融组织存在的主要问题

当前农村合作金融组织创新的自发性色彩较浓，潜藏金融风险较大，特别是依托农民专业合作社开展的农民资金互助社数量较多、涉众较广、管理较混乱，其情况最为复杂。

1. 农村信用合作组织性质不明，长期监管缺失

目前，除第一类社由银监会监管和第四类社由扶贫办按章程管理外，其他的绝大部分资金互助社基本处于无人监管的真空状态，即使是注册登记管理也是一大难题，大部分农村信用合作组织没有登记，还有一些农村信用合作组织借用农民专业合作社或个人名义

登记。银监部门认为应坚持“谁审批，谁监管”的原则，不将其纳入监管范围。当地农委或农工办是“只批不管”，虽出台若干指导意见，更多的是鼓励设立而淡化管理。工商部门认为自身只负责企业法人登记工作，不负责经营问题。公安部门认为没有危及社会安全和地方维稳，不主动立案。而外部监管缺失严重影响农村信用合作组织健康发展。

2. 农村信用合作组织内部管理不健全

农村信用合作组织管理不规范。在业务运作上缺乏规范的操作流程，所放贷款没有任何风险准备；在财务上无标准的管理账目，有的甚至将入社资金和吸储资金都存放在理事长个人账户上；在治理结构上缺乏民主管理，由理事长、监事长等少数人决定，受农业或供销部门行政干预程度大，农村经管站的经管员往往替代理事长管理，有的供销合作社主任直接担任资金互助社理事长。有的农村信用合作组织缺乏基本的组织管理机制，财务管理不规范，贷款风险的防范主要依靠社区内社员的乡村民俗和自律意识，难以适应组织自身不断扩大的资金规模。与此同时，部分地区存在个别农村信用合作组织由龙头企业或少数强势社员操纵，以及以集体财产为基础组建并强制要求社员入社等现象。

3. 个别农村信用合作组织存在资金来源存款化现象

个别农村信用合作组织存在吸收存款或按约定利率支付资金占用费，以及吸收具有固定回报的投资股等变相吸收存款的现象。实际上入股如同存款，高息向社员外公众吸收存款，其利率普遍高于同期银行存款，甚至接近民间借贷水平，一些合作社采取存入资金送自行车、电视机、电动车等手段吸收存款，抬高了当地金融市场利率，造成合作社和金融机构之间不正当竞争，扰乱了农村金融市场秩序。同时，极个别地区的信用合作组织设立多家分社和互助中心，进行跨区吸储和放贷，存在一定风险隐患。

4. 资金运用贷款化，且存在高利贷现象

部分社资金运用以贷款方式为主，贷款要求有抵押或担保，期限以短期为主，贷款利率高达15% ~24%。

5. 贫困村资金互助社的可持续性有待进一步提高

贫困村资金互助社的组建初衷和发展目标定位于扶贫和开发，主要选择在国家级或省级的贫困村试点，目前覆盖面较小，且处于试点初期，存在资金规模较小、互助范围较窄、借款期限较短等问题，难以满足所有社员农户的资金需求。部分互助资金的经营成本较高，财务的可持续性还有待进一步改善。

（四）农村合作金融组织发展中的潜在风险

一是变相吸储，扰乱金融秩序，出现“劣币驱逐良币”效应。有些农民资金互助社凭借远高于一般金融机构的存款利率，迅速吸纳大量资金，导致当地农行、农商行等正规金融机构的居民储蓄存款不增反降。农行营业所因业务发展困难，网点停止营业。还有的农民资金互助社紧邻农信社设立网点，导致农信社生意难做，所在地农信社不良贷款率高达30%，资本充足率为负数。

二是“山寨银行”潜在风险隐患较大。在江苏盐城市、陕西西安临潼区、还有河北平山县、藁城市、无极县、新乐市、霸州等地，都出现了有网点门面且对外公开营业的农民资金互助社。这些互助社的设立大都经农业主管部门批准，有工商或民政登记但无金融许可证。其地处繁华路口，与正规金融机构相邻，又模仿正规金融机构的制度与管理，有营业门面、标准柜台、对外窗口，有招牌、制服、保安，有存贷凭证、宣传标语，如“零手续、零担保、零风险”“存入互助金有红利、借出互助金费率低”，业务已经超出合作互助范围。这种混淆视听的“山寨银行”潜藏较大风险隐患，部分社已爆发支付危机，危及地方金融稳定。

三是违规放贷，形成了一批难以估量的体外资金，影响国家宏观调控和结构调整。一些农民资金互助社的经营远远超过“互助”范围，贷款范围不仅在社员以外，而且在农业之外，如将资金投向房地产、项目建设等高风险领域。

三、农村合作金融立法的必要性和可行性

（一）农村合作金融立法的必要性

1. 合作本质是契约关系，需要以法律形式维护契约的履行

农村金融组织形式主要有三种：政策性、商业性、合作性。政策性金融与财政有关，有一系列财政资金运用的规章和制度相约束；商业性金融，在中国，不仅有商业银行法为基本准则，还有一些较为成熟的监管办法和指标来引导。而合作性金融更多是内部合作关系，需要一种内部契约和社会契约来规范，尊重公平契约是一国经济文明的体现，而建立这种尊重，需要法律来维护，这就是为什么德国、荷兰、美国等这些合作金融发展较早的国家一开始就制订与信用合作有关的立法。

2. 农民专业合作社法把农民合作金融组织排除在外

从2007年7月1日起正式实施的农民专业合作社法，其调整范围不包括农村合作金融组织，致使一些农民已经办起来的资金互助组织处于不被承认的尴尬境地。如解读法律定义，调整对象排除了传统体制下转型而来的供销合作组织，也排除了改革开放中出现的农村金融组织，仅仅锁定在农民自我兴办、并且开展经营活动的合作社。但是当前即使是农民自我兴办的合作社，类型也十分丰富，

早已突破了法律的界定范围，出现了覆盖农村二、三产业的经营类和服务类合作社。又如，农民专业合作社法要求入社基本条件是从事与农民专业合作社业务直接有关的生产经营活动的企业、事业单位或者社会团体。而现实中，一些农民资金互助社将一些社办企业纳入会员，并将资金投放于社办企业，而这些社办企业大都从事"三农"以外的行业，如石油销售、置业、建材、超市等，从而导致资金运用背离"三农"。

3. 银监会发布的《农民资金互助社管理暂行办法》无法成为引导合作金融发展的法律依据

2009年年底银监会发布的《农民资金互助社管理暂行办法》无法成为引导全社会合作金融发展的法律依据。一是准入门槛高，无法涵盖全社会范围的合作金融组织和行为。该办法只规定由银监部门批设的农村资金互助社，并颁发金融业务许可证，而对其他依托专业合作社或扶贫办的合作金融组织概不负责。二是设计存在制度缺陷，导致盈利能力弱。由银监部门批设的农村资金互助社，实际上是城市金融的复制，没有体现农村地区的社区性和合作互助意愿。其生命力不强，影响程度有限。目前大多数社处于亏损状态，个别社能实现盈利的主要原因是政府、企业给予支持，房租、工资等营业费用未完全计入成本，如剔除这些因素，按正常成本核算，各社基本处于亏损状态。

（二）农村合作金融立法的可行性

1. 重大改革要"于法有据"而不是"先破后立"

过去一段时间里改革给人们的印象是改革难免突破法律，等改革成熟之后，再把改革的经验规定到法律中，即"先破后立"。这种做法与法律法规的滞后和不健全有关，部分改革不得不以突破法律的方式推进。这种做法的危害是忽视法律履行的严肃性，也不重视立法推进的紧迫性。现在强调“依法治国”的理念，凡属重大改革都要于法有据，确保在法治轨道上推进改革。要先立法后推行，“先立后破”，确保一切改革举措都在法治轨道上进行，不允许再存在法治轨道之外的改革试点。这就为农村合作金融立法创造了一个良好的氛围。

2. 2014 年中央一号文件为农村合作金融发展创造了较好的立法基础

2014 年的中央一号文件明确提出要“发展新型农村合作金融组织”，基本确立发展新型合作金融的三大重点。一是确立了“新型农村合作金融组织”的概念。从理念和原则的角度，区别于商业性金融，强调建立起合作金融的理念和原则，即以“自愿参加、封闭运行、民主管理、服务三农、互助共济”为原则，因为商业性金融以盈利为目的，强调经济上可持续发展；而合作性金融以服务于社员为目的，只要求收支平衡的财务上可持续，不以营利为目的。只有坚持这种合作金融理念和原则的金融组织，才能算得上是新型合作金融组织。二是明确了农村合作金融组织应遵循的基本原则。一号文件提出要坚持社员制、封闭性原则，不对外吸储放贷、不支付固定回报的前提，这是发展新型农村合作金融组织的最基本的原则和前提。三是强调了地方政府对新型农村合作金融监管职责。一号文件明确提出：完善地方农村金融管理体制，明确地方政府对新型农村合作金融监管职责，鼓励地方建立风险补偿基金，有效防范金融风险。为什么强调地方政府的金融监管职责呢？原因之一在于农村合作金融组织点多面广形式复杂，地方政府不仅能便利地掌握情况和更迅速地处理问题，更重要的是能建立起更多更广泛的金融监管力量；原因之二在于目前农村合作金融组织属于地方性的法人组织，跨区经营较少，一旦出现金融问题或爆发支付危机，往往是区域性金融风险，地方政府赋有维护地方金融稳定的职责。

3. 可以先将农村合作金融纳入农民专业合作社法修改范围

农民专业合作社法不能包容广大农民多样化的合作需求，需要拓宽农民合作范围，明确可以开展信用合作。一是一号文件多次强调在农民专业合作社基础上开展信用合作。2006 年一号文件强调“引导农户发展资金互助组织”，2009 年一号文件要求“农民专业合作社开展信用合作试点的具体办法”，2012 年指出“有序发展农村资金互助组织，引导农民专业合作社规范开展信用合作”，2014 年一号文件单独成段完整提出并阐述发展农村合作金融的主张。二是有关部门多次出台农民专业合作社开展信用合作的指导意见。2009 年银监会和农业部联合颁发《关于做好农民专业合作社金融服务工作的意见》（银监发［2009］13 号）。2014 年 10 月银监会、农业部和供销总社三部门联合下发《关于引导规范开展农村信用合作的通知》。2014 年 9 月农业部、发改委、财政部等全国农民合作社发展部际联席会议九部门下发了《关于引导和促进农民合作社规范发展的意见》。三是各地就农民专业合作社开展信用合作出台指导意见。目前，北京、江苏等 12 省（市）在地方立法中赋予了合作社开展内部信用合作的法律地位，辽宁、安徽等地专门下发了指导意见或管理办法。特别是作为改革试点的山东省率先引导规范农民信用合作组织，2014 年 8 月下发《关于引导规范农民合作社信用合作的通知》。

四、农村合作金融立法的原则和重点

带有民间性质的农村信用合作组织的产生及兴起，既是对我国农村金融服务空白的弥补，更是对我国真正意义上的合作金融长期缺位的理性反应。为防止重蹈农村合作基金会旧辙，更好地发挥农村信用合作组织在促进农村经济发展中的积极作用，我国应在防范风险的前提下，引导农村信用合作组织健康有序发展，在立法的基础上重构我国的农村合作金融体系。

（一）培育农村合作金融有序发展

合作性金融不同于商业性金融，它不以盈利论英雄，而是以合作互助为本色。“合作社是自愿联合起来的人们通过联合所有与民主控制的企业来满足他们共同的经济、社会与文化的需求与抱负的自治联合体”。中国农村合作金融几十年探索实践说明，底线原则的缺失导致发展道路的偏差，最终不得不推倒重来，反复多次改革。更何况，合作金融模式的营利性和持续性不一定低于商业金融模式，荷兰合作银行（RABOBANK）进入全球500强企业，而且经受住国际金融危机考验，保持了良好的业绩。

2014年的中央一号文件明确提出要“发展新型农村合作金融组织”，即发展新型农村合作金融组织。在管理民主、运行规范、带动力强的农民合作社和供销合作社基础上，培育发展农村合作金融，不断丰富农村地区金融机构类型。坚持社员制、封闭性原则，在不对外吸储放贷、不支付固定回报的前提下，推动社区性农村资金互助组织发展。完善地方农村金融管理体制，明确地方政府对新型农村合作金融监管职责，鼓励地方建立风险补偿基金，有效防范金融风险。适时制定农村合作金融发展管理办法。

1. 四大原则

基本原则是合作金融本质所要求坚守的核心原则，无论是在合作社的初级阶段还是高级阶段。在中国，培育和发展农村合作金融应遵循四大原则：一是自愿设立。入社自愿和退社自由是合作社的基本特征，也是社员的基本权利。合作制度更多是“人合”而不是

"资合"。二是服务社员。不以营利为组织目标，而尊重社员意愿，服务社员需求，是合作制度的本质。三是民主管理。民主管理是保证实现互助合作目标的重要手段，而社员之间的地位平等是实现民主管理的主要条件。四是自担风险原则。建立在自愿设立和民主管理基础上的合作组织，也必须接受自担风险的制度安排。

2. 四条红线

守住红线是在合作社的初级阶段为确保合作制度的培育和成长所要求遵循的基本规则，防止起步走偏或名不符实的现象出现。根据2014年一号文件精神，在培育合作金融组织的过程中应坚守如下"四条红线"：

第一条红线是封闭运营，社员人数有一定限制，不跨区经营。在社员内部开展资金互助。明确社员资格、标准，防止无原则地降低社员标准和任意扩大社员范围，避免以吸收互助金为名行"非法集资"之实。互助金应全部用于对社员放款，充分体现资金互助的目标，将互助金的使用限制在熟人社会范围，降低互助金使用中的风险。

第二条红线是不吸收公众存款，只吸收成员股金。吸收公众存款意味着对公众负债，是吸收存款类金融机构的特许业务范围，需要接受上缴存款准备金和补充资本充足率等一系列严格的金融监管。而合作金融不同于商业银行，不能吸收公众存款，只能在社员范围内吸收股金，形成利益与风险共担机制。

第三条红线是不对外放贷，只为成员提供互助服务。从实践看，熟人社会以村镇范围较为合适，如果突破村镇范围开展合作金融，将会失去熟人社会的优势，使信息的非对称程度提高，互助金的安全性就会缺乏最基本的保障。同时，随着资金互助突破村镇的地理范围而扩大，也会带来互助金规模的上升，这也会对具体管理人员的经营管理能力和技术提出更高的要求。

第四条红线是不对成员支付固定回报，盈利主要用于积累。因为合作社不追求利润最大化，坚持保本微利的经营宗旨，所以不能承诺对社员的固定收益。按照交易量（额）分配盈利，有利于激励社员在专业合作社内部开展资金互助合作，更有效地发挥互助金的作用。

（二）确立农村合作金融的立法重点

1. 优化法律制度环境，明确农村合作金融组织法律地位

一是要修订农民专业合作社法，将符合条件的各类农村合作金融组织明确纳入农民专业合作社范畴，明确其法律地位，同样享受国家法律规定的农民专业合作社的各项优惠政策。二是完善银监会发布的《农民资金互助社管理暂行办法》，明确农村资金互助社的合作金融性质，放宽市场准入条件，把多种类型的农民资金互助等微型金融组织纳入其范围，真正把农民资金合作社办成农民的合作金融组织。三是尽早出台合作金融法。在总结各地农村合作金融组织实践经验的基础上，尽早出台合作金融法，以便使农村合作金融组织发展有法可依，保证其在统一完备的法律制度框架内进行，防止农村合作金融组织像农村信用社那样再度出现“去合作化”趋势。

2. 建立合作互助和可持续发展的内部运行机制

一是确立合作金融组织的基本制度规则，这包括成员资格和相关权利与义务、盈利分配的方式、民主管理的体现形式等。因为合作金融是以服务成员为宗旨，所以确立成员资格以及权利与义务是建立合作金融组织的基础。

二是明确联合社的条件与范围。处理好合作社与联合社的关系是建立合作金融制度的一个重点。联合社的范围、跨度、条件、方

式等都值得进一步明确。目前，一些地区出现跨市和跨县的大小联合，这种联合往往会形成更广泛、更深层、更复杂的信用合作关系，更容易形成新一种资金集中模式，导致资金上收而不是下沉，成为新的抽水机。在基层合作组织不发达的情况下，过早地构建高级合作组织，容易偏离合作方向。

三是建立规范的组织（法人）治理结构。要设立章程、成立理事会和监事会，明确分工，加强社员监督，防止内部人控制。

四是建立内部风险防范机制。建立贷款审批和财务管理制度，规范财务和会计行为。要确立合理的农民贷款利率，防止高利率放贷，增加农民负担。要建立风险拨备制度，避免将盈余全部分红，建立财务上的可持续发展机制。

3. 营造农村合作金融组织发展的外部制度环境

一是明确注册登记的基本条件和主管部门。制定出台农村信用合作组织的登记办法。建议对于具有准金融属性的各类资金互助组织进行统一登记，并交省级政府统一管理。

二是建立与农村正规金融机构的发展衔接机制。目前，农民资金互助社存在“同涝同旱”现象。由于农民资金互助社或以行政村或以乡（镇）为单位组建，地理位置相近，农民种养业的生产周期基本相同，互助金供给和需求的同周期性相当严重，为此，鼓励农民资金互助社与正规金融机构实现资金的有效对接，将农民资金互助社季节性的富余资金存放于正规金融机构，以增进农民资金互助社的利益，而农民资金互助社资金不足时以正规金融机构富余资金来弥补，解决农民季节性的资金需求；也可考虑采用转贷、联合贷款、委托贷款、批发贷款等多种方式，打通正规金融机构和农村资金互助组织的资金通道，建立正规金融机构——农村信用合作组织的纵向互联机制，实现农村资金批发—零售渠道。另外，农民资金互助社无须设立门面，只需在正规金融机构开立账户，这既能借助正规金融机构的支付平台，也能减少农民资金互助社的运营成本，避免资金运用风险。

三是明确由地方政府负责农村合作金融组织的统一监管工作。由省级政府指定一个部门具体负责，出台因地制宜的实施意见、扶持政策和培训指导规划，并由省级政府引导市、县级政府具体细化和落实监督职责，对农村信用合作组织的理事、监事和会计等管理人员，加强金融会计知识培训和业务指导。各省级人民政府负责承担最终风险处置的责任和义务。

四是建立国家扶持政策。鉴于农村合作金融组织具有合作性质和“贷款额小、期限短以及社员共享及生产合作”等草根金融特征，建议各级政府从税费优惠、资金扶持等方面加大政策扶持力度。

第五章　新型农村合作金融的三种形式*

一、扶贫资金互助社

为缓解贫困农户发展生产资金短缺问题，推进贫困村和贫困农户可持续发展，2006年6月，国务院扶贫办与财政部开始在14个省区、28个扶贫开发重点县的100个村进行扶贫资金互助社试点工作。2007年，国务院扶贫办、财政部决定进一步扩大试点范围，增加了270个村的试点。2008年5月，《贫困村互助资金试点指导手册（试行）》下发，推动和规范了扶贫资金互助社的发展。与此同时，安徽、四川、陕西、宁夏等省份根据各自实际情况开展了更细更全面的扶贫资金互助社项目。

截至2011年年底，全国28个省（区、市）共计1141个县、16299个贫困村开展了互助资金试点，试点村共有559.67万农户，其中有195.45万户贫困户。试点村入社农户共152.06万户，占总户数的27.17%，其中入社贫困户84.64万户，占贫困户的43.31%。2011年年底，扶贫资金互助社资金总规模33.06亿元，其中：中央财政扶贫资金8.52亿元（占25.8%），各省（区、市）安排专项财政扶贫资金17.57亿元（占53.1%），农户交纳互助金和其他资金6.97亿元。互助社累计发放贷款46.22亿元，其中向贫困户发放借款24.81亿元，占发放借款总额的53.68%；累计借款108.68万人

---

* 注：本章由门炜整理。

次，其中贫困户借款67.5万人次，占62.1%。累计逾期借款9626笔，逾期金额0.4亿元，逾期率0.9%。互助资金主要用于种植（41.4%）、养殖（44.2%）、加工（5.2%）、商业（5%）及运输业和其他（4.2%）。总体而言，大多数扶贫资金互助社能够按照规定要求，突出扶贫宗旨，严格操作程序，贫困瞄准较好，资金用于生产发展，努力实现资金的放大效应。

（一）扶贫资金互助社的内涵与特点

1. 扶贫资金互助社的内涵与性质

根据现行文件规范的对象和指向，扶贫资金互助社是指农民按照自主、自愿的原则，以中央和地方的财政扶贫资金为基础，村民自愿入股，实行互助资金民用、民管、周转使用和滚动式发展的村级互助合作组织。扶贫资金互助社是在目前广大贫困地区普遍面临农村金融体系不健全，金融服务不足的背景下，为解决贫困农户贷款难，增加农民收入而采取的一种扶贫措施。

建立扶贫资金互助社的根本目的是解决贫困农村和贫困农户生产发展资金短缺问题。互助资金的性质体现为“扶贫、互助和合作”。村民加入互助社需要交纳互助金，纳入本金，互助资金由互助社社员采用联保小组方式使用。小组成员彼此提供借款担保，不能按期偿还借款时，其他成员代为偿还。在小组活动时，彼此交流信息，传递技术。互助资金通过资金互助来促进农户的合作，使其在资金借贷上相互担保，在市场信息上相互分享，在生产技术上相互学习。

2. 扶贫资金互助社的特征

扶贫资金互助社是一种金融扶贫组织，其资金规模有限，服务对象主要是贫困村中低收入农户以及贫困户，目的是解决贫困农户贷款难问题，提高贫困农户自我发展能力。

扶贫资金互助社的互助资金在贫困村内周转使用、滚动发展，这种扶贫措施有别于以往政府开展的资金一次性投入使用的扶贫活动。扶贫资金互助社与其他社区基金的区别在于：其资本金主要来源于政府财政扶贫资金，并且由政府扶贫部门来组织和发动。它的定位决定了扶贫资金互助社是农村金融的有益补充，可以帮助解决贫困村、贫困农户生产发展资金短缺问题，并为金融机构培养潜在信誉客户。较之其他类型的金融机构和组织，其特点主要有以下几方面：

一是政府扶持。各级扶贫和财政部门对扶贫资金互助社进行扶持引导，但不直接干预，而是通过财政扶贫资金对扶贫资金互助社进行直接支持，并在此基础上重视加强互助社的能力建设与机制创新，为引导合适的贫困村创建扶贫资金互助社创造较好的外部发展环境。

二是注重农户的参与。在当地扶贫办的引导下，农户全程参与扶贫资金互助社的组建和互助资金的管理，最大限度的发挥农户的创造性和主观能动性。

三是民管民用。扶贫资金互助社的实质是农户自己的互助合作组织，因而扶贫资金互助社坚持把本村农户作为主体，无论是互助社管理人员的选举还是互助资金发放与回收的管理，都由村民自己来进行，并且互助社以本村社员为服务对象，充分显示扶贫资金互助社民管民用的自惠特征。

四是瞄准性突出。扶贫资金互助社以贫困农村的贫困农户为服务目标，有很强的瞄准性。

五是互助资金用途的限制性。互助资金的存在主要是为了解决农村贫困农户在生产发展过程中的资金短缺和贷款难问题，不能对试点村以外的地区进行放贷，不能用作其他商业用途或者参与房产和股市投资等。

（二）扶贫资金互助社发展的必要性

1. 扶贫资金互助社弥补了对贫困农户金融服务的缺位

一是创新了扶贫手段。整村推进、劳动力转移培训和产业化扶贫作为我国扶贫开发的主要内容，其产生和实行时间比较长，在我国的扶贫开发进程中发挥了重要作用。但是，这些扶贫措施都是从改善农民的外部发展环境入手，不能直接向贫困农户提供生产发展所需的资金支持。

作为这些扶贫措施的重要补充，扶贫资金互助社通过集合财政扶贫资金与农户的入股资金，在社员充分参与的条件下为农户的生产发展提供资金支持。互助资金贷款具有偿还性，这种偿还性要求获得贷款的贫困农户必须以此发展增收项目来偿还互助资金贷款和一定比例的占用费。扶贫资金互助社对贫困农户发放互助资金贷款要远胜于一次性无偿拨付或捐赠扶贫资金的扶贫效率。

二是创新了金融服务于贫困人口的机制。经过多年的发展，目前我国的农村金融已基本形成商业金融、合作金融与政策金融并存的格局，在县域经济中并不缺乏各种类型的金融机构，但是大多数金融机构在满足低收入群体扶贫资金需求方面的存在严重不足。商业银行追求利润最大化的经营原则及风险控制的要求，使其逐渐远离农村，必然导致其无法满足低收入群体的资金需求。政策性银行由于其业务范围是特定的，并没有针对低收入群体的融资服务。虽然农村信用社目前仍是服务“三农”的中坚力量，但是农信社的商业化改革和商业银行运作模式已使得其服务目标远离低收入群体，贫困农户难以从农信社得到更多的贷款支持。大多设在县城的村镇银行和只贷不存的小额贷款公司由于其刚性的逐利要求，再加上资金有限，基本上不会为低收入群体提供贷款。从以上分析可以看出，我国农村金融市场缺乏真正为贫困农户和农业生产提供服务的金融组织。

2. 扶贫资金互助社的发展优势

一是扶贫资金互助社利用社会资本控制风险。由于社员之间非常了解，很容易知道哪些社员有生产创收能力以及他们是否有信用。这就使得在互助联保小组讨论社员借款时更能把握其借款额度和创收项目是否合理，从而降低了资金风险。并且互助资金所有权属于全体村民，借款农户不还钱，就相当于不还村里人的钱，将面临更大的社会压力。如果互助社管理正常，借款户一般不会轻易拖欠互助资金借款。

二是扶贫资金互助社比机构性小额信贷更接近服务对象。互助社立足本村，地理位置相对固定和集中，能够收集村内农户非标准化的软信息，如农户的个性特征、人际关系、社会声誉等，从而根据这些信息为农户提供个性化很强的资金借贷服务，并决定是否对其发放借款。

三是扶贫资金互助社内部管理成本相对较低。扶贫资金互助社的内部管理成本远远低于银行业金融机构和小额信贷机构。究其原因：(1) 资金成本明显低于金融机构和小额信贷机构。互助社资金主要来源于财政扶贫资金，且农户交纳互助金不计付利息，资金成本为零。而金融机构或小额信贷机构需支付融资成本。(2) 人员成本明显低于金融机构和小额信贷机构。互助社管理人员很少，并且每月只在固定借还款日前后工作，只需要领取少量务工补助。而金融机构和小额信贷机构管理人员领取全额工资。

四是经营成本明显低于金融机构和小额信贷机构。互助社办公场所一般利用村委会的办公室，相关配套办公设备一般也有财政扶持。

五是扶贫资金互助社能够覆盖正规金融机构难以覆盖的低收入人口。贫困农户很难从金融机构获得贷款是因为这些农户没有抵押物或担保，金融机构对他们是否能够还款缺乏信心。加之贫困户需要的资金量较少，为他们服务的平均成本高，更加使金融机构和小额信贷机构没有积极性。扶贫资金互助社主要利用信用担保和小组联保及社员间的诚信监督运作，保证了资金安全。特别是向有一定生产能力并讲信用的贫困户，提供小额的生产发展资金，在村干部和能人的帮助下发展生产、增加收入。

六是扶贫资金互助社注重农户的参与式发展，提高了农户的参与意识和权利意识。扶贫资金互助社的运行遵循社员共有、共管和共用的原则，从理事会、监事会的选举到互助资金的发放与回收，都是由项目村村民共同讨论决定，强调社员的共同参与，实行民主管理，并在资金发放上对贫困户有一定倾斜。这种对农户进行赋权的过程极大地调动了村民参与互助社管理与决策的积极性，也培养了他们的权利意识和发展意识。

3. 扶贫资金互助社的发展前景

发展扶贫资金互助社是一项扶贫工作，同时也是一项金融活动。扶贫资金互助社不仅在我国新时期的扶贫开发工作中占有重要地位，而且是现阶段农村金融市场的一个重要补充。在扶贫资金互助社发展成熟的地区，农村金融机构可以尝试以互助社为承贷主体为其授信，对于各项发展指标都已成熟的扶贫资金互助社，可以对其稍加改造，形成真正意义上的农村合作金融组织。

（三）扶贫资金互助社发展中存在的问题

1. 发动和动员过程不充分，对扶贫资金互助社缺乏充分认识

大部分农户对互助资金缺乏了解，被动参与，缺乏主动参与管

理的积极性。有些地方互助社社员的民主选举、民主监督只有形式上的保障，而没有实质性的落实，理事会的选举在一些村也是走过场。互助社社员对互助资金的来源以及互助社的组建流程都不是太清楚，对理事会和监事会成员如何产生也没有参与。

2. 联保互助小组比较松散，缺乏互助合作

虽然各个扶贫资金互助社的章程都有成立联保小组的规定，并且都组成了联保小组，但联保只是一种形式，没有发挥实际作用。联保互助小组成员之间比较松散，相互之间缺乏了解、缺乏互帮互助与相互监督的意识。

3. 资金发放与回收方式不科学，使用效率较低

扶贫资金互助社多采用年初发放、年末回收的一次性发放与回收的方式发放贷款，由于互助资金不能滚动运转，使得互助资金的资金周转率降低，从而大大制约了互助资金作用的发挥。加之农村种养殖业的季节性和周期性很强，这种资金发放方式会造成农户需要资金的时候互助社没有钱借，不需要的时候也不得不借的情况。

4. 财务管理机制不健全，管理人员能力亟待提高

扶贫资金互助社没有形成完整的财务管理流程的约束体系，会计工作基础相对薄弱，造成互助社财务管理比较混乱的局面。由于缺乏专业知识和规范的会计实务操作经验、对财务管理制度缺乏了解，与互助资金的财务管理要求相比存在较大的差距。

5. 内控机制不健全，易发生操作风险

扶贫资金互助社管理的随意性很大。尽管大部分互助社均设立了监事会，但实际中很难发挥其应有的效用，形同虚设。此外，理事长多由村干部兼任，容易造成权力寻租，导致互助资金的违规使用。作为资金互助社的管理人员，村干部并不具备相关资质，不了解相关金融知识，不熟悉互助社的相关业务，缺乏风险意识，极易

导致操作风险的发生，从而给互助社带来损失，不利于扶贫资金互助社的可持续发展。

6. 应对风险的能力低，出现风险时缺乏化解能力

互助资金利用熟人社会的信用担保，保证互助资金借款安全。但随着借款额度的增加，社员选择不还款的道德风险也会增加。借款额度占家庭财富的比例越大，拖欠的风险就越高。如果不能迅速解决拖欠问题，一部分借款农户就会出于自身利益或者抱着不还款的侥幸心理选择不还款，

7. 互助资金总量小，难以满足社员的资金需求

扶贫资金互助社的资金来源主要依赖财政资金的现象比较突出，村民缴纳的互助金占资金总额的比例一般都低于 50%，但财政补助原则上只能给予一次，资金规模难以壮大，不能满足互助社持续发展的需求。目前全社会的捐赠机制和氛围还未完全形成，扶贫资金互助社一般难以收到大规模社会捐赠资金。其他银行业金融机构也缺乏支持扶贫资金互助社的具体融资政策。资金来源不足导致现有互助资金难以满足广大社员对互助资金的旺盛需求，从事农业生产的农户对贷款的需求往往比较集中，在资金需求高峰期发生资金短缺时，扶贫资金互助社得不到外部流动性的支持，很难满足所有农户的贷款需求，社员信贷满足度不高，使得扶贫资金互助社发展受到严重制约。

8. 外部监管缺位

扶贫办作为扶贫资金互助社的直接监管部门，工作人员大都缺乏这些方面的知识储备，从而导致监管的非专业性。由于外部监管不到位，互助社运行过程中违规问题不能被及时发现和纠正。再加上负责扶贫资金互助社监管的岗位多是兼职担任，又缺乏经费支持和激励，导致互助社监管人员缺乏监管动力。

二、农村资金互助社

2006 年颁布的《中共中央国务院关于推进社会主义新农村建设的若干意见》明确要“引导农户发展资金互助组织。”这是中央首次将“资金互助”提上议事日程。2007 年，银监会颁布《农村资金互助社管理暂行规定》、《农村资金互助社示范章程》及《农村资金互助社组建审批工作指引》，对设立农村资金互助社作了明确规定。至 2014 年年底，银监会批设的农村资金互助社共 49 家，实收资本 2.06 亿元，贷款 7.9 亿元。

（一）农村资金互助社的特征

按照规定，“农村资金互助社是指经银行业监督管理机构批准，由乡（镇）、行政村农民和农村小企业自愿入股组成，为社员提供存款、贷款、结算等业务的社区互助性银行业金融机构。”“有 10 名以上符合本规定社员条件要求的发起人，有符合本规定要求的注册资本，在乡镇设立的，注册资本不低于 30 万元人民币，在行政村设立的，注册资本不低于 10 万元人民币，注册资本应为实缴资本，有符合任职资格的理事、经理和具备从业条件的工作人员，有符合要求的营业场所，安全防范设施和与业务有关的其他设施。”

新型农村资金互助社是真正的合作金融组织。合作金融是指为了改善自身的经济条件，获取资金融通服务或经济利益，社会经济中的个人或企业，按照自愿入股、平等互利、民主管理的原则成立的金融组织。农村资金互助社作为合作金融组织，主要有四个特征：

一是合作性，这个特征使资金互助社区别于其他的政策性、商业性金融，资金互助社实现了经济弱者的资金联合，是真正的“草根金融”；

二是互助性，农村资金互助社是一种互助合作的金融形式，它不以盈利为目标，主要为社员提供相关金融服务；

三是灵活性，农村资金互助社规模相对较小，手续简便，能快捷地为社员提供资金融通服务，同时各地资金互助社通过灵活的合作，不仅能为分散的小农经济提供资金支持，还能为规模较大的合作经济组织提供金融服务；

四是地域性，资金互助社的地域范围较窄，社员之间信息对称，有利于形成“小而精”的植根于农村的内生性合作金融组织。

（二）农村资金互助社的功能

1. 融通资金功能

目前，我国农村金融分为政策性金融、商业性金融、以农信社为代表的合作金融及相关的民间金融。政策性金融主要为国家农业基础设施建设提供资金支持。商业性金融信贷门槛较高，对借款人资格及相关担保人经济状况的审核严格，主要提供农村金融服务的农业银行在近些年也收缩了县以下机构网点。作为合作金融的农信社在发展过程中逐渐偏离合作性质，而民间借贷的高利率更让农户望而却步，造成农户的融资需求难以得到满足。而规模较小、交易费用较低的农村资金互助社，与中小经济体具有天然的兼容性。作为弱势群体的农户通过资金联合的方式组建资金互助社实现互助，可以解决单个社员不易解决的融资难题。

2. 减贫功能

弱势的农户通过加入新型农村资金互助社实现资金的融通调剂，解决资金困难。贫困农户利用资金互助社贷款发展农业生产，不仅能促进农业和农村经济发展，提高农户经济收入，改善贫困农户的福利状况，减缓我国农村贫困的状况，而且从根本上打破了落后地区贫困农户在缺乏农业生产资金时容易造成“低收入—融资难—低生产投入—低生产效率—低收入”的恶性循环怪圈，实现贫困农户脱贫致富、改善生活的目标，扭转了贫困农户难以获得支农金融服务的局面。入社农户也可用获得的资金解决生活中的不时之需及用于子女教育、疾病的治疗等，增强可持续发展能力。总之，资金互助社在提高我国贫困农户的收入水平、改善生活、减缓贫困等方面具有一定的贡献作用。

（三）农村资金互助社发育过程中存在的问题和困难

在各有关方面的共同努力下，农村资金互助社试点以来取得了较大发展，有效地促进农民开展金融合作，一定程度上缓解了农民融资难题，但在发育过程中也存在诸多问题。

1. 农户入社积极性不高

农民是资金互助社的主体，资金互助社是农民自己的组织，只有广大农民积极参与互助社，互助社才能得以成立并实现较快发展。农村资金互助社是近几年在广大农村地区组建起来的新型金融组织，由于缺乏较好的宣传，我国绝大部分农户对资金互助社这一组织缺乏正确的认识。目前互助社缺乏具体的法律支持，只有银监会制定的《农村资金互助社管理暂行规定》和《农村资金互助社示范章程》对互助社做了相关规定，使广大农民担心政策有变，入社积极性不高，互助社经营者也没有长期的打算。以上这些使农户对互助社存有各种疑虑，不敢贸然加入互助社。

2. 社员素质参差不齐

作为新型农村金融机构，资金互助社的经营管理者应该具备较高的金融理论水平和金融机构管理经验。但从互助社的实践来看，绝大多数互助社的管理人员都是农户兼任的，不仅综合素质不高，而且也不熟悉相关的金融业务，更未形成职业经理人制度。互助社社员的素质成为拓展业务的瓶颈制约，业务工作开展困难，难以防范金融风险和拓展信贷业务。许多农户只是出于获得融资服务的目的加入资金互助社，对资金互助社这一金融组织不够了解，也不关心互助社的相关业务，难以形成对互助社的归属感，影响了资金互助社的健康发育。因此，农村资金互助社要实现良性发育，吸引人才加盟、提高社员素质是重中之重。

3. 成员间沟通、协调难度大

农村资金互助社社员来源复杂，沟通、协调难度较大。资金互助社的社员中，不仅有农民、个体工商户、民营企业，还有农民专业社。农民专业合作社、民营企业资金需求期限较长、额度较大，而农民的资金需求额度较小、时间较短。另外，作为骨干成员的民营企业往往不仅有经济资源，还有一定的社会资源，能对组织最初的制度订立和互助社日常的管理决策产生较大的影响，在对互助社有限资金的分割中占据优势地位。组织角色和融资需求的较大差异增大了互助社成员间的沟通协调难度，使互助社的健康发育受到影响。

4. 资金缺乏

资金互助社的注册资本金较少，主要以社员入社费和入社股金为主要资金来源，且一般限制个人股金投入最高为全社总股金的。《农村资金互助社管理暂行规定》中明确互助社只能通过同业拆借、社会捐赠、社员存款这三种方式来获得资金。在试点过程中，由于互助社缺少中央政府的“隐性担保”，互助社很难从其他金融机构获得贷款。资金互助社还不具备通过金融市场发行金融债券进行直接融资的条件，也没有相关渠道和政策来引导保险资金等社会资金的进入。以上种种情况使农村资金互助社在发育初期就遭遇了资金瓶颈，影响了互助社的健康发育。

5. 地区之间发育不平衡

我国西部地区经济发展相对落后，拥有农村资金互助社的生存土壤，而中东部地区经济相对发达，更加适合村镇银行等其他商业银行的发展。另外，我国西部地区金融服务落后，发育资金互助社可以填补农村金融服务空白，满足农户的融资需求，从而促进我国西部地区经济的发展。

6. 互助社在发育过程中被边缘化

新型农村金融机构试点，为我国农村金融体系注入了活力。但从金融新政执行的情况来看，由于村镇银行有较完善的企业治理结构、规范的经营管理制度、较强的风险管理能力，吸储能力更强，能够提供较多有效信贷，并提供银行卡、存款、贷款、结算、票据和代理业务等金融服务，能为农村经济发展提供更大资金支持。另外，对选择设立哪类新型金融机构，地方政府有较大的决策权。在实践中，地方政府往往更愿意扶持村镇银行的发展，而忽视对农村资金互助社的支持。

三、农民专业合作社开展的信用合作

农民专业合作社开展信用合作是专业合作的一种形式，是指经农民专业合作社成员之间，以产业为纽带，以成员信用为基础，由本社全部或部分农户成员自愿出资筹集互助资金，为本社成员发展专业化生产提供互助资金借款业务的资金互助性业务活动。

根据农业部的统计数据，截至 2014 年 3 月月底，全国农民专业合作社开展信用合作的达到 2000 多家，参与信用合作的成员 19.9 万人，累计筹资 36.9 亿元，累计发放借款 42.4 亿元。

（一）信用合作的主要类型

第一，从信用合作的形式来看分为货币信用合作和商业信用合作。货币资金的信用合作即资金互助，社员出资入股形成互助资金，然后再将互助资金贷给有需求的社员。商业信用的合作包括两种类型：一是实行赊销回购补偿，即合作社先垫付资金向成员赊销农业生产资料，再通过购销成员的农产品收回垫付的赊销款，为成员发展生产提供资金信用服务。二是有偿调剂购销账款，即合作社通过有偿的办法鼓励有条件的成员将销售给合作社的农产品结余账款留存在合作社，由合作社有偿或无偿支持缺钱的会员购买生产资料，发展专业生产。

第二，从信用合作的业务内容来看分为单一内部资金互助和内部资金互助＋互助担保（联保）。单一内部资金互助是指合作社开展的信用合作仅是通过调节成员的资金余缺，满足资金缺乏社员的生产资金需求。内部资金互助＋互助担保（联保）是指除了内部资金互助外，合作社以互助资金为担保，帮助社员从合作社外部金融机构获得贷款。

第三，从信用合作资金用途来看分为互助资金仅用于发展生产和互助资金兼顾生产与生活需求两种。一些开展信用合作的合作社互助资金仅用于生产，不得用于投资回收期超过一年的生产和资产性投入。有的合作社规定其互助资金既可以用于生产也可用于生活，

第四，从信用合作股金来源看分为全部由成员入股和成员入股＋外部资金注入两种。大多数开展信用合作的合作社股金主要来源于全体或者部分社员出资，通过内部调剂满足社员发展生产的资金需求。也有一部分合作社互助资金除了来源于社员出资外，还有外部资金注入，主要有两种类型，一种是政府为鼓励农民专业合作社开展信用合作给予的财政扶持资金，另一种是由龙头企业、运销大户或者与合作社有密切的产品供销关系或技术信息关系的其他组织出资入股。

第五，从信用股金的类型看分为现金入股和土地＋现金入股两

种。现金入股是指成员以货币资金出资入股，这种方式占较大比重。还有的合作社采取“土地入股+现金入股”的方式开展信用合作，这类合作社主要位于中心城市近郊，新农村建设起步较早，有土地流转的需求。

（二）农民专业合作社信用合作的优势

与农村资金互助社相比，农民专业合作社开展信用合作更符合农村发展的实际，具有更大的灵活性、便利性，能够覆盖更广范围的农户。

第一，具有更大的灵活性。农村资金互助社过于强调区域性，将其级别与乡镇（或行政村）挂钩；一些银行业监管门槛也限制了其业务的灵活性，例如要求在乡（镇）设立的注册资本不低于30万元人民币，在行政村设立的注册资本不低于10万元人民币；有符合任职资格的理事、经理和具备从业条件的工作人员；有专门的经营场所，筹建和设立程序复杂。而农民专业合作社开展信用合作则没有上述条件的限制，只要社员（代表）大会表决通过即可，因而具有更大的灵活性。

第二，覆盖农户范围更广。截至2012年6月月末，全国经银监部门批设资金互助社49家，自2007年银监会发布《农村资金互助社管理暂行规定》给予合法地位算起，平均每年审批通过的互助社约10家。农村资金互助社主要面向社员提供服务，相比信用合作，49家资金互助社覆盖的农户数量是相当有限的。

第三，更符合农业生产和农民资金需求的特点。农民资金需求的特点是单笔业务小、周期短、季节性强、时效要求高尤其是赶农时的时候农民需要在尽可能短的时间内拿到贷款。信用合作贷款手续简便快捷，贷款发放只需遵循合作社关于信用合作的章程，除规定社员的最高贷款金额外，没有其他限制性要求，更加贴合农村资金需求特点。

第四，运营成本更低。农村资金互助社要求有符合要求的营业场所、安全防范设施和与业务有关的其他设施，有符合规定任职资格的理事、经理和具备从业条件的工作人员，从实践情况看其年运营成本一般都在5万元以上，远高于农民专业合作社信用合作组织运作成本。

（三）农民专业合作社开展信用合作的主要问题

1. 资金未发挥应有的作用

对农民专业合作社的调查发现，一定时期内累计贷款总额远远低于社员缴存资金总额，这说明内部信用合作集中起来的资金并未发挥其应有的作用，并没有应用到急需资金的农业生产中，没有帮助农户切实解决资金困难，反而存在社员集资供合作社牵头企业使用资金的可能。

2. 部分内部信用合作利率设计不规范

在对开展内部信用合作的专业合作社的利率数据进行调查发现，不同合作社存款利率在3%～12%之间浮动，差别巨大；同样，不同合作社借款利率在2%～10%之间波动。总之，内部信用合作的利率在不同合作社内部还存在显著的利差，有的合作社甚至利差倒挂，最严重的为负利率。

3. 内部信用合作意愿较强但缺乏必要准备

对没有开展内部信用合作的合作社进行调查发现，一半以上的合作社希望开展内部信用合作，不同合作社期望出资进行内部信用合作的金额高低不等，最多的相差10倍，多数集中在50万元以下。几乎所有合作社认为开展信用合作需要农村经济管理部门的指导和帮助，以及相关部门的指导和培训，而自身对内部信用合作的制度并不十分了解，马上开展信用合作存在准备不足的问题。

第六章　我国农业保险情况和政策建议*

我国新中国成立初就开办了农业保险，1958年停办，直至1982年才开始重新试行农业商业保险试验。但是1985年至2004年间，农业保险两年微利、18年呈现亏损，其间农业保险业务平均综合赔付率超过120%，农业保险规模逐渐萎缩。2004年以来，农业保险在地方政府支持下有一定发展。2007年中央财政首次对农业保险进行补贴，我国政策性农业保险事业进入了跨越式发展的新阶段。

2007年以来，发展农业保险成效显著。农业保险试点覆盖到所有省份。农业保险中央补贴品种15个，涵盖了主要粮食作物、经济作物、糖料作物及畜牧业品种，各地方发展了当地特色农业保险险种。开展农业保险业务的保险公司约30家，适度竞争的农业保险市场格局初具雏形。2007年至2013年，农业保费收入从51.8亿元增长到306.7亿元，年均增速34.5%；主要农作物承保面积占全国播种面积的比例由10%扩大到45%；农业保险提供的风险保障从1126亿元增长到1.39万亿元，年均增速52%。2013年参保农户达到2.14亿户（次）。

一、我国农业保险主要做法

经过多年实践，我国逐步建立健全了农业保险制度，主要做法是：

（一）完善法律法规，进行顶层设计

2002年修订的农业法规定：国家逐步建立和完善政策性农业保

---

* 注：本章由王观芳整理。

险制度；鼓励扶持农民和农业生产经营组织建立为农业生产经营活动服务的互助合作保险组织，鼓励商业性保险公司开展农业保险业务。2004 年至 2013 年，每年的中央 1 号文件都对发展农业保险提出要求。2012 年 11 月，国务院颁布了农业保险条例，并于 2013 年 3 月 1 日起正式实施，我国农业保险事业纳入了法制化轨道。

《农业保险条例》明确发展政策性农业保险的定位，规定了农业保险坚持“政府引导、市场运作、自主自愿和协同推进”的原则，细化了具体促进措施、各级各部门职责，规范了农业保险经营和农业保险合同，为发展农业保险提供了法制保障。

（二）坚持政府引导，发展政策性农业保险

健全政策性农业保险制度，坚持政府引导原则，制定支持政策促使商业性保险公司愿意进入农业保险市场。确立了省级政府主导的发展模式，省级人民政府确定适合本地区实际的农业保险经营模式，强化了地方政府发展农业保险的责任。各级政府在制定农业保险条款和保险费率、审定保险公司市场准入资格、监督和审计保险公司合规经营、协调组织农业保险发展等方面都发挥了重要作用。

（三）实施财税优惠，支持农业保险发展

实行保费补贴，中央财政对涉及国计民生的 15 类主要品种分区域和品种给予 25% ~40% 的补贴，省级财政配套 25% ~30% 的保费补贴，市县两级也提供 10% ~15% 的保费保贴。地方特色优势农产品主要由地方政府给予保费补贴。一些地方政府根据当地实际，给予农业保险经办机构一定比例的经营管理费用补贴。税收优惠方面，国家免征农险业务的营业税和印花税，所得税纳税基数按照 90% 计算。

建立财政支持的大灾风险分散制度，农业保险公司应当提取大灾风险准备金，有稳健的农业再保险和大灾风险安排以及风险应对预案。一些地方政府探索了财政支持机制，如江苏建立了政府与经办机构按比例共担超赔风险的机制，北京规定了不同情况下政府承担的风险责任。

（四）坚持市场运作原则，保障农民选择权利

政策性农业保险制度不影响其他商业保险进入“三农”保险市场。政府不设立专门的政策性农业保险公司，农业保险经营机构可以是商业保险公司，也可以是农业互助保险组织。政策性农业保险按照市场原则运作，农业保险经办机构自主经营、自负盈亏，农民自愿参加农业保险。为促进农业保险适度竞争，一些地方如北京市明确规定，每个区县至少有两家以上的保险公司承保，农民可以自愿选择是否参加保险，自主选择在哪家保险公司参保。任何单位和个人不得利用行政权力、职务或者职业便利以及其他方式强迫、限制农民或者农业生产经营组织参加农业保险。

（五）规范农业保险经营和农业保险合同

开展农业保险业务必须经过审批，未经依法批准，任何机构和个人不得经营农业保险业务；保险公司经营农业保险业务，应当与其他保险业务分开管理，单独核算损益；保险条款和保险费率应当审批或备案，凡是财政给予保险费补贴的险种，保险机构应当在充分听取省、自治区、直辖市人民政府财政、农业、林业部门和农民代表意见的基础上拟订保险条款和保险费率；投保的主体可以是农民、农业生产经营组织，也可以由农业生产经营组织、村民委员会组织农民投保；承保、理赔应当公示，保障农民的知情权，保障农民依法获得赔付的权利。

二、农业保险存在的主要问题

（一）农业保险的发展与实际需求还不相适应

近年来我国农业保险发展很快，但是总体来看还不能适应农业和农村经济发展的需要。一是农业保险覆盖面不足。2013 年农业保险保障总额为 1.39 万亿元，约占农业总产值的 14%。中央和地方财政的支持的农业保险品种仍然较少，很多特色或小品种农产品尚未纳入农业保险。二是保障水平低。多年来农业保险采取了低保障原则，保险金额基本覆盖直接物化成本，没有考虑劳动力成本和土地流转成本。2013 年玉米、水稻、小麦三大主粮作物的风险保障程度仅占全部生产成本的 33%。三是保险条款和保险费率单一。不少省份统一制定保险条款和保险费率，然后加以推广，容易忽视不同地域的自然状况和不同农户的实际需求。自然灾害频发的地区和风险较高的农户愿意投保，自然灾害少的地区和风险低的农户投保意愿不高。四是农业保险针对性不够。分散小农户农业收入占总收入比重小，对遭受灾害后的保险赔偿不敏感，投保积极性不高；规模经营主体追求农业经营的营利性和抗风险性，对风险保障的需求强烈，但农业保险的赔偿仅占成本的三分之一，不能满足其恢复再生产的需要。

（二）农业保险财政补贴的效果有待增强

农业保险财政补贴的效果受到质疑。一是财政资金的杠杆撬动效应下降。对种植业主要补贴品种，中央与省级财政的保费补贴为 60% ~65%，加上市县财政补贴比例，一些地方的保费补贴甚至超过了 85%。农业保险的赔付资金低于财政补贴金额。据某省 2007 年至 2010 年的资料，各级财政对农业保险的补贴总额为 28.7 亿元，而四年的累积赔款为 22.91 亿元，占财政补贴资金的 79.8%。有观点认为，发展农业保险不如直接实施灾害救济。二是对经办农业保险的管理费用和利润率没有硬性规定，难以平衡保险公司营利要求与农民受益之间的关系。实际上近年来农业保险成为保险公司盈利的主要增长点，有人因此认为政府的农业保险补贴主要补贴了农业保险经办机构。三是农业保险财政资金非正常流失，农业保险虚假投保、赔款被截留或贪污挪用等问题比较突出。

（三）农业大灾风险分散的政府支持机制还不完善

我国农业再保险市场不发达，农业保险的再保险依赖国外市场，导致再保险市场不稳定，再保险保费净流出。农业保险条例规定了国家建立财政支持的农业大灾风险分散机制，但是中央一级至今还未出台大灾风险分散机制的具体办法。由于缺乏中央的制度安排和具体指导，省级相关制度的建立和完善也受到影响。

（四）农业保险管理和服务水平还不高

农业保险的管理和服务水平还不适应农业保险点多面广的特点。一是基层服务网络不健全。保险经办机构在乡镇和村级的机构网点和专业人员力量不足，普遍依托基层政府和村级组织开展农业保险业务，但是双方的权责不清晰，各项监管要求难以落到实处，导致出现了不少问题。二是承保、理赔不规范。承保过程中保险标的情况不清，保险受益人审查不严，一些不符合承保标准、不具有保险利益的组织和个人也被纳入参保范围。理赔过程中，一些保险机构只通过简单抽样查勘定损，没有做到定损到户。有的采取理赔款打包给乡镇政府或村级组织的方式，没有做到理赔到户、赔款公平分配到户。三是没有充分保障农民的知情权和受益权。一些地区没有征得参保农民意见统一投保、统一收费或垫交保费，导致农民对自身参保情况不清，遭受灾害后也难以主张理赔的权利。

（五）农业保险法律体系还有待完善

一是农业保险条例的有些规定还缺少具体可操作的细则，执行约束力不强。不同省份农业保险发展水平与省级政府的重视程度相关，地区间农业保险发展不平衡，一些省份农业保险发展比较缓慢。保险条款和保险费率的拟定机制不完善，农民等投保主体参与农业保险条款制定的方式不明确。农业保险信息共享机制还没有建立起来。

二是对基层政府和农技推广机构等代办组织以及村级组织等农业保险的重要参与主体，缺少规范的管理办法和监督机制；对农业保险经办机构的经营管理进行监督和考核的制度还不完善；对保障县域内农业保险市场适度竞争缺少具体规定。

三、完善我国农业保险制度的建议

完善我国的农业保险制度，必须针对实际存在的问题制定具体可操作的解决办法，同时更应当注重制度建设。

（一）发展“水平适当、有效覆盖”的农业保险

确定农业保险“水平适当、有效覆盖”的发展方向，改变长期以来的低保障方针，提供差异化保障水平、多档次的农业保险产品。评定不同区域和不同农业产业的风险等级，确定保险费率、起赔点、免赔额。针对不同农业生产经营者的需求，可以探索建立“基本保险＋补充保险”的农业保险体系。对重要农产品确定一个基本保险，中央财政和省级财政承担较大比例保费补贴；在此基础上，农民可以自主自愿投保更高额度的商业保险，政府对商业保险给予适度保费补贴，实现对农业基本保险的补充。基本保险要能够覆盖物化成本、劳动力成本，并动态调整。

（二）提高财政资金使用绩效

确立农业保险业务的非营利性原则。要确定农业保险经营指导费用率和利润率。农业保险的利润率水平必须低于保险业整体利润水平；超过部分的利润，一部分转化为风险准备金，一部分转为下一年度的保费补贴，降低农民缴纳的保费或政府补贴。

财政资金的投入要达到规模最优、配置最合理、效用最大化。要建立衡量农业保险补贴效果的指标体系，评价补贴政策对农民购买农业保险积极性的影响、对农民收入稳定性的作用、对农民生产积极性的影响、财政资金到达农民的比例、财政资金非正常流失率等。研究各地农业保险实践，总结经验和规律，找出最优的补贴办法和补贴比例。针对影响财政补贴效果的因素，采取相应措施，调整财政补贴比例和具体操作办法。

（三）尽快完善农业保险大灾风险机制

建立中央和地方财政共同支持的、保险公司参与的多层次农业大灾风险转移分担机制。完善再保险机制，政府成立再保险公司或建立再保险基金，为农业保险提供再保险。政府再保险公司或再保险基金要遵循保本微利、年度间盈亏互补原则。建立各方风险共担机制，北京建立了多层次风险分散机制，赔付率160%以下风险由保险公司承担，160%～300%部分由政府购买再保险解决；300%以上部分由政府采取“一事一议”方式解决；江苏建立了风险责任共担机制，按照一定比例（目前是5∶5）将保险收入分别计入政府农业保险基金和保险经办机构保费收入，政府和保险机构也按照此比例的承担风险。应当研究总结这些地方的经验，建立政府、保险公司、再保险公司的责任分担机制。同时，研究建立巨灾紧急融资制度。

（四）创新农业保险指数产品

区域产量保险、天气指数保险和价格指数保险能够消除确定农产品损失过程中的人为因素，降低道德风险。而且，这类保险的定损、理赔成本比较低，效率比较高，可以较好地解决传统农业保险操作麻烦、成本较高的突出问题。上海、成都等地已经开展了蔬菜价格保险，北京等地开展了生猪价格保险，安徽探索了天气指数保险，都取得了一定的成效。要在总结各地经验的基础上，探索指数类保险的规律，逐步扩大试点范围。

（五）提高农业保险经营管理水平

保障农民知情权和受益权。一是投保要透明。保单应当通俗易懂。监管机构应当提供简明易懂的农业保险合同示范文本，为各农业保险经办机构提供参考。农业保险经办机构要将开展的农业保险种类、保险费率，以及赔偿标准等张贴到有关村庄。在组织投保时要切实加强农户签字确认和保单复核工作，确保承保标的产权清楚、数量准确，承保受益人明确。二是定损工作要严谨。定损抽样要有代表性，针对不同受损程度应当分别抽样定损。三是理赔要公平、到位。扎实做好理赔结果公示，保障农民了解自身权益。借鉴国家发放农业补贴的经验，将保险理赔款直接通过银行卡发放给农民。严厉打击截留、挪用、贪污理赔款等违法犯罪行为。要出台规定，禁止采用将理赔款打包给乡政府或村组织的统赔模式。

（六）加强农业保险监督管理

一是确立农业保险参与主体的监督管理制度。规范政府在农业保险市场的职能作用，减少行政干预。对协助办理农业保险的基层政府部门和组织农民投保的村级组织，要加强监管，严厉打击截流、挪用、贪污农业保险资金的行为。二是加强对经办机构的监督管理。

加强业务合规经营的监督，对违反业务管理要求、损害农民利益、违规违纪违法行为坚决予以处罚，情节严重的要取缔其经营资格。三是建立健全农业保险公司考评制度。加强对农业保险公司经办能力、经办水平和为农服务效果的考核。研究建立农业保险市场退出机制。

（七）将农业保险作为农村金融立法的重要组成部分

农业保险、农业信贷相互联系，相互促进，都是农村金融服务体系的重要组成部分。农业保险条例规范促进了农业保险发展，但作为行政法规，与法律相比权威性和稳定性不够，与农村金融其他领域的相互协调性较差。农业保险条例本身也有需要完善的地方。农村金融立法应当将农业保险作为其中的一部分，综合进行制度设计，增强农村金融各项制度和政策措施的系统性和协调一致性；而且通过农村金融立法也可以进一步健全和完善农业保险制度。

农村金融立法在完善农业保险法律制度方面，应当着重考虑以下内容：明确农业保险“保障适度、有效覆盖”的方针，建立“基本保险＋补充保险”的农业保险体系；确立农业保险的非营利性原则；完善农业保险财政补贴制度，加强财政补贴资金绩效考核；鼓励发展合作制农业保险发展，创新农业保险产品；规范农业保险业务的监督和考核，建立市场退出制度；明确农业保险涉及的各级政府、有关部门和代办机构的责任和行为规范，防止过度干预和监管不力；强化法律责任，严厉打击农业保险违法违规行为。

第七章 完善农村金融财政和税收政策*

一、财政扶持政策

（一）涉农贷款增量奖励政策

涉农贷款增量奖励政策自2008年开始实施。增量奖励政策以涉农贷款平均余额增长幅度为主要考核对象，辅之以涉农贷款质量，对余额超增部分给予一定比例的奖励，即对当年涉农贷款平均余额同比增长超过15%的部分，由各级财政按2%的比例给予奖励；对年末不良贷款率高于3%且同比上升的县域金融机构，不予奖励。申请增量奖励的小额贷款公司，还应建立较为完善的风险管理和内控制度，经营运作良好，且各项指标符合地方监管部门要求。

县域金融机构涉农贷款增量奖励试点范围

时间	数量	省区市名称
2008年	5	黑龙江、河南、湖南、云南、新疆（包含广西田东县）
2009年	3	内蒙古、江西、安徽、
2010年	10	江苏、河北、辽宁、吉林、山东、湖北、广西、四川、陕西、甘肃
2013年	7	山西、福建、海南、重庆、贵州、西藏、青海

自涉农贷款增量奖励政策实施以来，激发了县域金融机构的支

* 注：本章由王瀚整理。

农积极性。2009 年至 2013 年，中央和地方财政累计向 1.32 万家次县域金融机构拨付奖励资金 156.91 亿元，试点省区涉农贷款增幅比全国平均水平高 2.42 个百分点。东、中、西部地区县域金融机构分别获得中央奖励资金 5.64 亿元、33.19 亿元、50.23 亿元。

增量奖励政策实施后全国涉农贷款投放情况

年份	2009 年	2010 年	2011 年	2012 年	2013 年
涉农贷款余额（万亿）	9.1	11.8	14.6	17.6	20.8
占全国各项贷款余额比例（%）	21.5	23.1	25.1	26.2	27
同比增长（%）	32	29	24	21	18

目前，县域金融机构涉农贷款增量奖励政策在条件设定、涉农贷款认定、政策适用范围等方面还有待进一步完善，主要表现为：一是涉农贷款统计范围待完善。奖励政策针对涉农贷款类型，是按承贷主体为标准划分的，如果以贷款用途标准划分，“农村基础设施建设贷款”“农田基本建设贷款”等与农业农村经济社会发展密切相关的涉农贷款，享受不到增量奖励政策。二是政策适用范围待完善。目前，农业发展银行有县域支行 1669 个，已累计投放农业农村基础设施建设贷款 1.37 万亿元，重点用于农田水利和新农村建设，但农发行县域支行不在政策适用范围内。有些城市近郊的市辖区，农业人口比重较大，主要从事农业生产经营，但按照目前的规定，县级区的金融机构不在奖励政策范围内。三是最低增量标准待完善。从全国情况看，政策实施以来，全国涉农贷款投放数量有了较大提升，但增速是逐步放缓的，由 2009 年的 32% 下降到 2013 年的 18%，说明随着涉农贷款投放基数的加大，保持较高增速存在一定困难，如果维持 15% 的最低增量标准，对一些金融机构而言困难不少，持续达到最低增量要求的后劲不足，如果因此享受不到奖励政策，将影

响其支农积极性，也可能出现一些金融机构因达不到15%的最低增量条件，转而放弃投放涉农贷款。四是各级财政分担比例有待完善。一些贫困县的县级财政配套资金较困难，如2009年在云南省未配套或未足额配套县级奖励资金的县中，有40个国家级贫困县、19个边境县。此外，涉农贷款的增量奖励资金是对金融机构的奖励，涉农贷款出现呆坏账则要对信贷工作人员追责，奖励政策没有传导给信贷人员，这在一些国有商业银行有所体现。

建议：一是进一步增加涉农贷款增量奖励政策的普惠性。将实施奖励政策的地域范围扩大到全国全部省区市。扩大奖励政策的适用对象，明确符合条件和标准的农业发展银行可以享受涉农贷款奖励资金，在符合条件的地区扩大小额贷款公司试点范围。二是设定合理的奖励标准和比例。制定弹性的最低增量标准，设定增量浮动区间并设定相应的奖励比例。按照“鼓励增量，兼顾存量”原则，加大奖励资金投入力度，将目前以余额超增部分为基数奖励，调整为以全部涉农贷款增量为基数奖励。提高中央财政对欠发达地区奖励资金的分担比例，免除粮食主产县和贫困县的奖励资金配套，由省级财政负担。

（二）定向费用补贴政策

定向费用补贴政策自2008年开始实施。补贴对象主要包括两类主体：一是村镇银行、贷款公司、农村资金互助社等新型农村金融机构。截至2013年年底，全国已设立且营业的新型农村金融机构1050家；二是基础金融服务薄弱地区的银行业金融机构及网点（自2010年起），银监会2013年认定了西部12个省区市的2255个乡镇为金融服务薄弱地区。

2013 年基础金融薄弱地区分布

省区市	乡（镇、苏木）数量
内蒙古	41
广西	37
四川	982
重庆	5
贵州	175
云南	122
西藏	287
陕西	120
甘肃	91
青海	156
宁夏	25
新疆	214
总计	2255

新型农村金融机构享受补贴的条件是当年贷款平均余额同比增长，并且当年涉农贷款和中小企业贷款平均余额占全部贷款平均余额的比例高于70%（含），其中村镇银行还必须满足年均存贷比高于50%（含）。对符合以上条件的新型农村金融机构，按其当年贷款平均余额的2%补贴。对于基础金融服务薄弱地区的银行业金融机构及网点，享受补贴不设条件，按其当年贷款平均余额的2%给予补贴。涉农贷款包括人民银行《涉农贷款专项统计制度》中规定的各种涉农贷款类型。定向费用补贴政策有效缓解了新型农村金融机构设立初期经营成本高、财务压力大的困难。截至2013年年底，已累计拨付补贴资金77.26亿元（2009年补贴资金为4189万元），90%

的新型农村金融机构设在县及县以下地区，中西部地区数量占比超过60%。

2009年以来新型农村金融机构发展情况

机构类型	2009年	2010年	2011年	2012年	2013年
1. 新型农村金融机构数量（个）	173	395	785	863	1050
（1）村镇银行	148	349	726	800	987
（2）贷款公司	8	9	10	14	14
（3）农村资金互助社	17	37	49	49	49
2. 小额贷款公司数量（个）	1334	2451	4282	6080	7839

注：统计新型农村金融机构数量为当年正式营业的机构数量。小额贷款公司不属于新型农村金融机构，列入表内只为对比两者发展情况。

定向费用补贴政策对新型农村金融机构设立了实施期限，随着补贴期限的结束，一些新型农村金融机构开始出现离农脱农倾向，将贷款业务由涉农贷款向非农转变，偏离了政策制定的初衷。

建议：一是扩大定向费用补贴范围。将新组建的农村商业银行、农业银行三农金融事业部纳入定向费用补贴范围。不断扩大基础金融服务薄弱地区范围，在将金融机构和金融服务空白乡镇全部纳入薄弱地区的基础上，将中东部地区的革命老区、贫困地区等地方的乡镇纳入补贴范围。二是合理设定补贴期限和标准。对于新组建的新型农村金融机构，在补贴期限结束后，设定更高的条件和标准，规定符合条件的可以继续享受补贴政策，避免其出现离农脱农倾向。对于农村商业银行、农业银行三农金融事业部，可以规定比新型农村金融机构更高的考核标准，推动其更好发挥支农支小作用。提高中央财政对西部欠发达地区新型农村金融机构和金融基础薄弱地区补贴资金的分担比例。

（三）涉农贷款贴息政策

涉农贷款贴息是各级财政对农业建设项目或涉农企业利用指定用途的信贷资金，所给予的利息支出补贴，是财政支农政策的重要组成部分。通过贴息的方式鼓励和支持农村金融机构提供涉农贷款，是农业法提出的明确规定。

中央财政支出中贷款贴息科目情况

科目编码	科目名称	科目用途
2080706	小额担保贷款贴息	财政用于从事微利项目小额担保贷款的贴息支出。
2130227	林业贷款贴息	财政用于林业贷款的贴息支出。
2130507	扶贫贷款奖补和贴息	财政用于农村贫困地区扶贫贷款的奖补和贴息支出。
2159902	建设项目贷款贴息	国家规定用于特定建设项目及国家级高新技术开发区、中西部经济技术开发区建设项目设施贷款的财政贴息支出。
2159906	重点产业振兴和技术改造项目贷款贴息	财政用于产业振兴规划项目和技术改造项目贷款的贴息支出。
2160218	民贸民品网点贷款贴息	财政用于民族贸易网点建设和民族特许商品定点生产企业技术改造贷款的贴息支出。
2170302	商业银行贷款贴息	财政用于商业银行发放指定用途贷款的贴息支出。
2200115	地质转产项目财政贴息	财政用于地质勘查单位转产项目贷款的贴息支出。
2220112	粮食财务挂账利息补贴	粮食财务挂账利息补贴支出。
2220207	专项贷款利息	粮油物资贮备部门专项贷款利息支出。

注：摘编自财政部制定的《2014 年政府收支分类科目》。

财政贴息有效调动了金融机构贷款投放的积极性。以扶贫贷款贴息为例，扶贫贷款贴息政策自2001年开始实施，按照目前的相关规定，扶贫贴息贷款主要投向国家和省级扶贫开发工作重点县及非重点县的贫困村，分为“到户贷款”和“项目贷款”两部分。其中，“到户贷款”按年利率5%予以贴息，贷款对象是贫困农户，用于扶持农户发展种养业等农业生产；“项目贷款”按年利率3%予以贴息，贷款对象主要是农业产业化龙头企业、农村中小型基础设施建设和社会事业项目，用于帮助解决项目资金困难（专门扶持残疾人的康复扶贫贴息贷款，其到户贷款贴息率为7%，项目贷款贴息率为5%）。中央财政贴息期限为1年，具体贴息期限由省级政府自主确定，原则上最长不超过3年，贷款展期和逾期不贴息。扶贫贴息贷款政策实施以来，有效撬动了金融机构向贫困地区投放贷款的积极性，成为我国金融扶贫和开发式扶贫的重要举措。2001年至2011年，中央累计安排扶贫贷款贴息资金59.8亿元，引导金融机构发放扶贫贷款近2500亿元。2011年，全国到户贷款和项目贷款分别为207.8亿元和246.1亿元，其中用于种养业和产业化项目的贷款占比超过90%，有5万多个贫困村的130多万贫困户得到的到户贷款支持，农村信用社、农业银行、农业发展银行发放的项目贷款比重分别占31%、28%和24%。

目前，涉农贷款贴息面临的主要问题是政策的稳定性不够，各类型的涉农贷款贴息政策也缺乏统一标准。建议：一是扩大涉农贷款贴息的类型。制定农机购置和畜牧业发展领域的贷款贴息政策，并研究对粮食生产领域贷款提供贷款贴息。二是扩大涉农贷款贴息的适用对象。按照国家农业产业政策，统筹研究确定涉农贷款贴息的适用对象，特别是要加强对新型经营主体的贷款贴息支持。三是扩大投放涉农贴息贷款的金融机构范围。引入市场竞争机制，依照商业原则自愿参与农村金融服务的各类银行业金融机构，均可作为承办银行投放涉农贴息贷款。四是合理确定涉农贷款贴息的期限和贴息率。涉农贷款的贴息期限要与农业生产周期相适应，考虑自然灾害对借款人带来的影响，对贴息贷款的期限给予适当延长。贴息率应根据同期贷款市场利率和农业生产的回报率综合考虑，但目标应定为使借款人实际承担的利率低于当地商业贷款的利率水平。

（四）农业保险财政支持政策

目前，财政支持农业保险发展的政策主要包括两方面：一是对农业保险的保费给予财政补贴；二是建立财政支持的农业保险大灾风险分散机制。

在保费补贴方面：农业保险实施保费补贴有效推动了农业保险的快速发展。2007 年至 2013 年，农业保险承保主要农作物面积由 2.3 亿亩增加到 11.06 亿亩，保费收入由 51.8 亿元增长到 306.7 亿元，保险金额由 1126 亿元增长到 1.39 万亿元，累计向 1.47 亿户次受灾农户支付赔款 744 亿元，户均赔款 506 元。2013 年，中央财政保费补贴杠杆率超过 116 倍，全国参保农户 2.14 亿户次，主要农作物承保面积占农作物播种面积的 42%，其中水稻、玉米、小麦三大口粮作物的保险覆盖率分别为 64.9%、67.3% 和 61.8%，承保森林面积占森林面积的 59%，承保能繁殖母猪 3698 万只、育肥猪 8092 万只、奶牛 329 万头。

中央财政农业保险保费补贴政策

类型	补贴品种	补贴地域	补贴条件	中央财政补贴比例
种植业	水稻、小麦、玉米、棉花、马铃薯、油料作物（大豆、花生、油菜）、糖料作物	全国	省级财政至少补贴25%的保费	中西部地区40%，东部地区35%，新疆生产建设兵团、中央直属垦区、中储粮北方公司、中国农业发展集团65%
	天然橡胶	全国	省级财政至少补贴25%的保费	40%，广东农垦65%
养殖业	能繁母猪、奶牛、育肥猪	全国	地方财政至少补贴30%的保费	中西部地区50%，东部地区40%，新疆生产建设兵团、中央直属垦区、中储粮北方公司、中国农业发展集团80%
森林	公益林	全国	地方财政至少补贴40%的保费	50%，大兴安岭林业集体90%
	商品林	全国	省级财政至少补贴25%的保费	30%，大兴安岭林业集体55%
藏区品种	青稞、牦牛、藏系羊	藏区	省级财政至少补贴25%的保费	40%，中国农业发展集体65%

在财政支持建立农业保险大灾风险分散机制方面：一是间接支持方式。按照财政部2013年制定的《农业保险大灾风险准备金管理办法》，对于各级财政给予保费补贴的农业保险业务，保险经办机构

应在保费收入和超额承保利润中，按一定比例逐年提取大灾准备金。由于农业保险的保费收入以中央和地方各级政府的财政补助为主，在保费收入中计提准备金，也就是由财政间接支持了提取大灾风险准备金。

二是直接支持方式：目前，中央财政没有建立直接用于分散农业大灾风险的基金，但一些地方已探索建立了以地方财政支持为主的大灾风险分散机制，主要包括江苏、浙江建立的地方财政与经办机构按比例共担超赔风险和北京、成都建立的地方政府直接出资建立农业保险大灾风险基金两种模式。两种模式都是由地方财政直接支持建立的农业保险大灾风险分散机制。

地方财政支持建立的农业保险大灾风险分散机制

模式	省份	资金来源和赔付情况
共担超赔风险模式	浙江	建立农业保险巨灾责任5倍封顶制度：①赔款在保费2倍（含）以内的，共保体承担全部责任；②赔款在保费2~3倍（含）的部分，由政府和共保体按1:1比例负担；③赔款在保费3~5倍（含）的部分，由政府和共保体按2:1比例负担。政府承担的超赔责任，由省政府与欠发达市县按6:4比例承担，其他地区按4:6比例承担。
	江苏	建立对主要种植业品种超赔责任的风险共担制度：政府承担超赔责任的范围是政府投入的保费补贴对应的应承担的赔付责任比例。政府超赔资金由县级政府、省辖市级政府、省级政府巨灾准备金三部分组成：①县级政府巨灾准备金按本县保费实际发生额的5%~10%在县级财预算中安排，逐年滚动累计，当年本县农业保险发生超赔时，即可动用县级准备金。②省辖市政府巨灾准备金的主要来源包括各县按保费收入总额10%上缴部分和按各县上缴部分的50%由市级财政预

续表

模式	省份	资金来源和赔付情况
		算安排，当县级保费发生超赔但县级准备金未发生超赔时，市级和县级准备金按2:8比例分担超赔责任；当县级保险和准备金均发生超赔时，巨灾超配额在保费收入50%（含）以内的，市级和县级准备金按1:1比例分担，巨灾超配额在保费收入50%～100%（含）的，市级和县级准备金按7:3比例分担，巨灾超配额在保费收入100%～200%（含）以内的，市级和县级准备金按8:2比例分担，巨灾超配额超过保费收入200%的，全部由市级准备金分担。③省级政府巨灾准备金由各省辖市级政府准备金余额的20%组成，当市级准备金发生超赔时，省级财政可以调剂使用，当超配额超过省级准备金总额时，超过部分全部由省级财政补助。
直接出资建立大灾风险基金模式	北京	在市级财政年度预算中安排财政资金，对超赔率超过160%以上的农业巨灾风险，通过购买再保险方式转移给再保险公司；对超过再保险赔偿额的农业巨灾风险，采取一事一议方式解决。

农业保险的财政支持政策在实施中主要存在中央和地方各级财政的保费补贴分担比例有待完善、财政补贴支持的农业保险险种，特别是中央财政保费补贴的险种有待进一步扩大、农业保险保障水平与直接物化成本之间存在差距等问题。

建议：一是优化农业保费财政补贴方式。扩大由中央财政进行保费补贴的农业保险品种，重点是关系国计民生和国家粮食安全的大宗农产品品种。提高中央、省级财政对主要粮食作物的保费补贴比例，逐步减少或取消粮食主产县、生猪生产大县和林业大县的县级财政配套保费补贴。二是扩大财政对农业保险的支持范围。在优化农业保险保费补贴的基础上，进一步研究扩大财政支持的范围和方式，推动建立中央或地方财政直接支持的农业大灾风险基金。加强农业保险与涉农信贷的有效衔接，通过财政补贴方式推动农村小额信用贷款等涉农贷款保险的发展，实现农业保险和涉农信贷的良性互动。

（五）扶持融资性担保机构发展政策

推动融资性担保机构发展的财政扶持政策主要包括两方面：一是政府直接出资成立政策性担保机构，二是对符合政策条件的担保机构代偿损失给予财政补偿。在中央财政扶持层面，2010 年，财政部制定了《中小企业信用担保资金管理暂行办法》，规定由中央财政设立中小企业信用担保资金，用于支持中小企业信用担保机构或再担保机构增强业务能力。同年，财政部又制定了《关于地方财政部门积极做好融资性担保业务相关管理工作的意见》，指导地方财政支持和促进融资性担保业务规范发展。截至 2012 年年底，全国融资性担保机构已发展到 8590 家，年末在保余额 2. 17 万亿元。

在地方财政扶持层面，各地加大对融资性担保机构发展的支持力度，如天津市由市和区县人民政府共同筹集 10 亿元担保基金，用于充实或组建县级担保机构，为中小企业和涉农贷款提供担保，福建省也积极运用财政资金推动建立政策性涉农信贷担保体系。

目前，融资性担保机构发展较为迅速，但普遍存在着资本金少、担保额度偏低、专业技术人才缺乏等问题，与农民的担保需求仍有较大差距。建议：一是加大中央财政对涉农信贷担保基金和机构的扶持力度。目前对主要为中小企业提供信用担保服务的融资性担保机构，规定了免征营业税、准备金企业所得税税前扣除等优惠政策。建议对比中小企业信用担保机构享受的政策，对政策性涉农担保机构实施免征营业税、准备金企业所得税税前扣除等优惠政策。二是推动地方政策性涉农担保机构发展。在地方财政预算中安排一定资金，用于建立和补充政策性涉农担保机构资本金，增长开展涉农担保业务的资金实力。以地方财政为主，建立对政策性涉农担保机构的风险补偿机制，有效增加政策性担保机构的业务收入，调动担保机构开展涉农担保业务的积极性。强化财政存款的联动和引导功能，建立财政资金存放比例同银行与政策性涉农担保机构开展合作的挂钩机制。推动地方合作性融资担保基金发展，在发展村级融资担保基金的基础上，鼓励地方根据当地特色农业产业的发展实际，以财政资金为引领，在不同领域、不同行业探讨发展各类型合作性融资担保机制。

（六）涉农贷款风险的财政补偿政策

健康的农村信用环境、农业保险、担保体系等都是涉农贷款风险的有效分散渠道，各级财政对金融机构发放涉农贷款形成的贷款损失直接进行补偿是其中的重要内容。

地方实践中，浙江省自2008年试行农业贷款风险补偿政策，以上一年度市、县农村信用社、农村合作银行、小额贷款公司农业贷款的实际余额为基数，按农业贷款比上年净增额5‰的比例给予风险补偿。2009年，河北省在张北县、康保县试点开展特色农业贷款风险补偿政策，由县级财政在预算中安排200万元作为启动资金，并按银行特色农业贷款计划新增额的2%每年增补。在农户的特色农业贷款出现风险时，由财政补偿资金给予不超过50%的补贴；对连续3年未发生贷款损失但当年损失的特色农业贷款承贷机构，补偿比例再提高10%；对涉农贷款到期未发生损失的承贷机构，按其新增特色农业贷款额的0.3%给予奖励。

目前，涉农贷款风险补偿政策仍处于起步和探索阶段，从地方实践看，以县级财政支持建立风险补偿基金为主要方式，补偿基金的规模较小，补偿对象、标准和方式也不统一，随着纳入风险补偿范围的贷款不断增长，涉农贷款风险补偿基金的可持续性存在一定困难。

建议：进一步提高涉农贷款风险补偿基金的统筹层次，在补偿基金的来源上以省级财政补贴为主，并建立滚动积累机制，不断扩大补偿基金的偿贷能力。合理确定涉农贷款补偿的范围，以农户贷款和农林牧渔业贷款的损失为补偿对象，使政策真正惠及农民和农业生产。将涉农贷款风险补偿政策纳入到完善农村信用体系、农业保险发展、涉农担保体系建设中整体考虑，构建覆盖涉农贷款贷前、贷中和贷后全过程的风险分散机制。

（七）其他财政扶持政策

为鼓励更多的财政性资金存入农村金融机构，广西壮族自治区田东县、安徽省金寨县探索建立了存、贷款挂钩政策，将新型农村养老保险、新型农村合作医疗保险以及其他涉农财政性资金或存款的适当比例存放在特定农村金融机构，并将财政性涉农资金的存放比例与农村金融机构发放涉农贷款的比例挂钩，以增强农村金融机构的涉农信贷投放能力。

二、税收扶持政策

近年来，为进一步推动农村金融改革发展，报经国务院批准，财政部、国家税务总局制定出台了一系列关于农村金融的税收优惠政策。

特定金融机构和特定涉农贷款业务税收优惠政策

税种	机构或业务	优惠措施	执行期限	政策依据
企业所得税	农户小额贷款（单笔5~10万元）	对农户小额贷款的利息收入减按90%计入应纳税所得额	2009年1月1日至2016年12月31日	《关于延续并完善支持农村金融发展有关税收政策的通知》
	农户贷款、农村企业和各类组织贷款	对两类涉农贷款中的关注、次级、可疑、损失等四类贷款资产按规定比例提取的专项准备金，在计算应纳税所得额时予以扣除	2008年1月1日至2018年12月31日	《关于金融企业涉农贷款和中小企业贷款损失准备金税前扣除有关问题的通知》
营业税	农信社、村镇银行、农村资金互助社、贷款公司、县域农商行、农合行	金融业收入减按3%的税率征收营业税	2009年1月1日至2016年4月30日	《关于延续并完善支持农村金融发展有关税收政策通知》《关于部分营业税和增值税政策到期延续问题的通知》
	农户小额贷款（单笔5~10万元）	对农户小额贷款的利息收入免征营业税	2009年1月1日至2016年12月31日	《关于农村金融有关税收政策通知》《关于延续并完善支持农村金融发展有关税收政策通知》
	农业银行三农事业部发放的农户贷款、农村企业和各类组织贷款	对农业银行三农事业部发放的农户贷款、农村企业和农村各类组织贷款取得的利息收入减按3%的税率征收营业税	2010年10月1日至2016年4月30日	《关于部分营业税和增值税政策到期延续问题的通知》

续表

税种	机构或业务	优惠措施	执行期限	政策依据
印花税	涉农贴息贷款	无息、贴息贷款合同免征印花税（如农业发展银行的农副产品收购、储备、农业综合开发、扶贫贷款合同等）	无	《印花税暂行条例实施细则》
	小微企业签订借款合同	金融机构与小微企业签订的借款合同免征印花税	2011年11月1日至2017年12月31日	《关于金融机构与小型微型企业签订借款合同免征印花税的通知》

农业保险税收优惠政策

税种	优惠措施	执行期限	政策依据
企业所得税	保险公司经营的种植业农业保险险种（各级财政补贴比例不低于保费的60%），按不超过当年保费收入25%的比例计提的巨灾风险准备金，准予在企业所得税前据实扣除	2008年1月1日至2015年12月31日	《关于保险公司农业巨灾风险准备金企业所得税税前扣除政策的通知》
	保险公司经营的种植业、养殖业农业保险保费收入减按90%计入应纳税所得额	2009年1月1日至2016年12月31日	《关于农村金融有关税收政策通知》《关于延续并完善支持农村金融发展有关税收政策的通知》
营业税	农牧保险业务免征营业税	无	《中华人民共和国营业税暂行条例》
印花税	对农林作物、牧业畜类保险合同暂不计税贴花	无	《关于对保险公司征收印花税有关问题的通知》

从政策实施的效果看，税收优惠政策对改进金融机构绩效影响较为明显，据国家税务总局抽样分析，减免税收对企业利润具有促进作用，减免税额每提高 1 个百分点，企业利润将提高 0.26 个百分点。根据国家税务总局数据，目前已经实施的农村金融税收优惠政策以营业税减免较多，2008 年至 2012 年减免的营业税、企业所得税分别占总额的 61% 和 39%，有效减轻了金融机构现金压力；征前减免是优惠政策的主要实施方式，2008 年至 2012 年征前减免占总额的 98.8%，有效降低了金融机构运营成本。

目前，除印花税优惠政策外，大部分农村金融税收优惠政策已经执行到期。在企业所得税方面：仅是关于涉农贷款按比例提取专项准备金在计算企业所得税应纳税所得额时予以扣除的政策仍未执行到期。原农户小额贷款利息收入减按 90% 计算企业所得税纳税额、保险公司经营种养殖业保险减按 90% 计算企业所得税纳税额、保险公司计提巨灾风险准备金在计算企业所得税应纳税所得额时予以扣除等三项政策已经执行完毕。

在营业税方面：营业税改增值税后，目前金融行业由之前征收 5% 的营业税改为 6% 的增值税，对于年应征增值税销售额不超过 500 万元的为小规模纳税人，征收率为 3%。按照财政部、国家税务总局制定的《关于全面推开营业税改征增值税试点的通知》《关于部分营业税和增值税政策到期延续问题的通知》等有关规定，增值税优惠政策包括免征、即征即退、扣减等三类。按照相关规定，试点期间有 40 类项目免征增值税。对比原农村金融营业税优惠政策，除农牧业保险收入免征增值税外，原对农户小额贷款的利息收入免征营业税、对农信社、村镇银行、农村资金互助社、贷款公司、县域农商行、农合行减按 3% 征收营业税、对农业银行三农事业部特定涉农贷款利息收入减按3%征收营业税等三项优惠政策，都已经执行完毕。

建议：一是以涉农贷款业务为主要标准建立“普惠制”税收优惠政策。明确以涉农贷款业务作为享受税收优惠政策的主要依据。享受税收优惠政策的涉农贷款，应综合考虑贷款主体和贷款用途两方面，建议将农林牧渔业生产、农村基础设施建设等涉农贷款，纳入税收优惠政策范围。二是进一步增强优惠政策的长效性和针对性。加强营业税改增值税对金融保险企业的税负影响研究，将税收优惠政策长期化。以法律形式将目前已经对金融机构实施优惠政策长期化，鼓励地方政府在权限范围内实施针对地方金融机构的税费优惠政策。

第八章　完善农村金融的货币与监管政策*

一、货币政策

按照人民银行法的规定，人民银行为执行货币政策，可以运用存款准备金、确定中央银行基准利率、办理再贴现、向商业银行提供贷款等货币政策工具。

（一）存款准备金政策

差别化的存款准备金政策，主要有两层含义：一是指金融机构的资本充足率越低、不良贷款率越高，适用的存款准备金率越高。二是指对不同性质的金融机构实行差别化存款准备金政策。对涉农金融机构执行差别化存款准备金政策，相当于为农村金融机构获得了差额存款，将这部分资金用于投放贷款，有利于扩大支农资金规模。

银行业存款类金融机构执行的法定存款准备金率（截至2014年6月）

金融机构	法定存款准备金率（%）
1. 大型商业银行（含邮政储蓄银行）	20
农业银行三农金融事业部	18
2. 中小型商业银行	16.5
3. 中国农业发展银行	18
4. 农村商业银行	16
5. 农村合作银行	14

* 注：本章由王瀚整理。

续表

金融机构	法定存款准备金率（%）
6. 农村信用社和村镇银行	13
7. 农村资金互助社（银监会批准成立的）	0

注：1. 在政策性银行中，中国农业发展银行吸收对公存款，因此缴纳存款准备金。2. 按照中国人民银行统计标准，资产规模在2万亿以上的为大型金融机构、在3000亿元至2万亿元之间的为中型金融机构、在3000亿元以下的为小型金融机构。3. 2008年以来，我国金融机构超额存款准备金率普遍保持在2%至3%，大型金融机构超额存款准备金率基本为1.5%至1.8%。

2011年1月，中国人民银行制定了《关于用好差别准备金动态调整工具加强货币信贷调控的操作指导意见》，对城市商业银行、农村商业银行、农村信用社等金融机构，实施差别准备金动态调整政策。定向降低存款准备金是与存款准备金的全面调整相对而言的，定向降准体现的是差别存款准备金的动态调整机制，与全面降准的“一刀切”方式相比，定向降准可以说是“精细微调”措施。2014年4月，中国人民银行通过实施定向降准，下调县域农村商业银行存款准备金率2个百分点，下调农村合作银行存款准备金率0.5个百分点，调整后分别执行16%和14%的存款准备金率。2014年6月，中国人民银行决定对符合审慎经营要求且“三农”和小微企业贷款达到一定比例的商业银行（不含以上已下调过存款准备金率的县域农村商业银行和农村合作银行），下调存款准备金率0.5个百分点。考核指标是上年新增涉农贷款占全部新增贷款比例超过50%，且上年底涉农贷款余额占全部贷款余额比例超过30%；或者上年新增小微贷款占全部新增贷款比例超过50%，且上年底小微贷款余额占全部贷款余额的比例超过30%。按此标准，此次定向降准将覆盖全国约2/3的城市商业银行、80%的非县域农村商业银行和90%的非县域农村合作银行。据中国国际金融有限公司测算，这次定向降准将释放金融机构资金 600 亿至 700 亿元，虽然远不及全面降准释放的资金规模大，但由于针对农村金融机构和涉农贷款，对于加大“三农”信贷投放有着积极的作用。

对涉农金融机构执行差别化存款准备金政策，不仅有利于农村金融机构改善自身财务状况，也有利于扩大支农资金规模。为进一步完善差别化存款准备政策，建议：一是以涉农信贷投放作为执行差别化存款准备金政策的主要依据。在涉农贷款比重和增速、新增涉农贷款的比重和增速等方面建立量化考核指标，更好发挥差别化政策的“正向激励”作用，同时也可以避免金融机构将获得的可贷资金投向非“三农”领域。二是扩大涉农金融机构适用差别存款准备金政策的对象和范围。将符合考核指标的商业性金融机构、政策性金融机构纳入优惠政策范围内，在差别化政策的优惠幅度上，与其承担的支农责任相匹配。

（二）中央银行贷款政策

近年来，支农再贷款成为央行贷款政策的主要形式。为进一步发挥支农再贷款的激励作用，人民银行于 2010 年制定了《关于鼓励县域金融机构将新增存款一定比例用于当地贷款的考核办法》，规定对新增存贷比超过 70% 或可贷资金减少但当地贷款增加的农村信用社、农村商业银行、农村合作银行和村镇银行，可按其新增贷款一定比例增加再贷款额度。同年，人民银行还制定了《农村信用社改革试点专项中央银行兑付后续监测考核办法》，规定对达到全部兑付后考核指标，或达到资本充足率和不良贷款率两个关键指标且涉农贷款比例不低于全国平均水平的农村信用社，增加其支农再贷款额度；对未能同时达到资本充足率和不良贷款率两个关键指标的农村信用社，严格控制支农再贷款，必要时可以适当收回支农再贷款，实施惩罚性措施。2011 年，人民银行将两项政策合并实施，对于两项考核同时达标的 425 个县级农村信用社和 16 家村镇银行，增加支农再贷款 200 亿元。2012 年，对两项考核同时达标的 536 个县级农村信用社和 75 家村镇银行，增加支农再贷款 300 亿元。

支农再贷款政策增强了农村金融机构的支农资金实力，有力支持了农村信用社、农村商业银行、农村合作银行、村镇银行扩大涉农信贷投放。截至 2013 年年底，全国支农再贷款限额 2389 亿元，余额 1684 亿元，当年发放 2503 亿元，全国农村金融机构涉农贷款余额和农户贷款余额增速，分别高于全国同期各项贷款增速 4.1 和 2.1 个百分点。

2012 至 2013 年支农再贷款额度和农村金融机构涉农贷款发放情况

年份	限额（亿元）	余额（亿元）	投放（亿元）	农村金融机构涉农贷款		农村金融机构农户贷款		全国金融机构各项贷款	
				余额（亿元）	增速（%）	余额（亿元）	增速（%）	余额（亿元）	增速（%）
2013 年	2389	1684	2503	6.5 万	18.2	3.16 万	16.2	71.9 万	14.1
2012 年	2203	1375	2090	5.5 万	–	2.72 万	–	63 万	–

注：表内农村金融机构包括农村信用社、农村商业银行、农村合作银行和村镇银行。

此外，一些地方也积极探索支农再贷款管理方式，如湖北省在全国首创了支农再贷款授信管理办法，根据农户规模、农村金融环境、农村信用社经营状况等指标，确定和分配支农再贷款额度，加大支农再贷款调剂力度。

支农再贷款政策的功能主要体现在增强农村金融机构的支农资金实力，降低农村金融机构发放涉农贷款的成本，发挥激励作用引导农村金融机构投放更多的涉农贷款。完善支农再贷款政策，应围绕以下三个方面。

建议：一是进一步完善支农再贷款投放机制。取消申请支农再贷款的金融机构需设在“县域和村镇”的地域限制。扩大使用支农再贷款发放贷款的投放对象。在优先确保支农再贷款用于发放农户贷款的基础上，将支农再贷款使用范围拓展到更宽的支农领域。二是给予支农再贷款更加优惠的利率。完善支农再贷款浮息制度，在明确支农再贷款用途的前提下，确定支农再贷款优惠利率的合理区间。对农村金融机构发放支农再贷款的利率作出规范。三是建立支农再贷款服务“三农”的有效传导机制。在设定金融机构申请支农再贷款的门槛中，落实新增存款主要用于当地发放贷款的比例要求。建立支农再贷款使用的量化考核标准。建立支农再贷款使用与财政贴息、农业保险的互动机制。

（三）再贴现政策

再贴现是指商业银行将通过贴现业务所持有的尚未到期的商业票据向中央银行申请转让，中央银行据此以贴现方式向商业银行融通资金的行为。再贴现是中央银行与商业银行间开展的业务，这是与贴现（商业银行与企业之间）、转贴现（商业银行之间）业务的区别。作为货币政策工具之一，再贴现政策包括中央银行调整再贴现总量及利率、中央银行规定申请再贴现资格、明确再贴现票据选择等措施。

实践中，人民银行按照国家产业政策和宏观调控目标，选择并重点支持一些重点领域、重点行业开展再贴现业务，促进信贷资源合理配置，推动产业结构调整。再贴现政策的主要功能和作用包括三个方面：一是融资功能。再贴现不仅可以直接扩大金融机构的资金来源，还可以引导金融机构加大对实体经济的支持力度，推动解决企业贷款中中长期固定资产贷款比重过大，而流动资金相对短缺的问题。二是引导信贷资金投向和结构调整。人民银行根据国家产业政策和信贷政策的需要，通过公布再贴现优先支持目录，有选择地对不同种类的商业汇票进行再贴现，合理引导银行信贷资金投入国家扶持的重点行业或企业，并优化自身的信贷资金结构。三是货币政策宣示功能。人民银行通过调整再贴现率，可以向商业银行和社会传递货币政策取向，从而影响市场利率。一般情况下，央行提高再贴现率，表明中央银行将采取紧缩货币政策，银行贷款将缩小；而降低再贴现率则表明中央银行将采取松动货币政策，信贷规模将扩大。

近年来，人民银行通过开展优先再贴现，引导金融机构扩大对“三农”和中小企业的信贷投放力度。2008 年，人民银行制定了《关于完善再贴现业务管理，支持扩大“三农”和中小企业融资的通知》，规定对涉农票据、县域企业和中小金融机构票据优先办理再贴现，并自 2008 年开始，对办理再贴现中涉农票据、中小企业票据占比较高的地区安排调增再贴现限额。据人民银行货币政策司数据，截至 2012 年年底，全国再贴现余额 760 亿元，其中涉农票据占 32%。截至 2013 年 6 月，人民银行再贴现额度为 1620 亿元，其中中小企业票据占比为 45%、涉农票据占比为 27%。2014 年 8 月，人民银行按照国务院关于“加大支农、支小再贷款和再贴现力度”的要求，对分支行增加再贴现额度 120 亿元，要求全部用于支持金融机构扩大“三农”和中小企业信贷投放利用再贴现政策满足“三农”和中小企业金融需求，关键是发挥好再贴现政策引导信贷资金投向和结构调整的功能。为此建议：一是完善再贴现政策的支农支小机制。在申请再贴现的金融机构中，以农村信用社、农村商业银行、村镇银行等地方中小金融机构作为再贴现重点扶持对象，引导中小金融机构有效满足支农支小的融资需求。在额度审批环节，加强对金融机构申请再贴现的审核，以支持“三农”和中小企业作为申请再贴现的必要条件。二是完善再贴现率形成机制。对重点支持的“三农”和中小企业等实行较低的再贴现率，引导金融机构加大扶持力度。引导金融机构进一步降低对涉农和中小企业票据的贴现利率。贴现率水平应低于该金融机构同期同档次贴现加权平均利率，以此有效降低涉农企业和中小企业的融资成本。

（四）利率政策

配合国家的产业政策调整，对重点领域和扶持产业执行利率优惠，是中央银行实施利率政策的普遍做法。实行利率优惠有两种方式：一是中央银行对重点扶持发展的领域和产业规定较低的贷款利率，并确定承贷银行范围，承贷银行发放此类贷款必须执行法定优惠利率；二是中央银行对这些领域和行业的票据规定较低的再贴现率，鼓励和引导银行信贷资金投向这类领域。除了中央银行法定优惠利率外，一些商业银行也会根据客户信用情况和自身业务，自行确定实行一些利率优惠，但这属于银行的自主业务选择，不具有强制性。

我国曾在不同时期对节能中短期专项贷款、民政部门福利工厂贷款、老少边穷地区发展经济贷款、贫困县办工业贷款、民族贸易县贸易贷款、民族用品生产贷款、西藏各类贷款、重点基础工程建设贷款等执行利率优惠。目前涉农贷款中仍执行利率优惠政策的是扶贫贷款。按照人民银行的规定，扶贫贷款执行年利率为3%的优惠利率，扶贫贴息贷款优惠利率与人民银行公布的同期同档次贷款利率之间的利差，由中央财政贴息。

利率市场化改革后，商业银行可以自主确定各项贷款的利率，涉农贷款利率也不例外，但如果完全市场化，农业发展所面临的双重风险，商业银行追求利润和规避风险，将导致涉农贷款利率高于一般贷款，这不利于解决“三农”融资贵问题。为进一步发挥金融支农作用，真正使金融服务惠及“三农”，有必要执行优惠利率，当然人民银行应当合理选择利率优惠政策的支持对象，并设定必要的条件。为此建议：一是扩大优惠利率的支持范围。适应农业现代化发展要求，重点对种养殖大户、家庭农场、农民合作社和农业产业化龙头企业等新型经营主体的生产经营性贷款给予优惠利率支持，严禁通过“以贷转存”“存贷挂钩”等方式变相提高利率，有效降低新型经营主体的融资成本，减轻负担。二是设定必要的条件。在合法、合规和风险可控前提下，对享受优惠利率应具备的条件作出规范。三是合理确定利率优惠范围。根据银行一般贷款的平均利润率合理确定优惠利率范围，建立动态可调整的优惠利率浮动区间。发挥财政贴息对利率优惠的引领作用，在保证优惠利率真正惠及“三农”的基础上，实现承贷银行的商业可持续性。

二、监管政策

目前，我国的金融监管体制属于分业监管模式。中国人民银行、银监会、保监会、证监会各司其职，分工合作，共同承担金融业监管职责，金融机构也不断完善内部稽核机制，政府审计部门加强对金融业审计，建立起我国金融监管组织体系的基本构架。银行业金融监管包括三方面内容，即为防止银行风险进行的预防性监管，为保护存款者利益进行的存款保险，为避免银行流动性风险而提供紧急援助。为有效防范金融风险，银监会对商业银行的监管措施主要包括监管市场准入、分支机构设置、业务范围、资本充足性、流动性、风险控制、存款保护等。

（一）农村金融监管政策基本情况

1. 涉农贷款统计制度

涉农贷款统计是分析农村金融供需情况，制定农村金融政策的依据。2007 年，中国人民银行、银监会制定了《涉农贷款专项统计制度》，按涉农贷款用途、承贷主体、城乡地域等标准，对涉农贷款进行分类统计。目前，涉农贷款统计制度在执行中存在的主要问题是统计分类标准不一致，统计范围过于宽泛。一些非农企业在县及县以下地区进行工商登记，以注册地为标准划分涉农贷款导致部分非农业生产用途的贷款，如县域房地产贷款、建筑业贷款等划入了涉农贷款，造成涉农贷款规模虚增。

涉农贷款统计分类

<table>
<tr><th>按贷款用途分类</th><th>按承贷主体分类</th><th>按城乡
地域分类</th></tr>
<tr><td>1. 农林牧渔业贷款</td><td rowspan="2">1. 个人涉农贷款
①农户贷款
A 农户经营贷款
B 农户消费贷款
②非农户个人农村农林牧渔业贷款</td><td rowspan="2">1. 农村贷款
（县级县以下）</td></tr>
<tr><td rowspan="3">2. 其他涉农贷款
①农用物资和农副产品流通贷款
②农村基础设施建设贷款
③农产品加工贷款
④农业生产资料制造贷款
⑤农田基本建设贷款
⑥农业科技贷款
⑦其他促进农村地区经济发展贷款
A 县域房地产贷款
B 建筑业贷款
C 农村个体户贷款</td></tr>
<tr><td>2. 企业涉农贷款
①农村企业涉农贷款
②城市企业涉农贷款</td><td rowspan="2">2. 城市涉农
贷款</td></tr>
<tr><td>3. 各类非企业组织涉农贷款
（包括农民专业合作社、事业单位、机关法人、社会团体以及居民委员会、村民委员会）</td></tr>
</table>

2. 农业银行三农金融事业部监管政策

银监会对农业银行三农金融事业部的监管政策与商业银行体现了差异性。一方面，在市场定位上明确了三农金融事业部的支农责任，如要求涉农贷款增量和存量存贷比要超过50%，主要用于县域内发放贷款。另一方面，在经营绩效和审慎上放宽了监管指标，如对成本收入比、资产利润率、资本利润率、拨备覆盖率的监管标准低于一般商业银行，不良贷款率的控制范围高于一般商业银行。此外，银行会还放宽了对三农金融事业部涉农贷款业务的风险容忍度，对正常范围内的风险损失实行尽职免责。

3. 农村合作金融机构监管政策

银监会提出将商业银行标准作为合作金融机构监管的标杆，按机构性质实施分类指导、差别监管，规定农村商业银行、农村合作银行执行商业银行的监管标准，农村信用社参照商业银行监管标准逐步达到监管要求。为有效发挥合作金融机构支农作用，银监会明确了农村商业银行、农村合作银行服务“三农”的职责。地方银监局商地方政府、行业管理部门，有权确定农村合作银行支农贷款在贷款余额及新增额中的比例，农村合作银行应优先满足当地农民、农村经济发展的金融需求。农村商业银行应根据当地城乡一体化水平、产业结构状况、农业增加值在生产总值中的比重等，明确支农贷款在贷款余额及新增额中的比例，监管部门应定期对其支农情况进行监督评价。对新组建的农村商业银行建立股东支农服务承诺制度，将农商行存款用于当地发放贷款的考核结果，与存款准备金、监管评级、市场准入挂钩，建立事前有承诺、事中有监测、事后有考核的支农服务监管框架。

4. 新型农村金融机构和小额贷款公司监管政策

新型农村金融机构和小额贷款公司的监管目标，主要是推动其发挥支农支小作用，监管的主要内容是明确服务“三农”的市场定位。同时，银监会还建立了新型农村金融机构监管指标体系和风险监测预警体系，在资产质量、资本充足、市场风险、流动性等方面加强监管，对评级高、风险小的机构适当缩小检查范围，支持创新发展；对评级低、风险大的机构增加检查频率，并对其设立新机构、开展新业务采取限制措施，控制业务发展规模。

新型农村金融机构和小额贷款公司信贷投向监管要求

村镇银行	在缴足存款准备金后，可用资金应全部用于当地农村经济建设；发放贷款应首先充分满足县域内农户、农业和农村经济发展的需要；自开业后5年内，不受存贷比75%的限制
农村资金互助社	资金应主要用于发放社员贷款
贷款公司	坚持为农民、农业和农村经济发展服务的经营宗旨，贷款的头像主要用于支持农民、农业和农村经济发展
小额贷款公司	在坚持为农民、农业和农村经济发展服务的原则下，自主选择贷款对象，鼓励面向农户和微型企业提供信贷服务

5. 中国农业发展银行监管政策

银监会依法履行对中国农业发展银行的监管职责，但与商业银行完备的监管政策体系相比，目前对农业发展银行的监管制度建设相对滞后，主要还是依靠农业发展银行自身的风险内控机制。农业发展银行的业务范围界定不清，是造成监管滞后的原因之一。农发行成立初期以人民银行再贷款为主要资金来源，为实现农业产业政策发放政策性贷款，信贷业务较为单一，贷款亏损由政府买单，这给财政带来较大压力。近年来，为推动农业发展银行发展，减轻财政负担，农业发展银行开始开展商业性业务，以弥补政策性贷款的损失，并通过发行政策性金融债券解决资金来源问题，其资金自给率由成立初期的16%提高到目前的86%，这些变化使政策性业务和商业性业务交织在一起。

（二）建立农村金融差别化监管体制的建议

目前，我国的金融监管政策以维护金融稳定和安全为首要目标。

农村金融服务具有特殊性，完善农村金融监管需要在安全、效率和普惠之间寻求平衡，既要确保金融安全，又要兼顾金融服务效率，既要对合规性进行监管，又要对服务有效性进行监管。建议：

1. 建立科学的涉农贷款统计制度

涉农贷款统计是对农村金融实行财税优惠政策，进行差别化监管的基础。建议：以贷款主体和贷款用途作为确定涉农贷款的主要标准。在2013年的20.88万亿涉农贷款中，有4.5万亿农户贷款直接用于农户生产经营、生活消费，有3.1万亿农林牧渔业贷款直接用于支持农林牧渔业生产（两者的统计有部分交叉），其余约13.3万亿涉农贷款需要分析具体用途，其中县域房地产贷款、建筑业贷款等应予以剔除。取消涉农贷款的地域分类统计方法，细化涉农贷款主体和用途的分类科目。按照地域分类统计办法，县及县以下地区的贷款全部纳入涉农贷款，这是造成涉农贷款总量虚增的主要原因。在取消地域分类统计的基础上，还需要对涉农贷款的主体和用途划分进一步细化，适应当前新型经营主体发展和农业适度规模经营的要求，增加相应的科目。加强监管部门、金融机构、农业、财税部门的协调配合，对于经严格认定的涉农贷款给予相应的财税优惠政策，并实施差别化监管。

2. 按照金融机构的性质和业务实施差别化监管政策

重点在约束和激励两方面发挥引领作用。在约束方面，要实施约束性监管政策，强化金融机构的支农责任。依法确立各类金融机构支农责任，建立监管评级与市场准入、货币和财税优惠政策的挂钩机制。明确农村中小金融机构的经营地域和服务对象。对各类金融机构的涉农贷款投放作出规定，一方面可作出原则性规定，如明确金融机构涉农贷款增量不低于上年，增速不低于各项贷款增速；一方面可制定硬性约束性指标，如规定县域金融机构的存贷比要求、涉农贷款占全部贷款和存款的余额的比例、新增涉农贷款占新增贷款和存款余额的比例等，以保障金融机构农村存款主要用于农业农村。

在激励方面，要实施激励性监管政策，调动金融机构支农积极性。将放宽金融机构或分支机构设立条件、扩大金融业务范围，作为金融机构加大涉农信贷投放的激励手段。对商业性银行提供的涉农信贷服务实行单独核算，在资产质量、流动性、贷款风险、盈利能力等监管指标上给予比其他商业性贷款业务低的监管标准。对农村中小金融机构坚持审慎监管的原则，并结合其风险程度，在具体监管指标设计上作出依次递减的制度安排。对贷款公司、小额贷款公司、融资性担保公司、融资租赁公司等非存款金融机构，实施非审慎监管，监管的重点是其支农支小的业务范围，警惕变相吸收公众存款。适当调整涉农贷款的不良认定标准，放宽对涉农贷款的展期要求。建立尽职免责激励机制，对于已履行审查职责但因不可预期自然风险造成的涉农信贷损失，免除追求相关信贷人员的责任。

3. 完善中央和地方的农村金融监管职责

进一步完善农村金融监管政策，需要明确中央和地方的农村金融监管边界和职能配置，形成分层负责、责权一致的农村金融监管体制。因此，首先必须界定中央和地方的农村金融监管范围。将“谁审批设立、谁负责监管、谁处置风险”作为确定中央和地方金融监管对象的原则，界定地方金融机构应综合考虑注册地、资本构成、社会公共利益、与地方经济发展的关系等因素。适应地方金融监管范围的扩大，加大地方金融监管机构建设力度。

在此基础上，还应当明确中央和地方的农村金融监管职责。中央监管部门制定统一的监管标准和考核指标，地方金融监管部门履行对地方金融机构的监管职责，主要包括督促地方金融机构严格执行金融法律法规，依法合规经营；制定符合当地实际和农业农村经济发展需要的金融服务发展规划；督促地方金融机构切实履行服务“三农”的职责，对其支农服务情况进行评价考核；在中央统一的监管考核标准下，制定地方金融机构差别化监管指标；为地方金融机构提供基础公共服务，完善地方金融环境等。

调研篇

农村金融立法工作启动后，十二届全国人大常委会副委员长吉炳轩、张宝文及农业与农村委员会组成人员先后到国家开发银行、中国农业发展银行、中国农业银行、邮储银行等金融机构，以及江西、陕西、安徽、河南、四川等省调研。本篇是有关立法调研报告。

发挥开发性银行作用 促进城镇化发展*

（2013 年 12 月）

党的十八届三中全会提出要推动完善城镇化发展体制机制，走中国特色城镇化道路。近期党中央又专门召开了城镇化工作会议，分析城镇化发展趋势，明确推进城镇化的指导思想、主要目标、基本原则和重点任务。按照党中央的明确要求和具体部署，国家开发银行要积极发挥开发性金融机构的作用，努力推动国家城镇化发展。

一、充分认识开发性金融在城镇化建设中的重要作用

当前，“三农”问题突出表现在城乡差别上，城乡之间不仅收入差距拉大，而且在就业、社会保障、教育、医疗、基础设施、公共服务等方面发展不均衡。要解决“三农”问题，缩小城乡差距，城镇化是必由之路。吉炳轩副委员长指出，“城镇化是社会发展的规律，尽快让农民群众享受改革开放的成果，过上小康生活是党的使命。”城镇化建设能够有效地促进城市产业体系发展，为农村劳动力转移提供大量就业机会，提高农民工资性收入；能够扩大农产品消费市场，有效提高农业效益；能够促使农业人口相对集中，为农业

* 注：2013 年 12 月，全国人大常委会副委员长吉炳轩带领调研组赴国家开发银行进行调研。全国人大农业与农村委员会主任委员陈建国、副主任委员刘振伟参加。调研组听取了国家开发银行的工作介绍，并就金融支持城镇化发展进行了座谈。本报告由王观芳整理。

规模化、产业化经营开拓空间，也为更加合理地配置公共资源提供了前提。同时城镇产业向农村辐射，基础设施和公共服务向农村延伸，能够有效地改善农村人居环境，促进农民生产生活方式转变。

走中国特色新型城镇化道路，必须解决好“人、地、钱”三个主要问题，资金是城镇化建设不可或缺的要素。中央城镇化工作会议指出：“财力是城市发展的生命线，推进城镇化必须解决好资金保障问题”。据有关测算，未来3年城镇化需要资金25万亿元。因此，要建立合理有效的制度，整合相关资源，完善政府投资、金融贷款、社会参与、民众自筹等多元化的可持续资金保障机制。其中，金融贷款是推动城镇化发展的重要一环。充分发挥金融信贷在城镇化建设中的作用，既能够整合社会资金来源，促进社会资金有效配置，发挥资金的效益，又能够满足城镇化建设的需要。商业性金融机构和开发性金融机构在城镇化建设中具有不同的功能定位，前者完全按照市场原则运作，而后者则有独特的优势，能够根据国家发展战略和长远规划，将财政资金和信贷资金有效结合，发挥政策和市场的双重作用。中央城镇化工作会议指出，要推进开发性金融机构改革，城镇基础设施和保障性住房需要开发性金融机构提供成本低、期限长的融资服务。充分发挥开发性银行在城镇化建设中的作用，是中国特色新型城镇化道路的一个特点。在中央明确城镇化工作主要任务的背景下，研究如何进一步发挥和完善开发性银行在城镇化建设中的作用，具有积极的现实意义。

二、国家开发银行支持城镇化建设的经验

国家开发银行作为开发性金融机构，经过多年发展已经形成了以“两基一支”（基础设施、基础产业、支柱产业）为主体、基层金融和国际合作为两翼的“一体两翼”业务发展格局，构建了包括

信贷、投资、债权、租赁、证券等业务的综合金融服务体系。自成立始，国家开发银行坚持为城镇化建设服务的方向，从业务定位到信贷实践努力满足城镇化建设的中长期投融资需求。截至2013年11月月底，国家开发银行累计发放城镇化贷款约7万亿元，占人民币贷款累计发放总额的61%，主要支持交通和城市基础设施建设、保障性安居工程建设、新农村建设等。近年来，国家开发银行积极调整信贷结构和发展战略，将支持新型城镇化作为发展重点，2013年人民币贷款的68%投入到了新型城镇化领域。这些信贷资金有效地推动了当地的城镇化进程，带动了地方财政增收和消费增长，增加了就业机会，提高了城乡居民收入水平。多年来，国家开发银行通过不断探索，形成了一套行之有效的运作模式。比较典型的有：创新城市融资的“芜湖模式”、支持县域经济的“湖南模式”、建设小城镇的“苏州模式”“大额融资、统借统还”的“天津模式”、解决铜陵、岳阳棚改融资瓶颈的“债贷组合模式”，以软贷款破解辽宁棚户区改造难题等。

一是银政合作，良性互动。聚焦各级政府关注的热点难点，融资支持政府实现发展目标，形成政府、金融和企业良性互动，共同推动城镇化建设的良好局面。

二是规划先行，科学发展。主动加强与各地的规划合作，参与了上千项国家和省市县级城镇发展规划编制，加强与当地政府的信息沟通，为融资规划出谋划策，整合金融、财税、土地等各类资源和资产，制定多元化融资方案，保障规划向项目转化。

三是创新模式，建设市场。创新了融资方式，搭建市场化融资平台，完善贷款“借、用、还”三位一体机制，支持以投资补助、BOT等政府购买社会服务方式参与城镇化建设项目。

四是融资引领，先锋先导。发挥开发性银行筹集和引导社会资金投入城镇化建设的功能，国家开发银行已累计发行金融债 9.3 万亿元，其中 72% 投入城镇化建设。发放软贷款（主要用于项目资本金）3611 亿元，约 70% 用于城镇化领域，发挥资本金的杠杆撬动作用，引导社会资金 886 亿元投入保障性安居工程建设。

五是控制风险，稳健运作。严格控制贷款总量，建立省、市、县三级债务率控制体系，在项目开发、评审、授信和法人制度建设各环节，建立社会化联合监督机制，有效防控风险，目前城镇化不良贷款率为 0.2%。

三、积极落实中央推进城镇化建设精神的措施

中央提出新型城镇化发展战略以来，国家开发银行认真学习贯彻中央精神，研究制定各项具体措施。

一是加强政策研究。在赴 17 个省份调研，召开专题研讨会，总结以往经验的基础上，向国务院提出通过“三个统一”（统一评级、统一授信、统借统还）和“三个专项”（专项贷款、专项债券、专项基金）发挥国家开发银行作为城镇化建设主力银行作用的建议。

二是稳妥推进试点。选择安徽、辽宁、苏州开展试点，在安徽开展了蚌埠“四区三县小城镇及美好乡村建设”项目贷款；在辽宁继续支持棚户区改造，探索以农业现代化推进新型城镇化的“辉山模式”；在江苏苏州通过探索片区开发、古镇保护、生态治理、农业规模化经营等多种模式，发放小城镇建设项目贷款。通过试点，从融资规划编制、多元主体搭建、运作模式和金融产品创新等方面先行先试，探索支持新型城镇化建设的多元化、可持续资金来源。

三是支持城镇化重点建设。大力支持城市道路交通、水电气热管网、污水和垃圾处理等基础设施建设，联合住建部调研，探索政府购买服务加强基础设施建设的投融资模式。

四是继续支持棚户区改造。通过“三个专项”等融资方式，解决棚户区改造过程中资金紧张和地方配套资金难以按时到位等问题，今后5年将向纳入国家计划的棚改项目发放专项贷款7000亿元。专项债券方面，采用“债贷结合”方式，将中长期信贷、融资平台债务管理和债券发行承销结合，支持岳阳、铜陵等地棚户区改造。2014年国家开发银行对保障性安居工程的贷款占全部金融机构此类贷款的60%。

五是探索风险防范措施。在部分地区尝试了由国家开发银行牵头开展对地方政府的统一评级、统一授信，并由省级融资平台“统借统还”的风险控制制度。

四、建议

新型城镇化建设是一项长期艰巨的任务，要在完善资金管理和风险控制的基础上，充分发挥开发性金融机构的作用。

一是发挥开发性金融机构在城镇化建设中的作用。把城市基础设施、保障性住宅建设与发挥开发性银行作用结合起来，国家开发银行在这些领域有基础、有条件、有优势，参与设立相关金融机构可操作性强，能尽快发挥作用，有成熟的经验可以借鉴。

二是推进“三个统一”控制政府债务风险。从总量、结构和操作三个方面防范地方政府盲目借贷的风险，对各级地方政府资信统一评级，结合债务风险情况，设立负债“天花板”；在统一评级基础上，对各类客户统一授信，各金融机构在授信范围内投资和贷款，避免投融资总量失控；按照项目、客户、行业统一评审，完善信用结构，测算效益平衡，以丰补歉，控制信贷风险。

三是发挥开发性金融机构在集中和引导社会资金方面的作用。邮储、公积金、社保基金、养老、保险资金约有10万亿元的可用资金，可将部分资金交由开发性银行运作，将其转化为中长期资金，投入到新型城镇化建设中。

四是进一步发挥“三个专项”作用。确定专项贷款规模，保障城镇化专项贷款需要；发挥开发性金融机构直接发行城镇化建设专项债券的经验和优势，国家给予增信支持；国家设立城镇化发展专项基金，纳入政府性基金预算管理，由银行进行投资或资产管理。

五是给予开发性金融机构差别化的监管和考核政策。国家开发银行不吸收社会存款，运行机制不同于商业银行，投资方向主要是回报率不高的农业和农村发展、城镇化建设等方面，应当给予差别化的监管和考核。另外，参照棚户区改造方式，恢复国家开发银行软贷款，解决城镇化建设资金来源不足的瓶颈问题，特别是资本金短缺问题。

六是深化国家开发银行改革。进一步解决长期债信、资金来源、定位架构、监管考核等问题，逐步将开发性金融机构的管理纳入法制化轨道。

加强农村金融服务
促进农业现代化和新型城镇化发展*

（2014 年 4 月）

新型城镇化和农业现代化离不开信贷支持和农村金融服务，同时新型城镇化和农业现代化也将促进金融的发展和繁荣。农业发展银行（以下简称农发行）是我国唯一的农业政策性银行，农业银行（以下简称农行）是一家服务于“三农”而产生和发展的大型商业银行，两家银行要在支持农业现代化和城镇化建设中发挥更大的作用。

一、深化改革，不断增强综合实力

长期以来，农发行、农行认真履行国家赋予的职责，在支农惠农中不断发展，按照现代银行的要求推进改革创新，完善治理机制，综合实力不断增强。

农发行在国家没有增加注资、没有剥离不良资产的情况下，基本实现了内生性可持续发展。截至 2013 年年底，农发行共有各类机

---

* 注：2014 年 3 月，全国人大常委会副委员长吉炳轩带领调研组分别赴农业发展银行和农业银行进行调研。全国人大农业与农村委员会主任委员陈建国、副主任委员刘振伟、委员包克辛参加。调研组听取了农业发展银行和农业银行的工作情况介绍，就金融支持农业现代化和城镇化建设情况，提高金融服务质量等问题进行了座谈。本报告由王观芳整理。

构2173个，其中县级支行1669个。2004至2013年末，农发行信贷规模增长了2.5倍，增加17837亿元；债券余额增长了42.5倍，对公存款增长了4.4倍，人民银行再贷款由6066亿元减少至2920亿元，资金自给率由16%提高到88.4%；经营效益和资产质量提升，经营利润由24亿元增加到490.1亿元，成本收入比由67.3%下降到21%，不良贷款率由18.8%下降至0.71%；提高了抗风险能力和案件防控水平，拨备覆盖率由5.3%上升到444.4%。

农行于2008年改制，2010年上市，完善了现代商业银行制度。农行面向“三农”，坚持改股不改服务“三农”方向、上市不减服务“三农”力度。截至2013年年底，农行有各类机构网点2.35万个，覆盖了全国99.5%的县域，41%的存款、34%的贷款、54%的网点和48%的员工在县域地区；总资产14.6万亿元、总负债13.7万亿元，各项存款余额11.8万亿元，各项贷款余额7.2万亿元，资产回报率1.2%，不良率1.22%，拨备覆盖率367%，案件数量持续下降。2013年净利润1662亿元，增速保持四大行领先，县域贷款余额2.35万亿，比年初增加14.6%，涉农贷款余额2.14万亿，比年初增长13.7，均高于全行贷款增速。

二、履行职责，提高服务“三农”水平

农发行坚持政策性办行方向，拓展支农领域，强化支农功能，实施“两轮驱动”业务发展战略，坚持把中央政策要求贯彻于业务发展之中，信贷支农的骨干和支柱作用日益彰显。一是服务于国家的粮食安全战略。2004年以来，农发行累计发放粮棉油收储贷款3.7万亿元，每年支持收购的粮食占到当年商品量的60%左右、棉花占产量的50%以上，从根本上解决了收购给农民打“白条”问题。二是支持农业综合生产能力建设。累计发放贷款近1.4万亿元，

支持项目超过 8 千个。水利建设贷款 3114 亿元，期末贷款余额 1832 亿元，支持除险加固病险水库 3296 座，增加蓄水 100 亿立方米，增加或改善灌溉面积 4103 万亩，解决农民饮水问题 4044 万人，提高了农业综合生产能力。农业生产基地和农业生态环境建设贷款 683 亿元，期末贷款余额 413 亿元，支持改造中低产田 251 万亩，新增林地 807 万亩，湿地保护 33 万亩，治理荒漠化石漠化 86 万亩。三是支持现代农业发展。向农业产业化龙头企业、加工企业贷款和农业科技贷款 1. 3 万亿元。开办涉农产业发展基金投资业务，完善金融服务功能。

农行坚持“两个不低于”（涉农贷款增量不低于上年，贷款增速不低于全行平均增速）和“三个有利于”（降低成本、防范风险、商业可持续）的原则，强化“三农”金融服务。实施三农事业部制改革，确保有专门的机构、专门的人员、专门的产品、专配的资源，专业化地服务“三农”。目前事业部试点已经扩展到 20 家分行和 3 家比照试点行，占县域支行总数的 80% 以上。创新推出“金穗惠农通”，强化基础性金融服务，至 2013 年年末，向农民累计发放惠农卡 1. 4 亿张，覆盖超过 1 亿农户；设立服务点 58 万个，布放电子机具 115 万台，覆盖全国 68% 的行政村，在对接新农保、新农合和各类涉农财政补贴方面发挥了积极作用。积极服务于现代农业发展，大力支持大型农田水利枢纽、国家高标准农田建设，带动粮食综合生产能力提升。围绕农业产业链，金融服务延伸覆盖到各环节客户，形成了龙头企业带动、特色农业带动、特色资源开发带动、大型市场带动、产业集群带动等 5 大类农业产业链金融服务模式。服务于农业产业化龙头企业，国家级和省级龙头企业服务覆盖面分别达到 81% 和 58% 。支持新型农业经营主体发展，累计发放专业大户贷款 960 亿元、支持 140 余万专业大户，发放家庭农场贷款 108 亿元、支持家庭农场8.7万个。积极投放农户贷款，2013年年末农户贷款余额4830亿元，惠及5800万农户。探索金融扶贫开发工作，2013年在国家级和省级扶贫开发重点县投放贷款余额达到8693亿元，5年累计增长155%。

三、开拓创新，大力支持城镇化建设

农发行着力破解工业化城镇化缺地，新农村建设缺钱，耕地保护缺动力，城乡统筹缺抓手的难题，重点支持城乡发展一体化的重点领域和薄弱环节。坚持政策导向，注重将国家政策要求同地方支农重点相结合、政策性信贷资金同财政支农资金相结合、扶贫开发同新农村建设及城乡发展一体化相结合，突出政策导向作用。坚持优惠支持、让利于农，执行基准利率的贷款在90%以上，利率上浮的不足1%。支持农业农村基础设施建设。至2013年年末，累计投放农业农村基础设施建设贷款约1.3万亿元。其中，农村土地整治累放贷款4474亿元，期末贷款余额3467亿元，增加了耕地，置换出了城镇建设用地84万亩；农民集中住房建设累计投放贷款2087亿元，期末贷款余额1758亿元，支持了农民集中住房区建设和农村危房改造，改善了农民居住环境和生活条件，惠及106万农户；农村交通建设累计投放贷款1846亿元，期末贷款余额1530亿元，缓解了农民出行难问题；农村公共基础设施建设累计投放贷款1501亿元，期末贷款余额907亿元，支持了新建和改扩建供排水设施、污水处理厂、垃圾处理站、供暖服务设施等，提升了农村公共服务水平。

农行把城镇化建设作为业务重点之一。党的十八届三中全会和中央城镇化会议以后，农行积极采取行动，进一步加大支持城镇化建设力度。一是制定规划，调整政策，建立适应城镇化建设新机制。与中央战略对接，出台了支持城镇化建设的总体意见，并抓紧制定服务城镇化建设的总体规划，着力提供具有农行特色的城镇化金融服务。明确目标、厘清定位，修订调整城镇化领域的信贷政策。构建综合化融资服务模式。以为地方政府和企业提供综合融资顾问服务为统领，统筹运用信贷、发债、租赁、信托、产业基金等多种金融工具，融资与融智相结合、投资与信贷相结合，为新型城镇化提供全方位金融支持。完善倾斜性资源配置机制，优化经营网点和电子渠道布局，配置信贷资源，确保县域贷款增长率持续高于全行水平，为城镇化金融服务单独配置费用等财务资源。二是牢牢抓住新市民、产业配套、基础设施建设“三条主线”，全面做好新型城镇化金融服务。截至2013年年末共发放城镇化贷款2.1万亿元。服务于“人”的城镇化，围绕三个“1亿人”，从住房保障、就业创业、公共服务等方面，为农业转移人口市民化和公共服务均等化服务。至2013年年末，个人住房贷款余额1.3万亿元，保障性安居工程贷款余额500亿元；发放“个人助业贷”“自助循环贷”等个人生产经营贷款余额4566亿元；县域教育医疗贷款余额138亿元。推动新型城镇化产业体系建设。支持产业园区建设和县域中小企业发展，助推产业集群发展，强化城市化产业支撑。当前，共支持产业园区520多个、县域产业集群318个，向小微企业发放贷款3236亿元。支持“水电路气桥”等城镇基础设施建设和小城镇整体改造，2013年年末，小城镇贷款余额781亿元，覆盖750个县。

四、存在的问题和建议

从调研情况看，农村金融成本高、收益低、风险大，金融支持城镇化建设和农业现代化还面临一些困难和问题。政策上对涉农银行业金融机构在资本补充、考核激励、信贷规模、监管要求等方面倾斜力度不够。农发行在当前利率市场化改革背景下，发债成本上升，利差大幅收窄；粮棉油收储贷款利率已低于运营成本，财务压力加大；信贷计划受额度限制，政策支农渠道狭窄。农行的“三农”业务成本收入比为41%、不良率1.5%，分别高出全行平均水平5个和0.3个百分点；资本不足导致信贷规模受限。

针对存在的问题，调研组提出以下建议

1. 加大落实2014年中央一号文件力度

按照国务院关于落实2014年中央一号文件有关政策措施的分工意见，加快落实强化商业金融对“三农”和县域小微企业的服务能力，支持农业发展银行开展农业开发和农村基础设施建设中长期贷款业务等政策。

2. 从筹资机制和信贷规模等方面支持涉农信贷投放

对涉农银行给予资本补充上适度优先的政策，建议粮棉油收储所需资金，由人民银行再贷款予以解决或者解决一定比例；适当扩大农发行对公存款范围，承担财政性支农资金贷款拨付主办银行职责，减轻资金来源压力；借鉴国际通行做法，明确商业银行按规定利率将存款的一定比例转存农发行或者购买农发行债券。在信贷规模上对涉农信贷业务占比较高的金融机构给予适度倾斜，建议央行给予专项信贷规模支持；对农户贷款等特色业务，可以考虑计划单列，不占用当年信贷额度。

3. 对涉农信贷提供财政税收支持

发挥财政税收政策引导作用，与涉农金融资金形成合力。一是财税优惠与县域“三农”业务挂钩。当前农村信用社享受的财政税收政策和存款准备金率等货币政策，建议扩展到所有涉农金融机构和涉农业务。二是地方财政组建专业担保公司，撬动信贷资金投向“三农”。三是中央财政建立涉农贷款风险补偿基金，对出现损失的涉农贷款，区分情况给予一定比例的风险补偿。

4. 实行差别化的市场监管

对金融机构开展涉农信贷业务，在利润目标、成本收入比、贷存比、资产质量、风险容忍度、责任追究等考核指标上，建议实行差别化的监管，调动金融机构服务“三农”积极性。落实2014年中央一号文件关于对农发行建立差别监管体制的要求，建立有别于商业银行的绩效考评和监管机制。

5. 拓展农发行的业务功能

坚持农发行的政策性金融性质，在执行指令性和指导性等政策性业务的同时，加强自营性业务发展，支持农产品加工龙头企业等农村经营主体发展。农发行支持新农村建设与城郊土地整治相结合，整体规划建设，推进新型城镇化。农发行通过多年经营积累了约400亿的未分配利润，建议发挥政策性银行的杠杆和引导作用，拓展支农渠道，通过开展金融租赁业务，支持黑龙江农业机械化和新疆机采棉；开展银政合作，与省级政府共同开展涉农担保业务，缓解涉农中小微企业和农户贷款难问题；发起设立投资基金，增加水利建设、粮食安全体系建设、城镇化建设等直接融资渠道。推进农发行外部配套改革。

6. 加快农村金融立法

近年来我国农村金融改革发展不断推进，探索和积累了不少经验。从国外经验看，普遍通过立法确定对农村金融的特殊措施。建议通过法律的形式，将中央的有关政策和实践中行之有效的做法上升为法律。依法规范农村金融活动主体的行为，保护各金融主体及农民的权益，制定长期化制度化的支持农村金融发展的财政货币税收监管措施等，建立支持农村金融发展的长效机制，全面提升农村金融服务水平。

努力提升农村普惠金融服务水平*

刘振伟

（2014 年 5 月）

农村金融是现代农村经济的核心，是我国金融改革发展的重要组成部分。建立现代农村金融制度，创新农村金融体制，提高农村金融服务水平，对于加快实现农业现代化，推动城乡统筹一体化发展具有重大意义。全国人大常委会高度重视农村金融改革发展问题，2013 年 6 月，第十二届全国人大常委会第三次会议听取并审议了国务院关于农村金融改革发展情况的报告，报告提出适时启动农村金融立法的建议。为落实常委会审议意见，经请示常委会领导同志，并与人民银行、银监会沟通，全国人大农委将农村金融立法作为本届农委的立法储备项目，组织开展立法的前期准备工作，这也是我们此次调研的目的。

自 2007 年 3 月成立以来，邮政储蓄银行不断完善公司治理结构，提高风险管理水平，依托覆盖城乡的网络优势开展支农服务，资产和信贷规模逐年增长，走出了一条商业可持续的“普惠金融”发展道路，实现了跨越式发展。截至 2013 年年末，邮政储蓄银行拥

* 注：2014 年 5 月，全国人大农业与农村委员会副主任委员刘振伟，委员蒋省三、蔡昉就农村金融立法问题赴中国邮政储蓄银行进行调研。本文系刘振伟在座谈会上的讲话。

有营业网点3.9万多个，ATM机5.6万多台，客户总数超过4.3亿人，成为全国网点规模最大、网点覆盖面最广、客户最多的金融服务机构；本外币存款余额超过5.2万亿元，居全国银行业第五位；资产总规模5.58万亿元，居全国银行业第七位，这些都反映了邮政储蓄银行经过转型发展取得的显著成绩。在金融服务“三农”方面，邮政储蓄银行业做了大量工作，2013年涉农贷款余额3882亿元，同比增长106%，增幅居银行业第一位，连续六年实现增量高于上年；设立三农金融部，面向“三农”进行产品创新，在全国范围推广农户保证贷款、农户联保贷款、商户保证贷款、商户联保贷款等4个无抵押贷款品种，在山东省开展土地承包经营权抵押贷款试点等，都是值得充分肯定的。座谈中，大家也分析了邮政储蓄银行在支农服务过程中遇到的实际问题，提出进一步改进工作的具体意见和建议。对此，我们将认真研究，该向国务院金融监管部门反映的反映，能够吸收到农村金融立法中的及时总结借鉴。

还要提到的是，邮政储蓄银行积极参与了广西田东和安徽金寨农村金融综合改革试点工作。田东和金寨的金融改革试点，都是由全国人大农委协调推进的。田东试点开始时，邮政储蓄银行刚刚成立不久，但总行还是在调增信贷额度、下放审批权限方面，给予了田东县倾斜性政策。金寨县的试点启动以来，总行专门制定了支持金寨县做好信贷业务发展的指导意见，在信贷总规模中分配2亿元的专项规模，调增安徽省分行信贷额度，专项用于促进金寨县经济社会发展。2013年，邮政储蓄银行在金寨投放的信贷资金超过了4亿元，发放农户小额贷款1.6亿，有力助推了县域经济发展。

邮政储蓄银行是商业性金融机构，中央、国务院针对商业银行提出的支农责任要求，都与邮政储蓄银行有关。邮政储蓄银行定位为大型全功能零售商业银行并确定“普之城乡、惠之于民”的服务理念，与中央、国务院提出发展农村普惠金融的思路是一致的。邮政储蓄银行的最大优势就是网络优势，这是面向“三农”提供普惠金融服务的有利条件。我认为，只要精心设计、扎实推进，这条路能够走通并实现双赢效果。目前，邮政储蓄银行开展农户小额信用贷款、农户联保贷款、小微企业贷款、开展银团项目贷款等业务，是将资金直接反哺农业农村的方式；开展支农同业贷款、认购债券，是利用资本市场，通过其他农村金融机构渠道，实现资金返还。进一步推动邮储资金回流农村，还应积极探索创新、多措并举，在符合中央金融监管部门的风险管控要求下，力争在拓宽渠道方面有所作为。

今年国办关于金融服务“三农”发展的若干意见对创新农村金融服务产品和方式提出了具体要求，既包括对服务对象的要求，如开展农户贷款、小微贷款、产业链贷款、农机租赁等，解决的是信贷投向和结构调整问题；又包括对服务模式的要求，如扩大农村有效担保物范围、开展银保互动、利用电子信息网络、简化流程等，解决的是风险防控和服务均等化问题。按照国务院要求创新金融产品和服务的要求，邮政储蓄银行还有大量工作可做，例如如何利用点多面广优势，为农民提供更便捷、高效、安全的基础金融服务；完善农户小额信用贷款模式，积极参与农村“三权”抵押贷款试点；积极介入农业产业链金融服务，服务农民专业合作社和家庭农场等新型农村经营主体；深化邮政局代管网点改革，增强服务能力，拓宽服务渠道，创新服务模式等方面，在促进城乡公共金融服务均等化和支持农业现代化建设方面，邮政储蓄银行是大有可为的。

有关农村金融的优惠扶持政策，有些是适用于全部农村金融机构的，邮政储蓄银行也能够享受到，比如农村金融机构定向费用补贴政策（已经扩展到基础金融服务薄弱地区的银行业金融机构）、县域金融机构涉农贷款增量奖励政策、农户小额贷款的贴息和利息收入减免营业税政策等，有些政策是针对农村信用社和新型农村金融机构，商业性金融机构目前还不能享受。只要邮政储蓄银行坚定走发展农村普惠金融这条道路，不断拓展涉农业务，未来支农力度越大，享受的优惠政策就会越多。

发展普惠金融，改善农村金融服务*

（2014 年 5 月）

中国邮政储蓄银行（以下简称邮储银行）自成立以来，坚持普惠金融的发展理念，立足于服务“三农”、服务社区、服务中小企业的市场定位，遵循商业可持续原则，走出了一条符合自身特点的差异化发展路径。

一、坚持普惠金融，取得良好发展成效

2007 年邮储银行正式挂牌成立，2012 年整体改制为股份有限公司，2013 年引入独立董事和外部监事，完善了公司治理结构。2013 年年末与成立之初相比，邮储银行业务大幅增长，各项存款由 2.1 万亿元增长到 5.2 万亿元；营业收入从 397 亿元增长到 1440 亿元，年均增幅 29.4%；利润总额从 10 亿元增长到 351 亿元，年均增幅 103%；总资产规模达到 5.58 万亿元，居国内银行业第 7 位。全行信贷不良率保持在 0.51% 的较低水平，拨备覆盖率达 379%，资产质量较好。

目前邮储银行在全国有 3.9 万个营业网点，其中 70% 分布在县及以下区域，具有为基层提供金融服务的条件。截至 2013 年年底，

* 注：2014 年 5 月，全国人大农业与农村委员会副主任委员刘振伟，委员蒋省三、蔡昉就农村金融立法问题赴中国邮政储蓄银行进行调研。本文为调研报告，由王观芳整理。

邮储银行累计发放小额贷款 8300 多亿元、小微企业贷款 1.7 万亿元，涉及 800 多万农户、1200 万户小微企业。2013 年涉农贷款余额 3882 亿元，同比增长 106.7%，连续六年增量高于上年。邮储银行先后获得中国银行业“社会责任最佳民生金奖”“服务三农最佳企业形象奖”“年度最佳小微企业服务银行”等多项奖项。

（一）依托网络优势，提供优质基础金融服务

邮储银行网点规模大并且全国联网，可提供全国范围内异地存取款及汇兑服务，同时具有遍布城乡的基层队伍优势，成为构建“延伸城乡金融服务最后一公里”的金融机构。

开展代收代发业务。参与“新农保”业务，代缴保费约 9700 万笔、约 276 亿元，代发保费 6.1 亿笔、约 608 亿元；开展代收农电费、水费，代发粮食直补款等支农补贴资金、老年人生活补助等惠农服务。通过邮储银行的服务，企业和政府节约了成本，农民得到了便利。

开展自助终端助农取款工作，截至 2013 年年末共有银行卡助农取款服务点 10.87 万个，累计交易 609 万多笔，金额超过 14 亿元，帮助农村居民实现了小额取款“不出村、零成本、无风险”。

推广农民工银行卡特色服务，截至 2013 年年底累计实现农民工银行卡交易 350 余万笔，金额超过 49 亿元。2011 年起进一步推出具有储蓄、结算、理财等功能的“绿卡通福农卡”，截至目前结存卡户数超过 1846 万户。

适应手机支付快速发展趋势，率先完成农村手机支付项目建设，摆脱了传统手机支付产品必须依托手机上网功能的束缚，提升了农村地区支付服务水平。截至 2013 年底，共发展手机支付用户约 1.5 万户，交易笔数约 30 万笔，交易金额约 6 亿元。

（二）发展“两小”贷款业务，满足“三农”融资需求

邮储银行发展了采用微贷技术的小额贷款业务，紧密结合我国农村经济社会发展情况，在产品设计、队伍培养、IT 系统、风险控制、品牌塑造等方面进行创新，实现了“大银行”专注“小贷款”的突破。目前，邮储银行的所有二级分行以及 2000 多个县市支行都多层次、全方位提供小额贷款的专业金融服务。涉农小额贷款每笔均贷款仅 6 万余元，真正用在农户身上，切实满足了“三农”客户群体的融资需求。国际小额贷款组织（MIX）最新统计数据表明，邮储银行小额贷款业务规模居于世界前列水平。

支持县域小微企业发展，在坚持商业可持续和严格控制风险的原则下，改进小微企业金融服务。科学设计产品，推出小微贷款产品 55 种，形成了“强抵押”“弱担保”“纯信用”的相对完善的产品序列。注重将“融资”与“融智”相结合。2010 年起，每年组织“创富大赛”活动，对于获胜企业和个人给予 10 万元奖励和 2000 万元融资支持。

（三）注重金融产品创新，完善涉农贷款产品体系

为满足日益多元化的“三农”融资需求，邮储银行深入开展“一行一品”工程，陆续推出了农场职工小额贷款、粮食直补资金担保贷款、烟农小额贷款、农机购置补贴贷款等创新贷款产品。积极联络第三方机构，主动搭建银政、银协、银担合作平台。目前，已与人力资源和社会保障部、共青团中央、妇联、扶贫办、财政部等合作，在全国开办再就业小额担保贷款，持续推动青年创业、妇女创业及扶贫小额贷款项目，并与伊利、蒙牛等农业龙头企业合作，提升农户信用等级，丰富担保方式，完善贷款产品。

针对现代农业资源集约化、农业产业化、经营主体多元化的新

特点，开发了家庭农场贷款、农民专业合作社贷款、土地承包经营权抵押贷款等“三农”贷款创新产品，加大了对专业大户、家庭农场、农民专业合作社等新型农业经营主体的金融服务。其中，农民专业合作社贷款已经在北京、辽宁等九省市开展试点，家庭农场贷款也已经在山东试点。

（四）建设信用村镇，优化农村地区金融生态环境

邮储银行发挥基层队伍优势，开展了“信用村”“信用市场”“信用户”的创建和评定工作，提升了广大农户的信用意识，推进了农村信用环境建设，降低了信用风险。邮储银行信用村镇建设已在辽宁、黑龙江、河南、广东、安徽等农业大省取得进展，评选信用村镇3000余个。在有条件的乡镇、村广泛建设“三农”金融服务站，目前全国站点有1000余个。结合信用村镇建设，依托金融服务站，广泛开展了“送贷下乡”“送理财知识下乡等活动”，宣传普及金融知识。

二、下一步开展“三农”金融服务的思路

一是围绕现代农业，为新型农业经营主体服务。在现代农业推进速度较快的示范区，试点开展农村金融产品创新和服务模式创新，突出为专业大户、家庭农场、农民专业合作社等新型经营主体提供针对性服务，在现代种植、农副产品加工、农业机械和服务等三大板块重点推进。

二是围绕产业链，为农业产业化龙头企业服务。加强对农资、农机、综合性农业企业的金融支持，支持龙头企业通过标准化基地建设和创新流通方式，向农业产业链上下游延伸开发，实现产供销一体化、种养加一条龙式发展。在为龙头企业提供金融服务的同时，

为其上下游企业、农户提供综合金融服务。

三是试点先行，稳妥推进“三权”抵押贷款。在已经开展林权抵押贷款的基础上，继续大力拓展有关业务，细化服务措施。选择土地制度改革配套推进比较好的地方，探索开展土地承包经营权抵押贷款。审慎探索针对农村宅基地使用权、农房财产权的抵押贷款业务。

四是围绕城镇化，探索城乡一体化金融服务模式。抓住新型城镇化、户籍制度改革等新机遇，创新金融产品和服务机制，支持农业转移人口市民化，围绕消费、购房、就业、医疗等需求，提供储蓄、结算、理财、资金等多种金融服务。

五是发挥优势，坚持不懈做好基础性金融服务。继续优化农村网点布局，做好存取款、结算、代收付、助农取款等基础金融服务。加快县域小额贷款业务转型升级，提供更加优质的产品和服务。强化对县域小微企业扶持力度，继续做好下岗失业人员、回乡创业农民工、农村妇女、创业青年等特殊群体的金融服务。

三、关于农村金融立法的建议

邮储银行赞成对农村金融立法，并提出如下建议。

（一）以立法促进多层次农村金融组织体系的建立

以立法规范农业政策性金融发展，明确农业发展银行的性质和功能；规范农村合作金融组织的产权组织形式、融资渠道、经营机制、管理模式、运营规则、职能作用等；从法律上进一步确认村镇银行在农村金融中的地位和作用，鼓励商业银行或其他金融机构参股组建村镇银行；规范民间金融，使之合法化、公开化和规范化。

（二）以立法支持信贷资源向“三农”倾斜

对金融机构的涉农信贷业务规定无差别的优惠政策。对农村资金用于农村作出规定；适度降低农村金融机构在最低注册资本、存款准备金率、存贷比限制等方面的监管要求；适度放宽农村地区的担保要求和担保品范围；适度放宽涉农贷款不良容忍度；单独核定并适当调增涉农信贷合意贷款规模；针对涉农信贷业务制定税收优惠、财政贴息或补助政策。

（三）完善农村融资担保抵押物的法律规定

修改法律规定，允许农村土地承包经营权、宅基地使用权用于抵押。完善农村土地承包经营权、宅基地使用权等土地权益的确权、登记和流转规定。拓展新型融资担保措施，规范发展地方担保机构，研究农产品作为抵押物的规定。

（四）完善农村保险市场的法律规定

确立法定保险和自愿保险相结合的农业保险制度。建立商业性保险公司、专业性保险公司、农业互助保险公司等多元化的农业保险经营体系。明确农业保险的政府保费补贴、运营费用补贴及优惠政策。扩大农业保险范围，应包括农作物耕种、收获、储藏、产品加工和运输、农业生产资料等。

（五）以立法促进农村信用体系建设

明确农村信用信息征集主体及各主体的权利、义务和法律责任；建立负面信息披露制度、信用奖惩制度；细化失信惩戒规则。

农业保险有关情况*

（2014 年 7 月）

自 2007 年中央财政启动农业保险补贴以来，我国农业保险进入新的发展阶段，取得了积极成效。2007 年至 2013 年，农业保险保费收入从 51.8 亿元增长到 306.7 亿元，年均增长 34.5%；保险金额从 1126 亿元增长到 1.39 万亿元，年均增长 52%；累计向 1.47 亿户次支付赔款 744 亿元。当前我国农业保险承保品种约 120 个，包括种植业、养殖业和森林三大类，部分地区探索开展了价格保险试点。2013 年，主要农作物承保面积 11.06 亿亩，约占全国播种面积的 45%；参保农户 2.14 亿户次。水稻、玉米、小麦三大口粮作物的保险覆盖率分别达到 64.9%、67.3% 和 61.8%。

一、农业保险发展的基本情况和主要做法

（一）坚持政府引导，不断完善法律制度和支持政策

多年来，党中央和国务院高度重视农业保险发展，每年的中央一号文件都对农业保险作出部署。2007 年开始对农业保险实行财政、

* 注：2014 年 7 月，全国人大农业与农村委员会主任委员陈建国，副主任委员刘振伟，委员包克辛、蒋省三赴中国保险业监督管理委员会调研，与保监会负责同志以及中国人保财险公司、中华联合财产保险公司、国元农业保险公司的负责人就发展政策性农业保险，推动农村金融立法问题进行座谈。本文为调研报告，由王观芳整理。

税收支持政策，扭转了多年来农业保险徘徊不前的局面，使农业保险进入快速发展期。2012 年国务院颁布《农业保险条例》，以法律的形式明确了农业保险发展原则、支持政策、经营规范和监管要求，为农业保险规范健康发展奠定了法律基础。2014 年 7 月，国务院出台《关于加快发展现代保险服务业的若干意见》，进一步肯定了农业保险在促进农业转型升级、转变政府职能、完善社会治理、保障改善民生方面的重要作用，明确提出要大力发展“三农”保险，创新支农惠农方式，完善对农业保险的财政税收支持政策。

农业保险发展的实践表明，政府引导是农业保险市场发展的关键。2007 年以来，政府通过保费补贴、税收减免等方式支持农业保险发展。保费补贴方面，中央财政对关系国计民生的 15 类主要品种（水稻、小麦、玉米、棉花、马铃薯、油料作物、糖料作物、天然橡胶、森林、能繁母猪、育肥猪、奶牛、青稞、牦牛、藏系羊）分区域、分品种给予 30% ~50% 不等的保费补贴；省级财政配套 25% ~30% 的保费补贴；市县两级提供 10% ~15% 的保费补贴。地方特色优势农产品主要由地方给予保费补贴。2013 年，享有财政补贴的农业保险保费收入 300 亿元，占农业保险总保费收入的 97.8%；农业保险保费构成：中央财政补贴约占 40%，省级及以下财政补贴约占 38%，合计约占总保费收入的 78%。税收优惠方面，对农业保险业务免征营业税和印花税，所得税纳税基数按照 90% 计算。此外，监管部门还免征农业保险业务监管费。

（二）坚持市场运作和自主自愿，促进农业保险规范发展

市场运作和自主自愿是发展农业保险的两条重要原则。目前，我国从事农业保险的既有专业性农业保险公司，也有商业性保险公司和保险互助合作组织，经营农业保险的保险公司有 23 家，不少省

份有两家以上经办机构，实现了“适当竞争”的市场结构。对于从事农业保险的经办机构的内部管理制度、应对大灾风险制度安排、实行农业保险业务单独核算等，都有明确的法律和制度规范。

尊重农民自主选择的权利，注重保护农民利益。农民、农业生产经营组织可以自行选择农业保险机构，也可以由农业生产经营组织、村民委员会等单位组织农民投保；任何单位和个人不得利用行政权力、职务或者职业便利以及其他方式强迫、限制农民或者农业生产经营组织参加农业保险。

完善基层服务网络，方便农民参加农业保险。当前全国共建立农业保险乡（镇）服务站2.3万个，村级服务点28万个，覆盖了全国48%的行政村，协保员近40万人。

（三）完善农业保险再保险和大灾风险转移机制

近年来，农业保险经营主体风险防范意识不断加强，采取多种措施促进农业保险稳健经营。2008年以来，农业保险分保力度不断提高。2013年，农业保险保费分出率为17%，约52亿元；摊回分保赔款约34亿元，约占同期赔款的16%。再保险安排逐步精细化，从最初的总公司一揽子统分向分省、分险种实行不同安排过渡。

按照要求，农业保险机构每年从农业保险保费和经营盈余中按一定比例提取大灾风险准备金，历年积累，应对大灾风险。目前，保险行业正在探索建立农业保险共同体，提高行业整体农业保险承保能力，并作为农业风险分散集成平台统一向国际市场转分保。地方政府也积极探索农业大灾风险分散办法，积累了一些经验，如浙江、江苏的地方政府与保险经办机构按比例共担超赔风险，北京、成都的地方政府出资建立大灾风险基金等。

（四）创新保险品种，提高服务水平

农业保险从最初的大宗粮食作物保险起步，逐步扩展范围，保

险品种日益丰富，不仅有中央财政补贴的15大类主要品种保险，各地还发展了特色农产品保险近百个，如广东红葱、宁夏茴香、重庆花椒、江西蜜橘、四川芍药、上海淡水养殖等；既有保障自然灾害风险的保险品种，也探索开展了保障市场风险的价格保险，如上海、北京等地开展了蔬菜价格保险、生猪价格指数保险试点，对因价格下跌给农户造成的损失予以补偿。此外，还开展了农产品质量保证保险、海水养殖风力指数保险、螃蟹养殖水文指数保险等新型产品；开发服务于新型农业经营主体的险种，促进农业生产转型升级，如给予新型农业经营主体费率下调等优惠政策；开发农业设施保险、农机保险，为农业生产、加工仓储、货物运输、内外贸易、资金融通提供全流程、全环节的风险管理。

（五）农业保险与涉农信贷相结合，探索银保互动机制

近年来，有关部门鼓励农业保险与农村信贷合作，将涉农保险投保情况作为授信要素，综合评定借款人信用等级，初步建立银保互动机制。实践中主要有三种类型：第一类是“农业保险＋农村信贷”模式。如人保财险公司与陕西省政府联合开展的“银保富”试点，地方财政通过保费补贴支持农户购买“银保富”产品，银行再向参保农户发放小额贷款，如果参保标的发生事故，保险公司将赔款优先支付给银行；第二类是小额信用贷款保证保险类产品。如宁波城乡小额贷款保证保险试点，针对创业初期的农业小企业、城乡创业者和种养大户生产经营融资需求，由五家保险公司共保提供贷款保证，银行发放贷款，当发生信用风险时，由保险公司按照合同承担部分贷款损失；第三类是保单抵押贷款。如安徽国元农业保险公司与多家银行联合开展试点，种养大户、龙头企业和农村合作经济组织用保险公司出具的政策性农业保险保单作为抵押，银行直接为其办理贷款。

二、当前农业保险发展存在的主要问题

（一）农业基础信息管理体系薄弱导致合规问题

我国关于“三农”的基础信息和数据管理系统不完善，耕地面积或养殖数量、产量和灾害等基础数据缺失，数据来源缺乏统一平台，农业保险服务缺乏可靠的数据依据。由于保险机构难以确定承保标的详细信息，导致承保、理赔信息不真实，甚至出现虚假投保、虚假理赔等套取国家财政补贴的现象，损害国家和农民的利益。

（二）经营成本较高影响保险机构积极性

我国农业生产主要还是千家万户分散生产，逐户收取保费、查勘定损和支付赔款成本较高，出于成本控制和经营绩效考虑，保险公司设立农村基层服务网点的积极性不高，基层网点和专业力量严重不足，大部分保险机构通过委托村委会或农林基层组织协助办理农业保险业务，导致责权利划分不清，各项监管要求难以落到实处。部分地区出现基层政府部门或村组织代缴、垫缴保费，或者比例签单、比例赔付，从而在一定程度上诱发虚假理赔套取补贴或骗取赔款等问题。

（三）保障程度低不能满足农户对保险补偿作用的期望

农业保险保障水平由各地政府根据当地财政情况确定，保障水平“一刀切”，没有充分考虑不同主体的风险需求差异。试点起步阶段，考虑到农户负担能力和财政承受能力，我国采取了“低保费、低保障、广覆盖”的原则，主要承保农作物的物化成本。但是近年来农村劳动力和土地成本上升较快，而农业保险没有针对这些成本予以保障。2013 年，三大口粮作物保险保障程度约占物化成本的 80%，但仅占全部生产成本的 33%。农业保险保障程度偏低，导致

农户感觉灾后赔款“不解渴”，投保积极性受到影响。对于农业规模经营主体而言，当前农业保险赔款勉强能够偿还贷款，难以弥补生产成本和帮助灾后恢复生产，农业规模经营主体对提高保障水平的需求非常迫切。

（四）农业保险经营管理水平不高

农业保险业务管理还比较粗放，服务质量和水平都有待提高。对农业风险的具体研究不够，农业保险精算水平不高，产品同质化严重。实行全省统一的保险金额、保险责任、保险费率，没有区分不同地区灾害发生的差异性，灾害发生较少地区农户投保意愿不强。

农业保险的承保、理赔等方面管理不严谨，操作不规范，参保农民权益受到侵害的情况时有发生。一些地方由乡镇政府或村委会统一投保、统一收费或垫交保费，没有真正落实农户签字程序，很多农民对自己投保情况不清楚，导致灾后索赔权利不清；有的只采取简单抽样查勘方式定损，未做到定损到户；有的采取赔款打包给乡政府或行政村模式，未做到理赔到户；发生大灾时，有的采取封顶赔付、协议赔付等与保险合同不符的赔付方式。保险管理粗放带来的骗保、赔付不公，甚至赔款被截留或贪污挪用现象时有发生，严重侵害了农民利益，造成不良社会影响，在一定程度上影响农业保险业务的持续稳定发展。

（五）各地农业保险发展不平衡

各地农业保险的发展，由省级政府确定具体的经营模式。各地发展农业保险的理念和思路不一致，采取的策略和措施也有差异，导致农业保险发展的地区不平衡。农业大县往往是财政穷县，特别是粮食、畜牧主产地区，地方财政配套资金落实压力大，制约了当地农业保险的发展。

（六）大灾风险转移分散机制不健全

农业保险因干旱、洪水等灾害造成系统性风险的概率远大于普通保险。目前我国的大灾风险主要还是依靠农业保险公司自身力量，通过购买再保险和提取大灾风险准备金来转移分散风险，农业保险大灾风险分散机制还不健全。缺乏再保险的制度设计，分保渠道和分保能力受制于国际再保险市场；只有部分省份建立了财政支持的大灾风险分散机制，多数省份和中央财政还未设立大灾风险基金；还没有发行农业巨灾债券、巨灾情况下的紧急融资等制度安排。

三、对发展农业保险和农村金融立法的建议

针对进一步发展农业保险和农村金融立法，保监会和三家保险公司也提出了一些建议，主要有：

（一）加强农业保险基础信息管理

基础信息的准确性是风险管控准确性的条件之一，对于保险机构意义重大。要从法律层面完善有关部门之间信息共享机制，实现农户基础信息、征信信息、信贷信息和保险信息的整合。通过基础信息的整合，利用大数据加强农村金融产品创新，提高扶持政策的针对性和有效性，降低经营成本。同时要采用新技术搜集信息。最近中华联合财险公司和国家农业信息化中心合作，引入遥感和无人机测绘等地理信息技术，为精确承保、精确理赔提供了可能。建议国家设立专项资金，支持“三农”信息化建设。

（二）建立完善的农业保险基层服务网络

适应农业保险的特点，要积极拓展服务网络，加强服务能力建设，将服务网络延伸至乡镇一级，将服务关口最大限度地延伸到村间地头。考虑到网点建设和运营的投入巨大，如果每一家保险机构

都建基层网点，不利于节约成本，也不利于保险市场的良性竞争，建议政府予以适当支持，由各家保险机构共同出资设立股份合作性质的基层网点公共服务平台，服务平台按照谁使用谁付费、谁使用多谁付费多的原则管理，减少网点重复建设，降低网络运营成本。

（三）适度提高农业保险保障水平

适应新形势下农业劳动力和土地成本上升的实际情况，农业保险要足以覆盖多样化的生产成本投入，使农业生产经营者能够在灾后恢复再生产。提高农业保险保障水平，农业保险机构经营成本的增加有限，但可以大大提高农业保险对种养业生产者的吸引力。

满足不同类型农业生产经营者的需要，建议提供差异化保障水平、多档次的农业保险产品。可以探索建立“基本保险＋补充保险”的农业保险体系。对于关系国家粮食安全的重要农产品，按照“保基本、广覆盖”的原则，确定一定保险金额，作为农业基本保险，中央财政和省级财政承担较大比例保费；在此基础上，农民可以自主自愿投保其他农产品保险或者购买更高额度的保险产品，实现对农业基本保险的补充，政府对补充保险给予适度保费补贴。

（四）完善财政支持农业保险发展政策

增加农业保险品种，将种子保险、渔业保险等纳入中央财政保费补贴范围。考虑粮食主产区、生猪生产大县和林业大县财政收入较少的实际，适当减免其县级财政配套保费补贴，提高基层政府开展农业保险的积极性。除保费补贴外，给予农业保险经办机构适当的经营费用补贴。加大税收扶持力度，对农业保险业务减免企业所得税，对其他涉农保险业务免征营业税和印花税。

完善农业保险大灾风险制度。完善再保险制度，改变当前农业保险只能向国际市场购买再保险、农业保险收入流出的状况。建立中央和地方财政共同支持的、保险公司参与的多层次农业大灾风险转移分担机制。建议在财政支持下设立再保险基金或专门的农业再保险机构，为农业保险提供再保险服务。在国家层面，要探索建立农业大灾风险基金，完善发行农业巨灾债券以及巨灾情况下的紧急融资制度。

（五）提高农业保险经营管理水平

加强对农业保险的精细化管理。通过对农业风险的充分研究和论证，设计符合实际的合理的保险费率、起赔点和免赔额。加强农业保险合同管理，保险合同要通俗易懂。保障农户对保险合同确定的自身权利和义务的知情权，努力做到保险合同签订到户。采取有效手段做好定损、理赔管理，做到定损、理赔到户。借鉴政府补贴直接通过银行卡发放到户的经验，直接将理赔款发放到户。

创新农业保险产品。一些地方探索开展区域产量保险、（天气）指数保险、农产品价格（收入）保险等。区域产量保险和（天气）指数保险具有产品标准化、结构透明、赔付及时、管理成本低等优点；农产品价格（收入）保险保障农户获得一定的收益，是保障农业市场风险的有益尝试。建议各地根据当地实际，逐步开发区域产量保险、价格保险、指数保险等创新型农业保险产品。

建立健全农业保险监管机制，加强农业保险业务合规经营的监督管理，对违反业务管理要求，损害农民利益等违规违纪违法行为，坚决予以处罚甚至取缔其经营资格。建立健全农业保险经办能力和水平考核评价制度，研究和建立农业保险市场退出机制。规范政府在农业保险市场的职能作用，尊重农民参保意愿，减少行政干预。严厉打击农业保险领域的违法犯罪行为。

（六）将保险纳入农村金融立法的重要组成部分

农业保险在农村金融发展中具有重要地位，要把农业保险作为农村金融立法的重要组成部分。当前农业法、农民专业合作社法等法律的个别条款对农业保险作了原则规定。按照保险法，农业保险由法律、行政法规另行规定。农业保险条例的出台规范和促进了农业保险发展，但作为行政法规，与法律相比权威性和稳定性不够，与农村金融其他领域的相互协调性较差。将农业保险纳入农村金融立法，综合进行制度设计，能够增强农村金融发展的各项措施的系统性和协调一致性，建立农村金融发展的长效机制。

从国外经验来说，各国一般有比较完善的法律规范，而且近年来加强了农业保险在农业支持保护体系中的地位。美国早在 1938 年就出台了专门的农业保险法，迄今已修改了近 20 次。日本在 1946 年就制定恶劣农业灾害补偿法。2014 年，美国通过的新农业法，取消了每年耗资约 50 亿美元的农业直接补贴，明确未来 10 年内新增 70 亿美元左右的预算，用来扩大农业保险覆盖范围和补贴额度，农业保险在农业支持保护体系中的地位凸显。

调研过程中大家提出，应当着重从以下几方面完善农业保险立法：明确农业保险在国家农业支持保护体系中的地位和作用；统筹有关部门在发展农业保险中的管理职能，建立系统稳定、各部门协调推进的农村保险发展长效机制；明确农业保险在农村金融中的基础性地位，通过“保险 + 贷款”和信用保证保险等方式，完善农村金融政策体系；完善财政税收政策和巨灾风险应对机制；明确农业保险的经营主体、参与主体和受益主体的权利和义务；完善农业保险市场机制，维护农业保险市场秩序；探索合作制农业保险组织模式；确立各级政府在农业保险中的责任和行为规范，尤其要明确基层政府的职责，重点防范过度干预和监管不力；严厉打击违法违规行为等。

江西省农村金融立法调研报告*

（2014 年 7 月）

近年来，江西省委、省政府着力推动农村金融改革发展，农村金融体系不断优化，涉农信贷规模持续增长，有力促进了农业农村经济持续健康发展。

一、推动农村金融发展的主要做法和成效

截至 2013 年 12 月月底，江西省涉农贷款余额 5118.86 亿元，2008 年以来年均增速 27.4%，比同期各项贷款平均增速高 4.2 个百分点，比全国平均增速高 3.8 个百分点，其中农户贷款 1753.44 亿元，较 2008 年末增长 4.5 倍。2013 年农业保险承保农作物 1.5 亿亩，承保畜禽 211.3 万头（只），承保森林 1.2 亿亩，水稻承保面积占播种面积的 56%，能繁母猪实现应保尽保，参保农户占比 70%。2008 年至 2013 年，累计向 71 万户次农户支付赔款 13.6 亿元，保障和服务功能日益显现。

（一）逐步健全农村金融服务组织和网络

截至 2013 年年末，江西省共有县域金融机构 640 家、县及县以

---

* 注：2014 年 7 月，全国人大常委会副委员长吉炳轩带领调研组赴江西省就农村金融立法问题进行调研，全国人大农业与农村委员会副主任委员刘振伟、委员陈达恒参加。调研组先后赴南昌、鹰潭、景德镇、九江等地，广泛听取对农村金融立法的意见和建议。本报告由王瀚整理。

下营业网点 4176 个，在农村地区布放 POS 机 8.9 万台、ATM 机 5500 多台，设立助农取款点 1.2 万个，农业保险乡村服务站点超过 1 万个，金融服务网络实现县和乡镇全覆盖，金融服务“三农”的便利度明显提高。有农村信用社法人机构 60 家、农村商业银行 23 家、农村合作银行 5 家，涉农贷款总量占全省的 50%，农户贷款占 95%，发挥了金融支农主力军作用。农业银行三农金融事业部有 487 个县域网点，占其网点总数的 67%，惠农卡发放覆盖全省 40% 以上农户。邮储银行坚持发展普惠金融，填补农村地区基础金融服务空白，县以下网点占比达 87%。农业发展银行、国家开发银行等政策性银行不断拓展支农领域，积极开展农村基础设施中长期贷款、农业产业化龙头企业自营性贷款、农村扶贫开发贷款等。农村小微金融机构发展迅速，有村镇银行 33 家、小额贷款公司 211 家、融资担保机构 169 家，对引导民间融资阳光化，缓解“三农”和小微企业融资难发挥了积极作用。

（二）不断创新农村信贷产品和服务方式

一是开展“两权”抵押贷款试点。2013 年，在鹰潭、景德镇、九江、赣州等地，开展农村土地承包经营权和宅基地使用权（农房）抵押贷款试点。九江市湖口县政府探索实行“流转大户经营证”制度，对“流转大户经营证”的产生、取得、权利以及抵押贷款前提条件、程序、风险防范等作出规范，推动金融机构开展土地承包经营权抵押贷款，目前已发放贷款 4330 万元。二是开展开发式金融扶贫试点。在吉安市遂川县、吉安县开展“村级产业互助资金担保 + 政府贴息 + 农业信贷”金融服务试点，试点村将贫困村互助资金存入银行作为担保基金，由银行按担保基金的最高 8 倍向社员发放贷款，目前银行累计向试点村农户发放贷款 3500 多万元，支持 428 户农户发展特色农业生产。三是开展农民专业合作社信用合作和联保贷款。2014 年以来，南昌市有 4 家农民资金互助合作社登记成立，新余市有 19 家农民专业合作社开展了信用合作试点。宜春市上高县农信社对提供社员联保的农民专业合作社发放贷款，近年来累计向合作社提供贷款 6.7 亿元。

（三）积极实施差别化的农村金融扶持和监管政策

在货币政策方面：落实县域法人金融机构新增存款一定比例（可贷资金 70% 以上）用于当地贷款激励政策和农信社专项票据兑付后续检测考核的激励政策，对 37 家达标县域法人金融机构的存款准备金率下调 1 个百分点。2014 年上半年，共发放支农再贷款 27.9 亿元，办理再贴现 29.9 亿元，引导更多信贷资金向重点涉农领域投放。景德镇市先后两次下调农商行、村镇银行存款准备金率，增加了可用信贷资金 6200 万元。在财政政策方面：积极实施涉农贷款增量奖励和定向费用补贴政策，中央和省级财政累计拨付涉农贷款增量奖励资金 5.9 亿元，其中省财政补贴 2.33 亿元。实施小额担保贷款贴息政策，省级财政累计投入贴息资金 28 亿元，引导金融机构发放贷款 464 亿元。在税收政策方面：2013 年，对农信社、村镇银行、县域农商行、农合银减征营业税 7884 万元（减按 3% 的税率征收），对农户小额贷款利息收入免征营业税 4489 万元。在监管政策方面：提出全省涉农贷款、县域贷款增速高于全部贷款增速，涉农贷款占全部贷款比重稳定在三分之一以上，县域金融机构存贷比稳定在 50% 以上的考核要求。对农合行开展稳健性评估，对农商行开展信贷风险评估，对民间借贷进行监测，有效防范农村地区金融风险。

（四）着力改善农村金融环境

加强农村信用体系建设，对 340 万农户进行了信用等级评定，有4家村镇银行、70多家小额贷款公司、5家融资性担保机构接入信用信息库。推动支付清算体系建设，3289个农村金融机构营业网点接入人民银行大、小额支付系统，3141个网点接入同城清算系统。推动改善支付环境，开展“农村支付环境标准化示范县”建设，将支付环境建设纳入地方政府考核体系。加强农业担保体系建设，九江县作为全国唯一的农业综合开发产业化经营信贷担保补助试点县，整合国家农业综合开发、县级财政和农业龙头企业资金，成立农业企业担保公司，设立农业产业担保基金，专项支持生猪、食用菌等特色农业产业发展，为与龙头企业合作的农户提供贷款担保。加强金融知识宣传普及，启动农村金融教育培训“金惠工程”，增强农村地区基层干部和农户的金融意识。实施金融干部挂职交流措施，为市县配备熟悉金融工作的干部。

（五）大力推动农业保险持续健康发展

农业保险覆盖面持续扩大，财政补贴的保险品种包括奶牛、能繁母猪、育肥猪、水稻、油菜、花生、棉花、柑橘、森林等，基本涵盖了农牧林业的主要生产领域，保险责任基本涵盖了农业生产过程中的主要风险。加大保费财政补贴力度，各级财政累计拨付农业保险保费补贴18亿元，2014年省级财政补贴达2.3亿元。探索建立农业巨灾风险分散机制，保险公司按照经营盈余的一定比例提取巨灾风险准备金，目前已提取1.2亿元。

二、农村金融服务面临的问题

江西省农村金融改革成效明显，但发展中也遇到了一些困难和问题，主要表现为涉农金融机构存贷比较低；农村金融扶持政策短期化；信贷规模控制影响涉农信贷投放；设立物理网点、布置电子机具投入高、产出低、负担重；农村信用体系建设缺乏部门联动机制；农村有效抵押担保物范围偏窄；民间借贷出现规模大额化、利率泡沫化、流动网络化趋势；农民保险意识不强，经办机构经营成本较高等。

这些问题有的是困扰农村金融服务的老问题，有的是农村金融改革中出现的新情况，是制约农村金融的体制机制性问题在不同方面的客观反映。体制机制性问题难以破解的一个重要原因，是规范农村金融的法律制度长期缺失或缺位。

一是农村金融主体法律地位缺失。农业发展银行已成立 20 年，一直没有可以依照的法律法规，经营活动缺乏法律依据，监管部门无法可依，影响其履行支农职责和自身发展。农村信用合作组织法律地位不明确，农民专业合作社开展信用合作缺乏法律保障。小额贷款公司试点已历时 8 年，仍未出台相关法律法规对其业务范围、融资渠道、审批监管等作出规范。小额贷款公司融资困难，江西省小贷公司从银行融入资金的比重占其注册资本金的 6.75%，全国平均水平仅有 10% 左右。民间借贷没有法律法规予以规范，对农村金融稳定和风险防控带来隐患。

二是农村金融扶持政策缺乏法律的长期有效保障。由于没有法律强制性规定，扶持农村金融的货币、财政、税收政策存在短期性。降低存款准备金率、增加支农再贷款额度等货币政策，没有惠及全部支农金融机构，与农业发展银行、农业银行三农事业部、农村小微金融机构承担的支农责任不匹配。农户小额贷款利息收入免征营业税、农户小额贷款利息和农业保险保费收入按 90% 计算所得税、涉农贷款损失计算所得税额税前扣除等四项优惠政策，在 2013 年年底前已经到期，不再执行。对农信社、县域农合银、农商银、村镇银行减按 3% 征收营业税的优惠政策，将在 2015 年年末到期，是否继续执行尚不明确。

三是农村金融服务面临一些法律障碍。我国现行的物权法、担保法、土地管理法、农村土地承包法等法律，对农村土地承包经营权和宅基地使用权（农房）抵押作出了禁止性规定。按照目前的法律规定，除农村“四荒地”（荒山、荒沟、荒丘、荒滩）承包经营权和乡镇、村企业农村集体建设用地可以随厂房抵押外，其他农村土地的承包经营权、集体建设用地包括宅基地使用权不得抵押。此外，一些政府部门规章对财政性资金存入农村金融机构存在限制性规定，公共财政资金存入农信社、农商银、农合行、村镇银行的数量较少，也是调研中普遍反映的一个问题。

三、对农村金融改革和农村金融立法的建议

江西省各级政府、监管部门、金融机构、农民专业合作社和农户代表普遍认为，以法律形式赋予农民享有与城镇居民平等的金融信贷权利，明确政府、银行、保险等在农村金融服务中的职责定位，增强信贷资金投向“三农”的法律约束，是破解农村金融服务体制机制性问题，是解决“融资难、融资贵、贷款难、难贷款”的根本出路。农村金融立法十分必要，十分及时。同时，大家对进一步深化农村金融改革和发展，推动农村金融立法提出以下具体建议：

（一）依法明确农村金融组织的法律地位

1. 通过农村金融立法明确农业发展银行的法律地位、经营原则和业务范围，重点是保障政策性银行资金来源，允许农业发展银行发行定向专项债券、按照履行的支农责任降低存款准备金率、依据政策指令性业务比例配比支农再贷款额度、扩大政策性涉农资金存放和代理拨付规模等。

2. 对政策性、商业性、合作性金融机构履行的支农责任作出强制性规范，明确金融机构贷款额度中的涉农贷款比例，如规定金融机构的农村网点应将30%的新增存款以低息方式专门用于支持农业农村经济发展。

3. 将合作金融纳入法制化轨道。通过立法巩固农村信用社改革成果，稳定县域农信社法人地位。确立农村合作金融组织法律地位，允许农民专业合作社开展内部信用活动，明确资金来源、运营模式和相关部门的监管责任。

4. 明确农村金融多元化主体的法律地位，加快培育村镇银行、小额贷款公司等小微金融机构，制定小额贷款公司转制村镇银行的具体实施细则，对依法合规经营、内控机制健全、经营状况良好的小贷公司，允许其原发起人作为主发起人改制设立村镇银行。

5. 依法规范民间金融，明确民间融资机构的组织形式、风险控制、监督管理和债务处置机制，要求民间借贷需经依法登记。

（二）通过立法稳定农村金融扶持政策

6. 发挥好财政资金杠杆作用。合理确定中央和地方财政对小额担保贷款的贴息比例。加大涉农贷款增量奖励扶持力度，将适用范围扩大到城市周边以农业为主的城郊区，将目前以增量超过部分为基数奖励，调整扩大为以全部涉农贷款增量为基数奖励。

7. 设立以财政投入为主的涉农金融发展基金，补充政策性金融机构的资金不足，鼓励和引导政策性金融机构参与宽领域的支农服务工作。将国家的财政扶贫资金转变为农业贷款担保基金，以担保基金为依托发挥金融乘数效应，撬动信贷资金投入“三农”。

8. 鼓励更多的财政性资金存入农村金融机构，以金融机构发放涉农贷款、农林牧渔业贷款、农户贷款以及对县域经济发展的贡献度，合理分配财政性存款的存入比例，鼓励地方有关涉农单位和企业在农村金融机构设立账户，增强农村金融机构支农资金实力。

9. 将减免农村金融机构营业税、所得税税前扣除优惠政策长期化，享受营业税优惠政策的贷款类别扩大到所有涉农贷款并提高额度，税收优惠政策的适用对象扩大到所有履行支农职责的金融机构。

10. 对于小额贷款公司发放的涉农信贷给予财税优惠政策。通过提高银行融资比例，允许其开展资产转让业务、与银行机构合作开展代理放款业务等，增强小贷公司支农能力。

（三）以法律形式确定差别化监管政策

11. 依法界定中央和地方的农村金融监管责任。按照“谁审批设立、谁负责监管、谁处置风险”的原则，明确界定中央和地方对农村金融的监管权。中央监管部门负责制定统一的监管标准和考核指标，可以考虑逐步将对农信社、农商行、农合行、村镇银行等地方性农村金融机构，以及典当行、融资租赁等金融企业的监管职能过渡给地方政府。

12. 降低农村金融机构的准入门槛，鼓励和吸引更多金融机构进入农村金融市场，支持社会资本组建面向“三农”和小微企业的社区银行、民营银行。支持社会资本参股农村信用社，允许不同地区农信社相互参股。

13. 对县域农村金融机构新增贷款，将存贷比作为主要考核指标，不受贷款规模限制。对通过降低存款准备金、增加支农再贷款额度、发行金融债等筹集的新增可贷资金，足额安排贷款规模。适当下放县域金融机构贷款审批权限。

14. 提高对金融机构涉农贷款不良率的容忍度，细化有关涉农贷款信贷员的尽职免责规定。

（四）为扩大农村抵押担保范围提供法律依据

15. 修改物权法、担保法、土地管理法、农村土地承包法等法律，在不改变土地用途、不改变土地所有权性质的前提下，以实现集体土地和国有土地“同权同价”为方向，取消对农村土地承包经营权和宅基地使用权（农房）抵押担保的限制，并完善土地价值评估、产权交易市场建设等配套制度。

16. 鼓励和支持金融机构开展林权、大中型农机具、仓单、订单、应收账款、商标权、水利项目收益等抵质押贷款，扩大农村有效抵质押担保物范围。

17. 以财政投入为主，鼓励和吸引社会资金特别是农业产业化龙头企业投入组建农村担保机构，引导银行与担保机构开展合作并授信，逐步提高授信额度，将合作情况纳入对银行业金融机构的监管考核体系。

（五）完善农业保险法律制度

18. 合理确定中央和地方财政保费补贴比例，对于确保国家粮食安全和农产品有效供给具有全局影响的保险险种，明确以中央财政补贴为主，省级财政补贴为辅，免除农业大县和贫困县县级财政补贴配套以及散户农民自缴费用。

19. 建立涉农信贷与农业保险良性互动机制，开展存款保险、农村小额信贷保证保险、种养殖业贷款保险等，对农村金融机构实行较低的存款保险费率，增强涉农信贷的抗风险能力。

20. 明确农业保险大灾风险分散中的财政支持责任，依法确定各级财政补贴比例，形成中央和地方财政共同支持、保险公司参与的巨灾风险转移机制，林业巨灾风险准备金应当以中央财政补贴为主。

21. 以农民专业合作社、家庭农场等新型农村经营主体为载体，通过农民自愿缴费，财政适当补贴，实行合作共享、自我管理的方式，开展农业互助保险。

（六）加强农村金融环境的法制建设

22. 明确地方政府在农村信用体系建设中的主导地位，建立监管部门与公安、工商、商务等行政管理部门的协调联动机制。推动农村小微金融机构接入征信系统和支付结算系统。

23. 依法维护农村金融债权，建立守信激励和失信惩戒制度，加大打击恶意逃废债务力度，解决贷款诉讼案件判决后执行难问题。

四、破解农村金融瓶颈需要顶层设计

调研中，吉炳轩副委员长提出，农村金融改革是一个长期的过程，改革涉及农村金融机构广覆盖、扩大农村资金来源、优化农村金融环境、规范管理农村金融秩序、创新农村金融产品、完善农村金融政策、健全农村金融组织体系、提供农村金融法律保障、防范化解农村金融风险、确立农村金融服务导向等方面，破解农村金融服务瓶颈，需要顶层设计，需要不断深化改革。农村金融立法要按照党的十八届三中全会精神，紧扣农村金融改革实际，通过法律手段保证党中央关于农村金融改革的方针政策和决策部署得到贯彻落实。

吉炳轩副委员长强调，农村金融立法要始终把握好利农惠农、按市场规律办事、实现互惠互利、防范和化解金融风险的方向，要坚持“四个确保、四个促进、四个有利于”，即要通过农村金融立法确保国家粮食安全、确保农业适时生产、确保农民合理增收、确保农村和谐稳定；能促进现代农业建设、促进农村城镇建设、促进城乡一体化发展、促进农村生态保护；有利于农村金融发展壮大、有利于农村金融改革创新、有利于防范化解农村金融风险、有利于农业与金融互利双赢。

附：

一、江西省农村金融机构数量和涉农信贷投放情况

截至2014年3月月末，江西省涉农贷款余额为5432.06亿元，占各项贷款余额的39.5%，高于同期各项贷款余额增速0.68个百分点；县域贷款余额为4944.85亿元，占各项贷款余额的35.9%，高于各项贷款增速0.02个百分点。其中，农户贷款余额为1918.13亿元。

机构名称	机构数（个）	支农规模
农村信用社	60	涉农贷款余额2268.58亿元（截至2014年5月月末）
农村商业银行	23	
农村合作银行	5	
村镇银行	33	
农业银行三农事业分部	82	涉农贷款余额458.28亿元、农户贷款余额65.74亿元（截至2014年3月月末）
邮储银行	453	农林牧渔业贷款余额29.3亿元、农户贷款7.45亿元（截至2014年5月月末）
农业发展银行	95	各项贷款余额882亿元（截至2014年6月月末）
小额贷款公司	221	涉农贷款余额265.4亿元、累计投放涉农贷款649.4亿元（截至2013年年末）
融资性担保机构	169	累计担保金额331亿元（截至2013年年末，担保金额与资本金比为2.3∶1）

近五年来，农业发展银行江西省分行累计发放各类贷款1612亿元，贷款全部用于“三农”，主要投放包括：一是粮棉油收储贷款，累计发放659亿元，占全部贷款比重的40.9%；二是支持水利建设、农村土地整治和农民集中住房建设等农业农村基础设施中长期贷款，

累计发放640亿元，占比39.7%；三是支持农业产业化龙头企业、涉农小微企业等自营性贷款，累计发放245亿元，占比15.2%。截至2013年年末，江西省融资担保机构资本总额为137亿元，累计担保金额331亿元，担保累计代偿3.8亿元，担保代偿率1.25%。

二、江西省农村金融机构享受的扶持政策

目前，江西省农村金融机构的扶持政策主要包括：差别化存款准备金率、再贷款、再贴现、涉农贷款增量奖励、定向费用补贴、小额担保贷款和扶贫贷款贴息、减征营业税（执行到2015年年底）、小额贷款利息收入免征营业税、小额贷款利息收入和农业保险保费收入按90%计算所得税额、涉农贷款损失准备金在计算所得税时税前扣除（以上四项已于2013年年底到期）、免收银行业监管费、农业保险保费补贴等。

优惠政策	县域农信社	市级农商行	县域农商行	村镇银行	农行三农部	农发行	小贷公司
存款准备金率	14%	17.5%	16%	14%	18%	18%	-
贷款增量奖励	是	否	是	是	是	否	否
定向费用补贴	否	否	否	是	否	否	否
营业税	3%	5%	3%	3%	5%	5%	5%
小额贷款利息免征营业税	是	是	是	是	是	-	否
小额贷款利息按90%计所得税	是	是	是	是	是	-	否
涉农贷款损失准备金计算所得税额时扣除	是	是	是	是	是	是	否
免收监管费	是	是	是	是	是	否	-

定向费用补贴的实施对象是村镇银行、贷款公司、农村资金互

助社，自2010年起适用范围扩大到基础薄弱地区的银行业金融机构或网点，目前在西部地区2255个乡镇设立的银行业金融机构纳入到补贴范围。自2012年起，天津、辽宁、山东、贵州等四省市，开展针对小额贷款公司的涉农贷款增量奖励，江西省不在财政部确定的试点省之内。

三、江西省农业保险主要产品和财政补贴情况

目前，江西省开办的农业保险险种已超过20个，其中财政补贴的险种包括奶牛、能繁母猪、育肥猪、水稻、油菜、花生、棉花、柑橘、森林火灾险、森林综合险等10种；开展了大棚及蔬菜保险、家禽保险、农房保险、商业性水稻保险、农业产业化综合保险、农机保险、森林抵押贷款保险等农村商业性保险；开展了水稻制种保险、水稻气象指数保险、生猪价格指数保险、渔业保险等试点。

建立财政支持的涉农信贷担保体系*

（2014 年 11 月）

近年来，福建省积极推动财政政策与农村金融的有效衔接，在运用财政资金建立政策性涉农信贷担保体系，引导金融机构加大涉农信贷投放力度方面进行了有益探索。

一、政策性涉农担保体系发展情况

目前，福建省共有融资性担保机构 627 家，其中开展涉农信贷担保业务的有 144 家，占 23.1%，涉农信贷担保供给与农户信贷担保需求还有较大差距，成为制约农村信贷投放的因素之一。为此，福建省各级政府探索建立由财政支持的涉农信贷担保基金，包括以下四种模式：

（一）村级融资担保基金

村级融资担保基金以村民出资为主，县乡注资为辅，为本村加入基金的农户贷款提供担保。2012 年，作为全国农村金融综合改革试验区之一的沙县，在全国首创社区型村级融资担保基金，满足农户的小额信贷需求。目前全县已有 59 个村建立了村级融资担保基

* 注：2014 年 11 月，全国人大农业与农村委员会副主任委员刘振伟赴福建省就农村金融立法、推动涉农担保体系建设等问题进行调研。本文为调研报告，由王瀚整理。

金，占全县建制村的三分之一，加入基金的农户 1929 户，基金规模 4485 万元，累计为 2909 笔、2.57 亿元农户贷款提供了担保。“沙县模式”已在福建省泉州市、龙岩市、漳州市、三明市等地得到推广。

村级融资担保基金由村民代表大会表决同意后成立，在农村信用社开立专用账户，与农信社签订合作协议。符合条件的农户每户按 1 或 2 万元加入基金，并将入股资金存入专户，农信社根据农户信用等级和加入基金的金额，给予 2 至 5 倍授信，农户单笔担保贷款最高额为 10 万元，利率为基准利率上浮 30%。泉州市坚持社员制、封闭性原则，将加入基金农户的贷款额度上调为 15 万元，贷款期限最长为 10 年。

村级融资担保基金由县级政府金融办负责审批设立并进行监管，确立了农户信用等级、农户互保、利率约束、银保互动、风险保障金等风险防控措施。农信社负责对加入基金的农户进行信用评级，有不诚信记录或赌博等恶习的农户不得加入基金。农信社建立贷前调查、贷中审查、贷后检查机制，当加入基金农户的总贷款不良率超过 15%，可停发农户贷款。加入基金的农户在借款时需购买借款人定期寿险，当出现意外事故导致无法归还贷款时，保险公司全额赔付。

对村级融资担保基金的财政扶持措施主要包括三方面：一是县级财政对每个村级融资担保基金给予 10 万元补助，用于建立风险拨备金，对逾期 3 个月未收回的农户贷款，在农户入会资金不足还贷时，由拨备金先行代偿。二是对农户购买的借款人定期寿险，县级财政给予三分之二的保费补贴。三是将财政支农资金存入与基金有合作关系的农信社，帮助农信社争取支农再贷款资金，增强农信社投放农户贷款的资金实力，为基金争取利率优惠。

（二）县级农业规模经营贷款担保基金

县级农业规模经营贷款担保基金主要由县级财政出资为主，并吸引农业产业化龙头企业注资，主要为县域专业大户、家庭农场、农民专业合作社、农业龙头企业等规模经营主体的农业生产性贷款提供担保。2009 年，龙岩市连城县率先建立县级农业规模经营贷款担保基金，“连城模式”在龙岩市得到推广。目前，龙岩市各县区市的基金总规模达到3250 万元，已累计为654 笔，共计 1.7 亿元的农业规模经营主体贷款提供了担保。

与基金合作的金融机构包括农信社、村镇银行、邮储银行 3 家，基金放大倍数最高为 8 倍，单笔最高担保贷款额度为 50 万元，贷款利息为 8.25 厘。县级政府农业管理部门设立基金管理办公室，负责基金管理和贷款担保项目审查工作。对申请贷款担保的规模经营主体资格设立必要条件，如借款人经营规模土地面积在 200 亩以上、养殖水面在 50 亩以上、存栏肉牛 50 头以上、获评为市级以上农业产业化龙头企业等，但对注资担保基金的农业龙头企业，可直接为其紧密联系的农民专业合作社或种养大户提供贷款担保。县担保基金办公室在组织农业专家对主体资格和项目进行审核后，再交由金融机构遵循风险防控条件进行核贷、放贷。

对县级农业规模经营贷款担保基金的财政扶持政策主要包括三个方面：一是县级农业规模经营贷款担保基金以县级财政出资为主，如目前连城县的基金规模为 2010 万元，其中农业产业化龙头企业出资仅为 210 万元，财政出资占比达 89.6%。二是县级政府财政对由基金提供担保的农业规模经营贷款给予贴息，其中农业、牧业和渔业按规模给予月贴息 2 至 4 厘、农产品加工按纳税额给予月贴息 2 厘、农机专业合作社每年购买农机具超过 20 万元的给予月贴息 2

厘。2009 年，龙岩市各县区市已累计投入财政贴息资金 194.3 万元。三是龙岩市对各县区市财政每年追加基金注资额超过 50 万元的，由市级财政给予 20 万元奖励。对基金额度超过 100 万元且正常开展贷款担保业务的，由市财政给予 30 万元奖励，用于贷款贴息。

（三）县级扶贫小额贷款担保基金

县级扶贫小额贷款担保基金是以财政性扶贫资金投入为主，吸引社会资本捐助，并由入会农户缴纳少量风险准备金，主要为县域贫困农户和能够带动贫困农户发展的专业大户、农民专业合作社无抵押贷款提供担保。2008 年，宁德市南屏县率先建立扶贫小额贷款风险保证金，保证金规模 1600 万元，已累计为 7600 多农户（其中贫困户 2600 多户）、2 亿元农户小额贷款提供了担保。目前，福建省有 15 个县设立了扶贫小额贷款担保基金，计划于 2015 年在 23 个扶贫重点县全面推广“南屏模式”。

南屏县扶贫小额贷款风险保证金由县小额贷款促进会管理，实行会员制，经审核无不良信用记录的农户均可申请入会，但需要缴纳不低于 100 元的风险准备金。与基金有合作关系的金融机构包括农业银行、农村信用社、邮政储蓄 3 家，按保证金数额的 5 倍放大，利率为 9%，2 万元以下的贷款可当天放贷，2 万元以上贷款可实现 5 天内投放。

县扶贫办、人民银行对促进会日常工作进行指导，县财政局、银监办共同参与，县妇联、残联、农业、林业等部门按照“渠道不变、标准不变、服务统一”的原则，整合行政资源，为基金运行提供服务。为有效防控风险，在村一级设立金融协理员，对申请农户的生产项目真实性进行核实。乡镇依托“三农”服务中心建立农户小额贷款担保台账，对担保申请进行初审。促进会建立会员诚信信息数据库，对会员贷款的担保申请进行审核，再交由与金融机构发放贷款。

对县域扶贫小额贷款担保基金的财政扶持政策，主要是整合各渠道财政扶贫资金为基金发展提供资金支持，如目前在南屏县1600万元的扶贫小额贷款担保基金中，省级财政扶贫资金为500万元，县级财政扶持资金为900万。

（四）省级农户生产性贷款担保机构风险补偿专项资金

2013年，福建省由省财政每年预算安排3000万元，建立了省级农户生产性贷款担保机构风险补偿专项资金，用于补偿涉农担保机构为农户生产性贷款提供担保而产生的风险。风险补偿基金有效弥补了涉农担保机构的经营风险，调动了涉农担保机构为农户生产性贷款提供担保服务的积极性。在专项资金的激励作用下，福建省开展涉农担保业务的机构数量从2012年的64家增加到2013年的115家，共发放风险补偿金1959万元，带动担保机构为2万户、60亿元的农户生产性贷款提供担保，预计2014年全年将有144家担保机构可获得风险补偿金2695万元。

为发挥好财政资金对涉农信贷投放的引领作用，福建省对风险补偿专项资金进行了有针对性的制度设计。一是限定担保业务。将可以享受风险补偿的业务范围限定为农户生产性贷款担保。农户生产性贷款包括一般农户、农场职工、专业大户、家庭农场、农民专业合作社用于农林牧渔业及农村二、三产业的生产经营贷款。专项资金按担保机构上一年度为农户生产性贷款提供担保额的1.6%给予风险补偿。二是明确补偿对象。专项资金的补偿对象包括融资性担保机构、农民专业合作社、农村行业协会等，同时必须符合经营担保业务1年以上且无不良信用记录、已与金融机构签订担保合作协议、平均年担保费不超过银行同期贷款基准利率的50%、建立财务会计制度并提取各项准备金等条件。三是加强审核管理。市县级财政会同农业部门负责对担保机构农户生产性贷款担保进行初审，重点是审查农户与金融机构签订的生产性贷款合同、担保机构与农户签订的担保合同、担保机构与合作金融机构签订的担保责任合同的真实性。省级财政会同农业部门对初审申报材料进行审核并向社会公示，无异议的再由财政下达补偿资金。

除以上财政支持的涉农信贷担保模式外，福建省武平、邵武、永安、长汀等县市还由财政出资设立了林权收储担保基金；安溪、大田等县由茶叶协会企业注资，财政注资扶持设立了茶产业互助贷款担保基金；沙县成立了全国首家农村土地流转行业性担保机构。福建省的这些探索创新，共同点是发挥财政资金对于农村信贷资源的撬动作用，通过财政支持发展涉农担保，带动银行业给予各类农业经营主体更多的信贷资金支持。实践证明，建立财政支持的涉农信贷担保体系，对于解决农民贷款难问题，促进农村金融服务能力提升发挥了积极作用。

二、政策性涉农担保发展中的问题

目前，福建省推动建立财政支持的涉农信贷担保体系还处于起步阶段，财政资金扶持涉农担保机构的县仅占三分之一，且大部分是近两年才开展试点，资金投入缺乏持续保障，与农民的担保需求仍有较大差距。一些市县政府对财政资金安排仍有惯性思维，觉得只有投到项目上才看得见、摸得着，扶持担保机构则无法直接反映财政支农效果。一些体制机制性原因也制约着涉农信贷担保业务的持续健康发展。

一是农村缺乏有效的抵押担保物。农民发展农业生产缺资金，直接找银行贷款需要有效抵押物，找担保机构需要提供有效反担保。目前，物权法、担保法等法律对农民承包地、宅基地、农房等主要资产抵押作出了禁止性规定，即便一些地方已经探索开展土地承包经营权、农房抵押贷款，但由于农村产权交易市场不健全、产权评估机构发展滞后、登记机构服务缺位等原因，农村抵押担保物流转和处置还面临一些困难，这影响了涉农担保机构为农户贷款提供担保。

二是银担良性互动机制尚未建立。担保机构在与金融机构的合作中处于劣势地位，话语权不多。一些涉农担保机构因为资本偏低被排除在合作门槛之外，一些涉农担保机构即使能够与金融机构开展合作，银行也都要求缴纳较高的保证金，给予较低的授信倍数。福建省涉农担保机构反映，担保金放大倍数至少要达到 4 倍才能盈利，但目前银行给予的担保放大倍数平均在 2 至 3.5 倍。此外，银担合作的手续烦琐，审批时间长，造成了生产农时与贷款获得期限错配，也影响涉农担保机构开展业务。

三是缺乏后续的财税扶持政策。担保资金不可持续，是政策性涉农担保机构面临的一个普遍问题。大部分涉农担保机构的业务类型比较单一，担保费是其成立后的主要甚至唯一资金来源。单笔额度小、项目地点分散、担保费率低（通常为 1.5% 至 2%）是涉农担保业务的基本特征，更需要财税政策给予一定扶持。与政策性担保机构成立初期的财政支持政策相比，涉农担保业务后续发展缺乏有效支持，如目前担保机构需要承担 25% 的企业所得税、5.5% 的营业税利附加以及担保评估费、抵押登记手续费等高税费，税收优惠政策缺位成为制约涉农担保业务快速发展的原因之一。

三、推动政策性涉农担保体系发展的建议

推动政策性涉农担保体系发展，需要进一步发挥财政资金对金融和社会资本的引领和撬动作用，建议：

（一）推动合作性融资担保基金发展

2014年4月，国务院办公厅《关于金融服务支持“三农”发展的工作意见》提出，“有条件的地方，可探索建立合作性的村级融资担保基金”。建议进一步总结推广村级融资担保基金“沙县模式”，加强财政对农村合作性融资担保基金的支持力度，发挥财政资金的聚合作用。在发展村级融资担保基金的基础上，鼓励地方根据当地特色农业产业的发展实际，以财政资金为引领，在不同领域、不同行业探讨发展各类型合作性融资担保机制，满足农业生产各领域、多层次的融资担保需求。

（二）建立政策性涉农信贷担保的风险补偿机制

建议以地方财政为主，建立对政策性涉农担保机构的风险补偿机制，有效增加政策性担保机构的业务收入，调动担保机构开展涉农担保业务的积极性。同时，对政策性涉农担保机构的业务进行必要规范，将享受财政风险补偿的担保业务范围限定在农户贷款、农林牧渔业贷款、农村企业和各类组织贷款等，体现财政补偿的支农惠农方向。加强地方财政部门和农业部门对涉农担保业务真实性的审核，切实防止担保机构骗取财政补偿行为。

（三）完善财政对涉农信贷担保的奖励政策

目前，福建省龙岩市开展了对县级涉农信贷担保基金的财政奖励，一些地方也在建立涉农信贷担保奖励政策方面进行了探索实践，如江苏省财政对政策性涉农担保机构按贷款余额的5%给予奖励。建

议总结这些地方的成功经验，建立中央和地方各级政府对政策性涉农信贷担保基金和担保机构的财政奖励政策，发挥财政的正向激励作用，推动政策性担保基金和担保机构做大做强。

（四）对政策性涉农担保机构实行税收优惠

按照国务院相关部门的规定，目前对主要为中小企业提供信用担保服务的融资性担保机构，规定了免征营业税、准备金企业所得税税前扣除等优惠政策。建议对比中小企业信用担保机构享受的政策，对政策性涉农担保机构实施免征营业税、准备金企业所得税税前扣除等优惠政策。同时，鼓励地方政府在自身权限内，在企业所得税地方留成、抵押手续费等方面给予适当优惠。

（五）运用财政手段推动建立银担良性合作机制

强化财政存款的联动和引导功能，建立财政资金存放比例同银行与政策性涉农担保机构开展合作的挂钩机制，方向是银行与担保合作越密切，存入的财政性资金比例越高。运用支农再贷款规模倾斜、适当调低存款准备金等手段，鼓励和引导银行增加担保金放大倍数，降低利率水平，有效增强政策性涉农担保机构的话语权。

建立财政支持的政策性涉农担保体系，只是农村金融财税扶持政策的一个方面。建议通过立法将扶持农村金融发展的各项财政、税收政策规范化和制度化，建立和完善与农村金融服务有效衔接的财税扶持政策的长效机制。

关于安徽省地方金融监管职责*

（2015 年 10 月）

党的十八届三中全会提出，“落实金融监管改革措施和稳健标准，完善监管协调机制，界定中央和地方金融监管职责和风险处置责任”。2014 年，国务院就明确中央和地方政府金融监管职责和风险处置责任制定出台了具体意见。按照党中央、国务院的明确要求，安徽省积极推动完善地方金融监管政策，防控地方金融风险。

一、地方金融监管职责

安徽省政府是安徽地方金融监管和风险处置的责任主体，对不吸收公共存款、限定业务范围、风险外溢性较小的地方金融活动履行监管职责。省政府相关职能部门根据国家金融政策法规，在监管职责范围内制定具体监管规则，监管的主要对象包括：小额贷款公司、融资性担保公司、新型农村合作金融组织、地方资产管理公司、典当行、融资租赁公司、商业保理公司等地方金融机构；管理农村信用社、农村商业银行、农村合作银行等农村中小金融机构，承担相应风险处置责任；监管区域性股权市场，引导和规范民间借贷活动，防范和处置非法集资行为。

承担地方金融监管职责的政府主要职能部门及具体责任分工包括：

---

* 注：本报告由王瀚整理。

（一）安徽省政府金融工作办公室

省政府金融办是地方金融监管的主要职能部门，其金融监管职责和风险处置责任主要有以下五个方面：

一是监管小额贷款公司。省政府金融办负责审核批准小额贷款公司的筹建和开业申请，核准小额贷款公司高级管理人员任职资格，对变更主发起人股东、增加经营范围、变更注册资本等重大事项进行备案，负责组织小额贷款公司的风险处置工作。各市及省管县政府金融办负责初审辖区内小额贷款公司设立申请，指导辖区内小额贷款公司筹建和开业，审批变更机构名称、经营场所、增资扩股、除主发起人或控股股东以外的其他股东股权等事项。省、市、县各级政府金融办采取现场检查、非现场监管、约见谈话、风险评价等方式实施监管，查处小额贷款公司的违法违规行为。

二是监管融资性担保公司。省政府金融办负责审批融资性担保机构的设立申请，审批变更注册资本、营业范围、变更持股20%以上的股东股权、董事长和总经理等事项。各市及省管县政府金融办负责审批融资性担保机构在辖内设立分支机构申请，审批变更机构名称、公司章程、经营场所、除董事长和总经理以外的其他一般高管人员、除主发起人或控股股东以外的其他股东股权等事项。省、市、县各级政府金融办通过现场检查和非现场监管，对融资性担保机构经营风险进行持续监测。

三是监管地方资产管理公司。按照相关规定，省级政府原则上可以设立或授权一家资产管理或经营公司，参与辖内不良资产批量转让工作，2014年安徽国厚资产管理公司成为全国首批获准设立的地方资产管理公司（目前全国省级地方资产管理公司已有15家）。省政府金融办履行对国有资产管理公司资产收购和辖内金融企业不良资产批量转让的监管职责，承担相应的风险处置责任，具体包括：核准设立地方资产管理公司；对不良资产转让方案及处置结果进行备案管理；监督资产转让行为严格遵守相关法律法规及程序规定；督促地方资产管理公司和金融企业及时披露相关信息等。

四是管理农村信用社、农村商业银行、农村合作银行。省政府金融办会同农村信用社联社，管理辖内农村信用社、农村商业银行、农村合作银行，具体管理职责包括：督促农信社、农商行、农合行贯彻执行国家金融方针政策，坚持为“三农”服务的经营宗旨；督促其加强自律管理，依法选举和聘用主要管理人员；推动建立良好的农村信用环境，维护农村金融秩序；承担与管理职责相应的风险处置责任等。

五是监管区域性股权市场。2013 年，安徽省政府批准设立了安徽省股权托管交易中心，作为省级区域性股权交易场所，为辖区内企业特别是中小微企业提供股权、债券的转让和融资服务。省政府金融办承担对省级区域性股权交易市场的监管职责，具体包括：拟订区域性股权交易市场规范发展的相关政策规定和监管办法；建立健全区域性股权交易场所的业务范围、交易品种、交易方式等日常业务监管制度；监管区域性股权交易市场业务活动，加强合规监管；组织防范和化解区域性股权交易市场相关风险等。

除以上监管职责外，省政府金融办还承担引导和规范民间借贷、会同其他部门防范和处置非法集资等监管职责，防止民间融资、非法集资风险向金融系统传递。

（二）安徽省商务厅

安徽省商务厅负责对辖内典当行、融资租赁公司、商业保理公司等机构实施监督管理，并承担相应的风险处置责任。对典当行的监管职责包括：审批典当行及分支机构的开业申请（经核准后颁发“典当经营许可证”）；批准变更机构名称、注册资本、股份转让、法定代表人、住所等事项；依商务部授权对典当行进行年审；按照典当管理办法对典当行业务开展定期检查或不定期抽查，责令改正及处罚违法违规行为等。对融资租赁公司的监管职责包括：初步审核外商投资融资租赁公司开业申请并报商务部批准；初步审核内资融资租赁试点企业并报商务部确定（商务部2004年开始开展内资租赁企业从事融资租赁业务试点，重点是从事各种先进或适用设备、工程机械及交通运输工具的内资租赁企业）；通过现场与非现场结合的监管手段，对企业经营状况和风险进行持续监测；督促融资租赁公司加强信息报送管理；重点对融资租赁企业是否存在吸收存款、发放贷款、超范围经营等违法违规行为进行监督管理，责令整改或进行处罚等。对商业保理公司的监管职责包括：对试点地区的商业保理公司实施备案管理（商务部2012年开始开展商业保理试点，安徽省2014年在芜湖市开展商业保理试点）；审批外商投资商业保理公司申请并颁发“外商投资企业批准证书”；实施重大事项报告制度，督促商业保理公司按要求进行业务信息统计、报送和披露；指导商业保理企业开展行业自律；重点对于商业保理公司是否存在吸收存款、发放贷款、从事或受托开展催收业务、从事讨债业务等违法违规行为进行监督管理；对商业保理公司进行年审，对违反监管要求的责令限期整改或进行处罚等。

（三）安徽省农业委员会

2010年，安徽省最早在安庆市开展农民专业合作社资金互助试点，2014年金寨县获批成为全国第二批农村改革实验区，承担农民专业合作社内部信用合作的试点任务。按照安徽省政府相关规定，省政府农委负责对辖内农民专业合作社内部开展的信用合作进行监督管理，并承担相应的风险处置责任。从目前省政府相关部门规定及金寨试点情况看，农业部门的监管职责主要包括：选择确定开展内部信用合作的合作社试点，符合条件的允许其到工商部门变更登记，在经营范围中增加“资金信用合作”内容；制定资金筹集、使用、收益分配的基本原则和程序要求；监督合作社试点坚持封闭性原则，严格合作社社员的准入和管理；督促合作社试点与银行业机构开展合作，实施银行托管，严格规范资金的运营投放等。

在明确农业行政主管部门对合作社信用合作监管职责的同时，安徽省还规定金融办会同有关部门监管新型农村合作金融组织，并承担相应的风险处置责任。如金寨县发展新型农村合作金融组织试点实施方案规定，县农业发展委负责选定试点合作社，承担日常监管工作；县金融办会同县农发委审核批准信用合作试点，负责新型农村合作金融组织成立筹建和培训工作。

二、地方金融监管目的

安徽省将地方金融监管的目的定位为加强风险防范、发挥金融服务功能、推动地方金融改革等三个方面：

一是有效防范和化解地方金融风险。按照国家相关法律法规和金融方针政策，安徽省政府明确相关职能部门的监管职责分工，制定具体监管办法和指导性文件，不断完善地方金融监管体系。承担监管职责的政府职能部门分类制定对监管对象的风险处置预案，定期向省政府报告职责范围内的监管情况，通过开展重点风险排查，妥善处置排查发现的行业内部问题，积极防范和化解地方金融风险。

二是发挥金融服务实体经济的作用。通过加强地方金融监管，引导辖内金融机构加大对地方实体经济发展，特别是小微企业和

“三农”等薄弱环节的金融支持力度。政府相关金融监管部门通过制定金融行业发展规划、加强对地方金融机构的业务管理和业绩考核、推动地方政府与金融机构合作、组织金融机构和当地企业对接、为金融机构发展创造良好信用环境、协调当地企业上市融资等措施，着力提升地方金融业发展水平，着力发挥金融业对地方经济社会发展的支撑作用。

三是积极推动地方金融改革进程。政府相关监管部门注重发挥监管政策的导向作用，指导和推动地方金融机构不断深化改革。有序推进农村信用社改革，加强省联社综合金融服务平台建设，积极稳妥推动县域农村商业银行改制，巩固县域法人地位；加强对小额贷款公司的监督管理，改善和规范民间借贷行为，积极争取小额贷款公司转制村镇银行试点；建立完善政策性融资担保机构管理机制，在严格规范管理的同时，积极探索破解小微企业和涉农贷款抵押担保困难的有效途径；规范发展农村新型合作金融组织，以推动金寨县农村金融综合改革为契机，在省域范围内全面推进农村金融改革。

三、相关问题和建议

目前，安徽省地方金融监管工作仍处于不断改革实践中，有些监管工作如区域性股权交易市场、地方资产管理公司尚属试点阶段；有些制度规范如商业保理公司管理办法还需完善；有些监管职责如合作社内部开展的信用合作、金融办和农委的监管职责分工也需要明确，同样是合作社申请开展信用合作，有的地方不需金融办审核，金寨试点方案明确需由金融办审批，日常监管职责是以金融办还是农委为主也需要深入研究。从监督目的看，金融监管以维护金融稳定和安全为首要目标，地方金融监管如何处理好防范金融风险与促进地方经济发展的关系，兼顾金融安全和金融效率，是共要面临的一个现实问题。“三农”是当前金融服务中的薄弱环节，农村金融的特殊性使涉农信贷有别于城市商业金融，其监管政策更需要在确保安全的前提下，突出提高农村金融服务有效性这个重点。为此，建议：

（一）依法界定中央和地方金融监管职责

中国人民银行法、银行业监督管理法、证券投资基金法、保险法等相关法律，已明确规定了“一行三会”的监管职责，对地方金融监管的职责和范围目前尚无法律规定，可考虑通过农村金融立法加以规范。将“谁审批设立、谁负责监管、谁处置风险”作为确定中央和地方金融监管职责的原则，明确省级人民政府对地方金融机构负有监管和风险处置责任。同时，科学界定地方金融机构范围，综合考虑金融机构的注册地、资本构成、业务范围、与地方经济发展的关联度等因素，将与地方经济发展息息相关的农村中小金融机构及准金融机构确定为地方金融机构。

（二）建立中央和地方金融监管的协调机制

在中央金融监管部门制定统一的监管标准和考核指标基础上，地方金融监管部门监督地方金融机构严格执行金融法律法规，依法合规经营。地方金融监管部门与中央金融监管部门派出机构，应按照监管职责分工，共同履行好金融监管职责，形成监管合力，确保中央和地方金融监管目标和规则的一致性。在金融监测分析、风险管理、金融权益保护等方面，推动在两者间建立信息共享和风险通报机制，并通过定期磋商、联合检查等方式，防范和打击监管对象的金融欺诈、非法集资等违法违规行为，共同做好容易诱发系统性风险的金融机构及业务活动的风险化解和处置工作，减少重复监管和由此造成的监管资源浪费，避免因监管真空造成金融风险，尤其是守住不发生系统性、区域性金融风险的底线。

（三）制定导向明确的农村金融监管政策

一方面，实施约束性监管政策，依法明确金融机构支持“三农”的功能定位和支农责任，建立支农责任考核制度，将金融机构依法履行支农责任，投放涉农信贷的情况作为对其业务监管的重要内容，在金融机构监管评级中增加相应权重，建立监管评级与市场准入、货币和财税优惠政策的挂钩机制。另一方面，实施激励性监管政策，在坚持审慎监管原则的基础上，结合金融机构履行支农责任情况，在具体监管指标设计上作出差别化制度安排，在机构设立、扩大业务范围等方面设立“绿色通道”，优先审批履行支农责任良好的金融机构。采取放宽涉农不良贷款容忍度、降低涉农不良贷款核销条件、建立尽职免责机制等激励措施，提高金融机构支农服务的积极性。通过建立约束严格与激励有效相结合的农村金融监管政策体系，为金融机构开展农村金融服务提供稳定预期。

四川省农村金融立法调研报告*

（2015 年 11 月）

近年来，四川省委、省政府认真贯彻落实党中央、国务院关于推进农村金融改革的安排部署，通过不断强化工作推动、拓宽融资渠道、金融政策引领、财政政策支持、营造良好环境，提高农村金融服务水平。

一、四川省农村金融的基本情况

2013 年以来，四川涉农贷款年均增速为 15.5%，高于各项贷款年均增速 1.4 个百分点。截至 2015 年 9 月月末，全省金融机构涉农贷款余额 1.34 万亿元，同比增长 12.6%，涉农贷款余额占各项贷款比重为 36%。农村金融推动了新型农业经营主体的发展，促进了农业规模化和集约化发展，支持了农村基础设施建设。

（一）加快完善农村金融服务组织体系

一是加快商业银行为农服务机制建设。深化农业银行四川省分行“三农”金融事业部改革，制定了县域支行管理考核制度。邮储银行四川省分行设立了“三农”金融部，作为“三农”信贷计划执

---

* 注：2015 年 11 月，全国人大农业与农村委员会副主任委员刘振伟，委员张作哈、陈达恒，赴四川省开展农村金融立法调研，听取对农村金融立法的建议。本报告由王观芳整理。

行的牵头部门，另外，还有4家二级分行单独设立了“三农”金融部。二是加快农村信用社改革发展。按照立足县域、服务“三农”的总体要求，优化农村信用社股权结构，提高资本实力和治理水平，促进农村信用社健康发展并持续加强“三农”金融服务。2014年全省共启动68家县级联社的产权改革，占2013年末全省经营性农合法人机构数量的48.22%。到目前，全省共设立农村商业银行33家，覆盖14个市（州）。三是稳步培育新型农村金融机构和组织。全省共设立新型农村金融机构53家。积极稳妥推进依托农民专业合作社内部资金互助合作，探索设立农村资金互助合作组织。目前，全省有6家农村资金互助合作组织取得市（州）金融办监管注册设立证并正式开业运营，已累计发放贷款200余笔，金额2410万元，实现利润共计46万元。通过试点为加强监管并完善相关制度积累了经验。

（二）积极探索农村产权抵质押融资

开展农村产权抵押融资试点，创新农村产权抵押方式。一是探索开展农村土地抵押融资。在成都市探索了将集体建设用地使用权、土地承包经营权、农村房屋所有权等农村产权纳入融资担保抵押范围。积极落实国务院“两权”抵押贷款创新试点的意见。2014年银行业机构发放农村产权抵押贷款余额177.21亿元，比年初增加135.61亿元，增长325.99%。二是稳妥开展“三农”融资抵质押创新。鼓励金融机构将法律法规不禁止、产权归属清晰的各类农村资产作为抵押担保品，探索开展林权、应收账款、存货、股权、仓单、存单、订单等农村产权抵质押融资业务，满足“三农”多元化金融需求。2015年三季度末，全省涉林贷款余额112.69亿元，其中林权抵押贷款余额37.95亿元。三是推动农村土地流转收益保证贷款试点。截至2015年9月月末，全省累计发放土地流转收益保证贷款6.05亿元。

（三）深入推进农村地区普惠金融发展

深入推进支农“三大工程”和基础金融服务“村村通”工作，加强农村和边远地区金融基础设施建设。截至2014年，全省累计安排财政资金逾3亿元，对金融机构在金融服务空白乡镇开办网点、开展定时定点服务、开展农村支付结算环境建设以及农村信用体系建设等给予财政补助。2014年，基础金融服务空白行政村减少2124个。目前，全省银行业机构在农村区域设置网点近6000个，46500个行政村实现金融服务联络员和电子机具服务“双覆盖”。全省安装ATM机7000余台、POS机3.5万余台，设立银行卡助农取款服务点超过10万个，具备条件的农村地区已实现“户户有银行卡、村村有POS机、镇镇有ATM机、县县有刷卡无障碍示范街”。

加大落实扶贫攻坚工作部署，开展金融扶贫工作。省委省政府积极引导辖区内银行业机构发挥自身优势，履行社会责任，深入开展产业信贷支持、普惠金融、智力人力帮扶、对口扶贫等精准扶贫工作，确保贫困县贷款增幅不低于上年贷款增幅，提高贫困地区农户、农村经营主体信贷获得率，推进贫困地区产业开发和民生改善。

（四）不断扩大涉农保险覆盖面

完善政策性农业保险政策，通过增加保费补贴品种，提高保障水平。2013～2014年全省各级财政累计发放农业保险补贴40亿元，推动了农业保险的快速发展。2014年全省在已有11个中央财政补贴农险产品、31个地方特色农险产品基础上，开展了自然灾害与气象指数相结合的农作物制种保险，推进育肥猪价格指数保险和蔬菜价格指数保险试点。2014年全省农业保险实现保费收入27.66亿元，规模居全国第三，共为 3792 万户次农户提供风险保障 2358.62 亿元；水稻、玉米等主要粮食作物和能繁母猪保险服务覆盖面均超过 90%。

（五）加强涉农增信机制建设

一是进一步完善涉农担保机制。探索组建政府出资为主、重点开展涉农担保业务的县域融资性担保机构。鼓励县级政府进一步补充政策性担保机构资本金，吸纳民营资本，组建混合所有制的担保机构。支持商业性融资性担保机构为新型农业生产经营主体提供融资担保服务。二是深入开展农村信用体系建设。持续推进农户、各新型农村经营主体信用信息征集，搭建服务“三农”发展的信用信息数据库、服务网和融资对接平台，扩展“信用户”“信用村”“信用乡镇”评价范围，营造良好的农村金融信用环境。截至 2015 年 6 月月末，已为全省 1153 万农户、1749 户农村新型经营主体建立信用档案；出台信用导向的金融信贷、财税扶持等正向激励措施，鼓励金融机构发放信用贷款。

二、农村金融改革发展存在的主要问题和立法建议

尽管近年来国家多措并举，农村金融服务水平显著提高，但是受多方面因素影响，农村金融需求得不到满足的状况依然十分突出。农村金融组织体系还不完善，多层次、广覆盖、适度竞争的“三农”金融服务体系尚未形成。四川省农村信用社发放了全省 98% 的农户贷款、89% 的农业贷款和 55% 的县域中小企业贷款。农村金融服务水平总体仍然低，不少乡村还缺乏最基本的金融服务。农村资金外流严重，金融机构县域存贷比普遍偏低。贷款抵押担保物缺失，尽管各地在开展农村土地产权抵押贷款试点，但农房抵押处置时存在

法律风险和操作困难的问题。农村贷款难，不少农户不得不转向高利贷等非法借贷途径，贷款利率和费用高。农村金融服务成本相对较高，风险较大，金融机构难贷款，服务农业和农村的动力不足。

农业和农村经济社会的发展，离不开金融的支持和保障作用。地方政府和基层干部建议，国家应加快农村金融立法，通过一系列制度设计，建立促进农村金融服务水平提高的长效机制，为农村金融发展创造良好的法律环境。

（一）通过立法规范农村金融组织体系

商业银行遵循商业可持续原则，要与农业农村经济发展形成良性互动机制。商业银行的运行受到商业银行法的约束，但是对于为农服务的商业银行及其分支机构，应当通过立法确立激励与约束相结合的制度框架，增强为农服务的动力和约束力。农村信用社改革要稳定县域法人地位，发挥支农主力军作用。鼓励商业银行设立独立的支农服务部门，单独核算涉农业务，以其为农服务的贡献确定政策支持力度。将中央关于“金融机构农村存款主要用于农业农村”的要求转化为法律规定，增强金融机构为农服务的约束力。

农业政策性金融应当承担重要的支农责任。立法应当重点解决其缺少法律规范、职能定位不清、支农渠道窄等问题。要明确农业政策性银行的政策性金融法律地位。确立农业政策性银行切实为农服务、注重社会效益和生态效益等重大原则。建立政策性银行可持续发展的长效机制，科学确定其运行机制、绩效考核、扶持政策、管理体制和外部监管。

为农村合作金融的发展提供法律依据。明确农村合作金融组织注册登记的基本条件，主管部门和外部监管。允许农民专业合作社开展内部信用合作，促进新型农村资金合作组织发展。确立农村资金合作组织运行的法律规范，如坚持入社自愿和退社自由、不以盈利为目标、封闭运营（不吸收公众存款，不对外放贷）等。

（二）通过立法规范农村金融的政策支持体系

农村金融服务的高成本、高风险，与金融机构追求盈利性、安全性存在矛盾。要通过立法建立包括财政、税收、货币、监管等内容的农村金融扶持体系。完善涉农贷款统计制度，为实施支持措施提供依据。规范差别化存款准备金政策，发挥再贷款的引导作用，加大涉农信贷利率优惠。规范涉农贷款增量奖励、定向费用补贴、涉农贷款贴息，以及税收优惠等措施，加大对粮食主产区和国家贫困县的支持力度。按照金融机构的性质和业务，制定统一的监管标准和考核指标，建立合理的、差别化的监管政策。

（三）通过立法规范农村金融风险保障体系

有效拓宽抵（质）押物范围。一是要赋予土地经营权、集体建设用地使用权等抵押担保权能，鼓励金融机构开展林权、水域滩涂养殖权、农业设施抵押贷款，开展农业设备、农作物、农产品等多种农村动产抵（质）押贷款。二是完善抵押登记制度，统一登记机构。三是建立有效的、切实可行的农村产权担保价值评估、流转和处置机制，保障抵押权的实现。

推动融资性担保机构发展，建立财政支持的政策性涉农担保机构风险补偿机制，鼓励商业性担保机构开展涉农担保业务。建立涉农贷款风险补偿机制，确定补偿资金的来源、运用和管理机制，以农户贷款、农林牧渔业贷款损失为补偿对象，真正惠及农民和农业。

发展农业保险。适应农业生产经营者需求，发展“水平适当、有效覆盖”的农业保险，建立“基本保险＋补充保险”的农业保险体系，对基本保险给予较大比例保费补贴，对补充保险给予适度保费补贴。鼓励开展区域产量保险、天气指数保险和价格指数保险。规范农业保险财政补贴政策，提高财政资金使用绩效，使之更多惠及农民。建立政府支持的农业保险大灾风险分散机制，促进农业保险可持续发展。

（四）通过立法改善农村金融生态环境

发展农村经济，促进农业现代化。大力发展农民专业合作社、家庭农场等新型经营主体，带动农业生产方式转变，提高涉农经济组织的融资能力和抗风险能力。

规范农村信用体系建设，建立信用信息采集和动态更新的政策保障体系。鼓励银行业金融机构将新型农业经营主体纳入信用评定范围。建立健全信息信用共享机制，实现农户信用信息在涉农金融机构间共享。建立信用评定结果与贷款授信相结合的机制，对信用等级较高的，同等条件下实行贷款优先、利率优惠的正向激励措施。

完善农村金融支付清算系统，开发适合农村实际的支付结算服务品种，拓宽和延伸支付清算网络在农村的辐射范围。加快农村金融基础设施建设，增加 ATM 机、POS 机、电话支付终端等电子机具的布放量。鼓励乡村设立农村金融服务室，建立金融机构和村民联系的纽带。通过流动服务站、邮政委托代办点等，改善偏远地区农民群众金融业务办理。

明确政府及相关部门在加强农村金融基础服务、处理金融消费纠纷、维护农民合法权益等方面的责任，严厉打击逃废金融债务等违法行为。

陕西省农村金融立法调研报告*

（2016 年 12 月）

近年来，陕西省稳步推进农村金融改革，不断拓宽农村金融服务覆盖面和有效性，增强金融机构服务“三农”的能力和水平。

一、陕西省农村金融服务基本情况

截至 2016 年 10 月月底，陕西省各项贷款余额 2.4 万亿元，存款余额 3.5 万亿元，存贷比 67%；涉农贷款余额 5692 亿元，占贷款余额总量的 23.7%；农户贷款 280.8 万户、2260 亿元，占涉农贷款余额总量的 39.7%。

在农村金融机构体系建设方面：农村金融机构组织体系不断完善，农村信用社改革稳步推进，组建农村商业银行 48 家；组建村镇银行 25 家，村镇银行县域覆盖率 23%；批设小额贷款公司 286 家，设立融资担保公司 169 家，包括 2 家专门服务农村经济发展的省级政策性融资担保公司。目前，陕西共有涉农银行业金融机构 156 家，县域网点 3674 个，占全省银行网点总数的 53%，金融网点覆盖全部乡镇和 80% 以上行政村。县域银行业金融机构从业人员 4 万余人，

* 注：2016 年 12 月，全国人大常委会副委员长张宝文带领调研组赴陕西省就农村金融立法问题进行调研，全国人大农业与农村委员会副主任委员刘振伟、委员包克辛参加。调研组先后赴西安市蓝田县、长安区、商洛市丹凤县、洛南县等地，广泛听取对农村金融立法的意见和建议。本报告由王瀚整理。

占金融机构从业人员总数的39%。在农村金融服务和产品创新方面：积极推动农村普惠金融发展，农村金融基础服务“村村通”工程覆盖面达到88%，建立助农服务取款点4.56万个；创新农村抵押担保方式，在10个县区试点开展农村土地承包经营权或农民住房财产权抵押贷款，目前已办理“两权”抵押贷款2.62亿元；推动金融精准扶贫提质增效，累计发放扶贫小额贷款42亿元，扶持贫困户11.8万户，为33个移民搬迁项目提供贷款180亿元，向2300户搬迁户发放贷款1.2亿元；畅通农业农村基础设施建设融资渠道，农发行评估农业农村基础设施建设贷款项目307个、114亿元，国开行为农村公路建设提供贷款50亿元；积极推动涉农企业在资本市场直接融资，已有11家涉农企业在“新三板”挂牌。在农村金融服务扶持政策方面：综合运用财税扶持政策和货币政策工具，引导和激励金融机构加大对农业农村的信贷支持。实施涉农贷款增量奖励政策10.27亿元，实施农村金融机构定向费用补贴政策2.01亿元，实施改善农村地区支付结算环境补助政策1006万元，省财政每年安排4500万元贴息资金，引导金融机构投放涉农贷款400亿元，设立扶贫贷款风险补偿金8.75亿元，金融机构可按不超过1:10的比例放大贷款额度。鼓励县域金融机构将新增存款用于当地发放贷款，对考核达标的机构实施差别化存款准备金政策。人民银行累计向金融机构发放支农、支小再贷款464.8亿元，增加县域法人金融机构资金来源。在发展农业保险方面：各级财政给予保费补贴的政策性农业保险险种扩大到29个，农业保险实现市县全覆盖。2007年以来，中央和地方各级财政累计投入农业保险保费补贴资金22.1亿元，其中中央财政10.22亿元、省级9.15亿元、市县2.73亿元，累计为1755万农户提供了2213亿元风险保障，累计为162万农户支付保险赔付14亿元。截至2016年10月，农业保险实现保费收入5.74亿元，为

428.7万户次农户提供风险保障592亿元，为16.71万户次农户赔付1.93亿元，户均1155元。在农村金融环境建设方面：积极推动“千点百乡”支付惠农工程建设，已建成1406个综合性惠农支付服务示范点、146个农村支付服务环境示范乡镇，农村地区支付结算效率大幅提升，电子支付通汇率达到98.9%。稳步推进农村信用体系建设，开展信用乡镇、村、户评定，建立信用信息监测系统和服务平台。加强农村金融培训教育，普及金融知识，提高涉农企业和农民的风险意识。推进县域金融服务中介机构发展，严厉打击和处置非法集资，加大对农村恶意逃废债行为的惩戒力度，依法维护农村金融市场秩序。

调研中，各地各部门结合工作实际反映了当前农村金融改革发展中面临的一些问题：一是涉农信贷供需矛盾仍然突出。目前，陕西省农户从正规金融机构获得信贷服务仅占30%左右，涉农中小企业贷款满足度不足10%，处于产业链前端的农林牧渔业获得贷款1071.7亿元，仅占全部涉农贷款的18.8%。二是农村金融供给仍存在短板。据统计，陕西银行业金融机构县域网点总数占比已超过50%，但县域贷款仅占全省贷款总数的24%，县域存贷比距离67%的全省平均水平还有很大差距，说明县域存款未能有效服务于县域实体经济发展，农村资金外流问题仍然存在。三是涉农信贷风险分散机制尚需完善。受农村产权交易市场不完善、农村抵押物缺乏科学价值评估标准、抵质押物处置困难等因素影响，农村缺乏有效抵质押物的状况没有从根本上改变，再加上政府性融资担保机构规模有限、农业保险覆盖面不足等因素，建立完善的涉农信贷风险补偿机制任重道远。四是财税扶持和差别化监管政策有待强化。农村金融激励制度、差别化监管制度仍有待加强，一些金融机构反映，目前的涉农贷款增量奖励、定向费用补贴等财政扶持政策适用范围较为狭窄，在实施范围、实施对象、奖励条件等方面，还有进一步拓展的空间。五是农村信用环境建设需要引起重视。一些新型农业经营主体内部管理机制和财务制度不健全，或者尚未纳入征信系统，或者难以对贷款风险进行实时监测和后续管理，在一定程度上制约了金融机构投放涉农贷款。此外，一些地方也反映，农业保险规模较大的县大都是财政穷县，保费补贴中的基层配套资金难以落实，农业保险运营成本高、信息化手段缺乏，与广大农户的需求不相适应。

二、对农村金融立法的意见和建议

调研中，陕西省各级政府和有关部门一致认为，农村金融立法有利于将党和国家关于发展农村金融的政策措施以及基层创造的成果经验制度化、法律化，有助于提升农村金融服务整体水平，推动城乡一体化发展，应尽快出台。对于农村金融立法的定位和原则，提出应立足于消除农村地区金融服务政策壁垒，积极维护各类金融机构和农户双方的合法权益；应立足于引导更多金融资源向农业、农村和农民倾斜，推动农业农村经济社会持续健康发展；应立足于建立约束与激励并重的制度规范，提高法律的权威性和可操作性。立法要站得高一些，不能被部门利益束缚。有些同志认为，提升农村金融服务水平，必须按照中央精神，依法作出顶层设计。同时，也就农村金融立法提出了意见和建议，主要包括：

（一）关于金融机构支农责任

一是建立各类金融机构涉农贷款考核制度。省银监局建议，农村金融立法应明确各类金融机构支农服务的法律责任，凡在农村吸收存款的都应负有责任。省农业厅建议，明确支农责任应建立涉农贷款监测考核制度，设定农业贷款比例、农贷增长速度、新增存款支农比率等考核指标。二是依法规范农村合作金融组织。省信用联社建议，应结合地方实际情况，稳妥推进农村信用社改制农村商业银行，对于一些以农业为主、经济体量较小的地区，机构经营规模较小、盈利水平低的，考虑保留县域农信社体制。省农业厅建议，依法规范农村合作金融，应明确新型农村合作金融组织的概念、运营条件、风险防范等，明确监管部门及监管职责，促进其规范健康发展。三是依法规范农业政策性银行。省政府、省银监局、农业发展银行省分行建议，将农业政策性银行的规章制度上升至法律层面，对其机构定位、业务范围、资金来源、资金运作以及政府、监管机构、政策性金融机构之间的权责予以明确。四是依法明确商业性银行支农责任。商洛市政府建议，应依法明确商业银行的金融支农责任，推动解决县域商业银行存款资金使用问题，从法律层面要求其将吸储资金的一定比例用于当地经济发展。

（二）关于农村金融扶持措施

一是加大财税扶持力度。商洛市政府、农业银行省分行、邮储银行省分行、省信用联社建议，立法应建立导向明确、激励有效的财税扶持政策体系，充分发挥财政资金的杠杆作用，加大贷款贴息、风险补偿金等财政投入力度，延长对特定农村金融机构和涉农贷款的税收优惠政策，通过立法给予金融机构履行支农责任以长期化、制度化的政策支持。农业厅、省信用联社建议，在落实涉农贷款增量奖励、定向费用补贴等国家优惠政策的基础上，有针对性地制定财政资金优先存放等地方性政策，调动金融机构支农服务的积极性。中国人民银行西安分行建议，可考虑将国家涉农政策资金由农村金融机构统一拨付和管理，体现支农义务和权利对等，实现财政资金与信贷投放的良性互动。二是充分运用货币政策工具。西安市政府、省农业厅建议，应结合完善涉农贷款统计制度，根据金融机构绩效考核情况，对履行支农责任良好的金融机构，实施差别化存款准备金政策，增加再贷款、再贴现支持力度。省金融办建议，加强货币政策工具运用，给予涉农金融机构更大的政策优惠，激发金融机构支农积极性。三是制定实施差别化监管政策。农业发展银行省分行建议，应根据农业政策性银行与商业性银行在运营规则上的不同之处，制定一套符合农村经济运行规律、有利于增加政策性金融信贷供给的差别化监管政策。省农业厅建议，在脱贫攻坚的关键阶段，对贫困地区和贫困人群的涉农贷款，对适度规模经营主体因自然灾害等原因导致难以归还的贷款，应制定差别化监管政策，放宽不良贷款容忍度。

对以上三个方面，不能规定得过于原则化，否则难以操作，没有实际作用。

（三）关于涉农信贷风险分散机制

一是拓宽农村有效抵押担保物范围。省政府建议，以法律形式对农村资源转变为资本进行明确，通过立法规范农村产权交易市场，为发挥农村产权价值提供法律保障。商洛市政府、省农业厅、中国人民银行西安分行、省信用联社建议，明确土地承包经营权、宅基地使用权和农房用于抵押的合法合规性，适当扩大上述财产作为抵押物的处置受让范围，加快建立配套的价值评估体系和农村产权交易市场。邮储银行省分行建议，对于农村土地经营权抵押出现风险，可考虑由政府进行优先回购。二是推动农业信贷担保体系建设。省财政厅、省农业厅建议，积极构建农业信贷担保体系，组建省级农业担保公司，鼓励有条件的市县建立农业担保公司，完善省市县三级政府性农业信贷担保体系，建立担保基金代偿、政府风险金补偿机制，为农业生产经营主体提供增信服务。三是防范农村金融风险。省政府建议，针对农村金融的弱质性和农业生产经营主体的分散性，完善信息披露制度并建立金融预警制度，建立健全针对农村金融监管者和地方政府的监管法律制度，提高农村金融监管效率，防范农村金融风险。

（四）关于农业保险

一是提高农业保险的立法层次。省保监局建议，将农业保险条例中的有关内容纳入农村金融法调整范围，为农业保险持续健康发展提供良好的法治环境。省政府建议，完善农业保险法律制度，建立政策性和商业性相结合的涉农保险机制，研究巨灾风险补偿分担的法律制度安排。二是推动农业保险与涉农信贷有效衔接。省农业厅、邮储银行省分行建议，扩大政策性农业保险覆盖面，推动规模经营主体实现涉农信贷和农业保险联动，通过农业保险降低因自然灾害导致的涉农贷款损失。三是加大政策性农业保险保费补贴力度。省财政厅、省保监局建议，提高中央财政对农业保险品种的补贴比例，将保障价格变动风险和产量损失风险的价格指数保险和产量保险纳入中央财政补贴目录。对西部地区给予政策倾斜，逐步减少或取消县级保费补贴配套，对产粮大县或产粮大户提供全额保费补贴。

（五）关于农村证券期货服务

一是支持涉农企业利用资本市场开展直接融资。省证监局建议，有条件的地方应推动建立涉农企业上市联合培养机制，由行业主管部门给予必要政策支持；支持具备一定条件的涉农企业在“新三板”挂牌，进行股权、债券融资及资产重组；支持区域性股权交易市场建设，引导更多涉农企业利用区域性股权交易市场开展股权融资。二是鼓励和引导证券期货经营机构开展有针对性的支农服务。省证监局建议，引导证券经营机构针对涉农企业的发展需求，量身打造融资方案，拓宽服务广度和深度；鼓励期货公司加强与涉农企业的合作，创新风险管理工具，为涉农企业管理风险提供专业服务。

（六）关于农村金融环境建设

一是推动农村信用体系建设。省政府建议，要完善农村金融信用法律制度，制定农户信用信息采集、使用等行为规范，完善信用信息共享机制，提高信用信息运用效果。西安市政府、农业银行省分行建议，通过加大信用及相关金融知识的宣传普及，提高农业生产经营主体的信用意识。依托农村地区金融机构为农户、家庭农场、农民专业合作社、涉农企业等建立电子信用档案，建立健全适合农业农村特点的信用评价体系。二是增强农村基础金融服务的有效性。中国人民银行西安分行建议，可考虑从境内金融机构营业净收入中，按一定比例提取成立普惠金融服务基金，用于补贴新设农村金融机构网点、涉农贷款损失以及农村金融电子机具布放。省财政厅建议，逐步改善农村信用环境和融资环境，引导互联网金融、移动金融等服务手段在农村地区规范发展。三是完善农村金融司法保障机制。省政府、邮储银行省分行建议，在加强农村地区信用环境建设的基础上，要完善农村金融司法保障机制，加大对失信人员的惩处和追责，加大对恶意拖欠、骗取银行贷款等违法行为的打击力度。

河北省张家口市农村金融立法调研报告*

（2017 年 4 月）

近年来，张家口市加快推进农村金融基础设施建设，逐步建立健全农村金融服务市场体系，不断提升农村金融服务水平。

一、基本情况

一是加强农村金融市场主体建设。目前，张家口市共有各类银行业金融机构 11 家，机构网点总数 843 个，其中已有 4 家县域农信社改制为农商行，2 家改制后的农商行与 4 家尚未改制的农信社正在筹备组建张家口市农商银行。张家口市还先后成立了 9 家村镇银行，批准设立小额贷款公司 70 家，组建涉农融资性担保机构 3 家。

二是加强农村基础金融服务。目前，张家口市在 194 个乡镇设立了标准化银行服务网点，农村中小金融机构在农村共建设自助银行 515 个、助农取款服务点 5315 个，基础金融服务实现 4011 个行政村全覆盖。农信社自 2014 年开始在金融服务空白乡镇开展村村通建设，先后在 7 个金融服务空白乡镇增设了网点。2016 年农业银行张家口市分行新增“惠农通”服务点 216 个，服务点数量达到 2778 个，乡镇覆盖率达到 100%。

---

* 注：2017 年 4 月，全国人大农业与农村委员会副主任委员刘振伟、委员张晓山赴河北省张家口市就农村金融立法进行调研。本报告由王瀚整理。

三是加大涉农信贷投放力度。截至2016年年底，张家口市银行业金融机构各项贷款余额2027亿元，存款余额2883亿元，存贷比70.3%，涉农贷款余额887亿元，涉农贷款占比43.8%，其中，农信社涉农贷款余额218.6亿元，农发行涉农贷款余额149亿元，农业银行涉农贷款余额66.8亿元。为支持涉农贷款投放，3家涉农融资担保机构累计提供担保金额28278.3万元，目前在保余额21678.4万元。

四是落实金融机构支农责任。为引导金融机构加大支农服务力度，张家口市支持银行业金融机构单列涉农信贷计划，打通涉农信贷“绿色通道”。为提高金融服务能力，农信社先后成立小额贷款专营机构55个，通过小贷中心发放涉农贷款26.6亿元。为激发信贷人员积极性，农业银行增加对家庭农场、专业合作社、小微企业贷款投放的考核，匹配考核工资总额500万元。

五是提高农业保险保障水平。目前，张家口市有保险业金融机构36家，3家保险公司经营政策性农业保险业务。2016年政策性农业保险实现保费收入1.82亿元，各级财政保费补贴总额1.4亿元，保险赔付支出1.75亿元，简单赔付率96.2%。人保财险公司经营农业保险以来，已累计向农民支付农业保险赔款5.01亿元，提供了1400多亿元的风险保障。

六是优化农村金融环境建设。张家口市依托人民银行征信系统，采集公安、工商、税务等非银行信用信息数据，搭建综合性信用信息共享平台，并建立起县级信用信息服务中心，完善农户信用档案，进一步优化农村金融生态环境。在农村金融风险分散和转移机制建设方面，金融机构通过加强贷后管理，强化贷款风险排查和风险预警监测、建立贷款分析制度等措施，有效防范和化解涉农贷款风险。

二、问题

张家口市农村金融服务取得了明显成效，为推动张家口市农业农村经济持续健康发展，促进农民增收提供了有力保障，但在改革发展过程中也遇到了一些困难和问题。一是农村普惠金融服务成本高。人民银行张家口市中心支行、市金融办反映，由于农村金融业务相对较少，农村机构网点建设和维护费用给金融机构造成较大压力，提供金融服务成本高、收益低，客观上使得金融机构逐步收缩助农服务点，继续开展助农服务的意愿不高。二是涉农信贷风险分散机制尚不完善。农业银行市分行、农信社反映，涉农信贷风险大是制约金融支农服务的重要因素，目前商业保险机构覆盖面不广，良性的银保互动机制尚未建立，再加上金融机构与农户信息不对称，影响金融机构投放涉农贷款的积极性。三是农村抵押担保方式需要创新。人民银行张家口市中心支行、市银监局反映，目前农村抵押担保物不足，农村土地承包经营权、农房及宅基地价值评估难、流转渠道不畅，试点地区的土地经营权抵押只是一种辅助的增信措施。市财政局、工信局反映，涉农担保机制不健全，已有涉农担保机构服务能力有限，撬动信贷资金的能力不足。此外，人民银行张家口市中心支行、市金融办、人保财险张家口市分公司反映，贫困地区经济发展相对滞后，农村金融环境较差，缺乏有效诚信的市场机制，农村金融环境建设有待加强。

三、建议

张家口市提出，农村金融立法要立足于推动金融有效服务于农村经济社会可持续发展，有效服务于深化农业供给侧结构性改革，有效服务于贫困地区脱贫攻坚。要通过制定明确的法律规范，引导金融机构加大对农村基础设施建设的支持，推动县域公共服务均等化；加大对农业适度规模经营的支持，推动现代农业产业化发展；加大对新型城镇化建设和扶贫开发的支持，推动城乡一体化发展。农村金融法的规定不应过于原则，在金融机构支农责任、优惠扶持政策、差别化监管措施等方面，要制定有约束力、有可操作性的规范，依法明确农村金融服务各方主体的权利和义务。

（一）明确涉农信贷的投入责任。要依法明确金融机构的市场定位和服务方向，涉农金融机构要坚持以服务农业农村为出发点和落脚点。各类银行业金融机构要加强县域支行功能，向县域适当下放和扩大贷款审批权限，增加对涉农贷款的特别授权，鼓励将县域内新吸收存款主要用于当地发放贷款。要积极培育适度竞争的农村金融市场，积极稳妥推进农村信用社改制为农村商业银行，完善法人治理结构，积极组建新型农村金融机构，增强县域法人金融机构的支农服务能力。

（二）积极推动农村金融服务创新。金融机构要加快偏远乡镇和村的机构网点电子化建设，针对涉农融资小、使用频繁、时间急的特点，积极创新符合农村实际的金融产品和服务。要拓宽涉农企业直接融资渠道，推动农业产业化龙头企业上市融资和发行债券。人民银行张家口市中心支行、市财政局、市银监局建议，通过立法扩大农村有效抵押担保物范围，完善资产价值评估机制，推动农村产权市场的建设。

（三）完善农村金融扶持政策。人民银行张家口市中心支行、市金融办、农信社建议，从国家层面制定金融服务“三农”的奖励性指标，财政对达标金融机构给予一定奖励；对金融机构在农村地区设立机构、网点或助农服务点，提供普惠金融服务，财政给予必要补贴；在基本公平的基础上，政府财政性资金要向服务“三农”力度大的金融机构给予适当倾斜。市金融办、农发行市分行建议，农村金融立法要明确对农业政策性银行的资本约束和风险补偿机制，建立不同于商业性银行的差别化监管指标。农业银行市分行建议，以政府产业发展基金、财政贴息资金等作为撬动涉农信贷投入的支点，发挥财政资金在信用增进、风险防范、降低成本等方面的积极作用。

（四）建立农村金融风险保障机制。进一步完善农业保险政策，增加中央财政补贴险种，扩大保险责任范围，提高现代农业生产保障程度。市金融办建议，允许地方根据当地实际情况，对种植业保险保额进行差异化标准限定；将商业性特色农险产品纳入政策性补贴范围，引导农民依据自身承受能力选择保险产品；积极探索政策性农业保险与支农信贷产品相结合，构建合理的涉农信贷风险分散机制。此外，要加快涉农融资担保机构发展，鼓励省市县建立专为农林牧渔业服务的政府性融资担保机构。

（五）优化农村金融发展环境。要加快农村信用体系建设，加强金融知识的宣传普及，建立失信惩戒和诚信激励机制，坚决打击恶意逃废金融债务行为，形成“守信激励、失信惩戒”的环境氛围。要针对涉农贷款的特点，创新考核方式，将责任追究与业务奖励结合起来，充分调动信贷人员服务的积极性。

（六）依法规范农村合作金融发展。目前，农民专业合作社内部开展的信用合作、农村资金互助社、贫困村资金互助组织等新型农村合作金融组织不断发展，是直接为农民提供金融服务的一支重要力量，成为传统金融机构的有益补充。市金融办、市银监局建议，推动新型农村合作金融组织健康发展，重点是依法明确中国人民银行、银监会的监督管理职责，在中央金融监管部门的统一监管下，边规范、边发展，不断提高农村合作金融的发展质量。

四川省农村金融立法调研报告*

（2017 年 4 月）

一、农村金融发展的主要情况

（一）积极完善农村金融服务体系

四川省积极发展农村金融组织，形成了各类金融机构共同支农的良好局面。政策性金融机构在重大水利工程建设中发挥了积极作用。农业银行、邮储银行等通过三农事业部制改革，提升了农村金融服务能力。邮储银行小额贷款产品满足了“三农”信贷需求。农信社点多面广，注重发挥信息科技作用，提升了全省普惠金融服务水平。全省共有新型农村金融机构 53 家。稳妥开展依托农民专业合作社的农村资金互助组织试点，建立健全省市县三级监管机构分工负责的审核和监管制度。大力发展涉农保险，完善保险服务体系，创新保险产品，扩大农业保险覆盖面。成立了省农担公司，为涉农贷款提供担保。

（二）发挥金融精准扶贫作用

2016 年向 144 个贫困县发放了易地扶贫搬迁贷款 94.39 亿元；

---

* 注：2017 年 4 月，全国人大常委会副委员长吉炳轩带领调研组赴四川省就农村金融立法问题进行调研，全国人大农业与农村委员会副主任委员郭庚茂、委员蒋省三参加。调研组先后赴成都、德阳、眉山等地，广泛听取对农村金融立法的意见和建议。本报告由王观芳整理。

成功发行总额度为20亿元的易地扶贫搬迁项目收益债，首期筹集资金5亿元。精准对接扶贫产业发展、建档立卡贫困户脱贫以及易地扶贫搬迁户资金需求，利用“扶贫再贷款+扶贫小额信贷”模式，引导金融机构加大金融扶贫力度。

（三）稳步开展农村产权抵押试点

2016年四川省在12个试点县（市、区）累计发放农村土地承包经营权和农民住房财产权抵押贷款23.88亿元，其中农地抵押贷款21.13亿元，农房抵押贷款2.75亿元。进一步推广农村土地流转收益保证贷款，共发放7.6亿元，用于收益保证贷款土地近15万亩。推动林权抵质押贷款，共颁发经济林木（果）权证1353本、林地经营权流转证460本，发放贷款5.6亿元。

在农村承包土地经营权抵押贷款试点过程中，面对土地价值评估难、抵押处置实现难等问题，以及建立工商企业进入农业的风险防范机制，四川积极探索解决办法。政府成立了农村“两权”抵押贷款风险补偿基金，由银行和基金按3：7的比例承担贷款风险。眉山市创新并推广了农村土地“四步流转、三方受益”流转模式，通过在县乡两级探索建立公益性管理型的土地流转服务的正兴农业公司，建立预流转、公开交易、前置审查、风险紧急处置“四步机制”，解决了农民怕业主“跑路”、业主怕农民“难缠”、政府怕无限“兜底”的难题。对流转承包地的经营方收取300元/亩的风险保障金，一旦出现业主经营不善的情况，由正兴农业公司及时接管并暂时经营相应土地，负责支付农民的土地租金，并及时寻找新的经营者，实现了“农民流转有收益、业主投资得效益、政府服务保权益”的三方受益格局，保障了土地的持续生产经营。

（四）综合运用监管和货币政策工具

四川省探索建立涉农信贷投放的引导机制，将涉农信贷投放与金融监管评级、市场准入挂钩，发挥支农再贷款的引导作用。截至2016年年末，全省银行业机构涉农贷款余额1.53万亿元，比年初增长11%。推动涉农企业利用资本市场，全省共有16家涉农企业在多层次资本市场挂牌上市。

二、存在的主要问题和立法建议

（一）关于土地经营权融资担保

在“两权”抵押贷款试点的实践中，基层反映还存在一些障碍：一是法律规定上。当前物权法、农村土地承包法、担保法等都没有赋予承包土地的经营权抵押担保权能，一旦产生纠纷，法院不承认抵押效力。二是实际操作中面临土地经营权价值评估难、抵押物处置难、配套机制不完善等问题。三是土地上的附属物与土地经营权一同抵押的法律规定不明确。

调研中普遍建议：以法律规定赋予土地经营权抵押担保权能；建立土地经营权的价值评估体系，通过确定政府指导价来评估土地抵押物的价值；完善产权交易市场体系，规范交易行为并有效处置抵押物。

还有建议提出，应将土地产权改革与金融改革相结合。当前四川省一些地市设立了担保基金来化解抵押中的风险，但是抵押物变现方法还不多。建议在担保基金的基础上成立“两权”抵押信用担保公司。

（二）关于提升农村金融服务水平

由于农村土地产权改革相对滞后，产权转让局限于集体经济组织内部、流动性差等原因，农村缺乏符合银行要求的抵押和担保物，信贷投放受限制。在土地流转收益保证贷款试点地区，普遍反映贷款评估费、担保费等比较高，涉农资产的处置比较困难。政策性农业担保公司发挥了一定作用，但资金实力有限，业务成本高，存在信息掌握难、担保风险相对较高等问题。农民和农业企业反映，在农村发放贷款的主要是农村信用社和地方性银行，大的商业银行发放农村信贷较少。信用合作的发展明显不足，农村经济主体参与资本市场和地方产权交易的程度较低。

基层反映，农村金融立法非常有必要。农村金融服务对象多而散，信贷额度相对较小，金融服务成本较高，提供金融服务的营利性低。当前农村金融服务水平难以满足农业现代化、新型工业化和城镇化发展要求。按照当前银行方面的法律，没有针对性的特殊措施，金融机构服务“三农”的积极性不高。

建议：一是强化金融机构为“三农”服务的社会责任，落实中央关于“金融机构在农村地区吸收的存款主要用于农业农村”的规定，确定具体的考核指标。对于达到比例要求的金融机构，给予财政、税收、绩效考核、货币监管、市场准入等方面的鼓励政策；达不到比例要求的，要有一定的约束措施。二是发挥政策性信贷担保机构作用。构建省、市担保机构各司其职、相互协作的工作机制。规定农业担保费率上限标准，对担保费给予一定财政支持。三是大力发展农业保险。农业保险是农业风险管理的有效工具，也可以促进涉农信贷投放。要提高农业保险保障水平，创新适应需求的农业保险产品，简化参保和理赔程序，使农民真正受益。四是规范发展信用合作。在坚持社员制、封闭性原则，不吸储放贷、不支付固定回报的前提下，允许合作社成员之间开展信用合作。规范发展资金互助组织，建立必要的内部运行管理规范和外部监督机制，发挥好服务社员作用。

安徽省农村金融服务与风险防控情况调研报告*

（2017 年 5 月）

近年来，安徽省以发展普惠金融为主攻方向，全力推动金融资源向“三农”和县域倾斜，不断扩大农村金融服务覆盖面。

一、安徽省农村金融服务与风险防控基本情况

截至 2017 年 3 月月末，安徽省各项贷款余额 32178.42 亿元，各项存款余额 44617.22 亿元，存贷比 72.1%；银行业金融机构涉农贷款余额 10118.6 亿元，占贷款余额总量的 31.4%；县域贷款余额 8812.55 亿元，占贷款余额总量的 27.4%。主要做法体现在以下几个方面：

（一）坚持多措并举，稳步扩大涉农贷款投放。首次将金融扶贫等非标投资纳入金融机构支持地方发展经营业绩考核范围，引导金融机构加大涉农贷款投放力度。坚持把信贷作为支持“三农”发展的主渠道。滁州市凤阳县 2015 年年底，设立了 430 万元融资风险补偿基金（其中市财政 280 万元、县本级 150 万元），按照不低于融资风险补偿基金 5 倍的规模放大贷款，信贷总规模达 2500 万元，切实

---

* 注：2017 年 5 月，全国人大农业与农村委员会副主任委员王金山、江帆赴安徽省就农村金融服务与风险防控进行专题调研。本报告由张红利整理。

解决农民专业合作社和家庭农场生产发展资金问题。强力推进政银担企多方位合作，先后举办全省政银担企对接会、农业产业化龙头企业银企对接会等大型银企对接活动。

（二）深化金融改革，激发县域经济增长动力。坚持把改革和创新作为增加县域地区金融供给、缓解“三农”融资难、融资贵问题的重要突破口，强力推进农村合作金融机构改革。到2014年年末，安徽省83家农村合作金融机构全部改制为农村商业银行，成为全国第一个全部完成股份制改造的省份。经过改造，农村合作金融机构实力大幅增强，到2015年年末，存贷款规模比改革前实现翻番，并跃升到全国农信社系统第8位；资产总额年均增幅超过20%，股本总额和利润总额年均增幅均超过30%，不良贷款率则下降了一半以上。截至2017年3月月末，安徽省农商行系统各项存贷款余额分别达8612.6亿元、5436.8亿元，均居全省银行业金融机构第一位。位于亳州市的药都农商行，借助当地“智慧城市”建设，研发了“金农易贷”全民双创个人客户线上贷款产品。该项目采集地方政府46个职能部门的数据资源，实现系统自动分析，借款人只需通过手机银行提交申请，足不出户即可获得贷款。该行成为全国首家依靠政务大数据开展网络授信业务的农商行。

（三）大力发展普惠金融，健全农村金融体系。一是引导金融机构服务下沉。截至2016年年末，大型商业银行安徽省分行共设立乡镇分支机构522个；股份制银行安徽省分行共设立县域支行88家、乡镇网点128家；村镇银行在乡镇布设网点178个；徽商银行在全省61个县（包括县级市）、85个乡镇、123个行政村设立普惠金融网点，服务农村客户27.94万余户。二是引导各类金融机构深耕县域。小额贷款公司由2010年的211家发展到2016年末的422家；融资担保公司由2010年的10家发展到2016年末的343家，且80%以上位于县域；县域范围内共有典当行243家、融资租赁公司网点18家。三是大力推进地方金融体系建设。2016年，平安银行合肥分行、华融消费金融公司顺利开业，安徽省首家民营银行——新安银行获批筹建。

（四）创新金融服务，丰富农村金融产品供给。一是“信贷+税务”合作。利用企业的纳税信用信息，推出“税融通”贷款业务模式，截至2017年3月月末，已累计发放“税融通”贷款229.81亿元，服务中小微企业5969家，参与的金融机构逾百家。二是“信贷+财政”合作。设立续贷过桥资金，为小微企业提供短期过桥资金业务，累计扶持企业16963户，周转金额972.57亿元。三是“信贷+保险”合作。建立“政银保”风险分担机制，实施家庭农场“直管直贷”试点，到2016年年末，已累计为专业大户、家庭农场、涉农小企业等2500余户发放无抵押、无担保贷款约12亿元；开展小额贷款保证保险“助农贷”，累计支持涉农信贷投放5.63亿元。四是“信贷+权益”合作。积极推进农村承包土地经营权和农民住房财产权抵押贷款，激活农村地区“沉睡”资源。10个农村承包土地经营权抵押贷款试点县和2个农民住房所有权抵押贷款试点县分别发放抵押贷款4.45亿元、0.82亿元。

（五）健全政策性融资担保体系，为农业企业融资增信。一是建立健全政策性融资担保体系。自2013年起，省财政连续5年每年安排11亿元资金，各市、县（市、区）等额配套，不断充实县（市、区）符合条件的融资性担保机构国有资本金。同时，省财政每年再拿出20亿元，通过省信用担保集团以参股方式注资县（市、区）融资性担保机构，在全省范围内构建以省信用担保集团为龙头，以股权为纽带，以市、县政策性担保机构为骨干的省、市、县三级政策性担保体系。截至2017年3月月末，安徽省政策性融资担保机构融资担保在保余额 1713. 14 亿元，占全部在保余额的 90. 9%，放大倍数 4. 41 倍，担保费率 1. 14%。其中，小微、“三农”融资担保在保余额 1294. 57 亿元，占比 75. 6%。二是创新风险共担机制。在全国首创“4321”风险分担机制，对担保贷款出现风险的，由担保机构、中央和省财政、银行、所在地本级财政分别按照 4∶3∶2∶1 的比例分担，增强担保机构与银行合作的信心和动力，提升担保资源使用效率。三是首创农业信贷担保“劝耕贷”模式。针对农业适度规模经营主体缺少有效抵押物、资金需求周期性强等特点，在全国率先成立省级农业信贷担保公司，首创农业信贷担保“劝耕贷”模式，即纯信用贷款，无需抵押，构建的是“资源联手开发、信贷集合加工、风险共同管理、责任比例分担”的农业信贷担保新路径。对按期还款、诚实守信、具有持续经营能力的种养大户、家庭农场、农民专业合作社、农业产业化龙头企业等新型农业经营主体开辟绿色通道，并逐年提高信用额度。自 2016 年 4 月创设以来，已累计为 3015 户适度规模经营主体提供信贷担保 17. 75 亿元，其中 70% 以上的贷款主体是通过担保增信的方式首次在正规金融机构取得贷款。

（六）发挥保险保障功能，提升服务“三农”发展水平。加强农业保险服务网点建设，基本实现农业保险基层服务网点全覆盖。2016 年农业保险累计为农户提供 1512. 2 万户次、644. 2 亿元的风险保障，累计支付赔款 26. 1 亿元，受益 620. 5 万户次。一是推动政策性农业保险提标扩面。积极争取国家政策性农业保险试点，将中央财政补贴农业保险品种由“6 + 2”拓展为“7 + 3”，安徽省成为全国第一个大宗农作物保险面积超过 1 亿亩的省份，第一个实现政策性农业保险全覆盖的省份。二是大力开发特色农业保险。目前，安徽省已有各类农险产品 60 个，是全国险种最多的省份之一；大宗粮油作物承保率达到 95% 以上，名列全国第一。三是在全国首创农业补充保险，即规模化商业性农业保险，定向服务农业大户。2016年，将小麦、水稻、玉米三大口粮作物补充保险试点范围推广至全省，承保面积达到1311.95万亩，是2015年试点面积的10倍，三大口粮亩均提标比例最高超过100%，全年赔付金额4.26亿元，为新型农业经营主体提供了更加有力的风险保障。此外，还在泗县、蒙城两县创新开展了玉米价格“保险+期货”模式，累计承保7.1万亩，有效规避了农产品市场价格风险，保障了农民收益。

（七）壮大资本市场“农业板块”，拓宽农业企业融资渠道。一是扩大农业企业直接融资规模。鼓励和支持“三农”企业通过首发上市，发行企业债、公司债、中期票据、短期融资券、定向融资工具等方式，扩大直接融资规模。截至2017年3月月末，共有农业上市企业14家，首发上市在审农业企业2家，上市辅导备案农业企业13家，农业企业累计发行股票实现融资144.56亿元。二是推动农业企业场外市场挂牌。积极组织和推动“三农”企业到全国股转系统挂牌，降低区域性股权市场准入门槛，在省股权交易中心设置“农业板”，为更多“三农”企业登陆资本市场打造区域服务平台。三是加强农业企业后备资源培育。建立“三农”企业直接融资后备企业资源库，积极摸排和发展入库企业，按照上市、发债、场外市场等三种类型，分门别类加强后备企业资源培育。

（八）优化资源配置，推进金融精准扶贫。完善金融扶贫主办行制度，金融机构与贫困村“一对一”帮扶，实现全省3000个贫困村“责任全覆盖”，并积极探索金融开发式扶贫。一是利用农业产业链带动脱贫。创新推出“银行+企业+贫困户”的农业产业链模式，通过直接或间接为签约企业贷款，让企业按照协议要求吸收一定数量贫困户就业，进而推动贫困户增产增收、产业脱贫。截至2017年3月月末，以上产品已支持11400户新型农业经营主体实现带动脱贫。二是利用资金互助带动脱贫。创新实施“银行+互助社+贫困户”的金融扶贫模式，发挥金融杠杆效应，放大财政资金扶贫功效，撬动更多资金精准流向贫困户。如亳州市利辛县推出的“扶贫乐”贷款，每户贫困户出资100元至500元、财政出资5万元成立资金互助社，农商行以资金互助社的扶贫基金为担保资金，以入社农户为对象，按1：10放大倍数，以单户不超过5万元的标准，发放“扶贫乐”扶贫贷款。入社农户可将自己的贷款借给新型农村经营主体使用，用款企业按年息7厘的标准将收益返还给贷款农户，并承诺雇用该农户在企业打工，支付工资，实现“企业融资、农户脱贫”。三是投放农村土地规模经营扶贫贷款。2017年3月，中国农业发展银行亳州市分行成功向蒙城县投放1.5亿元贷款，用于支持蒙城县辖内8家现代农业产业联合体101家新型农业经营主体利用农村土地发展规模化生产经营方面的融资需求，系全国农发行系统首创。

（九）防范农村金融风险，维护农村金融平稳运行。一是落实地方金融监管和风险处置责任。出台《安徽省地方金融监管职责和风险处置责任实施办法》，按照“谁审批、谁监管、谁主管、谁负责”及属地管理原则，进一步落实地方金融监管职责和风险处置责任，切实把监管工作落到实处。二是防范和化解农村商业银行风险。鼓励农村商业银行加快上市挂牌和增资扩股，增强资本实力，完善治理机制，提升抗风险能力。支持农商行通过现金清收、借新还旧、债务重组、依法诉讼等多种方式抓好不良贷款处置。2016年，全省农商行系统累计处置不良贷款110亿元。三是积极防范和处置非法集资。健全金融风险监测预警和突发事件应急处置工作机制，建立非法集资举报奖励制度，始终保持严打高压态势，近年来先后妥善处置了太岛案、兴邦案、E租宝案、泛亚案、“天合联盟控股公司”等案件。同时，广泛开展非法集资风险宣传教育，增强公众尤其是农村地区群众的风险识别能力，从源头上预防非法集资案件发生。四是营造良好农村金融生态环境。开展农村信用体系建设，建立县域动态信用信息采集机制，以县（市、区）为单位建立动态征信数据库，全面开展农户、农村企业、农村经济组织等涉农主体信用信息采集工作。截至2016年年末，已建立农户信用档案1015万户，已评定信用农户数532万户。

二、存在的问题

调研中，各地各部门结合工作实际反映了当前农村金融改革发展中面临的一些问题。

一是农业企业融资难、融资贵、融资慢、融资渠道单一的矛盾仍然存在。由于银行贷款一般需要抵押担保，而农业企业往往缺乏有效的抵押资产，硬性条件不足，导致其难以获得贷款支持。政策性担保公司发挥了一定作用，但由于处于起步阶段，受益面相对较低。农业企业生产受自然环境影响大，收益不确定性高，根据风险与收益相匹配的原则，银行对农业企业贷款利率普遍上浮。座谈中有合作社提到，从银行贷款数额占合作社总融资的约30%，其他资金要通过社会融资获得，年利率约16%，2016年支付利息占年度利润的45%。县域银行业分支机构往往没有贷款审批权，有的银行甚至集中在省行审批，贷款审批时间长、环节多、手续复杂。同时，由于农业生产具有周期性，很多农业企业资金需求具有“短、频、快”特点，往往等到贷款审批下来，企业错过了经营和发展最佳时机。安徽省农业企业通过资本市场融资不足，通过债券、信托、租赁以及私募股权、风险投资等途径开展融资的农业企业更是凤毛麟角。

二是贫困地区金融承载能力与金融机构自身发展之间的矛盾仍然存在。一方面贫困地区多为农业大县，经济发展较为落后，产业基础差，企业数量少、规模小，贷款承载能力较弱，制约了金融机构对扶贫开发的支持力度。另一方面，受涉农金融业务成本高、风险大、收益低等影响及体制、人才等因素约束，金融机构商业化运作与开展涉农金融业务之间客观上存在矛盾，一些金融机构推动农村金融综合改革工作的内生动力不足，不能全面满足农村多元化金融服务需求。此外，金融产品创新大多须由金融机构总行一级制定，基层支行自主权限较小，难以在金融创新中发挥灵活作用。农村金融在精准扶贫方面还是短板，在确定扶贫对象、审定扶贫项目、扶贫贷款与政府的脱贫目标时间如何衔接等方面还需细化。

三是农村地区日益迫切的金融需求与农村金融风险防范之间的矛盾仍然存在。一方面，金融服务的城乡“二元格局”尚未打破。除农业银行外，国有大型商业银行和股份制银行受制于网点分布、风控政策等因素影响，在农村地区的金融服务欠缺。目前广大农村地区金融供给仍以农商行、村镇银行等小型地方法人金融机构为主，现代金融产品的创新研发滞后于城市地区，农村经营网点基础条件的欠缺也使得一些新型金融服务方式难以推广。另一方面，在经济增速放缓、产业结构调整的大背景下，农村地区部分中小企业生产经营不佳、盈利下降、融资困难，还本付息能力不足，导致金融机构风险防范难度加大。加之农村地区信用体系不健全，农民风险防范意识较弱，非法金融活动等时有发生。

四是金融快速发展、金融创新加速推进与金融立法不健全之间的矛盾仍然存在。在推进“两权”抵押贷款试点过程中，受“农村住房仅限于同一村集体内部流转”限制和我国熟人社会特殊的地理人文因素制约，村民购买积极性不高；同时受农户“一户一宅”法律限制，即使在同一村集体内也难以实现流转。由于抵押物无法顺利流转处置，使得银行发放农民住房所有权抵押贷款积极性受挫。

又如,《农业保险条例》已于2013年3月1日起施行,但其涉及的基层服务体系建设、财务管理、会计核算、操作指引等一揽子的配套制度进展缓慢。再如,目前农村地区非法集资和民间借贷出现快速攀升的势头,但规范民间借贷行为的管理办法却迟迟未能出台。

五是“营改增”税收政策加大了农商行的税务负担。亳州市药都农商行反映,2016年年末,该行涉农贷款占比85.04%,占比较高,分布在乡镇及县域地区的支行无法享受政策优惠。2016年5月–12月缴纳的增值税额较改制前多缴纳1812.96万元。从营改增税负分析表上看,该行2017年一季度较改制前多缴纳986万元。主要原因是抵扣项少、专票获取成本高。

三、建议

2015年7月,习近平总书记部分省区市党委主要负责同志座谈会上指出,“要改善金融服务,疏通金融进入实体经济特别是中小企业、小微企业的管道”。针对金融服务农业与农村情况,2017年中央一号文件专门提到“加快农村金融创新”问题,在财政资金支持引导、强化激励约束机制、促进金融机构和金融产品创新、防范金融风险等方面,都有新提法和新举措。调研组认为,农村经济发展离不开金融,金融改革更不能少了农村,改进金融服务“三农”工作,也要发扬当年小岗村改革精神,强化问题导向,有的放矢。

(一)加快县域金融机构发展,健全农村金融组织体系。结合金融扶贫要求,国家出台有效措施,推动国有大型金融机构健全完善县域分支机构,鼓励存款主要用于当地,有条件的地方可以扩大其贷款权限。加大财税扶持力度,支持和鼓励各类金融机构尤其是农商行的资金流向农业和农村。同时,进一步放宽金融机构准入条件,大力发展民营银行、村镇银行、金融租赁公司、资金互助合作社等地方金融机构，允许农民专业合作社内部开展信用合作。这些措施，既为民间投资拓宽渠道，大幅压缩非法集资生存空间，又为实体经济特别是农业企业和新型农业经营主体提供更充分、更有效的金融服务。

（二）加快多层次资本市场建设，完善金融市场体系。以银行为主渠道的间接融资风险由银行承担，风险较为集中，而直接融资的风险主要由投资人承担，风险较为分散。从我国社会融资规模结构来看，直接融资占比较低，2016 年全国直接融资占社会融资规模比重仅为 23.82%，与发达国家差距较大。建议加快多层次资本市场建设，加大对地方农业产业化发展基金、农业企业融资风险补偿基金的支持力度，帮助农业企业提高直接融资比重。

（三）全面整合社会信息，加快建设信用体系。建议按照政府主导、社会参与的原则，建立包括银行、证券、保险机构，以及各类具有金融交易行为和为金融业服务的企事业机构在内的金融数据信息系统。加强金融数据信息的整合分析，推动金融机构扩大信用信息成果在信贷、保险、担保等领域的运用，创新金融信用产品。

（四）完善金融监管体系。根据《国务院关于界定中央和地方金融监管职责和风险处置责任的意见》要求，地方政府主要承担不吸收公众存款、限定业务范围、风险外溢性较小的金融活动的监管职责，管理农村合作金融组织，防范和化解地方金融风险。加快省农村信用合作社联合社、融资担保公司和小额贷款公司、区域股权市场、互联网金融等领域监管立法进程，填补制度空白；金融管理部门应尽早出台规范农村民间借贷的管理办法，为地方金融风险防控提供依据。另外，要尽快总结“两权”抵押贷款试点的经验，修改担保法的相关条款，放宽农村房屋产权交易范围，落实中央提出的增加农民财产性收入的要求。

（五）助力精准扶贫。一要精准识别贫困户，掌握扶贫对象的经济状况、脱贫意愿、能力禀赋。二要精准施策，找准当地特色资源优势，项目安排、资金使用力求精准；对个体的精准扶贫要与基础设施、公共服务等政府项目结合，借助政府建设项目，创造更多的致富门路。三要对金融扶贫贷款风险控制及业绩实行单独考核，提高扶贫贷款的风险容忍度。在税收上给予发放扶贫贷款银行一定的减免，弥补风险贷款损失；考核上要从扶贫贷款的增量和客户数量两个方面入手，财政对完成扶贫贷款的商业银行及个人应给予专项业务奖励。

安徽、河南农村金融立法调研报告*

（2017 年 6 月）

近年来，安徽、河南认真贯彻落实党中央、国务院一系列金融支农政策，以发展农村普惠金融为方向，推动金融资源向农业、农村和农民倾斜，农村金融服务水平明显提升。

一、基本情况

（一）不断深化农村金融改革。安徽、河南以推动农村信用社改革为突破口，积极发展新型农村金融机构，不断增加农村金融供给能力。2012 年以来，安徽 83 家农村信用社全部改制为农村商业银行，成为全国第一个全部完成股份制改造的省份，设立村镇银行 66 家，基本实现县域全覆盖，小额贷款公司发展到 422 家，建设村级惠农金融服务室 1.7 万个，基础金融服务实现行政村全覆盖。在河南 139 家农信社中，改制为农商行的 75 家，达到组建标准的 37 家，积极推动农业银行、邮储银行成立“三农”金融事业部，设立村镇银行 77 家，县域覆盖率 81%，银行金融服务行政村覆盖率达到 93%。安徽省政府与农业发展银行共同启动省级政策性金融扶贫示

* 注：2017 年 5 月至 6 月，全国人大常委会副委员长吉炳轩带领调研组赴安徽、河南两省就农村金融立法问题进行调研。全国人大农业与农村委员会副主任委员郭庚茂、江帆参加。调研组先后赴六安市、信阳市的 5 个县，广泛听取对农村金融立法的意见和建议。本报告由王瀚整理。

范区试点，金寨县获批成为全国农村金融改革试点县，河南兰考县获批成为普惠金融改革试验区，为推动全国改革积累了经验。

（二）不断加大涉农贷款投放力度。截至2017年3月月底，安徽涉农贷款余额10118.6亿元，同比增长15.8%，高于全国同期涉农贷款平均增速6.9个百分点。河南涉农贷款余额15710.9亿元，占全部贷款余额的40%，同比增长5%。在涉农信贷投放中，农村商业银行是服务县域和农业农村的主力军，安徽全省农商行贷款余额5436.8亿元、存贷比63%，河南固始县农商行贷款余额86.2亿元、存贷比58%，业务规模居于县域金融机构的第一位。安徽还利用企业税收信用信息，创新推出“税融通”贷款模式，通过财政设立续贷过桥资金，为中小微企业提供短期过桥资金业务，累计向中小微企业发放贷款237亿元、提供续贷周转资金1028亿元。

（三）不断拓宽涉农企业融资渠道。安徽、河南通过发展资本市场“农业板块”，鼓励和支持符合条件的涉农企业利用主板、全国中小企业股份转让系统以及省级区域性股权交易市场筹集发展资金，扩大涉农企业直接融资规模。安徽目前有农业上市公司14家、在“新三板”挂牌的农业企业48家、区域股权市场挂牌企业378家。2016年河南有6家农业上市公司通过非公开发行股票募集资金30亿元，2家公司通过发行公司债融资21亿元，目前全省在“新三板”挂牌的农业企业有49家。

（四）不断提高农业保险保障水平。2008年以来，安徽发展政策性农业保险产品60个、大宗粮油作物承保率达到95%以上，农业保险基层服务网点实现全覆盖，累计为农户提供了1.6亿人次、3303亿元的风险保障，累计支付保险赔款82.4亿元，农户受益4620万户次。河南2016年实现农业保险保费收入27.96亿元，累计承保面积1.128亿亩，提供风险保障643亿元，累计支付赔款14.27

亿元。此外，安徽还探索开办规模化商业性农业保险，2016 年三大口粮补充保险承保面积 1322 万亩，试点玉米价格“保险 + 期货”模式，承保面积 7.1 万亩，河南也在小麦种业保险、产量保险、指数保险等方面进行了积极探索。

（五）不断完善涉农信贷担保体系。在发展融资担保机构方面，安徽省财政连续 5 年每年安排 11 亿元直接用于充实政府性融资担保机构资本金，省财政每年还投入 20 亿元通过省信用担保集团以参股方式注资县级融资担保机构，目前涉农和中小企业融资担保在保余额 1272.7 亿元，放大倍数 4 倍，担保费率 1.2%。河南积极组建以支农业务为主的政府性融资担保机构，截至 2017 年 3 月底，涉农和中小企业融资担保在保余额 724 亿元，涉农在保余额 319 亿元。在拓宽农村有效抵押担保物方面，安徽、河南积极开展农村土地经营权、农民住房财产权抵押贷款，目前两省土地经营权抵押贷款余额分别为 4.5 亿元、2.2 亿元，农房抵押贷款余额分别为 8000 万元、9900 万元。安徽还探索开展“信贷 + 保险”模式，累计向新型农业经营主体发放小额贷款保证保险贷款 5.63 亿元，信阳市为 103 万农户建立了信用信息档案，占比 55%。

（六）不断优化农村金融发展环境。安徽、河南通过积极运用货币政策工具，强化财税政策支持，支持金融机构增强支农服务能力。在货币政策工具方面，2016 年安徽累计发放支农再贷款和扶贫再贷款 36.5 亿元、办理再贴现 278.5 亿元，河南累计向金融机构发放支农再贷款 193.3 亿元、支小再贷款 22.5 亿元，办理再贴现 73.2 亿元。在财税政策支持方面，安徽金寨县由省市县三级财政注资 3000 万元设立农村金融风险补偿基金，对因自然灾害造成的金融机构涉农贷款损失给予最高比例 25% 的风险补偿；县财政设立专项经费，对县域经济发展和涉农贷款贡献大的金融机构给予奖补；对村镇银行等新型农村金融机构，其缴纳的税收地方留成部分给予财政扶持。河南固始县财政出资5600万元设立扶贫贷款风险补偿基金，金融机构投放的扶贫贷款发生损失，由财政给予必要补偿。

此外，安徽、河南还注重防范和化解农村金融风险，通过加强农村信用体系建设、打击非法集资活动、完善地方法人金融机构治理机制等，不断营造良好的农村金融生态环境，确保农村金融平稳运行。

二、问题和建议

安徽、河南的农村金融改革取得了明显成效，为深化农业供给侧结构性改革，推动现代农业发展，助力脱贫攻坚提供了有力支撑，但改革发展仍面临着一些困难和问题，主要有以下几点：一是农业农村融资难、融资贵的问题依然存在。银行贷款一般需要抵押担保，而涉农贷款缺乏有效的抵押物，硬性条件不足，难以获得贷款支持。河南省银监局、省邮储银行、人民银行安徽省六安中心支行反映，目前农村“两权”抵押虽有政策支持，但实践中价值评估、抵押物处置都存在一定困难，产权交易市场不健全，银行放贷仍有顾虑。受经济下行压力，融资担保机构代偿额和代偿率逐年增加，发展存在一定困难。农业产业面临自然和市场双重风险，收益不确定性大，而金融机构是按风险大小确定利率高低，使得涉农贷款承担了较高的利率负担。二是农村金融扶持政策措施落地困难。河南省金融办、中原银行、安徽省六安市金融办、金寨县反映，目前金融支农机制不完善，县域存款主要用于当地发放贷款的政策过于原则，支农支小再贷款和涉农贷款增量奖励总量较小，金融机构设立门槛、资本市场门槛对于农村金融需求而言要求较高，财政补贴、税收减免、涉农贷款风险补偿等政策不到位，金融监管部门制定的商业银行下放县级审批权限、提高涉农贷款不良率容忍度等监管政策落实难等，都客观上造成农村金融服务能力和创新动力不足。三是政策性农业保险制度仍需完善。政策性农业保险以保障普通农户为主体，针对新型农业经营主体的补贴、产品较少，难以适应农业规模化经营和农业产业结构调整的发展方向。河南省保监局反映，农业保险考虑到财政和农户的承受能力，采取低保费、广覆盖原则，主要保障农作物的直接物化成本，保障程度偏低，难以满足新型农业经营主体的风险保障需求。四是基层农村金融监管能力相对薄弱。当前农业农村金融需求日益多样化，但农村信用体系尚不健全，导致农村金融风险防范难度加大。信阳市金融办反映，目前商业银行的农村业务与城市业务基本执行统一监管标准，没有充分考虑农村金融的业务特点，差别化监管政策有待进一步明确。六安、信阳市金融办、潢川县反映，县及县以下政府金融监管人才短缺，多数县区政府金融办机构职责和人员力量难以履行责任，县级监管力量较为薄弱。五是现有法律法规难以适应农村金融改革发展需要。安徽省政府、河南省法制办反映，农村金融是立法盲区，农业保险仅有条例规定，农村“两权”抵押需要通过立法解决实践面临的问题，农村民间借贷也需要立法加以规范。固始县反映，融资性担保机构和小额贷款公司虽然有政策文件规范，但其金融机构的法律地位没有明确，按普通工商企业对待，权益得不到有效保护。

调研中，安徽、河南的各地各部门一致认为，农村金融立法是发展农业、繁荣农村、富裕农民的必要途径，十分重要也十分必要。农村金融立法，要坚持以发展普惠金融为方向，以有效增加农村金融服务供给为主线，以推进金融组织创新、机制创新、产品和服务创新为抓手，以促进更多金融资源向农业、农村和农民倾斜为目标，通过制定明确具体的法律制度规范，提升金融服务“三农”的能力和水平。对于农村金融法规范的具体内容，还提出以下建议：

1. 明确各类金融机构的支农责任。建议通过立法对农业发展银行的性质定位、服务宗旨、业务种类、资本构成、资金来源与运用、治理机构等作出明确规定，突出农业政策性银行的导向。要不断健全农村信用社体系和功能，坚持农信社“改制不改向、更名不更姓”，依法明确村镇银行服务县域和“三农”的市场定位，增强支农服务能力。要推动商业性金融机构向农村基层“下沉”网点，适当扩大县域分支机构在贷款方面的审批权限，创新农村信贷授信审批机制，放宽涉农贷款规模限制，简化涉农贷款审批程序。要积极稳妥地发展农村地区证券和期货服务，鼓励和支持农业产业投资基金、农业私募股权投资基金和农业科技创新投资基金发展，积极发挥资本市场直接融资功能。

2. 规范农村金融优惠扶持政策。在财政政策方面，通过立法明确财税扶持政策，建议建立由中央和省级财政共同负担的涉农贷款风险补偿金，从金融机构税收中按一定比例提取资金，建立区域农村金融风险储备金；由财政对涉农金融机构开展农村金融服务给予必要的业务补贴；将涉农贷款增量奖励政策转化为具体法律规范，扩大奖补基数和比例；由地方财政采取补贴方式，支持区域内资本市场发展。在税收政策方面，建议扩大涉农贷款业务增值税简易征收范围，将重点涉农项目的相关贷款业务全部纳入；减轻农村商业银行等县域法人金融机构的税务负担，提高其服务县域经济发展的积极性；加大村镇银行所得税优惠力度，取消一些地方限制机关企事业单位到村镇银行开户、存款的限制；降低政府性融资担保机构免征增值税门槛，进一步减免政府性融资担保机构开展涉农担保业务的税收。

3. 完善政策性农业保险制度。着眼于适应现代农业发展方向，调整保费补贴政策，普惠性的基本保障由财政全额出资为农民投保，基本保障与收入保障上限之间的增量保障层次，由农户按自愿原则投保，财政给予一定比例的保费补贴，推动建立多层次、多维度的政策性农业保险体系。通过立法在风险补偿基金、再保险等方面对政策性农业保险予以扶持，建立农业保险大灾风险补偿基金，对大灾风险准备金无法赔付的，进行兜底保障。推动农业保险与农户小额贷款有机结合，将达到一定数量和保障金额的农业保险保单作为涉农贷款质押条件，扩大财政资金的支农扶农效益。

4. 建立涉农信贷担保体系。通过立法加快农业信贷担保体系建设，在国家层面设立涉农担保业务补助专项资金，明确融资担保机构的金融属性和准金融机构性质，规范政府性融资担保机构发展，降低涉农融资担保风险。依法稳步扩大农村金融担保财产范围，加强农村产权交易市场建设，完善价值评估、信息咨询、交易流通等服务功能。推动建立农村抵押担保物的政府回购机制，增强农村土地经营权、农民住房财产权及宅基地等财产的求偿性和可变现性。加快农村信用体系建设，完善农村信用信息采集和使用，优化农村金融生态环境。

5. 健全农村金融监管政策。立法应兼顾农村金融监管的效率和安全。一方面，建议通过立法进一步放宽农村金融机构准入条件，推动地方性金融机构发展，在为县域实体经济和“三农”提供有效服务的同时，压缩非法集资活动的生存空间。另一方面，要建立农村金融的差异化监管制度，将支农情况与市场准入、区域发展、监管评级等挂钩，适度放宽涉农不良贷款等指标的监管容忍度。建议依法明确农民专业合作社内部开展信用合作的监管措施，明确新型农村合作金融组织的审批和监管部门，明确业务范围。

国外篇

以立法促进农村金融发展是各国的普遍做法，据不完全统计，美国、加拿大、法国、英国、德国、日本、韩国、印度、菲律宾、巴西、墨西哥、南非、突尼斯等近30个国家通过制定农村政策性金融法、农村合作性金融法、农业保险法等专门的农村金融法，引导和培育农村金融市场。为了解国外农村金融立法情况，全国人大农业与农村委员会委托农业部干部管理学院法律研究中心对相关国家农村金融立法情况进行了研究，为我国农村金融立法提供借鉴。本研究为杨东霞研究员提供。

国外农村金融立法概况*

一、美国

美国农村金融体系是商业性、政策性和合作性金融并存的复合式信用模式，农村合作金融是主体，商业性金融是补充，政府农贷机构等政策性金融是保障，共同形成了以市场协调为主体、分工明确的农村金融体系。虽然美国实行联邦制的政治体制、判例法的立法传统，但是在农村金融方面形成了成文法律《农业信贷法》和《农业保险法》，另还有1923年的《农业信用法》、1933年的《农地信用法》、1934年的《联邦信用社法》和1971年的《农场信贷法》等。此外，美国不少农村金融规范被融合到其他法律当中。

（一）农业信贷法：农村金融发展的法律基础

《农业信贷法》（1916）是美国第一部农村政策性金融法令，依据该法成立了联邦土地银行（Federal Land Banks）和国家农地协会（The National Farm Land Associations）。作为联邦土地银行的地方机构，国家农地协会大多设有代办处，由此形成了遍布全美的营业网络。联邦土地银行实行股权所有制，创立初期资本金完全由联邦财政部采取购买该行股票的方式提供。除了土地银行和协会自身所有的不动产外，政府免征其他一切税收，使土地银行经营成本相对较低，利率水平相应较低。1947年，联邦土地银行将政府股本归还政

---

* 注：本文由杨东霞整理。

府，全部股份由借款人持有，成为合作金融性质的农业信贷机构。

《农业信贷法》(1923) 依然是一部农村政策性金融法，依据该法成立的联邦居间信贷银行（Federal Inter - mediate Credit Banks）下属生产信用合作社（Production Credit Associations）和农村办事处以及一些分支机构构成美国农业生产信贷体系，为农场主提供动产抵押的中短期农业贷款。联邦居间信贷银行主要扮演农业贷款的“批发”机构，不直接对农场主贷款，也不经营一般银行业务，生产信贷合作社借得资金后负责对农业生产者会员（农场主）发放中短期生产贷款并承担风险，充当农贷的“零售”机构。生产信用合作社购买了银行的股票和股权证后银行归生产信用合作社所有。生产信用合作社实行股权所有制，借款人须拥有相当于借款 5% ~10% 的合作社股金或股权证，生产信贷合作社资金主要来源于将借款人的票据向联邦中期信贷银行申请贴现或借款。其股本最初由政府提供，1968 年将政府资本全部退还。

《农业信贷法》(1933) 颁行的目的则是推进农村合作金融发展。依据该法，美国建立了农村合作银行系统，它由 13 家农村合作银行构成，12 个农业信贷区各设一家，外加中央合作银行。所有合作银行都是独立的经济实体，实行独立经营、独立核算、自担风险，经营决策由理事会决定。理事会由认购合作银行普通股股票的合作社成员组成。信贷区合作银行的主要职能是对农业合作社添置设备、补充营运资金、购入商品等提供贷款和咨询服务；中央合作银行是联邦土地银行和联邦中期信贷银行系统没有的机构，主要任务是向各农贷区合作银行提供资金、办理清算、参与各合作银行的大额贷款或独家为业务范围超出一个信贷区以上的大合作社提供设备贷款、营运资金贷款和商品贷款等金融服务。中央合作银行理事会由 13 名理事组成，12 个农业信贷区各推荐一名理事，政府指派一名理事长。

合作银行最初资本金全部由联邦政府提供，其后合作银行也将政府资本全部归还。这样一来，随着支持、保护农业生产和农民利益的银行（联邦土地银行、联邦中期信贷银行、合作银行）相继在全美12个农业信贷区（Farm Credit District）成立，在联邦政府的农业信贷管理局（Farm Credit Administration）和联邦农业信贷委员会（Federal Farm Credit Board）的指导、监督和管理下，美国建立了由政府、行业协会、资金融通清算中心和互助保险集团构成的目标一致、职能各异、相互独立、互为一体的农村合作金融管理体系。

《农业信贷法》（修正案）（1980年）要求合作银行为农产品出口提供金融服务和资金便利。《农业信贷法》（修正案）（1985年）适应金融业重组和并购的总体发展趋势，达到节约成本和提高市场竞争力的内在要求，实现由专业化、条块化向区域化、综合化发展的转变。此时，农户信贷制度在保持合作性金融性质的大前提下发生了结构性的变革。2009年《农业信贷法》（修正案）则为农业纠纷调解项目提供专门财政拨款，以帮助解决农场主、债权人及农业部相关机构之间的贷款纠纷和行政争议，美国的农业信贷展现出从立法到司法全面独立的趋势。

（二）农村金融组织的相关法律规定

美国农村金融组织由联邦土地银行、联邦中期信贷银行、合作银行为主构成，这一组织制度在美国的农业经济发展中发挥着重要作用。

1. 美国联邦土地银行系统

包括：（1）联邦土地银行。实行股权所有制，为全体合作社所有，也间接地归全体借款人所有，但由所在区的农业信用管理局管理。每个合作社须向联邦土地银行交纳本社社员借款总额的5%作为股金，以取得作为联邦土地银行的下属机构和向联邦土地银行借款的资格。联邦土地银行自由资本由社员借款时提存的股金、依法提存的准备金、公积金组成，信贷资金主要来源于经政府批准发行的联邦农业债券和向商业银行、联邦中期信用银行、合作银行借入的资金。（2）联邦土地合作银行。为借款人所有，由愿意向联邦土地银行借贷的农场主组成。凡向联邦土地银行借款的农场主，必须向联邦土地银行合作社认购相当于借款额5%的股金，成为合作社的成员，取得一人一票权。偿还全部借款后，社员自愿决定是否退回股金。如两年内未向联邦土地银行借贷款，所持股金即转为无选举权、只享有经济利益的股份。

2. 美国联邦中期信用银行系统

联邦中期信用银行由政府创建，属政府所有和控制，生产信用合作社购买了银行的股票和参与权利证后，银行归生产信用合作社所有。联邦中期信用银行的资金来源和联邦土地银行相同，生产信用合作社的资金来源主要是将借款人的票据向联邦中期信用银行申请贴现或借款。生产信用合作社与联邦土地银行合作社的贷款对象基本相同，不同之处在于：生产信用合作社具有独立经营权，自负盈亏，直接对农场主发放贷款，承担贷款的全部风险；而联邦土地银行合作社不直接对农场主发放贷款，只是协助联邦土地银行办理贷款事宜，与联邦土地银行共同分担贷款的风险。此外，生产信用合作社主要提供中、短期生产费用贷款，而联邦土地银行合作社主要协助办理长期不动产贷款。

3. 美国合作银行系统

美国的合作金融系统由13家合作银行组成，12个信贷区各设立一家，还包括1988年在华盛顿成立的中央合作银行。其股权最初也为政府所有，1955年国会通过《农业信用法》，使合作银行全部归属农业生产合作社。合作银行的资金来源有两个方面：一是除自身的资本与公积金外，由13家合作银行联合发行短期债券；二是向联邦中期信用银行借款，或向联邦土地银行和商业银行进行短期资金融通。

美国农村信用合作金融组织的特点主要表现为：一是官办民营化。美国农村合作金融组织官办色彩较浓，从成因来看，三大系统均是在政府的引导下自上而下地发展起来的；从管理体制来看，所有信用合作机构均由所在信贷区的农业信用管理局进行领导。信用管理局制定政策，委派管理人员和非正式理事参加理事会进行监督，保证信用合作社业务经营的规范化。而在发展过程中，政府逐步出售了其持有的股票，实现了合作社或农场主所有制。二是坚持合作性质，同时又具有股份所有制的特征。信用合作机构本着不以营利为目的，为社员提供金融服务的办社宗旨，由群众自发组成，入社自愿，信用社的理事会成员通过民主产生，理事会民主决定重大事项；三是以法律形式明确规定了对信用社发展的优惠扶持政策。《美国联邦信用社法案》规定：信用社免交存款准备金；对信用社的财产、资本、准备金、利润、其他资金以及经营收入，免除一切由国家、各州、领地和地方税务机关征收的税收；存贷款利率由信用社自主决定。

（三）农业保险的相关法律规定

1938年美国颁布了《联邦农作物保险法》，规定了农作物保险的目的、性质、原则、开展办法和机构设置等，依法成立了归农业部领导的联邦农作物保险公司，美国进入由国家经营农业保险的阶段。1980年美国修订《联邦农作物保险法》，法律规定对投保农民和商业保险公司进行农业保险补贴，前者补贴保险费，后者补贴经营管理费用。在该法作用下，私营商业性保险组织进入农业保险市场。1994 年联邦政府建立巨灾风险保障制度，推出福利性农业计划，对赔付率过高等相关问题进行了修订，由此产生《克林顿农作物保险改革法》，使农业保险法律制度得到进一步完善和巩固，并为政府组织退出农业保险市场做准备。1996 年联邦农作物保险公司从农作物保险市场退出，由私营商业保险公司经营或代理联邦农作物保险公司的原保险业务，政府提供财政补贴（包括保费补贴、经营费用补贴和税赋优惠）、再保险兜底支持，做到了市场与政府的有效结合。

二、加拿大

加拿大的农村金融法律主要有 1945 年《农场改善贷款法》、1951 年《草原谷物生产者临时资金筹措法》、1960 年《草原谷物临时支付法》、1970 年《银行法》、1970 年《地区发展促进法》、1970 年《农业信贷法》、1970 年《农业开发贷款法》、1970《草原谷物预付款法》、1985 年《农业信贷法》、1988 年《农场改善和市场开发合作贷款法》、1993 年《加拿大农场信用法》，以及 1997 年《农场借款调解法》。其中《农场改善贷款法》于 2009 年废止。2009 年 5 月，新通过了《加拿大农业贷款法》（CALA）。

（一）农业信贷方面的法律

1970 年加拿大出台多部法律促进农业信贷。《银行法》规定，可以向符合下列条件的农民提供贷款：（1）将农场的作物作为抵押的；（2）对买谷物和土豆子并将种植的作物作为抵押的；（3）购买化肥并将使用化肥的作物作为抵押的；（4）购买打捆机并将打捆机或打捆机使用的作物作为抵押的；（5）购买工具的；（6）购买或安装农业设备的。此外，农民为修理农业生产工具和设备、改善电气系统、修建排灌设施、维修农场建筑等也可以申请贷款。《农业信贷法》是为了帮助农民建设更高效的家庭农场，使其规模达到能够弥补农场经营和维持费用，同时经营者及其家庭成员能够获得足够收入，并能够按期偿还贷款。该法规定成立农业信贷公司，负责向农民发放三类贷款：（1）标准农业贷款。最高可达10万加元或土地和建筑物估价的75%。（2）青年农民贷款。35岁以下且有能力经营农业企业的人员，最高贷款额为15万加元或土地和动产估价的90%。（3）安置青年农民贷款。法律允许35岁以下的申请人享有5年非利期。申请人要获得贷款必须提交农场经营和发展计划。贷款利率由政府决定，偿还期一般为30年。《农业开发贷款法》主要目的是鼓励向农民提供用于农业的改良和开发的中短期贷款。该法授权财政部为农民贷款提供担保。农业开发贷款可以用于下列目的：购买农业设备的维修器件；购买畜禽；购买或安装农业设备或农业电气；农场建筑物的建设和维修；购买农地；开发和改良农场的一般工程，包括土地和灌溉工程的保养以及土地开发工程。银行以农场作为抵押向农民提供贷款，财政部可为农民提供担保，担保贷款的最高数额为5万加元。一旦发生贷款不能偿还的情况，财政部就担保贷款额度内偿还贷款。财政部可以与银行签订协议，规定抵押财产的占有和处置方式。

2009年的《加拿大农业信贷法》（CALA），授权银行、信用社、信托公司向贷款人和农业信用社提供贷款，并在贷款人无法偿还贷款时，借款人可以提起最高偿付率为95%的诉讼。该法规定未来5年内提供1万亿加元的农业贷款计划，对合作社放贷的最高限额300万加元，对农民个人的最高贷款额为50万加元。

（二）农村合作金融方面的法律

加拿大是合作社较发达的国家，共有各类合作社 7683 个，其中金融类合作社 2034 个，遍布全国 900 多个社区，社员人数达 1000 万，资产超过 1000 亿加元，信用社吸收储蓄存款 788 亿加元，是加拿大规模最大、社员人数最多、实力最强的合作社。金融类合作社包括信用合作社、保险合作社、信托合作社。

农场主加入金融类合作社有两个优势：一是更加容易获得贷款。二是政府可以无偿担保 25% 的还款。加拿大信用社发展的经验有八条：定位于吸纳和动员本地储蓄，并将一部分储蓄用于贷款，特别是向当地农业、农民贷款；允许依照市场行情确定利率；运用其它方式替代正式的抵押担保；将所有权授予社区（会员）；实行有效的监督机制，包括建立绩效标准、鼓励自我监督、同伴与集体监督、注重及早发现问题、提供恢复性援助等；成立联合会，提供稳定支持和咨询指导；给予稳定的法律地位，政府尊重本地自治；谨慎使用外部资金，防止资产流失。

（三）农业保险方面的法律

加拿大农业保险有完善的法律。1933 年颁布的《草原农场援助法》规定，每个农场主被强制要求参与该计划，缴纳其农作物收入的 1% 作为保费，并根据农作物灾害损失的大小从该计划获得损失补偿。政府每年从平原地区农民那里征收 1% 的农产品销售税，用以建立专项补偿基金。农场若遭受灾害，就用这个基金予以补偿。

1959 年，《联邦农作物保险法》经议会通过后执行，此后该法经多次修改完善。根据法律，联邦为举办农作物保险的省份分担直接保险的保险费和管理费，并根据联邦政府与省政府的协议，为农作物保险提供再保险，并对直接保险和再保险进行宏观指导和监管。

建立农作物保险基金，由联邦、省和愿意参保的农场主共同负担，省级成立专门机构负责管理，管理费用由联邦政府和省两级财政共同负担。每个农民可以自行决定是否参加保险，自行选择参保的程度。联邦农作物保险法之后，1960 年曼尼托巴省首先通过本省农作物保险立法。在此后的 14 年中，全国 10 个省陆续通过各省立法，全部加入农作物保险行列。

加拿大的农业保险是政府主导式，政府对经营政策性农业保险业务提供统一的制度框架，同时政府对规定的农业保险产品给予财政支持。政策性农业保险业务以国家专门保险机构经营为主，并依法由隶属于农业部的官方农作物保险公司提供农作物一切险及再保险。国家鼓励私营保险公司、联合股份保险公司及保险互助会等参与农作物保险计划，并对其承保或代理的农业保险提供再保险。

三、英国

英国的农村金融除无组织的民间金融外，有组织的农村金融机构主要包括：典当、互助会、放贷机构、信贷公司等。针对农村金融体系的法律主要包括《新农业信用法》和《信用合作社法》。

英国农村金融立法始于 19 世纪末至 20 世纪初，国家颁布的《土地改良法》和《小农地法》规定，由政府供给农民改良土地的资金，协助小农购置耕地。一战后，作为战胜国的英国逐渐衰退。以前由大量殖民地和其他附属国提供所需农畜产品的日子一去不复返，这立刻致使英国战后出现农产品短缺。在这种背景下，英国政府不得不下决心对农业进行大刀阔斧的改革。首先，政府设立了专门的农业信用委员会，负责调查和监督农业金融制度下的信用履行情况。不久，国家又颁布了《农业信用法》，为农民使用贷款提供法律支持。该法规定的宗旨是农民能用土地作抵押向政府借贷 60 年以内分期偿还的借款，贷款最大额度为抵押资产价值的3/4或每年收益的30倍以内。就在这一系列动作的同时，政府还不间断地对《农业信用法》的使用情况进行跟踪调查，并进行了反复修订。

（一）新农业信用法

1928年，英国政府在研究农业信贷改革的基础上颁布了《新农业信用法》。《新农业信用法》宣告英国自此正式建立了系统化的农业金融制度。根据该法规定，英国农村金融体系分为长期金融和中短期金融两大部分。长期金融机构以农业抵押公司、清算银行和土地改良公司为主。农业抵押公司的贷款限于以农地和建筑物作抵押的一次性抵押贷款。抵押贷款额度最高不超过抵押品估价的2/3，期限最长为60年（土地改良抵押贷款最长为40年），偿还采取每半年或1年分期摊还。农业抵押公司接受政府的协助和监督。清算银行可直接提供农业长期贷款。土地改良公司可对土地所有者融通农地及农业建筑物的改良资金。

（二）信用合作社法

1979年通过的《信用合作社法》（Credit Unions Act），对信用合作社的业务范围作出明确的法律规定，信用合作社除办公所需房屋外，自身不能投资不动产项目；信用社必须实行保险；信用合作社对其利息收益的纳税可享有6年宽限。

英国最早有记录的信用合作社成立于1960年，设立在北爱尔兰的德利市（Derry）。现代型的信用合作社主要是在上世纪60年代在伦敦和苏格兰涌现。1979年制定的《信用合作社法》首次规范了信用合作社。该法要求所有的信用合作社必须在互助会登记处登记。

2012年1月，英国对《信用合作社法》进行了修订，删除了原法中的限制性规定，允许信用合作社自主选择向其他的更多的群体提供服务，包括社区组织，商业和社会企业，并允许支付利息替代股息。

四、法国

法国农村金融法制化也是以政策性金融组织业务为切入点展开的。早在19世纪法国就颁布《土地银行法》，开始着手建立农村信贷机构。1920年，依据《农业信贷银行宪章》成立专门管理地方银行和地区银行的国家农业信贷管理局（1926年改为国家农业信贷银行）。法国农村金融制度主要特点是“上官下民、官办为主”。由若干官方和半官方所有的专业性金融机构及政府领导或控制、影响的部分互助合作性质的金融机构等组成。这类专业性金融机构在有关法律和规章的要求和制约下从事专门的政策性金融业务。

作为法国政策性农村金融体制的基础，法国的合作金融受政府扶助并由政府机构直接领导。1894年法国建立农业信贷互助地方金库，帮助、支持农民自发成立信用合作社开展活动；1899年又通过了建立农业信贷地区金库的法令，使地区金库成为若干地方金库的联合组织，发挥其业务协调、分配资金及提高融通长期资金的能力；地方金库和地区金库是相互合作性质的金融机构，会员包括从事农业活动的自然人和机构法人。法国农业信贷互助银行体系属于一种混合体制模式，一方面，该体系的业务与政府的意图和国家的政策紧密结合，甚至可以认为是为政府的政策服务的，凡符合国家政策和国家长远发展规划的项目，农业信贷互助银行都积极给予优先支持甚至贴息；另一方面，地方合作银行和省级合作银行都严格按照合作经济原则组织经营，体系内部各层次的业务经营范围划分明确，能够做到财务独立、自负盈亏，体系内各层次机构均为独立核算单位，并且民主监督机制比较健全。

法国于18世纪末开始由互保协会办理农作物雹灾保险。1900年颁布《农业互助保险法》（AMA），界定了农业互助保险社的法律地位和权益，划分了互助保险社承担的风险范围。1960年颁布《农业指导法》，以法律形式对农业保险作出规定。1964年建立“农业损害保证制度”，拓宽了保险范围，建立了“国家农业灾害基金”负责补偿受灾农民的损失。1976年编成《保险法典》，其中对农业互助保险进行了较为详细的规定。1982年颁布《农业灾害救助法》，对自然灾害险实行强制保险，保险范围包括火灾、暴风雨、冰雹和雷灾造成的建筑物及其内部财产、牲畜的损失及冰雹造成的农作物损失。遇到大灾时，政府对商业保险公司实行优惠税收或免税政策，并提供止损再保险。

五、日本

1945年制定的《农林渔业金融公库法》是最重要的日本农村政策性金融法律制度。依据该法设立的日本农林渔业金融公库（AFFFC）由政府全额出资设立，作为日本唯一一家专门支持农林渔业发展的农业政策性金融机构和日本政府主导农村投融资的核心金融工具，贯彻日本农林渔业产业政策，促进日本农林渔业产业长期持续发展。

1947年颁布《农业协同组合法》以及《农协会并助成法》《农业协同组合财务处理基准令》《关于农业协同组织监查士选任资格》等12个附属法令，形成了一个规范农协发展的专门法律体系。在法律规范保障下，日本农协及以农协为载体的日本农协合作金融形成了包括基层农协中的信用合作组织、都道府县的信用联合会和中央的农林中央金库等三个层次的农村合作信用系统，农户入股参加农协，农协入股参加信农联，信农联入股参加农林中央金库，三级机构由下而上参股，在业务上相互依存，在职能上互相关联、互相补充、互相配合，实行独立核算、自主经营、自负盈亏。资金主要来源于吸收的社员存款；而在资金运用方面则各有侧重，基层农协的贷款对象主要是内部社员，信用联合会主要贷款给中等企业，农林中央金库主要贷款给全国性的大企业。1961 年颁布《农业信用担保保险法》，建立了担保保险和信用保险两种机制以帮助农户获得信贷资金。

日本的农业保险法律制度早在 20 世纪 20 年代就开始发端。1929 年颁布了《牲畜保险法》和《农作物保险法》，开始实行农业保险。1947 年将两法修改合并统一为《农业灾害补偿法》。该法规定日本的农业保险采取的是共济组合形式，主要由三部分构成，即市、町、村的农业共济组合，都、道、县的共济组合联合会和全国农业保险协会。其中市、町、村的农业共济组合为基层经济组织，主要负责基层的农业保险业务，县级机构（都道府县）承担共济组合的分保，由中央政府通过农业再保险特别会和国家保险协会等渠道为其提供再保险，三者共同形成政府领导与农民共济组合相结合的自上而下的农业保险组织体系。此外，日本还建立了全国性农业信用保险协会向共济组合联合会提供贷款支持。各都道府县一级的农业信用基金协会都是其会员。国家通过立法强制大宗农产品（如水稻、玉米等粮食作物）和具有一定规模的农户和农场参加保险，并对农业保险提供再保险支持。

六、韩国

（一）以法律保障农协开展金融业务

1961 年，韩国根据《农业协同组织法》，在原农业协同组合中央会与韩国农业银行合并的基础上，成立农业协同组合中央会，成为韩国的农业政策性金融机构。韩国政府向农民发放的低息贷款占该机构贷款余额的90%以上。

韩国农协是由农民出资自主组织起来的，以提高农业生产力、建设高收入的福利农村、提高农民的经济和社会地位为宗旨，具有指导和参与农业流通、物资供应、加工、销售、金融、保险、社会福利和政治权利等职能的生产团体和协同组织机构。农协业务经营活动较为广泛，信贷业务始终占重要地位。农协信贷业务也是整个韩国农村正规金融的主体部分。

农协金融业务由信用事业部门负责，具体包括：中央协会银行信贷业务、信托证券业务、保险业务，以农民组合成员为对象的基层相互金融即农村互助金融，为经营规模小的农民提供信用保证业务。中央协会银行主要是调配农业发展所需要资金，并不断扩大新的金融产品供应。信托证券业务主要是将信托及其它事业资金灵活用于各种有价证券，开展高效金融商品的交易，确保储蓄的竞争能力。农村保险业主要为会员提供财产损失和生命保险、共济奖学金等。基层相互金融或互助金融根据互助原则，集聚会员资金并贷给协会成员。

韩国农协是自上而下层层建立的，其建立和业务活动均得到政府大力支持，实际上充当了政府政策性金融机构的角色。政府90%以上的农业低息政策性贷款通过中央会及各级农协转贷给农民。

（二）政府支持农村信贷的措施

韩国政府将农业作为基础产业部门给予大力支持，2004～2013年间投入119万亿韩元支持农村基础设施建设和农业与农村的发展。

政府支持农村金融的主要措施有：一是推动农村金融组织体系

建立。1961年成立农业协同组合中央会；1981年成立全国畜牧业协同组合，并于1983年获准经营银行业务。二是持续增加农村信贷投入。在传统农业向现代农业转换过程中，不断增加农田水利建设、农业机械化方面的投资。据统计，1992~2001年间，共发放19万亿韩元长期低息政策性贷款，占韩国农业投资总额的45%。三是促进农村中小企业发展。"农村工业园区"中的中小企业可获得设备资金5亿韩元，周转资金2亿韩元，对农村工业投资准备金的损耗给予追加补偿。

七、印度

（一）印度农村金融法律

《印度储备银行法》《银行国有化法》《农村信用合作社法》《地区农村银行法》《国家农业和农村发展银行法》等法律中，都作出了促进农村金融的规定。（1）增加农村金融网点。《银行国有化法》规定，商业银行必须在农村地区设立一定数量的分支机构；《地区农村银行法》规定，农村银行营业机构要设立在农村信贷服务薄弱的地区；《印度储备银行法》规定，商业银行在城市开设一家分支机构，必须同时在边远地区开设2-3家分支机构。（2）增加农村贷款。《银行国有化法》规定，贷款的一定比例用于支持农业和农村发展；中央银行规定了优先发展贷款制度等。

（二）多层次的农村金融组织体系

印度形成了政策性、合作性、商业性金融共同发挥作用的农村金融体系，包括中央储备银行、国家农业和农村发展银行、地区农村银行、商业银行、信用合作组织、土地开发银行和农业保险。

国家农业和农村发展银行是国家政策性农村金融机构。1982年由印度政府和中央银行共同出资组建，隶属于中央银行，主要职能是：（1）再融资。在农村地区提供开发性生产信贷和投资的机构，包括地区农村银行、邦农业和农村合作银行、邦合作银行、商业银行等，可以获得国家农业和农村发展银行的再融资支持。（2）促进农村金融服务能力建设。采取多项措施保障农村地区金融机构建设，监督、恢复以及改组农村信贷机构，培训农村金融人才。（3）协调农村金融活动。协调金融机构的农村融资活动，协调中央政府、邦政府、中央银行以及其他国家机构之间的关系。（4）参与制定信贷计划。为全国所有农村金融机构准备农村信贷计划。地区农村银行不以营利为目的，面向农户和农村提供金融服务，农村贷款约占农业信贷总额的8%。主要向贫穷农民、手工业者提供生产性贷款，利息一般比信贷合作社还要低，目的是促进落后地区经济发展。全国共有196家地区农村银行。

国家通过立法强制商业银行服务于农业和农村。当前商业银行对印度农业和农村的贷款占到约70%。中央银行确定了优先发展贷款制度：商业银行必须将全部贷款的40%投向包括农业、中小企业、出口等国家优先发展的行业，其中的18%必须投向农业及其相关产业。如果达不到规定比例，差额部分要以低于市场利率的资金价格存放到国家农业和农村发展银行，或者购买国家农业和农村发展银行的债券。

信用合作组织。信用合作社系统在农村的信贷投入约占总量的20%。信用合作社系统包括十万多家初级信用合作社，369家地区中心银行和31家邦合作银行。上下级合作组织互相融通资金，实现经济上共同的利益。初级信用合作社直接面向农户，按照农民的需要贷给社员使用，不需要抵押和担保，利率在6%左右，具有灵活、简单、高效的特点，受到农民的欢迎。

农业保险。1999 年，印度中央政府推出“国家农业保险计划”，由农业部负责实施、印度保险总公司执行。目前开办的保险覆盖了大部分农作物和经济作物。印度保险实行自愿保险和有条件的强制保险相结合的方式，进行生产性贷款的农户必须参加相关农业保险，没有贷款的农户自愿参加农业保险。

（三）政府促进农村金融发展的措施

一是实施“领头羊”计划。规定每一地区必须有一个领头银行负责优先发展行业尤其是农业金融开发工作，对国家规定的优先发展行业提供资金支持。

二是在银行国有化进程中增设农村金融机构。1969 年和 1980 年两次商业银行国有化进程，都增设了国有银行农村网点。2007 年初印度农村金融网点比 1969 年增加了约 11 倍。

三是实行贷款利息补贴。对优先行业贷款的优惠利率与市场利率之差，由政府予以补贴。

四是对农村金融机构实施更加灵活的监管政策。如一般性贷款如果连续 90 天不归还就被视为不良贷款，但对农业贷款则按生产周期考虑，短期农业贷款逾期超过两个以上生产周期才会被视为不良贷款。

五是支持小额信贷。在政策性金融机构中设立小额信贷改革部。10 ~ 20 名贫困妇女自愿组成自助小组。银行对自助小组提供以需求为导向的服务。

国外农村金融立法的特点及启示*

一、国外农村金融立法的特点

尽管各国的农村金融制度在具体规定上有所差异，但都具有以下几个特点：

（一）法治性，以法律来规范和保障农村金融

各国不论普通法国家还是大陆法国家，不论实行民商合一还是民商分立，普遍通过农村政策性金融法、农村合作性金融法、农业保险法等专门的成文法律，对农村金融进行规范，使农村金融有法可依。完备的农村金融法律和法规，有效地规范了农村金融行为，维护了农村金融主体的利益，确保了足够支农资金进入农村。

以法律的形式来规范农村金融，不仅明确了政府对农村金融市场进行干预（扶持和引导）、提供财政补助的法律依据，使国家机关的行为具有合法性，同时也明确了各个政府部门在发展农村金融方面不可推脱的职责，保障了农村金融的发展。对于农村金融主体而言，法律能提供相对政府指令、部门规定等文件更为稳定的预期，确保农村金融主体在从事农村金融活动过程中的权利义务具有可预见性，使各主体的财产权利和其他利益得到有效保护。只有农村金融的参与主体能够对自身的权利义务和可能的法律风险有所预期，才可能积极投身于农村信贷活动，实现促进农村和农业发展的目标。

---

* 注：本文作者杨东霞。

（二）区别性，建设综合性的农村金融结构

纵观各主要国家的农村金融制度，可能在模式上有所区别，如美国是集中大农业的模式，日本是农协模式，法国重视政策主导，但农村金融结构都综合采用政策性金融和合作金融、商业金融。如即使是商业金融最为发达，重视自由化的美国，在经济危机后也非常重视构政策性金融和合作金融；日本和法国也都构建系统的政策性和合作金融制度。

1. 区别性首先体现为分别立法。针对不同性质的金融，确定不同的政府责任和引导方式。多数国家对政策性金融和合作金融分别进行立法规范，对于农村合作金融要么单独立法，要么专章规定。如美国有《联邦农场信贷法》和《联邦信用合作社法》，分别根据两个法建立了政策性银行体系和信用合作社体系。英国也有专门的信用合作社法。日本更是针对农协出台了大量的配套法规。农业保险方面，考察的各个国家也有专门的立法，区别于一般的商业保险予以规定。

2. 区别性还体现在根据农村需求采取不同的金融策略。农村金融需求主要包括基础设施建设、非农生产需求和生活消费需求。对于基础设施需求，各国基本采取财政投入和政策性金融相结合的方式，如日本的农林渔业金融公库通过各种优惠为农村基础设施提供中长期贷款。而对于非农生产需求则主要通过合作金融和商业金融相结合的方式。生活消费需求也主要以合作金融的方式予以满足。

此外，在市场准入和金融监管、信用体系等方面，各国对于政策金融、合作金融和商业金融都会有所区别。

（三）政策性，明确政府的引导和财政扶持

农村金融是为农村的发展而服务的。农村和农村经济具有先天

或者后天的弱势性，各国都重视对于农村的倾斜性扶持，缩小城乡差距。但农业活动的特性使然，农村金融与一般的商业金融有较大的差异，如前者的高风险、低收益，以及农村信用形式与商业活动相比也存在差异，商业金融一般不愿意介入或者仅按照效益优先选择性的提供金融产品。农村金融市场供给不足，农村的金融需求得不到满足。要促进农村金融繁荣、实现农村发展，政府就需要进行干预，采取合适的手段进行调控。在调控的手段上，多采取政策引导和财政扶持的方式。如各国都通过政策性银行的方式提供低息贷款，弥补金融市场空白，对于合作金融都有财政和税收的鼓励政策。如美国为鼓励合作社银行的发展，在联邦信用法中明确规定其为非营利性的合作互助组织，免征联邦所得税，且对其社员的收益也免征个人所得税。英国对信用社的利息收入免税。日本对农协有大量的财政资金支持。农业保险方面同样体现了较强的政府引导和扶持特点。

（四）合作性，鼓励共同参与和发展

农村金融法律制度的合作性根源于农村合作金融的内生性和有效性。首先合作制能克服信息不对称所带来的监管成本以及信用风险。与城市不同，农村金融需求主体（以农户为主）数量众多而且分散，使得贷款者和借款者之间的信息高度不对称。商业性金融机构难以获得农村金融需求主体的足够信息，加上商业金融的规模经济问题的制约，使得其在农村金融市场往往无利可图。事实上，正是因为农村金融需求的分散性、担保机制的脆弱、贷款监督的高成本等原因，使得商业金融在农村金融市场上无可作为。而在监管一方，对农村庞杂的金融体系进行监管也面临信息不充分、监管力量不足等问题，监管部门难以实现有效的监管。从经济意义上讲，商业性金融在分散的农户金融需求面前，其金融服务是不经济、非效率的。而合作性金融是合作社员联合起来自愿入股、团体互助的资金融通形式。其次，合作制更符合农村社会的形态。与商业金融不同，合作性金融是基于互助原则、共担风险的金融形式，具有“人合性”，即合作金融组织与其成员之间既是借贷关系又是风险共担、利益共享的合作关系。基于此，体现在农村金融法制化的国际实践中，各国都把合作制作为农村金融法律制度的基础，在制度设计上注重导引合作机制，激励并促进农村合作金融的有效发展。

日本的合作金融模式中，因农民的组织化程度比较高，农协的运行比较成熟，且农协的功能并不限于信贷，还发挥着对农业及农户的服务指导功能，提供诸如农业技术指导和经营指导、生活指导的功能。

（五）有限性和有效性，合理处理政府与市场的关系

尽管三农及农村金融问题所具有的特殊性都要求政府给予政策支持、财政投入等，但并不替代商业金融，而是加大引导，强调提供制度依据和行为规范，对于商业金融采取一些优惠的做法予以引导。合理选择财政支持的方式，提高财政资金的效率。如美国的政策性农村金融建立前期都是政府出资，发展起来之后，政府资金退出，在农业保险方面，在经过政府的引导政策，商业保险机构能够提供农业保险产品后，政府随之退出。

二、国外农村金融立法对我国的启示

总结国外农村金融立法经验，考虑我国农村金融的实际情况，我们在农村金融立法中应注意以下几点：

（一）明确政府支持的方式与途径

政府的支持是各国建立农村金融制度的普遍做法。一是直接出

资支持，如美国联邦土地银行主要由政府出资发起成立，在经济危机中，政府曾出资认购股票进行救助；日本农林渔业所需的长期资金主要来源于日本政府的有偿拨付；法国在长达50多年的时间里，国家资助几乎成了它的全部中长期贷款。二是在财政税收等方面给予优惠措施，如美国对信用社不征收营业税和所得税；三是政府提供担保帮助筹集资金；四是实行有差别的存款准备金制度，日本农村金融机构上交的存款准备金比例均低于城市商业银行，美国的信用社可免交存款准备金。五是实行利息补贴、损失补偿。美国和日本对农业贷款普遍实行贴息制度。

（二）坚持农村政策性金融、农村合作金融和农村商业性金融等多元主体共同发展

发达国家的经验表明，农村合作性、商业性金融的发展需要政策性金融的长期引导、扶持和配合。以法律形式规范农村政策性金融机构的性质、地位、功能、经营目标、业务范围、管理方式、考核指标、资本来源、融资方式、会计核算原则、融资方式和法律责任等，明确界定其与政府、财政、中央银行、银行业监管机构与外部主体的关系，以正常稳定地发挥农村政策性金融诱导培育功能。要立足于法制建设与政策设计的有效配合，充分发挥政策性金融的窗口效应和引导作用，鼓励民间资本进入农村金融市场，逐步培育新型农村金融机构等新兴市场力量的成长，进而推动农村金融发展环境的根本改变。

与此同时，农村合作性金融的发展必须依法强化法人治理结构和转换内部经营机制，使农村合作金融成为名副其实的合作金融组织，真正体现为社区服务、为社员服务的宗旨。明确农村合作金融的法律地位、性质、设立条件、程序和监管方式，将自愿、民主、

互助互利作为农村合作金融法律制度的基本原则，使农村资金互助社、扶贫基金、民主互助基金等新型农村合作金融机构能够依法设立、有法可依、受法律保护和监管，顺应农村合作性金融内生于农村经济的客观现实，确保农村合作金融的基础地位。

（三）合理设计农村金融组织法律制度

各国通过立法形式来推动农村金融组织的建设，如美国依据1916年《联邦农业贷款法》建立联邦土地银行系统；日本的农林渔业金融公库是根据1945年的《农林渔业金融公库法》来设立的。

合理的金融组织法律制度不仅是防范金融组织风险、提高金融服务效率的基础和前提，也是促进农村经济健康、快速发展的重要保证。反之，落后的金融组织法律制度将成为阻碍农村经济发展的因素，从而会制约社会主义新农村的建设。当前，我国农村金融组织体系的构建和风险分担机制的设计，尚存理论争议和立法困惑，通过域外考察和理论分析，可以发现发达国家农地金融、合作金融与政策性金融的立法嫁接机制，运用“三位一体化”的分析框架，将有助于整合我国农村信用合作社、资金互助社和农业发展银行等现有资源，优化我国农村金融组织体系的构建和风险分担机制的设计。

（四）建立农村金融市场准入制度，规范农村金融市场经营行为

我国新型农村金融机构的设立原则是核准主义，抑制了农村金融新政“宽准入”制度效应的发挥。我国可以借鉴国外经验，并结合实际，对不同的农村金融机构实行不同的设立原则。现行农村金融机构市场准入制度对非银行资本入股商业性金融机构存在一些歧视性限制，产生一些消极效果。消除对非银行资本歧视性规定，可能会引发以下一些风险：过度竞争风险、关联贷款风险、资本规模

不足引发的风险、经营管理经验不足风险、过分注重自身回报而忽视社会利益的风险以及监管力量不足的风险。因此消除对非银行资本的歧视，应当建立与随之而来的风险相对应的化解机制，即建立主体资格限制机制、差异化的最低资本额制度、关联贷款控制机制、商业银行向农村金融机构的融资机制、创新监管机制以及农村金融机构富余资金流出限制机制等。现行农村金融机构市场准入制度对农村资金互助社社员资格规定也有不少弊端，需要加以完善。

（五）强化农村金融市场的监管

在农村金融监管制度的设计上要按照因地制宜、区别对待的原则，建立一套符合农村经济运行规律，增加有效金融供给，促进农村经济市场发展的监管制度。改变现行“大一统”金融监管模式，变自上而下、标准统一的监管模式为分类指导、差别监管的模式。

（六）完善农业保险法律制度

国内外农业保险的实践证明，作为农业持续稳定和健康发展的保障，农业保险是准公共物品，对相关法律法规具有很强的依赖性，法律法规的制定与不断完善是农业保险发展的前提和保障。应明确农业保险的保障性及其在国家农业保护制度中的主体地位，明确规定农业保险的目标、保障范围、保障水平、保险机构和运行方式；明确政府的职能作用，农民的参与方式，各方当事人的权利义务，资本来源和募集方式，财政补贴标准和计算方法，管理费和保费分担原则；明确巨灾风险准备金积累和赔付方式、再保险主体和原则等，为农业保险的发展提供法律依据和制度保障。

编后语

制定农村金融法是落实党的十八届四中精神的立法项目，2015年、2017年中央一号提出“积极推动农村金融立法”。制定农村金融法列入了全国人大常委会2017年立法工作计划，由全国人大农业与农村委员会牵头，中国人民银行、中国银监会等部门参与起草。为配合制定农村金融法，我们编写了《农村金融法律制度研究》一书，收录的主要是全国人大农委多年来开展农村金融改革发展服务调研和农村金融立法研究的成果。十二届全国人大农业与农村委员会陈建国主任委员、刘振伟副主任委员对编写工作十分关心并给予指导。调研工作中国务院有关金融监督管理部门和涉农金融机构的有关负责同志和专家给予了大力支持，提供了有关资料，在此一并表示感谢。

由于水平有限，加之时间仓促，书中难免有不妥之处，敬请读者批评指正。

本书编写组

2017年12月

图书在版编目（CIP）数据

农村金融法律制度研究／全国人大农业与农村委员会法案室、调研室编著．—北京：中国法制出版社，2018.2

ISBN 978-7-5093-9249-2

Ⅰ.①农… Ⅱ.①全… Ⅲ.①农村金融-金融法-法律制度-研究-中国 Ⅳ.①D922.280.4

中国版本图书馆CIP数据核字（2018）第024539号

责任编辑　谢　雯　　　　封面设计　李　宁

农村金融法律制度研究

NONGCUN JINRONG FALÜ ZHIDU YANJIU

编著／全国人大农业与农村委员会法案室、调研室

经销／新华书店

印刷／北京京华虎彩印刷有限公司

开本／880毫米×1230毫米　32开　　　　印张／15.25　字数／301千

版次／2018年2月第1版　　　　2018年2月第1次印刷

中国法制出版社出版

书号 ISBN 978-7-5093-9249-2　　　　定价：68.00元

北京西单横二条2号

邮政编码 100031　　　　传真：66031119

网址：http：//www.zgfzs.com　　　　**编辑部电话：66010493**

市场营销部电话：66033393　　　　**邮购部电话：66033288**

（如有印装质量问题，请与本社编务印务管理部联系调换。电话：66032926）